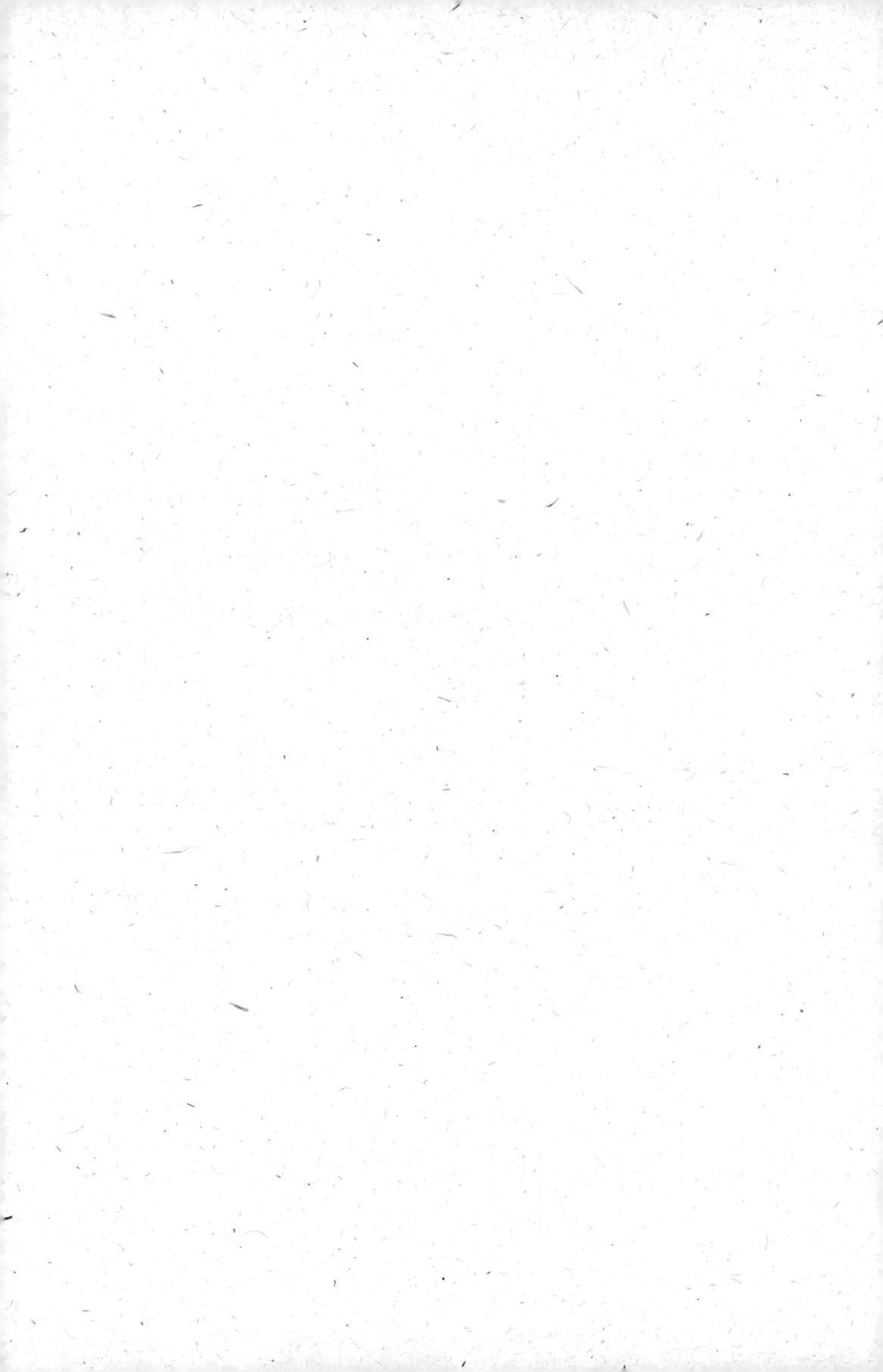

# 中国地方政府绩效管理研究
## ——以深圳的实践为例

Research on Performance Management of Local
Government in China
—A Case of Shenzhen Practice

朱衍强 著

经济管理出版社
ECONOMY & MANAGEMENT PUBLISHING HOUSE

**图书在版编目（CIP）数据**

中国地方政府绩效管理研究/朱衍强著 . —北京：经济管理出版社，2013.5
ISBN 978 - 7 - 5096 - 2479 - 1

Ⅰ.①中…Ⅱ.①朱…Ⅲ.①地方政府—行政管理—评价—研究—中国　Ⅳ.①D625

中国版本图书馆 CIP 数据核字（2013）第 104868 号

组稿编辑：宋　娜
责任编辑：宋　娜　于江红
责任印制：黄　铄
责任校对：张　青

出版发行：经济管理出版社
　　　　　（北京市海淀区北蜂窝 8 号中雅大厦 A 座 11 层　100038）
网　　　址：www. E - mp. com. cn
电　　　话：（010）51915602
印　　　刷：北京广益印刷有限公司
经　　　销：新华书店
开　　　本：720mm×1000mm/16
印　　　张：23.75
字　　　数：389 千字
版　　　次：2013 年 7 月第 1 版　2013 年 7 月第 1 次印刷
书　　　号：ISBN 978 - 7 - 5096 - 2479 - 1
定　　　价：108.00 元

# 编委会及编辑部成员名单

## （一）编委会

主　任：李　扬　王晓初

副主任：晋保平　张冠梓　孙建立　夏文峰

秘书长：朝　克　吴剑英　邱春雷　胡　滨（执行）

成　员（按姓氏笔画排序）：

卜宪群　王　巍　王利明　王灵桂　王国刚　王建朗　厉　声
朱光磊　刘　伟　杨　光　杨　忠　李　平　李　林　李　周
李　薇　李汉林　李向阳　李培林　吴玉章　吴振武　吴恩远
张世贤　张宇燕　张伯里　张昌东　张顺洪　陆建德　陈众议
陈泽宪　陈春声　卓新平　罗卫东　金　碚　周　弘　周五一
郑秉文　房　宁　赵天晓　赵剑英　高培勇　黄　平　曹卫东
朝戈金　程恩富　谢地坤　谢红星　谢寿光　谢维和　蔡　昉
蔡文兰　裴长洪　潘家华

## （二）编辑部

主　任：张国春　刘连军　薛增朝　李晓琳

副主任：宋　娜　卢小生　高传杰

成　员（按姓氏笔画排序）：

王　宇　吕志成　刘丹华　孙大伟　陈　颖　金　烨　曹　靖
薛万里

# 序 一

博士后制度是 19 世纪下半叶首先在若干发达国家逐渐形成的一种培养高级优秀专业人才的制度，至今已有一百多年历史。

20 世纪 80 年代初，由著名物理学家李政道先生积极倡导，在邓小平同志大力支持下，中国开始酝酿实施博士后制度。1985 年，首批博士后研究人员进站。

中国的博士后制度最初仅覆盖了自然科学诸领域。经过若干年实践，为了适应国家加快改革开放和建设社会主义市场经济制度的需要，全国博士后管理委员会决定，将设站领域拓展至社会科学。1992 年，首批社会科学博士后人员进站，至今已整整 20 年。

20 世纪 90 年代初期，正是中国经济社会发展和改革开放突飞猛进之时。理论突破和实践跨越的双重需求，使中国的社会科学工作者们获得了前所未有的发展空间。毋庸讳言，与发达国家相比，中国的社会科学在理论体系、研究方法乃至研究手段上均存在较大的差距。正是这种差距，激励中国的社会科学界正视国外，大量引进，兼收并蓄，同时，不忘植根本土，深究国情，开拓创新，从而开创了中国社会科学发展历史上最为繁荣的时期。在短短 20 余年内，随着学术交流渠道的拓宽、交流方式的创新和交流频率的提高，中国的社会科学不仅基本完成了理论上从传统体制向社会主义市场经济体制的转换，而且在中国丰富实践的基础上展开了自己的伟大创造。中国的社会科学和社会科学工作者们在改革开放和现代化建设事业中发挥了不可替代的重要作用。在这个波澜壮阔的历史进程中，中国社会科学博士后制度功不可没。

值此中国实施社会科学博士后制度 20 周年之际，为了充分展示中国社会科学博士后的研究成果，推动中国社会科学博士后制度进一步发展，全国博士后管理委员会和中国社会科学院经反复磋商，并征求了多家设站单位的意见，决定推出《中国社会科学博士后文库》（以下简称《文库》）。作为一个集中、系统、全面展示社会科学领域博士后优秀成果的学术平台，《文库》将成为展示中国社会科学博士后学术风采、扩大博士后群体的学术影响力和社会影响力的园地，成为调动广大博士后科研人员的积极性和创造力的加速器，成为培养中国社会科学领域各学科领军人才的孵化器。

创新、影响和规范，是《文库》的基本追求。

我们提倡创新，首先就是要求，入选的著作应能提供经过严密论证的新结论，或者提供有助于对所述论题进一步深入研究的新材料、新方法和新思路。与当前社会上一些机构对学术成果的要求不同，我们不提倡在一部著作中提出多少观点，一般地，我们甚至也不追求观点之"新"。我们需要的是有翔实的资料支撑，经过科学论证，而且能够被证实或证伪的论点。对于那些缺少严格的前提设定，没有充分的资料支撑，缺乏合乎逻辑的推理过程，仅仅凭借少数来路模糊的资料和数据，便一下子导出几个很"强"的结论的论著，我们概不收录。因为，在我们看来，提出一种观点和论证一种观点相比较，后者可能更为重要：观点未经论证，至多只是天才的猜测；经过论证的观点，才能成为科学。

我们提倡创新，还表现在研究方法之新上。这里所说的方法，显然不是指那种在时下的课题论证书中常见的老调重弹，诸如"历史与逻辑并重"、"演绎与归纳统一"之类；也不是我们在很多论文中见到的那种敷衍塞责的表述，诸如"理论研究与实证分析的统一"等等。我们所说的方法，就理论研究而论，指的是在某一研究领域中确定或建立基本事实以及这些事实之间关系的假设、模型、推论及其检验；就应用研究而言，则指的是根据某一理论假设，为了完成一个既定目标，所使用的具体模型、技术、工具或程序。众所周知，在方法上求新如同在理论上创新一样，殊非易事。因此，我们亦不强求提出全新的理论方法，我们的最低要求，是要按照现代社会科学的研究规范来展开研究并构造论著。

我们支持那些有影响力的著述入选。这里说的影响力，既包括学术影响力，也包括社会影响力和国际影响力。就学术影响力而言，入选的成果应达到公认的学科高水平，要在本学科领域得到学术界的普遍认可，还要经得起历史和时间的检验，若干年后仍然能够为学者引用或参考。就社会影响力而言，入选的成果应能向正在进行着的社会经济进程转化。哲学社会科学与自然科学一样，也有一个转化问题。其研究成果要向现实生产力转化，要向现实政策转化，要向和谐社会建设转化，要向文化产业转化，要向人才培养转化。就国际影响力而言，中国哲学社会科学要想发挥巨大影响，就要瞄准国际一流水平，站在学术高峰，为世界文明的发展作出贡献。

我们尊奉严谨治学、实事求是的学风。我们强调恪守学术规范，尊重知识产权，坚决抵制各种学术不端之风，自觉维护哲学社会科学工作者的良好形象。当此学术界世风日下之时，我们希望本《文库》能通过自己良好的学术形象，为整肃不良学风贡献力量。

李扬

中国社会科学院副院长
中国社会科学院博士后管理委员会主任
2012 年 9 月

# 序 二

在 21 世纪的全球化时代，人才已成为国家的核心竞争力之一。从人才培养和学科发展的历史来看，哲学社会科学的发展水平体现着一个国家或民族的思维能力、精神状况和文明素质。

培养优秀的哲学社会科学人才，是我国可持续发展战略的重要内容之一。哲学社会科学的人才队伍、科研能力和研究成果作为国家的"软实力"，在综合国力体系中占据越来越重要的地位。在全面建设小康社会、加快推进社会主义现代化、实现中华民族伟大复兴的历史进程中，哲学社会科学具有不可替代的重大作用。胡锦涛同志强调，一定要从党和国家事业发展全局的战略高度，把繁荣发展哲学社会科学作为一项重大而紧迫的战略任务切实抓紧抓好，推动我国哲学社会科学新的更大的发展，为中国特色社会主义事业提供强有力的思想保证、精神动力和智力支持。因此，国家与社会要实现可持续健康发展，必须切实重视哲学社会科学，"努力建设具有中国特色、中国风格、中国气派的哲学社会科学"，充分展示当代中国哲学社会科学的本土情怀与世界眼光，力争在当代世界思想与学术的舞台上赢得应有的尊严与地位。

在培养和造就哲学社会科学人才的战略与实践上，博士后制度发挥了重要作用。我国的博士后制度是在世界著名物理学家、诺贝尔奖获得者李政道先生的建议下，由邓小平同志亲自决策，经国务院批准于 1985 年开始实施的。这也是我国有计划、有目的地培养高层次青年人才的一项重要制度。二十多年来，在党中央、国务院的领导下，经过各方共同努力，我国已建立了科学、完备的博士后制度体系，同时，形成了培养和使用相结合，产学研相结合，政府调控和社会参与相结合，服务物质文明与精神文明建设的鲜明特色。通过实施博士后制度，我国培养了一支优秀的高素质哲学社会科学人才队伍。他们在科研机构或高等院校依托自身优势和兴趣，自主从事开拓性、创新性研究工作，从而具有宽广的学术视野、突出的研究能力和强烈的探索精神。其中，一些出站博士后已成为哲学社会科学领域的科研骨干和学术带头人，在"长江学者"、"新世纪百千万人才工程"等国家重大科研人才梯队中占据越来越大的比重。可以说，博士后制度已成为国家培养哲学社会科学拔尖人才的重要途径，而且为哲学社会科学的发展造就了一支新的生力军。

哲学社会科学领域部分博士后的优秀研究成果不仅具有重要的学术价值，而且具有解决当前社会问题的现实意义，但往往因为一些客观因素，这些成果不能尽快问世，不能发挥其应有的现实作用，着实令人痛惜。

可喜的是，今天我们在支持哲学社会科学领域博士后研究成果出版方面迈出了坚实的一步。全国博士后管理委员会与中国社会科学院共同设立了《中国社会科学博士后文库》，每年在全国范围内择优出版哲学社会科学博士后的科研成果，并为其提供出版资助。这一举措不仅在建立以质量为导向的人才培养机制上具有积极的示范作用，而且有益于提升博士后青年科研人才的学术地位，扩大其学术影响力和社会影响力，更有益于人才强国战略的实施。

今天，借《中国社会科学博士后文库》出版之际，我衷心地希望更多的人、更多的部门与机构能够了解和关心哲学社会科学领域博士后及其研究成果，积极支持博士后工作。可以预见，我国的博士后事业也将取得新的更大的发展。让我们携起手来，共同努力，推动实现社会主义现代化事业的可持续发展与中华民族的伟大复兴。

人力资源和社会保障部副部长

全国博士后管理委员会主任

2012 年 9 月

# 摘　要

政府绩效管理是新公共管理的重要内容，也是驱动政府创新管理、改善公共服务的有效工具。进入 21 世纪以来，政府绩效管理越来越受到我国理论界和实践界的高度重视。"政府绩效管理"在中国共产党第十八次全国代表大会上首次被写进党代会报告，党中央要求"创新行政管理方式，提高政府公信力和执行力，推进政府绩效管理"。截至目前，我国虽然并没有制定统一的政府绩效管理范式，但已有 24 个省（区、市）和新疆生产建设兵团、20 多个国务院部门以不同形式开展了绩效管理工作。然而，由于理论准备不足，实践上也各自为政，从整体来看我国政府绩效管理还处在较低的水平，科学化、制度化、规范化、长效化明显不足。

本书从分析界定地方政府绩效管理的相关概念着手，通过回顾与分析国内外关于政府绩效管理的研究与实践活动，梳理出地方政府绩效管理的理论框架。在此基础上，本书以在国内政府绩效管理领域处于领先地位的深圳市政府绩效管理体系为重点研究对象，详细地介绍、分析了深圳市关于政府绩效管理的基本理念、发展过程、主要做法与特点，以及已经取得的成效。目前，深圳市建立了比较完善的绩效管理组织架构，设计了较为科学合理的绩效评估指标体系，确定了实用有效的绩效评估与管理方法和流程，并逐步开展绩效评估结果的运用。特别是，深圳市通过构建地方政府绩效评估模型，建设并运行了政府绩效电子评估系统。该系统将现代信息网络技术和政府绩效评估有机地结合起来，具有"实时、动态、便捷、直观"的特点，既大大减轻了绩效评估过程中的工作量，减少了评估过程中的人为因素，又可以将评估结果通过电子大屏幕直观展现，为领导决策参考提供便利条件。

此外，本书还总结分析了深圳市在推行政府绩效管理中的若干经验，并针对其中的问题与难点提出了建设性的对策和建议。本书认为，深圳市政府绩效管理作为一种地方性的实践范本，将会直接影响到政府行政模式和治理理念，驱使政府及其公共政策体现民意诉求，推动政府职能转变。

**关键词：** 政府绩效　绩效管理　绩效评估　信息化应用

# Abstract

Government performance management is very important in new public administration and also an effective tool to improve public administration as well as public services. With the coming of the new century, government performance management has been widely studied and practiced in China. At the eighteenth National Congress of the CPC, it was required that we should exercise government administration in an innovative way, increase public trust in the government and improve its competence so as to make the government performance oriented. Up to now almost 24 provinces and more than 20 ministries and commissions have exercised government performance management in different forms. Nevertheless, there are still some deep – seated problems in our government performance management for reasons that theoretical preparation is deficient and the local governments are tring to do things in their own way.

The author aims to improve the efficiency of government performance management and advance its development not only scientifically but also canonically. By defining local government performance management and reviewing both the research and practice in China as well as abroad, the author sketches the theoretical framework of local government performance management. On this basis, The author mainly studies government performance management in Shenzhen. Everything about its basic concepts, development, methods of work, characteristics and effects are an-

alyzed. Furthermore present information technology is intensively sugges-
ted to be applied in government performance evaluation and a framework
plan of the system of local government performance evaluation has been
constituted in Shenzhen. According to the plan, modern information and
networks technologies are used to conceive models of government per-
formance evaluation and establish Shenzhen Municipal Electronic System
of Government Performance Evaluation which is real time, dynamic, con-
venient and intuitionist. By applying this kind of system, the workload of
evaluating government performance is greatly lightened, artificial factors
reduced and the evaluating results can be displayed on the electric screen
so as to provide a handy resort for leaders to make a decision.

In addition, The author also discusses the difficulties and problems
that occurred in managing government performance. Government perform-
ance management in Shenzhen Municipality is a model in this field in
China and it will exert a direct influence on government administration
and transform government functions.

**Key Words**: Government Performance; Performance Management;
Performance Evaluation; IT Application

# 目　录

# Contents

# 第一章 引 言

政府绩效管理是现代政府管理的新方式和公民参与政府管理的新途径，也是政府提高工作效率、降低行政成本、提振行政绩效、优化公共服务、改善公众形象的有效手段，自20世纪80年代以来逐渐在世界各国得到普遍推行。进入21世纪后，政府绩效管理在我国的实践与发展势头日盛。虽然中央政府并没有制定统一的政府绩效管理范式，但许多地方政府从自身的需要探索出形式多样的政府绩效管理模式。然而，由于理论准备不足，实践上也各自为政，从整体来看我国政府绩效管理还处在较低的水平，科学化、制度化、规范化、长效化明显不足。政府绩效管理是复杂的、系统的、动态的制度体系和综合实践，因此在总结现有的种种地方政府绩效管理模式的基础上，加强对地方政府绩效管理的基本理念、指标体系、方式方法、组织领导、体制机制、制度建设等进行深入分析研究，提出适合我国国情的地方政府绩效管理的通用框架，推动地方政府绩效管理走上规范发展之路，就显得十分迫切紧要。

## 第一节 研究背景和意义

随着政府部门成本与服务意识的强化和社会公众公民意识的提高，政府的绩效问题逐渐浮出水面。由于传统的政府管理体制并不注重效果，没有根据政府行为的结果与绩效拨付预算，而是按照一贯的投入拨款，越发导致了机构臃肿、效率低下和资源浪费，政府面临着严重的管理危机和公众信任危机。"官僚主义的政府由于不衡量效果，也就很少取得效果。它们在公共教育上花的钱越来越多，但是学生考试分数差和退学率几乎没有改观。它们在为接受救济的人举办职业训练上花的钱越来越多,但是福利救济开支金额不断增加。它们在警察和监狱上花的钱越来越多,但是犯罪率继续上升。"① 在这种情况下,与私营部门一样,政府组织需要更多地借助绩效管理这一有效手段来纾解行政绩效困境、加强与人民沟通交流、重塑公众形象。正如学者爱普斯汀(P. D. Epstein)提到:"类似于私营部门,政府解决这一难题的最简单方法是进行绩效管理,通过绩效评估来判断政府是否以合理的成本提供高质量的公共产品与公共服务。"②

20 世纪 70 年代末 80 年代初,为应对科技进步、全球化和国际竞争的环境条件,同时解决普遍遭遇到的经济停滞、财政危机、机构臃肿、效率低下、公众满意度直降等棘手问题,一些西方发达国家兴起了一场旨在改变政府行为范式的"重塑政府——建立企业化政府"的行政改革运动。在这场"以企业家精神改革政府"的新公共管理运动中,绩效管理作为企业管理中已经熟练运用的管理理念被引入政府管理,并取代传统的政府行政效率的理念,从而实现了政府管理由"效率"向"绩效"的转变。在英国、美国、新西兰、澳大利亚、荷兰等国家所施行的以"政府责任"和"顾客至上"为理念的政府绩效管理,完整地体现了企业在经营中一贯追求的效率、质量、顾客至上、力求完美的精神,在改进和完善公共行政管理中发挥了重要的作用,取得了骄人的成效。作为新公共管理的重要内容,政府绩效管理承载着加强政府责任、提高行政效能、改善公众形象的重任,无论是在理论研究还是在政府管理和改革实践中都受到越来越广泛的重视,为政府改革实践和行政管理体制创新提供了有效的工具。

在我国,建立政府绩效管理制度是深入贯彻落实科学发展观、促进树立正确政绩观的根本要求,是深化行政管理体制改革、推进政府职能转变和管理创新的重要内容,是改进机关作风、建设人民满意政府的有力举措。中央领导对政府绩效管理工作高度重视,党中央、国务院的重要文件纲领中多次提出了对政府绩效管理工作的要求,不断推动我国政府绩效管理纵深发展。

2003 年 10 月 11 日,胡锦涛同志在党的十六届三中全会上强调:"要教

---

① [美] 戴维·奥斯本、特德·盖布勒:《改革政府——企业精神如何改革着公营部门》,周敦仁等译,上海译文出版社 2006 年版,第 97 页。

② P. D. Epstein, *Using Performance Measurement in Local Government: A Guide to Improving Decisions, Performance and Accountability*, New York: National Civic League Press, 1988, p. 12.

育干部树立正确的政绩观，包括正确看待政绩、科学衡量政绩。"2004 年，国务院在《全面推进依法行政实施纲要》中指出："要积极探索行政执法绩效评估和奖惩办法。"2005 年，温家宝同志在《政府工作报告》中首次正式提出要建立科学的绩效评估体系。2008 年 1 月 15 日，胡锦涛同志在十七届中央纪委二次全会上的讲话中强调："要加快实行政府绩效管理制度和行政问责制度，加大对失职渎职行为的追究力度。"同年，党的十七届二中全会通过的《中共中央关于深化行政管理体制改革的意见》指出："推行政府绩效管理和行政问责制度，建立科学合理的政府绩效评估指标体系和评估机制，提高政府执行力和公信力。"2008 年 3 月下发的《国务院工作规则》也明确提出要推行行政问责制度和绩效管理制度。2010 年 8 月 27 日，温家宝同志在全国依法行政工作会议的讲话中指出："积极推进行政问责和绩效管理监察，严肃查处有令不行、有禁不止和失职渎职等行为。"2012 年 11 月，党的十八大提出要创新行政管理方式，提高政府公信力和执行力，推进政府绩效管理。这些重要指示为地方政府绩效管理工作指明了目标和方向，也为其注入了强大的动力。

在党中央、国务院的关心和支持下，全国许多地方政府和一些国务院部门建立了不同类型的绩效管理工作领导体制和办事机构。2010 年 7 月 20 日，经中央纪委书记办公会批准，中央纪委监察部绩效管理监察室正式组建。2011 年 3 月 10 日，国务院批准建立政府绩效管理工作部际联席会议制度，联席会议由监察部、中央组织部、中央编办、国家发展和改革委委员会、财政部、人力资源社会保障部（公务员局）、审计署、统计局、法制办 9 个部门组成，其中监察部为牵头部门。以此为标志，推进全国政府绩效管理工作的领导体制和工作机制正式建立。同年 6 月 28 日，政府绩效管理工作部际联席会议决定在北京市、吉林省、福建省、广西壮族自治区、四川省、新疆维吾尔自治区、杭州市、深圳市 8 个地区及国家发展和改革委员会、财政部、国土资源部、环境保护部、农业部、质检总局 6 个部门开展政府绩效管理试点工作。截至 2012 年 3 月，我国已经有 24 个省（区、市）、200 多个大中城市和 20 多个国务院部门开展了政府绩效管理工作。[①] 在这种宏观背景下研究中国地方政府绩效管理的理论与实践课题，显然具有特别重要的理论意义和实践价值。

---

①姜洁：《政府绩效管理工作部际联席会议召开第二次会议》，《人民日报》2012 年 3 月 17 日。

自 2005 年开始,深圳政府绩效管理历经酝酿筹备(2005~2006 年)、局部试点(2007~2009 年)、全面试行(2010 年)和全面推行(2011 年至今)四个阶段,在政府绩效评估指标体系构建、绩效评估技术平台建设、绩效评估方法与程序设计、制度规范与建设等方面积累了一些宝贵经验,并为国内同行广为借鉴和推广应用。2007 年开展政府绩效管理局部试点工作以来,深圳市接待以政府绩效管理为主题的国内外各级各类政府考察学习不计其数,有时候一周内接待来访多达四次。本书旨在及时总结深圳政府绩效管理的实践经验和创新做法,梳理出具有中国特色的地方政府绩效管理理论体系和实践运用,既有利于促进深圳政府绩效管理的规范发展,又为中国各级各类政府开展绩效管理提供借鉴和参考。

# 第二节 基本概念的界定

政府绩效管理是一个复杂的综合体系,具有丰富的内涵要义。对中国地方政府绩效管理进行研究,首先要准确把握政府绩效管理的深刻内涵。

## 一、绩效与绩效管理

政府绩效管理是基于特定的背景所产生的,它是经济全球化、政治民主化、科技信息化的必然产物。西方发达国家政府管理集权化和官僚主义导致政府管理失控、低效率、财政危机和信任危机等一系列问题,引发了一场被人们称为"新公共管理运动"的政府改革。这场改革使政府绩效管理、成本与效率观念、顾客至上与服务意识、引进竞争与市场机制等措施在实践中得到了广泛应用。

顾名思义,绩效管理就是"绩效"与"管理"的有机组合。绩效最早用于投资项目管理方面,虽然学术界对绩效概念的界定角度不同,但对绩效的认识并不存在矛盾。绩效是一个多维建构的概念,"观察和测量的角度不同,其结果也会不同"。① 综合当前学术界对绩效概念的理解,主要有三

---

① 美国学者 Bates 等在 1995 年提出的观点。转引自李业昆:《绩效管理系统研究》,华夏出版社 2007 年版,第 3 页。

种代表性观点：第一种认为绩效是结果产出，主要代表人物有英国学者波拉丁（Bemardin）和美国学者卡恩（Kane）等；第二种认为绩效是行为过程，主要代表人物有美国学者墨菲（Murphy）、坎贝尔（Campbell）、伯尔曼（Borman）、莫托魏德罗（Motowidlo）和凯斯（Katz）等；第三种观点认为绩效是结果和行为的综合，主要代表人物有布鲁姆波拉奇（Brumbrach）、欧连恩（Olian）和瑞恩思（Rynes）等。

由于绩效是绩效管理目标确定、绩效评估指标体系构建、绩效管理方法设计的认识基础，任何关注绩效的个人或组织都不可能回避对绩效内涵的思考。一般而言，可以从行为主体层面将绩效分为组织绩效和个人绩效；从内部要素层面对行为主体过程和结果进行综合评价，包括"怎么做"和"做了什么"两大要素。基于此，笔者认为，绩效是一个组织或个体在某项活动中表现出的投入、产出和结果的关系，强调可以反映组织特定能力的效率、效益和质量等。对于政府而言，其绩效应该是指政府作为一个整体，在管理和服务等政府行为中所取得的业绩、成就以及产生的影响等。由于政府本身公共部门的性质，政府的绩效不应该简单地体现为对于效率的追求，其核心问题应该是公共责任的实现程度与效果，体现在政府行政管理的每一个层面和领域。这种绩效既不是政府短期投入的回报，也不是政府终端产品的累积，而是较长时期经济发展、社会进步和政治文明的总成果。

从"绩效"衍生而来的"绩效管理"源于企业管理领域。1976 年，美国学者比尔和利亚德首次提出"绩效管理"这一概念，他们将绩效管理定义为"管理、度量、改进绩效并且增强发展潜力"。[①] 然而，基于对绩效的不同理解，国内外学者长期以来在绩效管理的认识上存在显著差异。

一些学者从组织角度理解"绩效管理"，如罗杰斯（Rogers）和布瑞德鲁普（Bredrup）认为绩效管理是对组织绩效进行管理的过程，其核心在于决定组织战略及通过组织结构和程序等来加以实施。一些学者将绩效管理理解为个体和组织的结合，认为绩效管理"是对组织和员工的行为与结果进行管理的一个系统，是一系列充分发挥每个员工的潜力、提高其绩效，并通过将员工的个人目标与企业战略相结合来提高组织绩效的一个过程"。[②]

---

① M. Beer, A. Ruh, Employee Growth Through Performance, *Harvard Business Review*, 1976, 54（4）, pp. 59 – 66.

② Alan Price, Human Resource Management in a Business Context（2nd Edition）, *Thomson Learning*, 2004 （5）, pp. 67 – 90.

从系统论角度出发，国外行政学者夏费里茨和卢塞尔认为，"绩效管理是组织系统整合组织资源达成其行为，绩效管理区别于其他方面纯粹管理之处在于它强调系统的整合，它包括了全方位控制、检测、评估组织所有方面的绩效"。[①] 国内学者范柏乃将绩效管理看成是一个包括诸多内容的系统，将绩效管理界定为利用绩效信息设定统一的绩效目标，进行资源配置与优先顺序的安排，以帮助管理者维持或改变既定目标计划，并且报告其结果与目标符合的程度的管理系统。[②]

从过程论的角度，也形成了一些较具代表性的关于绩效管理观点。例如，经济合作与发展组织（Organization for Economic Cooperation and Development, OECD）在 1995 年就提出了绩效管理是"组织管理、绩效信息、评估、绩效监控、评价和绩效报告的整合"；美国总审计署将绩效管理界定为一个动态的过程，由相互补充的确定战略方向、制定年度目标和测试体系、报告绩效水平三大环节构成。

综上所述，绩效管理本质上是一个综合的系统，它不是单一的对个体或组织的绩效管理，而是对内部组织的绩效管理，对组织内人的绩效管理，涉及组织的各个方面，囊括了战略的执行、年度的重要工作、内部的建设、内部的能力。根据几年来开展政府绩效管理工作的实践和体会，笔者认为，政府绩效管理是指通过运用科学的方法、标准和程序，对政府履行职责、实现目标的过程和效果进行综合性评价，并奖优罚劣，它对推动工作落实、提高行政效能、改善行政管理、推进服务型政府建设具有重要作用。政府绩效管理由绩效计划、绩效计划实施、绩效信息反馈、绩效评估和结果运用等多个环节组成，其中绩效评估是承上启下的关键环节。

## 二、政府绩效管理

由于政府组织及其活动的复杂性、多元性，政府绩效管理至今仍未形成一个世界各国普遍认同的定义。尽管如此，对政府绩效管理内涵的把握始终离不开对"政府绩效是什么"、"政府绩效管理的定义是什么"、"政府绩效管理包含哪些内容"等基础问题的回答。

---

[①] Jay M. Shafritz, E. W. Russell, Introducing Public Administration, *Addison – Wesley Longman*, Limited, 2002, pp. 304 – 305.
[②] 范柏乃：《政府绩效评估与管理》，复旦大学出版社 2007 年版，第 12 页。

1. 政府绩效

政府绩效管理是一种全新的政府管理模式，首先要明确界定政府绩效。在国外，政府绩效又被称为"公共生产力"、"国家生产力"、"公共组织绩效"、"政府业绩"、"政府作为"等。以绩效理论为基础，国内外学者对政府绩效有着广泛的论争，由此也为政府绩效结构的建构作出了贡献。

从政府管理过程出发，美国学者理查德·科尔尼（Richard C. Kearney）将政府绩效界定为实现预期结果而管理公共项目所取得的成绩，并由效益、效率、公平等多个同等重要的标准引导和评估。[①] 哈特瑞·哈瑞则从政府活动的结果出发，将政府绩效定义为政府以一定的投入换取公共产品或服务提供的产出和有效性。[②] 此外，美国学者帕特莉夏·W. 英格拉汉姆（Patricia W. Ingraham）将政府绩效与组织能力联系在一起，将政府绩效看作政府把资源或投入转化为产出或结果的管理能力，此时政府绩效与政府能力呈正相关关系。

随着政府绩效管理实践的逐步深入，更多的学者转向从更综合的视角来理解政府绩效。巴诺（Barnow, 1992）认为政府绩效应涉及三个维度，即总体成果、净产出、输入和过程变量。波利特和伯克特（2000）认为应从四个方面理解政府绩效，即政府活动或项目的运行结果、重塑政府过程以使其具有更强的顾客导向、成本意识和结果导向的表现。[③] 国内学者臧乃康也从综合的角度来解释政府绩效，认为"政府绩效是政府在社会经济管理活动中业绩、效果、效益及其管理工作的效率和效能，是政府在行使其功能实现其意志过程中体现出的管理能力，政府绩效可以分为经济绩效、政治绩效、社会绩效、文化绩效四个方面"。[④]

可见，政府绩效是一个需要结合政府的能力、工作内容、活动成果、管理过程进行综合考虑的复合概念，要从不同层次把握政府绩效的内涵。总体来说，政府绩效是政府外部业绩、效果、效益和内部工作效能和管理

---

[①] Richard C. Kearney, *Public Sector Performance: Management, Motivation and Measurement*, Colorado: Westview Press, 1999, pp. 1–2.

[②] Hatry P. Harry, *How Effective Are Your Community Services? Procedures for Monitoring the Effectiveness of Municipal Services*, Washington, D. C.: Urban Institute, 1997, p. 4.

[③] 朱立信、高鹏怀：《领导科学与技术》，华中科技大学出版社2009年版，第253页。

[④] 臧乃康：《政府绩效的复合概念与评估机制》，《南通师范学院学报》（哲学社会科学版）2001年第3期。

能力的综合结果，体现履行职能、社会管理、公共服务、权利运作各方面，经济业绩、政治稳定状况、社会发展水平、民生改善、内部管理水平等都是其丰富内容的组成要素。

2. 政府绩效管理概念

政府绩效管理是政府借鉴企业管理有效形式的产物，不同学者对政府绩效管理的界定也存在着非常大的差异。当前对政府绩效管理的理解存在狭义和广义的差异。

从狭义上看，政府绩效管理指向微观的绩效管理行为，即"利用绩效评估信息帮助建立绩效目标，分配和优化资源，通知管理者核实或改变目前的政策或项目的方向以达到目标，并报告是否成功达到了这些目的"。①

随着认识的深入，更多的研究者如美国国家绩效衡量小组，中国行政管理学会联合课题组以及刘旭涛、卓越、范柏乃等则从广义层面理解政府绩效管理的概念，以过程、系统、整体的综合视角来探讨政府绩效管理的内涵。美国绩效衡量小组在《美国公共服务：绩效评估的最佳实践》中对政府绩效管理给出了一个经典性定义："利用绩效信息协助设定同意的绩效目标，进行资源配置与优先顺序的安排，以告知管理者维持或者改变既定目标计划，并且报告成功符合目标的管理过程。"简言之，政府绩效管理是对公共服务或计划目标进行设定与实现，并对实现结果进行系统评估的过程。② 政府绩效管理是以实现政府管理的"4E"，即经济（Economy）、效率（Efficiency）、效益（Effectiveness）和公平（Equity）为目标的新型管理模式。

中国行政管理学会联合课题组在调研基础上提出"政府绩效管理，就是运用科学的方法、标准和程序，对政府机关的业绩、成就和实际工作做出尽可能准确的评价，在此基础上对政府绩效进行改善和提高"。③ 在他们看来，政府绩效管理是面向公共服务进行设定的，提供方法对公共服务实现结果进行系统评估，最终改进政府绩效的过程。与此相仿，刘旭涛也强调政府绩效管理不是一个单一工具，而是一种观念和系统。"作为一种观

①Hatry P. Harry, *How Effective Are Your Community Services? Procedures for Monitoring the Effectiveness of Municipal Services*, Washington, D. C. : Urban Institute, 1997, p. 4.

②张成福、党秀云：《公共管理学》，中国人民大学出版社 2007 年版，第 275 页。

③中国行政管理学会联合课题组：《关于政府机关工作效率标准的研究报告》，《中国行政管理》2003 年第 3 期。

念，绩效管理整合了新公共管理和政府再造运动中的多种思想和理念，并构建出自身的制度基础和先决条件。作为一种系统，绩效管理框架必须从战略规划角度，将各种管理资源系统有效整合，形成多重价值和多维度的综合性绩效评估体系。"[1] 卓越认为，政府绩效管理可以定义为政府在积极履行公共责任的过程中，在讲求内部管理与外部效应、数量与质量、经济因素与伦理政治因素、刚性规范与柔性机制相统一的基础上，为获得公共产出最大化的过程。[2] 范柏乃认为，政府绩效管理概念指政府在履行公共责任过程中，对内部制度和外部效应、数量和质量、经济因素和伦理因素、刚性规范和柔性机制等方面，以公共产出最大化和公共服务最优化为目标，实施的全面、系统的管理。[3] 高小平等认为，政府绩效管理是"通过政府系统的自上而下的权威推动、主观动员、资源配置、层级管理，旨在推进经济发展、社会秩序、公共服务、人民福祉而采取的各种管理活动及其结果"。[4] 中央纪委监察部下发的文件中提出的政府绩效管理定义，"政府绩效管理是指通过建立科学合理的政府绩效评估指标体系和评估机制，对政府及其工作人员履行职能、完成工作任务以及实现经济社会发展目标的过程、实绩和效果实行动态管理和综合考核评价，并根据考评结果改进政府工作、降低行政成本、提高政府效能的一种管理理念和方式，是一项循环的系统工程"。[5]

由上可知，国内理论和实务界的学者普遍认同广义的政府绩效管理定义，其主要包含以下内容：第一，政府绩效管理意味着政府组织需要对公共资源的使用负责，如资源是否得到有效的利用、是否达到预期目的以及公众的满意度如何。实施绩效管理的目的是要对公共组织和个人进行绩效评估与管理，以衡量政府是否负责任。政府不只是传统意义上的管制者，从绩效管理的视角看，政府的主要职责是对社会公众负责。因此，绩效管理就成为政府的主要责任。第二，政府绩效管理的直接目的是提高政府效率。资源的稀缺性将迫使政府在财政支出与社会效益之间取得平衡，否则

---

①刘旭涛：《政府绩效管理：制度、战略与方法》，机械工业出版社 2005 年版，第 98 页。

②卓越：《政府绩效管理概论》，清华大学出版社 2007 年版，第 1 页。

③范柏乃：《政府绩效评估与管理》，复旦大学出版社 2007 年版，第 20 页。

④高小平、盛明科、刘杰：《中国绩效管理的实践与理论》，《中国社会科学》2011 年第 6 期。

⑤王伟：《在政府绩效管理工作研修班上的讲话》，转引自臧志彭：《"政府绩效评估"与"政府绩效管理"的异质与耦合》，《中国科技资源导刊》2012 年 9 月第 44 卷第 5 期。

可能导致严重的财政危机和社会危机。但因为公共产品的特殊性，传统的成本—收益分析方法并不适用于政府部门考核。绩效管理是一种注重结果的管理活动，它将个人绩效与组织绩效整合在一起，使整个政府组织处于高激励、高效率的状态。通过对政府绩效全方位的监测、控制和管理，政府能够持续地改进个人和组织的整体绩效。第三，政府绩效管理强调在个人内部激励的基础上提高政府服务质量。绩效管理是组织目标与个人目标的结合，由于个人对组织目标的认同并将组织目标转化为个人目标，通过绩效评估和绩效追踪，个人加强了对服务质量的认识。

3. 政府绩效管理的构成要素

政府绩效管理既是一个完整的体系又是一个动态循环的过程，具有多重的构成要素。比如，在工作内容方面主要评估政府及其部门的职责履行状况、目标任务完成状况、行政成本控制状态以及依法行政、廉洁行政、政务公开等。此外，从外部因素考虑，还包括公众满意度情况；在流程方面，包括制订绩效管理计划、任务节点控制、绩效沟通、绩效评估、评估结果反馈与运用多个环节，形成完整的绩效管理链条。

在具体操作上，开展绩效管理首先要科学界定政府职能，明晰职责，理顺部门与部门间的关系，在此基础上确定政府绩效管理的主要内容以及绩效评估指标体系，制定绩效管理的方法、程序与有关要求，搞好组织实施，适当地运用绩效评估结果，推动政府持续改进工作，提高政府整体绩效。

## 三、政府绩效管理的特点

正如米歇尔·阿姆斯特朗（Michael Armstrong）所言："绩效管理涉及组织管理活动的各个环节，具有自己的基本信念和理论基础，不是一种技术而是多项技术的结合，并且操作中体现自己的特点。"[①] 与传统的行政管理相比，政府绩效管理作为一种新型的管理模式具有以下特点：

1. 系统整合性

政府绩效管理是一个整合过程，强调不同层次的多元目标、管理诸多方面的系统整合。[②]

---

①Michael Armstrong, *Performance Management*, London：Kogan Page Limited，1994，p. 8.

②周志忍：《我国政府绩效管理研究的回顾与反思》，《公共行政评论》2009 年第 1 期。

2. 过程循环性

政府绩效管理是一个永不停止的过程，必须不断进行绩效计划、过程管控、绩效评估、评估信息反馈及评估结果运用五个过程，并实现这些过程的良性循环。其中，绩效评估承担着承上启下的关键作用。

3. 参与广泛性

在绩效评估与管理的主体上，强调主体的多元化和公民参与的广泛性。从评估项目的选择到评估内容、指标体系设计、评估标准的选择与确定，再到项目实施过程的管控、绩效报告的公开透明等，都应该体现广泛的参与性。在评估过程中有公民和服务对象的广泛参与，有政府机关内部自上而下的评估，也有社会评估机构的评估。

4. 结果导向性

在绩效评估指标体系的构建上，强调对政府绩效的关注，应体现出"结果导向"的特征。"结果导向"强调政府绩效的衡量标准要以最终的服务效果和社会效益为导向。需要指出的是，"结果导向"本身并不排斥"过程"、"能力"等指标，不仅关注政府组织履行职责的最终效果，而且关注为取得最佳效果的创新、内部业务流程、行动计划等能力类和过程类指标。

5. 客观公正性

在政府绩效管理中，将政府的目标任务和行政行为进行量化管理，对组织的绩效进行系统测定和反馈，为各级领导和有关人员提供了充分的信息和管控手段，减少管理中的主观性和随意性，尽可能做到客观公正。

6. 管理科学性

重视管理方法和技术。绩效管理作为一种管理工具，运用多种绩效管理方法对结果进行科学的测定，这为公共管理新模式付诸实践提供了强有力的支撑。

# 第三节　国内外政府绩效管理
## 研究的回顾与评价

新公共管理运动的兴起，极大地促进了国外对政府绩效管理的研究。目前，国外关于政府绩效管理研究，无论在广度上还是在深度上都已经达到了相当的高度。在国内，关于政府绩效管理的研究自 21 世纪以来迅速增加，其广度和深度也逐渐增加。

## 一、政府绩效管理研究的历史变迁

在不同的政府绩效管理模式下，政府绩效的内涵、要求以及对政府绩效进行管理所面临的问题也有所不同。相应地，学者们对政府绩效及其管理的研究重心也有差异。在这里，我们根据对政府绩效内涵认识的不同，将国内外关于政府绩效管理的研究划分为效率评价和绩效管理两个阶段。

### 1. 效率评价阶段

传统公共行政模式以严格的官僚制等级、政治—行政相分离、只受公共利益激励为特点，产生于 19 世纪末期，在 1900～1920 年初具形态并一直持续到 20 世纪 70 年代。在这一模式下，有关政府绩效管理的研究主要侧重于政府效率方面。

20 世纪初，受科学管理运动和一般管理理论的影响，西方国家关于政府绩效管理的研究主要采用机械效率的研究方法。例如，美国学者哈林顿·艾默生（Harrington Emerson，1913）提出了适用于政府和企业管理的 "12 条效率原则"：①清晰的目标；②关注局部和整体的关系；③虚心请教；④严守规章；⑤公平；⑥准确、及时、永久性的记录；⑦合理调配人、财、物；⑧定额和工作进度；⑨条件标准化；⑩工作方法标准化；⑪手续标准化；⑫奖励效率。

20 世纪 30 年代初，随着行为科学的产生和发展，效率研究开始关注人的因素，对组织内部沟通联系和领导风格等的评价开始部分地取代传统的技术效率测量。1938 年，克拉伦斯·E. 里德利和赫伯特·A. 西蒙的经典著作《市政活动评价：行政管理行政标准的调查》的出版，标志着政府效率研究的正式开始。他们指出，政府效率评价的内容包括需要、结果、成本、努力和业绩，并将后三项作为对行政管理效率的测量。1947 年，西蒙出版了《管理行为—管理组织决策过程的研究》，对改进和评价行政效率提出了许多新的观点。

在我国，最初的研究也主要集中于行政效率方面，如夏书章于 1985 年主编的《行政管理学》、黄达强和刘怡昌于 1988 年主编的《行政学》都对行政效率的概念、基本要素、测量标准和方法以及影响因素等问题进行了讨论。

## 2. 绩效管理阶段

在传统的公共行政模式下，行政部门不是制定政策，而是仅仅执行政治官员作出的决策，因此政府对效率的追求更多的是关注行政资源的投入和行政程序的合理性，而忽视对资源使用的最终结果。20 世纪 80 年代以后，随着新公共管理运动的兴起和发展，以市场导向、私有化、分权、放松管制和以企业家精神改革政府为特征的管理模式开始为人们所接受并获得推广。新公共管理强调结果导向并承担相应的责任，因此政府对绩效的追求更多地关注资源使用的结果。由此，传统的效率研究也逐步被绩效研究所取代。

这一阶段，西方国家的学者对新公共管理的内涵、特征、模式和实施策略等进行了深入研究，从而为政府绩效评估与管理的相关研究提供了重要的研究背景。其中，最有影响力的当属美国学者戴维·奥斯本、特德·盖布勒、彼德·普拉斯特里克等提出的"企业化政府"理论。奥斯本和盖布勒两位学者于 1992 年出版的《改革政府——企业精神如何改革着公营部门》一书中，系统地总结了美国各级政府近 30 年来吸收企业家精神改革政府的实践，并在实证考察的基础上提出了"掌舵而非划桨"、"授权而非服务"等十条重塑政府的改革策略。此外，作者还以"业绩测量的力量"为题，以许多生动的事例阐明了绩效评估对提高政府绩效的重要作用："测量能推动工作；若不测定效果，就不能辨别成功还是失败；看不到成功，就不能给予奖励；不能奖励成功，就有可能是在奖励失败；看不到成功，就不能从中学习；看不到失败，就不能纠正失败；展示成果，能赢得公众支持。"[①] 后来，奥斯本和普拉斯特里克将十条策略进行了整合，提出了"再造政府"的五项战略，即核心战略（Core Strategy）、后果战略（Consequences Strategy）、顾客战略（Customer Strategy）、控制战略（Control Strategy）和文化战略（Culture Strategy），即改变政府 DNA 的"5C 战略"。要在政府中引入后果战略，管理者有三种基本途径，即企业化管理、有序竞争和绩效管理。[②] 相比其他两种途径，绩效管理改进绩效的过程通常更为缓慢，实施周期也较长，但世界范围内的政府再造者都发现，实行绩效管理

---

① [美] 戴维·奥斯本、特德·盖布勒：《改革政府——企业精神如何改革着公营部门》，周敦仁等译，上海译文出版社 2006 年版，第 102 - 110 页。

② [美] 戴维·奥斯本、彼德·普拉斯特里克：《摒弃官僚制：政府再造的五项战略》，谭功荣、刘霞译，中国人民大学出版社 2002 年版，第 133 页。

可以使政府的生产率获得显著、持续的增长。

受国外研究重点转变的影响，国内的一些学者也于 20 世纪 90 年代初开始了对新公共管理的研究，对我国政府绩效评估与管理的研究也由此发展和兴盛起来。自 20 世纪 90 年代开始，左然、周志忍等一批学者开始对国外政府绩效评估与管理实践进行介绍和评论。此后，张成福和党秀云（2001）、马宝成（2001）、蔡立辉（2003）、朱火弟与蒲勇健（2003）、卓越（2004）、彭国甫（2004）、范柏乃（2005）等分别围绕政府绩效管理的国外研究成果、主体、价值取向、指标体系、模型与方法、制度保障等主题进行了深入研究，形成了大量的研究成果。

## 二、国外政府绩效管理研究

国外政府绩效管理研究起步较早，无论是对政府绩效管理理论内涵的分析、对政府绩效管理实践框架的探讨，还是对政府绩效管理理论与实践运用相结合的总结与反思等都作了系统研究。本书对国外政府绩效管理研究的情况总结如下：

1. 关于政府绩效管理的理论

国外在该领域的研究表现出"研究对象相对稳定，范式借鉴居于主导"的特点。[①] 例如，Hood 从现代经济学和私营管理理论与方法中吸取要素，提出了政府管理以市场或顾客为导向、实行绩效管理、提高服务质量和有效性，以及界定政府绩效目标、测量与评估政府绩效。对政府绩效管理理论的研究是 20 世纪末国外学者研究的重点，他们就概念体系、理论依据、指标体系、评估方法及制度框架等进行了大量研究，形成了绩效管理理论研究的宏观框架。

在绩效管理概念方面，Spangengerg 于 1992 年指出，传统的绩效考核是一个相对独立的系统，通常与组织中的组织目标和战略、组织文化、管理者的承诺和支持等其他背景因素相脱离。Rogers 和 Bredrup 则认为绩效管理是管理组织绩效的过程，"终将管理通过决定组织战略以及通过组织结构、技术、事业系统和程序等来加以实施，主要从组织的角度来考虑目标制定，绩效改进和考查"。Joseph S. Wholey 等人认为，绩效管理是改进公共组织和

---

①张玉亮：《政府绩效评估研究：理论回顾、观点梳理及发展前瞻》，《理论与现代化》2008 年第 4 期。

公共项目的生产力（Productivity）、质量（Quality）、时效性（Timeliness）、回应性（Responsiveness）以及有效性（Effectiveness）的综合系统。

关于政府绩效管理的本质内涵，奥斯本和盖布勒主张将企业或私营部门经营的一些成功的管理方法移植到政府公共部门中来，主张政府应像企业那样引入竞争机制、树立顾客意识、视服务对象为上帝。[①] 有"政府再造大师"之称的 David Osborne 提出再造"五项战略"，通过核心、后果、顾客、控制、文化这五项战略，以绩效管理为其核心管理价值。[②] 美国管理学家 P. Drucker 于 1954 年提出了"目标管理"理论，目标管理以信任个人的积极性和能力为基础，强调运用激励理论，引导职工自己制定工作目标，自主进行自我控制，自觉采取措施完成目标，自动进行自我评价。美国的菲根堡姆提出了全面质量管理，并将其引入政府管理，将企业产品生产的全面质量管理基本观念、工作原则、运筹模式应用于政府机构中，以顾客满意为导向，全面提高政府机构的服务质量和工作效率。

在绩效管理环节步骤方面，Quinn 早在 1987 年就提出绩效管理包括计划、管理、评估三个步骤。Heisler 也在 1988 年提出绩效管理包含指导、加强、控制和奖励四个过程环节。Williams 在 10 年之后则认为绩效管理包括绩效计划、绩效评估、通过交互反馈的行动三步骤形成的一个闭合环。[③] 在此基础上，美国全面质量管理专家 W. Edwards Deming 提出了 PDCA 循环理论，他认为管理中的任何工作都可以分为 4 个阶段：P（Plan）是计划阶段，D（Do）是实施阶段，C（Check）是检查阶段，A（Action）是行动阶段（处理阶段）。

在指标体系框架方面，国外在研究过程中形成了 3E 评估模型、4E 评估模型、平衡计分卡模型、基于 SMART 模型等。芬维克于 1995 年概括指出绩效测量指标应该包括经济、效率和效益三个层面，主张采用 3E 评价法进行绩效评估。

---

①［美］戴维·奥斯本、特德·盖布勒：《改革政府——企业精神如何改革着公营部门》，周敦仁等译，上海译文出版社 2006 年版，第 5 页。

②［美］戴维·奥斯本、彼德·普拉斯特里克：《摒弃官僚制：政府再造的五项战略》，谭功荣、刘霞译，中国人民大学出版社 2002 年版，第 39 – 46 页。

③Richard C. Kearney: *Public Sector Performance*: *Management*, *Motivation and Measurement*, Colorado: Westview Press, 1999, pp. 1 – 2.

2. 关于政府绩效管理的模型

国外研究者通过对价值理论和工作原则的分析，建构了不同的框架模型，为政府绩效管理提供理论模型。1993 年，美国联邦政府推进战略化的绩效评估模式，将绩效评估作为推动战略执行、实施行政问责的主要工具。英国在 1998 年制定《公共服务协议》，从 1998 年一直到 2010 年 6 月，主要是以《公共服务协议》（PS）为核心展开政府绩效管理实践，希望建立"一种现代的公共支出和绩效管理框架"。在质量管理模型的基础上，欧盟国家开发了公共部门《通用评估框架》。2000 年以来，欧盟开始大力推行《通用评估框架》，通过引入全面质量管理思想，对公共部门的管理状况进行系统诊断、分析和持续改进。①

美国 Syracuse University 的马克斯韦尔公民与公共事务学院、George Mason University 的莫卡特斯市场研究中心（Mereatus Center）等对特定政府进行系统研究，提出了绩效管理的 GPP 模型，以"第三方"进行评价并公布结果，引起了广泛的影响。②

进入 21 世纪以来，国外对建立整体性的绩效管理框架进行了大量的探索。加拿大自 2004 年开始构建《管理问责框架》（MAF）。美国奥巴马政府致力于设计一套全新的绩效改进分析框架，将高度优先性目标与 GPRA 绩效报告以及 PART 开发的项目层次的绩效指标统一起来，并借鉴州和地方以及其他国家绩效管理改革的成功经验，构建新的联邦绩效管理系统，就绩效信息的利用、沟通和问题解决机制制定了三大相互强化型的绩效管理战略。③

3. 关于政府绩效管理的实践

国外政府绩效管理的时代特色明显，同时非常注重理论与实践运用相结合，因而对政府绩效管理实践的相关研究包括对当前政府绩效管理方法的经验介绍及实践问题的探讨。

在政府绩效管理的实践运用方面，国外研究者积极提倡引入私人部门的各种先进管理方法和技术，如全面质量管理、标杆管理、平衡计分卡等。其中，平衡计分卡在实践中得到最广泛的应用，并取得了良好的效果。较

---

① 孙迎春：《欧洲通用绩效评估框架的发展及启示》，《国家行政学院学报》2006 年第 6 期。
② 转自林忠生：《浅谈中外学者政府绩效管理研究比较》，《辽宁行政学院学报》2009 年第 11 期。
③ 奥巴马的绩效革命：改变政府的工作方式［EB/OL］，http：//www. business of government. org/ brief/ obamas－performance－revolution－changing－how－government－works－03－2010。

早的有 Atkinson 等人在 1997 年从利益相关者角度对绩效管理进行研究，构建了战略绩效评估体系。史蒂文·科恩和罗纳德·布兰德主张运用全面质量管理来提高公共部门绩效。① 2000 年，John Martin 等人对平衡计分卡在地方政府绩效管理中的运用也进行了研究，提出将战略与绩效相结合，不但要重视财务绩效，也要重视内部流程和学习创新。Sanderson 通过对经济合作与发展组织成员国的公共部门改革进行研究，发现这些国家构建了一种新的"公共治理"的模式，这种模式下政府规模更适度，而且特别强调绩效管理。Quamrul Alam 和 John Pacher 则以实证研究的方法研究了美国维多利亚州地方政府采取强制性竞争投标制度对地方政府结构和绩效的影响，认为目前全球都在将私营部门管理实践引入公共部门，采取招投标制度能够提高效率，减少运作成本，明确运作目标，更好地回应"顾客"需求以及提高公共产品和服务的质量。② 2002 年，美国的 Brigitte 等人提出政府需要采用标准的测量方法以保证评估的公正和一致性，在他们的研究中介绍了用平衡计分卡来评估并改进政府绩效的实例，尤其指出法案要求每个政府机构必须制定战略规划的作用，也提到平衡计分卡的使用不但可以使战略更加清晰，也能有效促进战略的实施，从而改进政府绩效。③ 伯恩斯汀（David J. Bernstein）则选取了五个地方政府作为研究样本，这些政府均广泛应用以支持对公共项目的监管，提升服务的绩效。

　　基于绩效管理实践对绩效管理理论的反思也是国外学者长期研究的一大范式。阿斯顿（Aston）工商学院公共服务研究中心在进行地方政府绩效测评实践时，还研究如何进一步改进绩效管理，以"最优价值"（Best Value）作为一种评估框架。运用"平衡计分卡"（Balanced Score Card）在不同利益分享者之间进行对话和合作而得出结论。此外，也有学者把企业的标杆管理方法引入公共部门，运用标杆管理原理测量地方政府绩效。

　　4. 关于政府绩效管理的技术方法

　　国外学者对绩效管理操作技术的研究为政府绩效管理实践提供了专业策略和行动方法。针对政府绩效管理的各个环节，学者们提出了一系列管

---

① ［美］史蒂文·科恩、罗纳德·布兰德：《政府全面质量管理：实施指南》，孔宪遂等译，中国人民大学出版社 2002 年版，第 48 页。

② 林忠生：《浅谈中外学者政府绩效管理研究比较》，《辽宁行政学院学报》2009 年第 11 期。

③ 美国政府绩效评估研究的回顾与评析 ［EB/OL］，http：//blog. sina. com. cn/s/blog_ 4f75159b0100tru5. html。

理机制和技术。

例如，在绩效管理内容设置方面，国外学者提出了 360 度绩效考评法（也称全视角考评，Full‑Circle Appraisal）、SMART 原则法、关键绩效指标法（KPI）、"3Es"体系法、平衡记分卡（BSC）等；在指标体系标准和权重等设计方法方面，国外学者研究了演绎法、德尔菲法（Delphi）、层次分析法（AHP）等；在对绩效管理整体把握上，国外学者研究了质量管理法等。[①] 21 世纪以来，随着信息技术的蓬勃发展，学者们对信息技术在政府绩效管理领域的运用进行了大量研究。美国学者就对政府通过信息化技术提高公共部门绩效展开了理论和实践探讨，如费舍（Fischer）讨论了美国联邦政府绩效测量的方法与技术，以及基于基准化（Benchmarking）的实践；詹斯柏（Jasper）以联邦政府的实践为基础，对在 GPRA 框架下三者之间的关系进行了分析与探索，认为基准化是绩效测量的一个方面，绩效测量与基准化或目标的确立又与重塑密切相关。美国政府则由此形成了"总统管理日程"（President Management Agenda，PMA）和项目评估分级工具（Program Assessment Rating Tool，PART），在各部门建立了完善的指标体系，积累了绩效信息，大幅提高了绩效信息的可及性。[②]

## 三、国内政府绩效管理研究

与国外相比，国内对政府绩效管理的研究起步较晚。20 世纪 80 年代以来，国内学者从不同的角度对政府绩效管理展开了大量研究，目前也形成了丰富的研究成果。周志忍认为，国内现代意义上的政府绩效管理研究始于 20 世纪 90 年代，以绩效评估为实践方式，逐步扩展到绩效管理。[③] 基于现有的政府绩效管理研究成果，本书对我国当前政府绩效管理的研究状况作如下归纳：

1. 关于国外政府绩效管理的经验

国内学者在观察和思考以英美为首的国外政府绩效管理经验时，形成了诸多介绍和反思国外绩效管理理论和实践的研究成果。卓越、王庆兵和

---

① [美] 史蒂文·科恩、威廉·艾米克：《新有效的公共管理：在变革政府中追求成功》，孔宪遂等译，中国人民大学出版社 2001 年版，第 93 页。
② 孟蕾、卓越：《21 世纪美国、英国政府绩效管理新进展》，《澳门公共行政》2010 年第 12 期。
③ 周志忍：《我国政府绩效管理研究的回顾与反思》，《公共行政评论》2009 年第 1 期。

周志忍等对英国政府绩效管理进行了研究，其中卓越对英国政府"新管理运动"的发展过程及特点进行了详细的阐述；① 王庆兵侧重于对英国公共服务领域政府提高绩效的最新发展趋势进行介绍；② 周志忍介绍了英国政府绩效评估背景特征、绩效指标设计、评估的内容框架、绩效评估所起的作用，并对我国政府绩效管理存在的缺陷进行了概括并提出建议，探讨绩效评估规范化、系统化、制度化、科学化问题。③ 在对美国经验的介绍研究方面，何文盛等从背景、内容与借鉴三个方面对美国政府绩效评价中项目评估分级工具进行了介绍和分析；④ 陈天祥等对美国公共部门绩效管理实践进行研究；张强在对美国政府绩效管理经验的探索上，总结了通过借鉴美国联邦政府的相关经验，用战略性的绩效管理从根本上解决各级政府追求管理创新中遇到的问题。⑤ 此外，一些学者也从整体的视角对国外政府绩效管理进行研究，如蔡立辉对西方国家政府绩效管理理论进展进行了系统梳理；⑥ 沙勇忠等对当前国外政府绩效管理研究的研究热点和主要研究力量作了详细介绍。⑦

2. 关于政府绩效管理的基本理论

国内学者对包括政府绩效管理的界定，开展绩效管理的必要性和重要性，如何开展政府绩效管理等进行了研讨，内容涉及政府绩效管理内涵的界定、功能作用、基本流程、理念基础、运作机制、体系设计等方面。

（1）政府绩效管理内涵的研究。对什么是政府绩效管理的回答，刘旭涛、胡税根、周志忍、卓越、范柏乃等人从系统、过程、投入产出、价值导向等多个维度进行了概念化探析。刘旭涛认为"作为一种观念，绩效管理整合了新公共管理和政府再造运动中的多种思想和理念，并构建出自身

---

① 卓越：《英国新公共管理运动走向分析》，《中国行政管理》2000 年第 1 期。
② 王庆兵：《英国地方政府公共服务改革：最佳价值模式的评析》，《中国行政管理》2003 年第5 期。
③ 周志忍：《公共组织绩效评估：英国的实践及其对我们的启示》，《新视野》1995 年第 5 期。
④ 何文盛、曹洁、张志栋：《美国政府绩效评价中的项目评估分级工具：背景、内容与借鉴》，《兰州大学学报》（社会科学版）2009 年第 1 期。
⑤ 张强：《政府绩效管理：美国经验与中国实践》，《华南师范大学学报》（社会科学版）2009 年第 3 期。
⑥ 蔡立辉：《西方国家政府绩效评估的理念及其启示》，《清华大学学报》（哲学社会科学版）2003 年第 1 期。
⑦ 沙忠勇、王义、刘海娟：《政府绩效管理研究的知识图谱与热点主题》，《公共管理学报》2009 年第 3 期。

的制度基础和先决条件。作为一种系统，绩效管理框架必须从战略规划角度，将各种管理资源系统有机整合，形成多重价值和多维角度的综合性绩效评估体系"。① 胡税根认为绩效管理是"公共部门主动吸纳企业绩效管理的经验和方法，引入了市场竞争机制、强调顾客导向、提高公共服务质量等新思路和新方法"。② 卓越认为政府绩效管理是指公共部门在积极履行公共责任的过程中，在讲求内部管理与外部效应、数量与质量、经济因素与伦理政治因素、刚性规范与柔性机制相统一的基础上，为获得仅供产出最大化的过程。③ 周志忍从三种意义上界定绩效管理的概念："一是作为系统工程，绩效管理是为实现所期望的结果而实施的由一系列管理机制和技术构成的有机系统，包括绩效管理过程、组织绩效评估、项目评估、质量管理、标杆管理、业务流程重塑等。二是作为一个过程，绩效管理是由战略规划、年度计划、持续性绩效管理、绩效报告和信息利用等环节构成的动态过程。三是作为人力资源开发手段，绩效管理是围绕组织绩效提高这一目标而实施的人力资源管理的原则和技术。"④ 范柏乃认为，政府绩效管理是指政府在履行公共责任的过程中，对内部制度和外部效应、数量和质量、经济因素和伦理因素、刚性规范和柔性机制等方面，以公共产出最大化和公共服务最优化为目标，实施全面的、系统的管理。⑤ 高小平等把政府绩效管理定义为"通过政府系统的自上而下的权威推动、主观动员、资源配置、层级管理，旨在推进经济发展、社会秩序、公共服务、人民福祉而采取的各种管理活动及其结果"。⑥

（2）政府绩效管理作用的研究。关于政府绩效管理的意义和作用，桑助来认为"政府绩效评估是一场静悄悄的革命，它的意义不限于方法论的变革和管理手段的改进，而是行政管理理念和行政管理模式的根本创新"。⑦ 在政府绩效管理对我国特殊意义的问题研究上，蔡立辉着重分析了绩效评

①刘旭涛：《当代西方国家政府绩效管理的发展和特点》，Http://theory. people. com. cn/GB/13734156, html.
②蓝志勇、胡税根：《中国政府绩效评估：理论与实践》，《政治学研究》2008 年第 3 期。
③卓越：《政府绩效评估模式的构建》，《政治学研究》2005 年第 2 期。
④周志忍：《公共组织绩效评估：中国实践的回顾与反思》，《兰州大学学报》（社会科学版）2007年第 1 期。
⑤范柏乃：《政府绩效评估与管理》，复旦大学出版社 2007 年版，第 14 页。
⑥高小平、盛明科、刘杰：《中国绩效管理的实践与理论》，《中国社会科学》2011 年第 6 期。
⑦桑助来：《政府绩效评估的实质》，《学习时报》2007 年第 1 期。

估的四大作用，包括有助于我国政府管理理念的转换和树立服务行政观念，有助于根据我国市场经济发展的历史阶段和社会发展的需要确定政府公共部门职能，有助于我国转换服务范式、建设数字政府和走向在线服务，有助于在具体操作层面上正确处理好政府政治功能与管理功能的关系。[①]

（3）关于政府绩效管理的价值原则。彭国甫认为，价值取向是地方政府绩效评估的灵魂，是由价值取向对地方政府绩效评估的影响和制约作用所决定的。[②] 在臧乃康看来，西方政府绩效评估的价值体现为"顾客至上、公共责任的价值、投入产出的价值"，而我国政府绩效评估的缺陷在于"公共服务的价值缺失、公共责任的价值缺失和公正公平的价值缺失"。[③] 曾狄在对政府绩效管理创新基本原则的探讨中提出了四条基本原则，即在绩效管理主体上体现以人民是否满意为主维度的原则；在绩效管理客体上体现过程监控和结果评估并重，公务员个人评价与政府组织评价并重且以组织评价为主的原则；在评估标准上遵循效果和公平为主的原则；在绩效管理价值追求上以政府效能建设为主的原则。[④] 盛明科提出了"政府绩效评估的价值取向是一个动态的价值选择体系"，推进政府绩效评估的价值取向需要从"全能政府、政府本位、机械效率的价值取向"转为"效能政府、公众本位和系统效能的价值取向"。[⑤] 周志忍等人探讨了公民本位、结果导向、分权化协作、责任政府等价值理念，对"公民本位"理念内涵与运用进行了深入分析，提出"把绩效评估中的公民参与划分为五个层次：公民无参与、无效参与、有限参与、高度参与、主导型参与"。[⑥]

（4）关于政府绩效管理的运行。徐双敏从可行性角度出发论证在我国推行政府绩效管理的政治可行性和技术可行性。[⑦] 胡税根等从法律制度的基础角度分析政府绩效管理和评估法制化的推进对政府具有的重大意义，认

---

①蔡立辉：《政府绩效评估：现状与发展前景》，《中山大学学报》（社会科学版）2007 年第 5 期。

②彭国甫：《价值取向是地方政府绩效评估的深层结构》，《中国行政管理》2004 年第 7 期。

③臧乃康：《政府绩效的符合概念与评估机制》，《南通师范学院学报》（哲学社会科学版）2001 年第 3 期。

④曾狄：《政府绩效管理创新及其基本原则》，《四川行政学院学报》2004 年第 5 期。

⑤盛明科：《论当前我国政府绩效评估价值取向的重塑》，《行政论坛》2004 年第 6 期。

⑥周志忍：《政府绩效评估中的公民参与：我国的实践历程与前景》，《中国行政管理》2008 年第 1 期。

⑦徐双敏：《我国实行政府绩效管理的可行性研究》，《中南财经政法大学学报》2003 年第 5 期。

为政府绩效管理和评估法制化对于规范和推进政府绩效管理和评估至关重要。① 刘旭涛等则进行了制度反思与对策研究，提出"要重视政府绩效管理与评估的环境优化，为开展绩效管理奠定良好的管理制度和组织文化氛围，中央要尽快出台如何开展政府绩效管理指导性意见"。②

### 3. 基于实证的政府绩效管理研究

我国大量关于绩效管理的研究是基于实践而来的，而我国绩效管理的实践大部分是通过绩效考核与评估的形式得以实现的，与实践结合的绩效管理研究内容包括对绩效管理单个要素的研究，如围绕绩效管理中指标体系的探讨，对我国已有绩效管理实践的经验总结，以及基于对现有政府绩效管理开展现状的反思与审视。

（1）绩效指标体系构建研究。如何针对实际国情构建科学合理的绩效评估指标体系，国内的学者根据不同的理论与实践反思，提出了许多观点。范柏乃、朱华设计了6个领域的66项指标的指标体系，6个领域是指行政管理、经济发展、社会稳定、教育科技、生活质量和生态环境，最终筛选得出具有代表性的37项地方政府绩效评估指标。③ 唐任伍、唐天伟提出了中国省级地方政府绩效评估指标，通过政府公众服务、政府公共物品、政府规模及居民经济福利4个方面47项指标来衡量地方政府的工作效率。④ 还有学者致力于对地方政府通用评估指标的研究，如卓越构建了一套由基本指标与指标要素或评判方法2个层次54项指标构成的通用指标框架，主要包括思想建设、组织建设、政风建设、制度建设、一票否决、依法行政、举止文明、环境规范等15个方面。⑤ 其后，彭国甫根据地方政府的实践，提出了衡量地方政府公共事业管理绩效的业绩指标、成本指标、内部管理指标3个方面共33项指标。⑥ 兰州大学中国地方政府绩效评价中心课题组也提出了一套政府绩效评价指标体系，他们认为指标体系应由一、二、三

---

① 胡税根、金玲玲：《我国政府绩效管理和评估法制化问题研究》，《公共管理学报》2007年第1期。

② 刘旭涛、邱霈恩：《关于改进我国政府绩效管理制度的建议》，《行政管理改革》2009年第2期。

③ 范柏乃、朱华：《我国地方政府绩效评价体系的构建和实际测度》，《政治学研究》2005年第1期。

④ 唐任伍、唐天伟：《2002年中国省级地方政府效率测度》，《中国行政管理》2004年第6期。

⑤ 卓越：《公共部门绩效评估初探》，《中国行政管理》2004年第2期。

⑥ 彭国甫：《地方政府公共事业管理绩效评价指标体系研究》，《湘潭大学学报》（哲学社会科学版）2005年第3期。

级指标构成，包含职能履行、依法行政、管理效率、廉政勤政、政府创新 5 个一级指标，经济运行等 14 个二级指标以及 40 个三级指标，"三级指标按非公有制企业、省政府评价组和专家委员会三类评价主体分别设置"。① 此外，在地方政府绩效指标设计框架及核心指标研究方面，吴建南等认为实践中存在的指标内容欠缺科学性以及指标构建框架逻辑性存在挑战，同时给出了 3 层政府绩效指标设计框架，针对整体社会系统绩效，从人口、社会、经济与环境 4 个关键方面构建出一套适合战略性管理的省政府绩效核心指标体系。②

针对如何构建绩效指标框架，倪星、余琴认为应综合运用 BSC、KPI 与绩效棱柱模型来建构一个整合模型，修正得到地方政府平衡计分卡的 4 个维度，提炼出存在紧密因果链条的关键成功因素（CSF），再按照 SMART 原则设计出 53 项地方政府关键绩效指标（KPI）。③ 李虹等人则基于战略成本管理的角度研究政府绩效评价体系，从战略层面对政府行政活动进行价值链分析，以政府部门为主体，从财务维度的各项行政成本、费用弹性等 4 项关键指标、从内部流程维度的部门协作程度等 4 项关键绩效指标，同时以社会机构为考评主体从服务的维度对工作作风、投诉率等 4 项关键绩效指标进行政府整体绩效评价。④ 臧乃康认为，构建绩效指标体系必须注重公平，"以效率至上为取向，公平就难有空间，至多做到兼顾公平，而在绩效的框架里，公平具有非常重要的位置，公平是政府、特别是政府基本功能的设计，是弥补市场机制不足的优势特征，社会保障、社会秩序等都是公平功能的具体载体"。⑤

（2）关于政府绩效管理实践的总结评价。中国行政管理学会联合课题组是最早研究我国政府绩效评估实践经验的主体，在 2003 年就将政府绩效

---

① 包国宪、董静、朗玫：《第三方政府绩效评价的实践探索与理论研究——甘肃模式的解析》，《行政论坛》2010 年第 4 期。

② 吴建南、章磊、李贵宁：《地方政府绩效指标设计框架及其核心指标体系构建》，《管理评论》2009 年第 11 期。

③ 倪星、余琴：《地方政府绩效指标体系构建研究——基于 BSC、KPI 与绩效棱柱模型的综合运用》，《武汉大学学报》（哲学社会科学版）2009 年第 5 期。

④ 李虹、蔡吉臣、刘晓平：《基于战略成本管理的政府绩效评价研究》，《中国行政管理》2009 年第 2 期。

⑤ 臧乃康：《政府绩效评估价值缺失与指标体系重构》，《福建论坛》（人文社会科学版）2007 年第 9 期。

管理评估实践划分为三种类型，即"普适性的机关绩效评估"、"具体行业的组织绩效评估"、"专项活动绩效评估"，并提出我国建立机关工作效率标准体系的基本原则及设想。[①]

吴建南等人针对行风评议这一绩效管理实践为研究对象，探讨行风评议实施对于政府绩效改进的影响，总结出"评价活动的组织者可以通过指标设计分析性以及结果反馈中立性来促进被评议组织的绩效改进"。[②] 桑助来也对政府开展绩效管理情况进行了统计，在其文献中提到"到 1998 年底止，全国有 23 个省（市）自治区和直辖市实行了机关目标管理，90% 以上地级市推行了目标责任制，有 100 个城市实行了城市目标管理。其代表的省、市有陕西、四川、贵州、福建、黑龙江、北京市和江苏省南通市等"。[③]

除此以外，也有学者专注于对地方政府的实践进行研究。例如，丁圣荣、张远庆总结了江苏省南京市江宁区财政局绩效管理的"江财模式"实践经验，即采用 SWOT 分析技术进行全方位评估，根据政府绩效管理理论，产生了由绩效文化系统、绩效标准系统、绩效评估系统、绩效信息系统的绩效管理模式。[④] 陈天祥以福建省永定县为例，分析实践过程中的政府绩效管理框架，认为"福建省永定县的政府绩效管理实践，以明确的价值定位为核心，与行政过程变革、绩效指标设计、绩效跟踪机制、绩效考核机制和问责体系等环节有机结合，形成了内涵丰富、功能齐全、结构合理的绩效管理框架，具有公共责任和效率双重价值导向，显示了治理过程变革决定结果的政府绩效管理逻辑，值得其他地区借鉴"。[⑤] 关云芝从公民参与研究的角度对地方政府绩效评估进行了总结，概括了绩效评估作为政府绩效管理的关键环节在实践中形成的模式：第一，以民意评价为单一内容的地方政府绩效评估模式；第二，以"民意调查"方式开展政府绩效评估的模式；第三，"公民导向"的实践——杭州模式；第四，第三方评价政府绩效的开端——甘肃模式；第五，公民多维度参与地方政府绩效评估模式，同

①中国行政管理学会联合课题组：《关于政府机关工作效率标准的研究报告》，《中国行政管理》2003 年第 3 期。
②吴建南、王芸、黄加伟：《行风评议与政府绩效改进》，《西安交通大学学报》（社会科学版）2009年第 1 期。
③桑助来：《中国政府绩效评估报告》，中共中央党校出版社 2009 年版，第 6 页。
④丁圣荣、张远庆：《政府绩效管理实践中的"江财模式"》，《中国行政管理》2010 年第 1 期。
⑤陈天祥：《基于治理过程变革的政府绩效管理框架——以福建永定县为例》2009 年第 5 期。

时也总结了十多年来公民参与地方政府绩效评估的实践四个方面特征。①

（3）关于政府绩效管理现状的审视与反思。该研究的主题主要是基于现状分析当前存在的问题、推行政府绩效管理的难点和阻力、探讨解决的措施。例如，蔡立辉从科学实践政府绩效评估的角度总结了中国施行政府绩效评估过程中在评估依据、指标权重设计、指标内容、评估主体等7个方面存在的问题，对政府绩效评估中的难点展开了分析。他认为施行过程中会遇到来自两个方面的难点和障碍：一是来自绩效评估本身科学性要求所遇到的表现在绩效目标设定、评估指标体系设计、权重设计、评估主体选择的难点；二是来自施行绩效评估所遇到的基础性工作障碍，包括如何展开工作分析、评估结果如何应用、配套制度的建立健全和观念、体制性障碍等。同时，他在审视现状的基础上提出了一些对策，主张回到萨特层次分析法中"成对比较矩阵"以后的计算步骤来确定指标权重，将绩效评估结果与干部选拔任用挂钩、与部门经费预算挂钩实现部门预算。②

孟华则从绩效评估的对象出发，鉴于当前的政府机构绩效评估存在的四大缺陷，提出当前政府绩效评估重心应从机构绩效评估向公共服务绩效评估转变，认为公共服务绩效评估对改善公民满意度、提升服务质量、转变政府职能、建设服务型政府具有重要的意义。③

周志忍通过对中国政府开展绩效管理的现状回顾和反思，概括出我国当前的组织绩效评估具有内向性、单向性、控制取向、自发性的特征。他主张从价值、理念、制度和技术等多个层面，对我国公共组织绩效评估实践中的主要问题进行系统的反思和分析，以推动我国公共组织绩效评估的制度化、规范化和科学化，需要考虑的问题包括政府角色、政府管理方式、绩效评估与组织使命的相关性、绩效评估中的价值取向、评估的公开性与结果利用。④

刘旭涛等站在政府绩效管理整体的角度，从经验、问题与改进三方面对政府绩效管理进行探讨，概括了我国开展政府绩效管理的特色，即帮助

①关云芝：《地方政府绩效评估中的公民参与研究》，《社会科学战线》2011年第6期。
②蔡立辉：《科学实施政府绩效评估的难点问题分析及其解决》，《社会科学战线》2011年第4期。
③孟华：《推进以公共服务为主要内容的政府绩效评估——从机构绩效评估向公共服务绩效评估的转变》，《中国行政管理》2009年第2期。
④周志忍：《公共组织绩效评估：中国实践的回顾与反思》，《兰州大学学报》（社会科学版）2007年第1期。

各级政府有效实施战略管理、通过绩效管理为各级领导提供有效的"推手"、为公务员努力工作带来了压力和激励、引导公民参与对政府工作的评价、通过绩效管理的倒逼机制促进行政管理体制改革，在实际应用中也存在评估内容过分关注结果而忽略过程、评估过程较为随意、缺乏法定法程序的约束等5个方面的问题，同时提出要从环境优化、技术改进2个角度7个方面优化和推进我国的政府绩效管理系统。

梁平等对政府绩效管理推进过程中的障碍进行了研究，总结了我国实施政府绩效评估的特殊障碍包括经济生态环境的制约、政治生态环境的制约、文化生态环境的制约，往往出现诸如政府财政使绩效评估遭遇内部动力障碍，缺乏相应的法律、法规和相关政策作保障，缺乏多元参与的评估机制，政府绩效评估常常忽视人民群众的意愿等问题。[①]

4. 关于国内对政府绩效管理研究的审视

学者们对国内20多年来在政府绩效管理领域的研究成果进行了回顾和反思，也形成了一些研究成果。较具代表性的人物有彭国甫、周志忍等。

彭国甫在反思的基础上，把政府绩效评估研究的成果总结为5个层面："第一，对国外政府绩效评估研究成果和实践经验的介绍和借鉴；第二，对政府绩效评估主体体系和价值取向的研究；第三，对政府绩效评估指标体系与评估方法的研究；第四，对政府绩效评估流程和实施方案的研究；第五，对政府绩效管理体系构建与政府绩效提升对策的研究。"同时，提出深化中国政府绩效评估研究建议重点关注的5个领域，即"理论框架构建和学理层面的阐释；基于科学发展观的评估体系的构建与实施；绩效评估的心理因素及作用机制；中国政府绩效评估的科学化、民主化、法制化；特定政府层级、特定政府部门和特定政府管理项目绩效评估的研究"。

周志忍把我国政府绩效管理研究划分为3个阶段：第一阶段，1994～1999年，这是初步探索阶段；第二阶段，2000～2003年，这是研究拓展阶段；第三阶段，2004年至今，这是研究系统化、细化和创新阶段。同时，他在反思的基础上，提出我国政府绩效管理领域包括学术研究与政府决策的积极互动、学术研究与实践紧密结合的研究特色，应注重学风平实、立足实践、细化与专门化、深入化4大方面。

---

① 梁平、藤琦、李国栋：《社会生态环境视域下政府绩效评估的制约因素探讨》，《学术论坛》2007年第7期。

## 四、对国内外政府绩效管理研究的简评

由前文的叙述可知，国外对政府绩效管理的研究已经较为深入，其研究主题既包括政府绩效管理的基本理论，如概念体系、理论渊源、指标设置、评估流程、管理模型、技术方法等，也包括政府绩效管理的实际操作与实施，对我国开展政府绩效管理无疑有着积极的借鉴意义。但需要指出的是，这些研究都是立足于西方发达国家的背景和条件之下，其政治体制、法律环境、经济水平、社会状况等均与我国有较大的差别，与此相对应，其政府绩效管理的目标、价值取向、指标设置、评估程序与方法、评估主体、评估对象等与我国的现实有较大的不同，因此也必然决定了他们的相关研究结论并不一定适合我国的实际需求。

此外，随着新公共管理的兴起，国内在政府绩效管理方面的研究也有了较大的进展，尤其是对于政府绩效管理的主体和对象、绩效评估指标体系的构建、绩效管理程序与方法等具体操作层面的研究有了一定的积累。但从现有情况看，国内对政府绩效管理的研究仍有很大的提升空间，主要表现为：①系统性和整体性有待提升。目前，国内的研究倾向于政府绩效管理的某一具体方面，研究对象侧重于对某些问题的分解或具体操作的某个侧面，而在研究内容的理论性、系统性、整体性和逻辑的严密性等方面有所欠缺。②抽象研究较多而对具体操作的研究和建议不足。学者们多从"新公共管理"、"科学发展观"等理念出发在较为宏观的层面抽象地研究和探讨政府绩效管理的相关问题，而对我国如何建立政府绩效管理的组织机构、设计适合全国通用的政府绩效评估指标体系、恰当地运用政府绩效评估结果、推动政府绩效管理立法等问题缺乏细致深入的研究。③在研究方法上，国内目前仍然主要采用规范研究的方法，实证研究方法的运用尚嫌不足，无论是案例研究还是经验研究均是如此。④对信息化技术在政府绩效管理领域的运用研究有待加强。政府绩效管理几乎涵盖政府活动的方方面面，涉及海量的数据、资料、文件，仅凭传统的手段显然难以妥善处理。通过将信息技术有机地运用到政府绩效管理中，可以在一定程度上实现管理工作的自动化、便捷化、动态化，由此既可减少人力的投入，又可以使整个过程更加透明、客观，进而提高公信力和权威性。然而，目前国内在这方面的研究还远远不能满足实际的需求。

综上所述，进入 21 世纪以来国内关于政府绩效管理的研究无论是深度

还是广度都有所发展，但总体上仍然处于非系统的零散状态，既没有构建起一个系统性的政府绩效管理理论框架，也未能从操作层面对开展政府绩效管理工作给予理论指导。因此，本书试图以深圳市为例，系统地论述地方政府开展绩效管理的基本理念、价值取向、组织架构、指标体系、信息化应用、结果公开与运用等，以期构建一个我国地方政府绩效管理的框架，为全国其他地方政府推行政府绩效管理提供有益的借鉴。

# 第四节　本书的研究方法与结构安排

## 一、研究方法

科学的方法论具有通用性，交叉学科中的综合性学科和边缘学科，就是基于应用某一学科的方法来研究另一个新的领域或利用多种学科的方法来研究一个复杂的对象而产生的。政府绩效管理是政府管理借鉴企业管理有效形式的产物，具有应用多种学科方法的特点。为了深入研究和探讨地方政府绩效管理相关问题，本书主要采取文献分析法、比较分析法和案例研究法，通过对相关文献的梳理以及案例的分析，研究探讨政府绩效管理的规律和特点，尝试构建一个适合我国地方政府开展绩效管理实践的有效模式。

1. 文献分析法

本书通过收集、鉴别、整理大量的中英文专著、期刊、论文、研究报告和学术网站资料等，对与地方政府绩效管理有关的现有文献进行系统性分析，由此获得对地方政府绩效管理的理念、方法和手段的历史演变的系统认识，进而能全面掌握与论证地方政府绩效管理的基础理论和对策创新。

2. 比较分析法

无论是理论研究还是事例分析，非比较不足以辨其优劣，非比较不足以见其价值。任何政治事实都可能牵涉无穷的因素，而因素之间又有可能形成极为复杂的关系，必须透过比较方能完成系统的组合，进而达到解释的目的。本书的最终目的是，试图通过对西方国家政府绩效管理进行系统研究，来发掘其对构建我国地方政府绩效管理体系的启示和借鉴意义。

本书的比较主要包括两个方面的内容：一是通过对美国、英国等西方发达国家政府绩效管理的比较与分析，希望能得出构建我国地方政府绩效管理体系的理念与方法；二是通过不同学科之间的比较分析，如行政学、管理学、经济学、统计学以及电子信息领域相关的研究途径，来探讨建立我国地方政府绩效管理体系的最佳模式。

3. 案例研究法

案例研究法作为管理学的研究方法之一，是希望从典型的个案分析中发现同类事物的一般规律，即针对个案研究的真实情况加以论述，并作详细的过程分析以及对结果进行解释和推论。由于我国政治体制改革正迈进"深水区"，政府绩效管理的许多做法仍处于探索阶段。因此，本书选择国内在地方政府绩效管理方面处于领先水平的深圳市政府绩效管理作为个案研究重点，对其进行重点介绍分析，同时运用系统的思路，采用系统方法和个案方法相结合、定量分析与定性分析相结合、逻辑分析与调查研究相结合，综合起来研究和论证我国地方政府绩效管理模式的构建。

## 二、研究架构与章节安排

本书从探讨地方政府绩效管理的一些基本概念着手，并回顾了国内外对政府绩效管理研究的脉络以及国内外政府绩效管理实践的变迁，侧重以深圳市政府绩效管理为案例，特别是深圳市将信息技术与政府绩效管理有机结合的经验，探讨在我国构建地方政府绩效管理体系的可能模式，以及可能遇到的难点与问题，并提供解决这些难点与问题的对策思路。在结构上，本书的章节安排如下：

第一章引言。介绍了本书研究的背景和意义，对政府绩效管理相关基本概念的理解，以及对国内外政府绩效管理研究的简评。

第二章国外政府绩效管理的实践经验。介绍了美国、英国、新西兰、日本、韩国等国家推行政府绩效管理的实践经验，并总结了从中得到的启示。

第三章地方政府绩效管理的理论框架。首先介绍了政府绩效管理的学科体系特征，其次对地方政府绩效管理进行了理论界定，最后对地方政府绩效管理的主要特点与发展趋势、功能做了详细分析。

第四章我国地方政府绩效管理的探索与实践。描述了我国地方政府绩效管理的发展历程，分析其中存在的问题，并对改进地方政府绩效管理提出对策建议。

第五章深圳市政府绩效管理概述。介绍深圳市开展政府绩效管理的背景、基本理念、发展阶段、主要特点以及已经取得的成效。

第六章深圳市政府绩效指标体系的构建与优化。论述了深圳市对政府绩效指标体系的认识及其指标体系构建原则，并在此基础上介绍了深圳市构建和优化绩效评估指标体系的过程。

第七章深圳市政府绩效管理的信息化应用。首先对地方政府绩效管理信息化应用的发展及其趋势作了详细介绍；然后对地方政府绩效管理的理论模型构建以及模型的模拟、机读形式作了分析与介绍，同时对模型的稳定性进行检验；最后对深圳市应用政府绩效管理电子系统作了详细的介绍和分析。

第八章深圳市政府绩效评估结果运用的演进。介绍了深圳市为确保绩效评估结果的客观公正性，不断改进绩效评估方法的努力及其过程；为保证绩效管理工作的效果，渐进地推动绩效评估结果的运用。

第九章深圳市 2010 年度政府绩效评估报告。以深圳市 2010 年度政府绩效评估报告为例，说明深圳市政府近年来开展政府绩效评估与管理的工作情况。

第十章深圳市政府绩效管理的经验及展望。总结了深圳市推行政府绩效管理的若干经验，分析了在实际工作中遇到的问题与难点，并有针对性地提出对策建议。同时，对深圳市政府绩效管理的发展趋势作了前瞻分析，指出深圳市政府绩效管理作为一种地方性的实践范本，将会直接影响到政府行政模式和治理理念，驱使政府及其公共政策体现民意诉求，推动政府职能转变。

# 第二章　国外政府绩效
## 管理的实践经验

　　20 世纪 70 年代末以来，政府绩效管理在一些西方发达国家得到了迅速发展。他们在注重结果导向、公众满意的前提下，非常重视过程管控和持续改进，并逐步使绩效管理发展成为一种系统的管理手段，成为政府管理体制的一项重要制度安排。

## 第一节　美国的政府绩效管理实践

　　美国是现代管理科学的摇篮，政府绩效管理也萌芽于 20 世纪初的美国。1906 年，美国的布鲁尔（Bruere）等人发起成立了纽约市政研究院（The New York Bureau of Municipal Research），并于次年率先开始了对纽约市政府绩效管理的实践。一百多年来，美国政府绩效管理大致经历了萌芽时期（1900～1940 年）、绩效预算时期（1940～1980 年）和全面发展时期（1980 年至今）。萌芽时期主要以效率为核心，对政府内部的绩效进行评估与管理，而没有对政府提供的公共服务绩效进行管理。1937 年，罗斯福政府成立总统管理委员会，其发布的第一份报告中指出："真正的效率必须内在化为政府组织结构的组成要素并体现为优质、高效的公共服务。"在绩效预算时期，美国政府为了追求"投入更少、办事更多"，通过预算手段控制支出以实现经济意义上的高效率，进行了几次大规模的行政改革：成立了第一届胡佛委员会（The First Hoover Commission，1947），先后建立了计划—执行—预算制度（Planning - Programming - Budgeting System，1965）、目标管理（Management by Objectives，1973）和零基预算（Zero－Base Budgeting，1977）。这些改革的共同点是通过预算手段控制政府支出，希望以最小的财政支出实现预期的行政目标和行政产出的最大化，但对行政活动的效益和结果未加重视。全面发展时期的政府绩效管理在关注效率的同时，也强调公平的重要性，在组织的战略规划、预算、管理过程中强调与公民参与的结合。1980年，里根政府大规模削减政府机构和收缩公共服务范围，当时负责推行改革的格雷斯委员会的基本职责是将私人部门成功的管理方法（"最好的实践"）引入公共部门管理领域之中，以提高政府效率。1988年上台的老布什政府则全面推行质量管理。1993年克林顿上台后，开始了大规模的政府改革——"重塑政府运动"，其目标是创造一个少花钱多办事的政府，改革的基本内容是精简政府机构、裁减政府雇员、放松管制、引入竞争机制以及推行绩效管理。为此，克林顿政府通过了《政府绩效与结果法》（Government Performance and Results Act，GPRA，1993），建立国家绩效评估委员会（National Performance Review，NPR），由副总统亲自领导，作为联邦绩效改革运动的直接领导机构，主要对政府的行政过程与效率、行政措施与政府服务的品质进行全面评估，提出改革建议和方案。《政府绩效与结果法》的颁布大大推进了政府绩效评估制度的发展，它要求各个机构都必须制定战略规划、绩效计划，建立绩效报告制度。国家绩效评估委员会的第一份报告《从繁文缛节到结果导向：创造一个花钱少、工作好的政府》（又称《戈尔报告》，From Red Tape to Results: Creating A Government That Works Better and Costs less，1993）提出了384条建议，其中294条建议得到执行。这些建议可以归纳为四大基本原则：①简化规制原则；②顾客优先原则；③授权与结果导向原则；④节俭效益原则。在这些原则的指导下，联邦政府、州政府和地方政府分别建立了比较完善的绩效评估体系和绩效管理制度。

2001年，小布什总统在已有改革的基础上宣布了一项改革政府管理制度和提高联邦项目绩效的议程（即总统管理议程，PMA），目的是要建立一套严格的责任制促使政府的管理者和雇员们能够更加注重工作的绩效结果，它的一个核心原则是绩效结果对决策制定的影响力。这项议程包括5项动议，其中预算与评估一体化动议的总目标在于促进所有项目达成预期的结果并不断改进工作的绩效，它强调了预算决策要以绩效为导向。联邦机构于 2004 年正式将绩效与预算统一起来,引入了项目评价体系(PART),提供颇具价值的绩效信息,反映各项政策是如何对有限的预算资金进行投资的。预算资金由那些低优先级或低绩效的项目转移到高优先级或高绩效的项目;那些具有高优先级的项目,经过进一步优化以期达到更好的成果。美国当代著名绩效专家约翰·摩歇尔的研究发现,2005 年内总统预算清楚地表明了项目绩效与预算之间的联系比往年更加紧密:被评为"有效"项目的资助平均增幅达 7%;"中等有效"项目的资助平均增幅达 8%;而"勉强有效"项目的资助平均下降 1.6%;"无效"项目的资助平均下降达 38%。[①]

2003 年,联邦政府开始推行部门绩效"报告卡"制度,围绕组织绩效的主要方面,设立绩效基准和等级评估标准(绿色代表良好,黄色代表一般,红色代表不佳),以一种类似危机管理的方式展示公共责任,由此不仅加强了总统对各执行部门的监督控制,又有效地激励了部门的内部管理。具体评分描述如表 2-1 所示。

表 2-1 评分描述表

| | 绿 | 黄 | 红 |
|---|---|---|---|
| 状态分<br>(Status Scores) | 达到所有成效标准 | 达到部分标准 | 存在严重不足 |
| 进展分<br>(Progress Scores) | 按计划开展工作 | 工作进展落后于执行表,需要调整工作以及时达到动议要求 | 如果没有关键的管理变革,则很难实现动议目标 |

资料来源:财政部财政科学研究所《绩效预算》课题组:《美国政府绩效评价体系》,北京:经济管理出版社 2004 年版,第 294 页。

衡量政府各部门、机构对总统提出的"预算与绩效一体化"目标执行效果的计分卡标准如表 2-2 所示。

---

[①]John Mercer. OMB's Program Assessment Rating Tool [EB/OL]. http：John - Mercer. com.

表 2 - 2 "预算与绩效一体化"目标执行效果的计分卡标准

| 绿 | 黄 | 红 |
|---|---|---|
| 达到全部核心标准：<br>（1）计划编制、评价和预算工作的全体人员与项目管理人员齐心协力创造一个完整的计划/预算，以便于监控和评价执行情况<br>（2）简化、清晰、完整的机构计划/预算设定成果目标、产出目标，并根据过去的业绩确定所需的资源<br>（3）预算科目、预算工作人员、计划及活动都要有助于实现项目目标<br>（4）所有的预算成本应该记在主要账户上，产出成本、项目成本与预算要求的绩效统一起来<br>（5）机构能证明项目的效果，表明项目产出和相关政策对预期成果的影响，系统地实现绩效预算，预算决策以项目绩效为基础 | 达到部分核心标准而非全部，没有红色状况 | 有以下任一情况：<br>（1）计划编制与预算编制基本无关，各层组织机构之间缺少沟通，只想为自己获得资金使用<br>（2）传统预算不要求资源水平与绩效相联系，也不必和非预算技术员进行沟通<br>（3）账户过多过滥，不符合规定的账户设置等<br>（4）对当局的费用成本不加重视，更不用说活动的费用成本，机构或集聚的部分成本混在一起，项目负责人对资源的支配权极其有限<br>（5）费心思找一个好理由获得资金，而不是注重结果以及项目作用 |

资料来源：财政部财政科学研究所《绩效预算》课题组：《美国政府绩效评价体系》，北京：经济管理出版社 2004 年版，第 300 页。

预算与绩效一体化强调了预算决策以绩效为导向。2004 年，小布什政府决定将绩效与预算决策正式统一起来，引入项目评价体系，以实现对政府项目客观、透明的评价。PART 设计了一系列问题，通过评价项目的目的及设计、战略规划、管理、结果和责任，确定联邦项目的利弊之处，为决策提供依据，同时也有效地促进了项目自身的完善。每一个 PART 调查问卷都由四大部分组成。围绕每一部分的主题设计一系列问题，每一个问题均采用是/否的形式，同时需要有一个简短的叙述性解释及相关的证据来支持答案。问题的适用性依项目而定，并非所有的问题都适合于每一个项目。每个问题都有各自的权重，并可以根据特定项目的相关程度调整权重值，以便更加准确地突出项目的关键因素。PART 调查问卷的内容如表 2 - 3 和表 2 - 4 所示。

表 2 - 3　**PART 问卷的四大组成部分**

| 项目目的和设计 | 评估项目的设计和目的是否清楚、合理 |
|---|---|
| 战略规划 | 评估是否为该项目制定了适当的年度目标和长期目标 |
| 项目管理 | 评价对项目的管理，包括财务监督、项目执行情况 |
| 项目成果 | 根据战略规划部分设定的目标及其他方面的评价来确定项目绩效 |

资料来源：财政部财政科学研究所《绩效预算》课题组：《美国政府绩效评价体系》，北京：经济管理出版社 2004 年版，第 302 页。

表 2 - 4　**PART 问卷的主要内容**

| | 每一项目的关键问题 | 描述 |
|---|---|---|
| 项目目的 | （1）项目目的清楚吗<br>（2）项目的设计是否为解决特定的事件、问题、需求<br>（3）该项目的设计对于解决特定的事件、问题、需求有重要影响吗<br>（4）在解决特定的事件、问题、需求时，该项目是否有独一无二的作用<br>（5）对于解决特定的事件、问题、需求等，该项目是否最理想 | 这部分考察项目的目的是否明确，项目的设计如何，评价超出项目或机构直接控制但具有影响力的相关因素。突出项目目的对于制定项目目标、确定重点和项目管理至关重要的作用。证实资料来源于法律的批准/机构的战略计划/年度绩效计划和其他报告<br>答案选择：是、否、不适用 |
| 战略规划 | （1）该项目有一系列特定的长远绩效目标，这些目标以结果为导向，能从整体上体现该项目的用意吗<br>（2）该项目有有限年度目标和长期目标，支持项目规划吗<br>（3）所有组成人员的工作都支持年度目标和长期目标，支持项目规划吗<br>（4）该项目能和其他具有类似目标的相关项目有效协调吗<br>（5）是否定期进行独立客观的、充分的评价，以弥补绩效信息的不足，这些评价足以支持项目的改进并有助于评价效果吗<br>（6）项目预算是否与项目目标统一起来，容易取得有关信息，知道资金、政策及法律变化对项目绩效的影响吗<br>（7）项目过程中是否采取了有效的措施以应对战略规划的不足 | 这部分集中考察项目的规划、资源配置及排序等问题。关键部分在于评价项目是否采用了适当的、实际的绩效衡量指标来证明它将取得应有的结果<br><br>这部分评价的第二个内容是项目执行的灵活性，考察项目是否能够根据绩效情况进行调整并进行定期监控证实资料来源于战略规划文件、项目参与者的提交报告、评估计划、预算文件等<br>答案选择：是、否、不适用 |

|  | 每一项目的关键问题 | 描述 |
|---|---|---|
| 项目管理 | （1）机构是否定期收集及时可靠的信息并利用这些信息管理项目、提高绩效<br>（2）项目负责人和项目组成人员是否对成本、时间进度、绩效结果负责<br>（3）所有资金是否妥当管理并用于预期目的<br>（4）项目执行中，是否有相应的激励机制及程序衡量和提高效率、成本效益，例如竞争机制、成本比较、IT改进 | 这部分的目的是评价机构能否证明其项目得到了有效的管理，能够达到项目目标。关键点是财务管理、项目进展评价、绩效资料收集和项目负责人的责任。这部分的证实材料相对广泛，主要有财务报表、审计总署报告、IG报告、绩效计划、预算执行资料、IT计划和独立项目评价<br>答案选择：是、否、不适用 |
| 项目成果 | （1）项目在实现长期成果目标中是否取得了相当的进展<br>（2）项目是否达到了每年的绩效目标<br>（3）每年在实现年度目标的过程中，项目的效率及效益是否得到改进<br>（4）与其他具有类似目的的项目相比，该项目是否表现出更好的绩效<br>（5）该项目的独立评价是否表明该项目是有效的并取得成果 | 这部分极其重要，它评价项目是否达到其长期目标及年度目标，说明与其他项目相比，该项目的长处与成效。证实材料主要包括年度绩效报告、评估报告、审计总署报告、IG报告和其他文件等近期相关资料<br>答案选择：是、否、不适用 |

　　奥巴马政府认为，以结果为中心的绩效管理能够转变政府的工作方式，但并不能保证其一定成功。测试绩效管理系统是否有效的关键是看其使用的程度，而不仅仅是所产生的绩效目标和指标的数量。奥巴马政府认为，联邦政府的绩效管理系统还没有通过此项测试，GPRA和PART过度重视为遵循报告要求而产生的绩效信息，而对于这些信息的分析以及在管理和决策利用方面还远远不够。国会很少将机构的绩效目标和指标用于监督和政策制定，各机构也未能利用这些信息来评估其工作的有效性或推动其改善，没有向公众提供合理的绩效信息。鉴于此，绩效信息的利用问题成为奥巴马政府、国会和学术界等关注和进一步改革的焦点。

　　奥巴马政府表示，要在既有的改善联邦政府绩效和有效性的各种努力的基础之上，将高度优先性目标与GPRA绩效报告及PART开发的项目层次的绩效指标统一起来，并借鉴州和地方以及其他国家绩效管理改革的成功经验，构建新的联邦绩效管理系统。该系统应该遵循高层领导掌控绩效管理过程，目标与指标分层推进，结果导向型、跨机构型目标与测度，持续性评议与问责，过程透明五大原则，[1] 体现结果中心观、横向可比性、趋势性以及充分利用先进信息技术等特征。[2]

# 第二节　英国的政府绩效管理实践

政府绩效管理应用最持久、最广泛，技术上比较成熟的当属英国，这也是撒切尔政府克服官僚主义、努力提高行政效率和效能的一个重要组成部分。经过三十多年的探索和实践，英国已经发展出一套较完整的绩效管理体系。这套体系从绩效评估主体、绩效评估指标到评估结果分析运用，都是以政府审计为主要手段和方法开展的。从 20 世纪 80 年代行政改革后，政府审计工作重点转向绩效审计，英国称为 Value for Money Audit，可译为"资金使用效益"，也可以叫做"物有所值审计"。绩效审计是对中央和地方各级行政机构的公共资金使用情况、公共服务的提供质量、结果的评估。因此，在英国，政府绩效管理也可称为政府绩效审计。

英国政府绩效管理的主体是审计机构，他们的主要职责是对各地方政府和相关部门展开绩效评估与管理，制定绩效评估体系。英国的审计机构分为中央和地方两套系统，其中两大主要官方审计机构是英国国家审计署（National Audit Office）和审计委员会（Audit Commission）。两者虽是官方的审计机构，但不属于政府机关，完全独立于政府。此外，还有 1983 年成立的公共账目委员会（Public Accounts Commission），其主要职责是确保议会批准的公共支出已得到恰当的记录和反映，公共资金的使用符合议会批准的计划，并取得了较好的使用效益。[3] 英国各地方审计机构包括苏格兰审计

---

[1] Statement of Jeffery D. Zients, Chief Performance Officer and Deputy Director for Management, Office of Management and Budget, Before the Budget Committee, United States Senate, Oct 29, 2009, http://www.docin.com/p-65007455.html.

[2] Oral Testimony of Jeffery D. Zients, Before the Committee on Homeland Security and Government Affairs, Subcommittee on Federal Financial Management, Government Information, Federal Services and International Security, United States Senate, Sep 24, 2009.

[3] 英国国家审计署：《绩效审计手册》，《审计月刊》2004 年第 29 期。

署（Audit Scotland）、威尔士审计署（Wales Audit Office）、北爱尔兰审计署（Nothern Ireland Audit Office）。

英国政府绩效管理的程序分为准备、实施和跟踪调查三个阶段。准备阶段主要是通过调查分析确定恰当的审计项目计划。在确定审计目标前要进行信息收集，这些信息来自被审计单位的年度报告和业务计划、外部相关利益主体报告、议会和审计署的资料、有关政策等方面；同时要考虑与被审计单位的重要人员保持联系，关注被审计单位业务进展情况和邀请专家学者对绩效审计项目提供支持。在确定审计目标时要实行严格的项目风险管理制度，审计工作要严格按照审计组签署的项目合同来开展，项目合同包括审计成果、审计提交时间、可以利用的审计资源等方面，以确保在尽可能短的时间内提交高质量的审计报告。而且，审计人员要完成风险评估，即明确什么地方容易出错、出错的可能性、产生的后果等，有助于在问题出现时及时、有效地处理。在起草项目建议时，审计组对需要回答的问题进行归类总结。最后项目计划提交审计长，由审计长或公共账目委员会决定是否实施这一审计计划。被确定的项目一般要经过广泛的协商和讨论，这些项目往往是议会关注的政府工作、社会舆论关注的热点、投诉较多的行业和部门等。

实施阶段包括初步检查、全面检查和审计报告三个步骤。初步检查就是确定全面检查中要解决的问题、需要进行全面检查的方法、计划、预算和时间安排等。初步检查的结果和结论提交审计署，然后决定是否进行一次全面检查。全面检查就是在充分的、相关的和可靠的审计证据的基础上形成合理的绩效审计结论。全面检查的具体目标、审计方法、主要任务、时间安排和预算等已经在初步检查阶段结束后确定。绩效审计报告要求简洁有力，含附录在内，不得超过40页。审计组首先撰写报告初稿，其次根据审计长和国会专门委员会的意见对报告进行补充、修改，最后向议会提交正式报告。除涉及保密事项的审计报告外，所有的报告都要在国家审计署网站上公布。

跟踪调查阶段的目的是确认被审计单位按照公共账目委员会和主计审计长审计报告所提供的审计建议实施整改工作的进度，确定绩效审计的效果和所实现的增值，所以提供了建设性的事后监督和质量保证工作，主要通过以下四个方面进行：新闻媒体报道外部监督，通常是由从多个领域组织专家成立专家组，评价每份报告质量，侧重于审计技术方法、审计范围和审计结论建议等方面；每个公民通过在网站上查阅报告，对相关问题提出质疑；被审计单位的观点，包括他们对绩效审计所实现的审计影响和增值、审计组织是否科学、审计人员是否称职等的看法；审计组复核，在报告发布后审计组会开展"吸取教训"式的审计复核工作。

1983 年，英国《国家审计法》规定国家审计署要从经济性、效率性、效益性三个方面检测政府部门公共资金的使用情况。"3E"标准成为了政府绩效评估的主要内容。对"3E"的界定如下：经济性，是指使资源的使用或获取达到最小化，即是否花得少、降低投入成本；效率性，指的是一个活动或服务的产出与投入资源之间的关系，即是否花得好；效益性，指的是预期目标与实际效果之间的关系，即是否花得明智。

在绩效评估指标体系方面，"最优价值绩效指标"（Best Value Performance Indicators，BVPIs）和"全面绩效评估"（Comprehensive Performance Assessment，CPA）构成了目前英国地方政府绩效评估指标体系。其中，BVPIs 在 1999 年由英国审计署制定，是当前英国进行绩效评估的基础性指标体系。2002 年，为摆脱政府面临的财政危机、管理危机和信任危机，英国审计署设计了针对单一制议会和郡议会（Single - Tier Councils and County Councils）、地区议会（District Councils）和消防部门（Fire and Rescue Authorities）的 CPA 框架。

2005/2006 年版的"最优价值绩效指标"包括 94 个指标（如含亚指标共 173 个），分为两个部分：一部分是一般性指标，称为"总体健康状态指标"（Corporate Health Indicators）；另一部分是所提供服务的分类指标（Service Delivery Indicators），涉及地方政府和公共机构的主要职能。其中，"总体健康状态指标"包括 5 个方面的评估内容，即平等服务原则（涉及性别、种族、残疾人接受服务的平等权利）、平等服务标准的制定和落实、税收状况、准时支付状况（政府受到企业或个人出具的发票后是否按时支付，有无拖欠行为）、电子政府建设，共 12 个指标（如含亚指标共 17 个）。"分类服务指标"共有 82 个（如含亚指标共 156 个），主要反映中央政府对地方政府和公共机构所提供的各类服务的关注，被认为是涉及国家利益的指标，内容涵括教育、社会服务、住房、环境、文化与相关服务、公共安全、消防与救助等。英国中央政府每年都向社会、地方政府和公共机构搜集对"最优价值绩效指标"体系的反馈意见，以便增删修改。

从 2002 年开始，英国政府对单一制议会和郡议会、区议会、消防和救援机构实施全面绩效评估，其目的在于：①建立明确的评价标准与服务优先顺序；②实施等级化、综合性的绩效评估，给出不同政府机构的绩效等次；③地方政府必须提供明确的绩效信息，让公众了解政府绩效的现状；④针对各级地方政府的优缺点，提供其所需的支持与相关信息；⑤给予高绩效的地方政府更大的施政弹性与自由；⑥给予额外的自由权力，以支持地方优先服务事项的加速改进；⑦以精简及新的最佳价值框架来协助政府改善服务；⑧以强硬及提前介入来处理失效的政府或服务。与最优价值绩效指标不同的是，全面绩效评估指标从资源利用评价、服务评价、发展方向、综合评价四个方面对单一制议会和郡议会、区议会、消防和救援机构进行评估。最后，审计委员会将资源利用评价、服务评价和综合评价三部分结合，给被评估的公共部门评出相应的星级（0~4 星共 5 个星级）。发展方向评价结果是用来说明地方政府在不久的将来改善其绩效的可能性，这种可能性分为四个级别，即明显改善、适当改善、有所改善和略有改善或没有改善。

英国是最早开展政府绩效管理的国家，也是绩效评估成就显著的国家之一。在政府绩效管理发展的每一个阶段，英国总会适时推出新的工作形式。2009 年 2 月，英国公布了绩效评估的最新发展形式——全面地区评估体系（Comprehensive Area Assessment，CAA），并于当年 4 月 1 日起正式实行。

# 第三节　其他国家的政府绩效管理实践

在美国、英国等国的带动示范下，世界上其他国家也都掀起了政府绩效评估与管理的热潮，以至于西方媒体惊呼"评估国"的出现。其中，新西兰、澳大利亚、荷兰等被视为新公共管理改革最为迅速、系统、全面和激进的国家。特别是新西兰，它因改革的深度、广度、持续时间和成效而被许多国家奉为典范。新西兰的公共部门管理改革有三个基本取向：一是政府已使许多由公共组织履行的功能商业化；二是只要可能，就将商业活动和非商业活动分开，并将交易活动转移到公共公司；三是人力资源管理政策上的变化。《公共财政法案》及其修正案、《雇佣合同法》和《财政责任法》强化了中央政府各部、执行局的财政责任、考核关系及绩效考评。2000 年，新西兰国会通过了《雇佣关系法》，并以此取代《雇佣合同法》，在执行官的工作绩效与其雇佣的条件之间建立了紧密的关系，并为双方提供了灵活的选择权，有利于客观评估公务员绩效。新西兰各个国家部门的年度绩效考评工作主要由国家服务委员会牵头（财政部、国库部主要负责评估预算绩效），责任大臣配合，考评结果直接向内阁和内阁支出控制委员会报告。来自政府外部的考评，主要是由国会相关委员会和由直属国会的审计署进行。在绩效考评任务结束后，新西兰的责任部长根据考评结果对首席执行官的产出进行验收，确认产出是否达到了预定的效果，并形成初步考评意见供国家公共服务专员进行绩效考评时参考。每一年度，专员根据有关法律、绩效框架、责任、产出的数量和质量、责任部长的考评意见，对执行官的绩效做客观的考评。审计署则就其选定的部门进行年度绩效审计后，将结果报送国会。

亚洲国家是从 20 世纪 90 年代开始引入政府绩效管理的，日本、韩国等国家先后引入类似政府绩效管理的"行政评价"或"制度评估"。为建立适应 21 世纪要求的行政管理体制，并希望通过行政改革来带动社会经济的根本性转变，日本各地方政府于 20 世纪 90 年代中期开始引进政府绩效管理制度。1994 年，静冈县率先推行行政业务盘点活动；1995 年，日本制定《地方分权推进法》。① 随后，三重县、北海道等都、道、府、县也都推行了以政策评价为核心内容的行政改革。由此，日本的政府绩效管理拉开了序幕。2000 年 1 月，日本内阁会议确定行政改革纲要，总务省设行政评价局，对各部的政策实施统一的综合评价，并将评价结果反映到政策和政府预算以及组织人事安排中去。为保证政府各部门能够切实地开展政策评价活动并提高政策评价的实效性，日本又于 2001 年 1 月设立政策评价和独立行政机构评价委员会，同时于 6 月制定《关于行政机关实施政策评价的法律》（简称《政策评价法》）。这些都标志着日本政策评价制度的成熟和日本政府绩效管理的全面发展。

在韩国，政府绩效管理的理念发端于 20 世纪 60 年代引入政府部门的计划审查制度，但是真正发展并走上制度化是在 20 世纪 90 年代。当时的背景是：自 1993 年开始的民选政府的政治制度和 1997 年出现的金融危机。1998

①袁娟：《日本政府绩效评估模式研究》，知识产权出版社 2010 年版，第 9－10 页。

年金大中执政以来，针对韩国自 20 世纪 60 年代以来的"权威主义政权"和"军事统治"的积弊进行了大规模的行政改革。为了成功应对当时国家所面临的多重危机以及满足对政府效能的新要求，金大中政府改革的趋势是掌舵型政府、市场导向、顾客中心、成本控制，目的是建立一个廉价、高效、服务的政府。进入 21 世纪后，韩国政府先后引入和发展针对部门、公务员的多种绩效评价制度：从 2000 年开始，以政府组织中具有事业性、执行性特征的机关为对象，引入和施行了责任运营机关制度，同时在财政部门引入成果管理制度；2004 年开始，对四级以上公务员实施职务成果契约制，评价个人的工作成绩，将绩效评价反映于晋升、奖金等激励机制中。之后，为了统合依据现有法令形成的个别或重复的各种评价，形成涵盖政府（包含公共机构）全方位业务、具有统合性和体系化的成果管理体系，韩国政府从 2006 年 4 月开始施行《政府业务评价基本法》。该法对韩国政府绩效管理的主体、内容、标准、程序等均作了规定，它的实施提高了政府业务运营绩效。总体上看，韩国推行政府绩效管理，提高了政府管理水平，推动了行政改革的进程，强化了政府的服务功能，推动了韩国政府向服务型政府的转变。

# 第四节　国外政府绩效管理实践的启示

　　尽管上述各国实施政府绩效管理的背景、工作重点和内容以及具体的方法与程序各有不同，但都体现了新公共管理理论的基本取向和要求，这就为各国相互借鉴成功经验提供了实际可行性。我国政府绩效管理尚处在起步阶段，系统地总结并有选择地吸取各国政府绩效管理方面的经验，无疑具有十分重要的积极意义。

## 一、政府绩效管理应坚持正确的理念和原则

　　政府绩效管理是一项系统工程，更是一种管理理念和原则。西方国家的政府绩效管理实践始终坚持效率、质量、公共责任、服务对象至上等核心理念，也取得了实际效果。借鉴这种经验，我国政府亟须创新服务理念、责任理念、公平公正理念，政府绩效管理需要从强调"政治控制功能"转

变为"对经济、文化、科技和社会公共事务管理及服务性作用"，政府行政责任从"对上负责"到"对社会公众向下负责"，遵循公共责任、公众至上的价值原则。[1] 在实践中，推行政府绩效管理应特别树立科学发展、结果导向、公众满意三大理念，坚持战略原则、整体一致原则、民意原则、标杆管理原则和自我发展原则。

## 二、政府绩效管理是提高政府执行力和公信力的重要抓手

国外政府绩效管理实践表明，政府绩效管理是一项有效的制度设计和管理创新的途径。美国、英国、新西兰、韩国等施行的强化政府责任和服务对象至上的政府绩效管理，完整地体现了企业经营中所一贯追求的效率与质量、顾客至上、力求完美的精神，在改进和完善政府行为活动中发挥了重要作用并取得了积极的成效，对于提高政府执行力和公信力、改善政府的公众形象也功不可没。

根据政府内部体制变革的背景，我国政府需要借助政府绩效管理的方式强化自身建设和提升自我管理能力，通过推行政府绩效管理和行政问责制度，设置科学合理的政府绩效评估指标体系与评估工作机制，以达到转变传统行政管理模式，推动政府内部管理体制改革，更好地贯彻落实科学发展观、加强服务型政府建设、改进机关工作作风、提高政府执行力和公信力的总目标。

## 三、应基于实际国情构建政府绩效管理体系

到目前，以美英为主的西方国家的政府绩效管理已渐趋成熟，形成了较为完整的体系，整体性的政府绩效管理框架得以建立。[2] 西方国家运用信息技术的手段将服务与顾客至上的理念表现出来。

由于各地政府绩效管理工作一致性与差异性并存的现实，我国政府绩效管理应着力于构建具有普遍指导意义的绩效管理体系框架，构建集组织机制、制度保障、指标体系、过程管理、考核评价、结果应用等于一体的整体性的政府绩效管理体系。在构建这个体系时，还要体现对政府内部与外部绩效、效用与成本绩效、战略目标与百姓需求、长期与短期绩效等的

---

[1] 刘旭涛：《政府绩效管理：制度、战略与方法》，机械工业出版社2003年版，第98页。
[2] 朱立言：《从绩效评估走向绩效管理——美国经验和中国实践》，《行政论坛》2008年第2期。

统筹兼顾。

## 四、加快制度建设，确保绩效管理工作的法制保障

制度体系是各级政府建立绩效管理体制机制的有效载体和保障，是确保绩效管理工作常态化、规范化、长期化的必要基础。西方发达国家在全面实施政府绩效管理的过程中，非常重视建设和完善相关的制度，注重运用法律手段来规范政府绩效管理与评估体系。例如，美国制定了《政府绩效与结果法》；英国有《地方政府法》、《公民宪章指南》和《中央政府产出与绩效评估技术指南》；澳大利亚有《审计长法》；新西兰有《雇佣关系法》、《公共财政法案》和《财政责任法》；日本有《政府政策评价法》；等等。

当前，我国的政府绩效管理实践中普遍表现出法制建设滞后的现象，从中央到地方都没有规范的立法，制度建设比较薄弱，政府绩效管理尚未纳入法制化、规范化、常态化的轨道。西方国家的实践表明，政府绩效管理的长效化的必要条件之一就是要建立包括法律法规和流程规范体系在内的制度保障体系。因此，我国应当在研究构建政府绩效管理的政策法规、流程标准规范，适时推进绩效管理立法，形成普遍性与特殊性相结合的法制体系，强化和完善绩效管理工作制度等方面加大力度。

# 第三章　地方政府绩效
## 管理的理论框架

　　罗伯特·默顿曾经指出："理论是指逻辑上相关并与经验相符的一组命题。"[1] 它具有抽象化、主题化、逻辑性、解释性、概括性、独立性、有效性等特征。地方政府绩效管理是一个十分复杂，涉及绩效评估与管理、地方政府、数理模型、电子政府、抽样统计等概念范畴，涵盖了经济学、行政学、统计学、管理学、系统论、控制论、信息学等系列学科的理论体系。因此，在探讨建立地方政府绩效管理体系之前，需要对它所依托的诸多学科的基本理论作一个阐述、梳理和整合。

## 第一节　政府绩效管理的学科体系特征

　　政府绩效管理在实践上蓬勃发展，有关它的理论研究也在不断深入和延伸，逐渐形成了跨学科的、综合性的理论体系及分析范式。伴随着理论的整合和创新，一门横跨经济学、行政学、管理学、系统论、控制论、信息学等多学科的、新的交叉学科——政府绩效管理学应运而生。

　　经济学是一门成熟的学科，它是研究个人、企业、政府及其经济单位如何进行抉择，以便决定如何有效使用稀缺或有限资源的学问，其核心理念是理性自利和自由选择。作为经济学的重要分支，政府经济学或公共经济学的研究对象是政府及政府机构（包括国有企业）的经济行为及职责，而这些行为和职责与政府职能密不可分。众所周知，政府绩效评估与管理

---

① Robert Merton, *On Theoretical Sociology*, New York: The Free Press, 1967, p. 39.

的对象是政府，政府"应该做什么"和"正在做什么"的依据何在，这些都需要经济学理论作出回答。

行政学又称行政管理学和公共行政学，是研究国家行政管理现象及其规律的科学，具有鲜明的政治性；同时它又揭示行政组织管理社会公共事务的规律，所以又具有社会性。它一方面为统治阶级服务，另一方面其所揭示的规律又为不同阶级、不同政治倾向的管理者所接受和共享。行政学理论主要体现于政府绩效评估的价值取向，关注经济增长、社会公正、民主、稳定、自由等现代生活方式及核心元素，主要是增长与公平、民主与秩序两对变量的价值取向。针对地方政府绩效管理，行政学作为理论武器，不仅要回答一般意义上"谁来管"、"管什么"等核心问题，而且要对地方政府绩效管理的功能、意义及必要性作出解释。

公共管理和企业管理是管理学的两个重要应用领域，而管理学的新理念为政府绩效管理提供了理论支持。第二次世界大战以后，随着经济复苏和企业发展，新的管理理论和思想层出不穷，公共管理不断借鉴企业管理中的有效成分，形成了新公共管理主义，涉及企业再造理论、高绩效组织理论、标杆管理、全面质量管理、客户关系管理等，并以此为基础衍生出"绩效管理"。

系统论及控制论源于自然科学，强调系统原理，但作为方法论已广泛应用于社会科学及跨学科的研究中。系统论及控制论要求从完整、系统、全面的角度去分析和研究问题，充分认识到一个复杂结构事务各个环节的功能，设计控制节点，实现控制目标。政府绩效管理对象的复杂性决定了系统结构的复杂性和多样性，从系统控制的视角分析评估各个层级、环节、功能和节点，有助于建立完善的绩效管理体系。

信息学及相关领域的理论和政府绩效管理关系密切，政府绩效管理系统实质上是一种信息流动和信息使用系统。总体来说，信息化对政府绩效管理的影响已日益显现，如居民通过互联网参与公共事务决策的民主权利；信息化为实现政府的政务公开提供技术基础，有利于提高行政效率。[1] 政府绩效管理是一个极其复杂的过程，信息技术为政府绩效管理提供了技术支持，但绩效管理系统的设计和运作又要考虑实用性、简易性和可操作性。

综上可知，政府绩效管理是一个多学科融合的产物，虽然它是管理学的一个新领域，但远远不局限于管理学已有的理论及逻辑体系。虽然目前

---

①徐勇、高秉雄：《地方政府学》，高等教育出版社2005年版，第117页。

将政府绩效管理上升到一门独立学科的高度条件仍不成熟，但从发展的趋势看，基于拥有自身的研究目的、内容、方法和体系，建立政府绩效管理学是必然趋势，从而将涉及政府绩效的多学科理论及方法整合到一个新的学科中。一方面，不同学科的理论满足不同子目标需求，如经济学的经典理论尤其是关于政府职能定位的理论，服务于评估政府"该做什么"和"为什么"，也就是宏观层面上"为什么需要政府"和"需要什么样的政府"。从某种意义上说，政府经济学包括公共选择理论实质上在回答这些问题。正如布坎南所言："如果没有宪法的限制，民主政府会过度膨胀和变得扰民。"① 另一方面，各个学科的交叉与整合又是一个动态的过程。围绕解决不断出现的新问题、新情况，不同学科之间在开放状态下实现信息交流与互补，相互交流与互补的过程就是相互选择的过程。同理，与政府绩效管理相关联的各门学科或子学科的融合是一个动态的、不停息的过程，也是一个不断创新的过程。

当然，除了以上所提到的各门学科，政府绩效管理的理论需求还涉及其他学科，并且在实践中表现得更具有微观性和针对性，有关学科理论与政府绩效管理之间的关系如图 3 - 1 所示。需要指出的是，公共管理学与经济学、管理学、行政学之间的关系较为复杂，难以简单地作出直观描述。

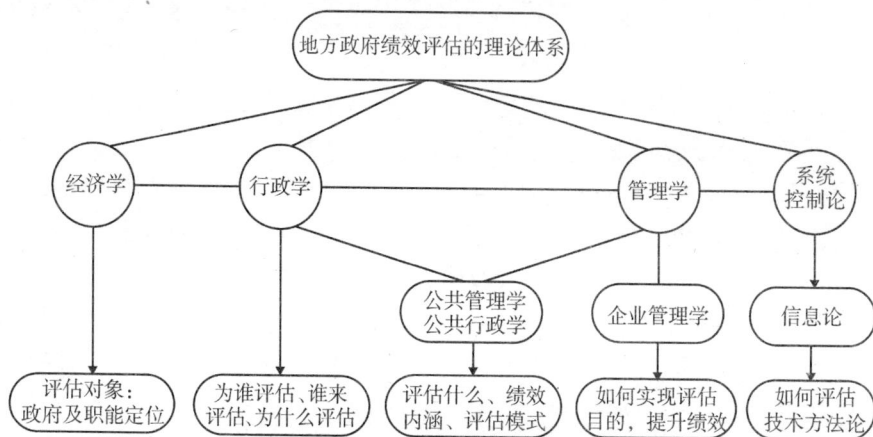

图 3 - 1　地方政府绩效管理理论框架

①［美］斯蒂文·普雷斯曼：《五十位经济学家》，陈海燕等译，江苏人民出版社 2005 年版，第 311 页。

# 第二节　地方政府绩效管理的理论界定

地方政府是中央政府为治理国家部分地域而设置的各级政府，是一个国家政府体系的重要组成部分。地方政府与中央政府是相对应的两个概念，"中央"与"地方"之间存在上下隶属关系。在单一制国家中，中央政府是拥有最高权力的政府，地方政府都是中央政府的下属政府。在联邦制国家里，联邦政府与联邦成员政府（如州政府）之间不存在上下隶属关系，即不存在"中央"和"地方"的关系：联邦政府不是联邦成员政府的中央政府，联邦成员政府之下的各级政府才是地方政府。但不论单一制国家还是联邦制国家，都是一个统一的整体国家，都有一个代表整个国家的政府——全国性政府（国家政府）。从通常意义讲，地方政府的活动与社会公众的日常生活和切身利益密切相关；地方政府治理得好坏，直接关系到一个国家社会经济与文化发展和政治稳定。因此，评估与管理地方政府的绩效具有非常重要的现实意义，是当前我国行政管理体制改革和贯彻落实科学发展观的重要内容。

我国为单一制国家，地方政府组成通常包括省、市、县、乡（镇）五级 4 个层级，目前大约有 41497 个地方政府。和中央政府比较，地方政府具有权力非主权性、权责局部性等特征。根据《中华人民共和国宪法》（以下简称《宪法》）第 3 条规定，中央和地方的国家机构职权划分，遵循在中央的统一领导下，充分发挥地方的主动性、积极性的原则。《宪法》对中央与地方国家机构职权未作明确划分，导致地方政府与中央政府设置相同或类似。根据《宪法》与地方组织法的规定，县级以上地方各级人民政府并不存在明确的职能划分，因而行使基本相同的权力。[①] 但具体来说，我国现时期地方政府的层级划分主要有三种模式：①四级制。四级制是指通常所说的省—地级市—县（县级市）—乡、镇四级，如江苏、山东、山西、河南、

---

①我国《宪法》第 107 条规定，县级以上地方各级人民政府依照法律规定的权限，管理本行政区域内的经济、教育、科学、文化、卫生、体育事业、城乡建设事业和财政、民政、公安、民族事务、司法行政、监察、计划生育等行政工作，发布决定和命令，任免、培训、考核和奖惩行政工作人员。我国地方各级人民代表大会和地方各级人民政府组织法第 59 条也作了类似规定。

湖北等近20个省都采取这种划分方式，在我国具有代表性。②虚四级制。所谓虚四级制，是指省或自治区—地区或自治州—县（县级市）—乡、镇，这种模式的"地区"或"自治州"没有进行地改市，仍然保留原来的地区行署。我国少数民族密集的省份（如青海、甘肃、云南和几个自治区）多是这种模式。③三级制。我国极少数地方是采用三级制的模式，即没有地级市这一级政府，这是符合《宪法》规定的政府层级模式，如海南省以及四个直辖市，就是省或直辖市政府直接管理属县或县级市。

鉴于我国地方政府职能的特点，如无国防、外交等主权职能，也不涉及全国性宏观经济及社会政策（如利率），因此管理地方政府绩效只能针对其可以作为或主导作为的行为、过程与结果。结合前文对政府绩效管理的定义，可以大致界定，地方政府绩效管理就是指通过运用科学的方法、标准和程序，对地方政府履行职责、实现目标的过程和效果进行综合性评价和等级划分，并给予奖优罚劣。同样，地方政府绩效管理也是由绩效计划、绩效计划实施、绩效信息反馈、绩效评估和结果运用等多个环节组成，绩效评估是其中承上启下的关键环节。更具体地，地方政府绩效管理包括两个方面的内容：一方面，它作为地方政府部门内部管理的改革与完善措施，体现了放松规制和市场化的改革取向，是一种以结果为本的控制；另一方面，它改善地方政府部门与社会公众的关系，加强社会公众对地方政府信任的措施，体现了服务和顾客至上的管理理念。

地方政府绩效管理蕴含的公共责任和顾客至上的管理理念强调地方政府管理活动必须以顾客为中心、以顾客的需要为导向；强调地方政府是当地公共服务的供给者，应增强对社会公众需求的回应，更加重视管理活动的产出、效率与服务质量。为此，倾听顾客的声音、按顾客的要求提供服务、让顾客作出选择的有效方法在实践中得以实行。

在价值上，地方政府绩效管理的价值取向决定了地方政府绩效评估与管理的标准。因此，只有寻求合理的价值取向，才能建立科学的绩效管理标准。对地方政府绩效的评价，应集中在那些能够满足需要的目标上——不只是当地政府自身的需求，还有能使当地政府得以维持的需求，只有这样的政策才对当地具有价值，政策才能证明其存在的合理性。[1] 当代政府管理在社会公平的基础上对公共责任和民主参与的强调，使效率、秩序、社

---

[1][美] 罗兰·彭诺克：《政治发展、政治体系和政治产品》，《世界政治》1996年第18期。

会公平和民主成为政府绩效管理的基本价值取向。效率的价值取向反映了社会对政府管理绩效量的要求；秩序、社会公平和民主的价值取向是一种解决各种社会关系和利益冲突的互动行为模式，反映了社会对政府管理质的要求。这些价值取向在地方政府绩效管理过程中具体通过管理效率、管理能力、公共责任、社会公众的满意程度等价值判断来体现。

# 第三节　地方政府绩效管理的主要特点与发展趋势

从各国，特别是发达国家的实践情况来看，当代地方政府绩效管理体现出以下主要特点和发展趋势：

（1）法制化与制度化。首先，绩效管理成为地方政府机构的法定要求。美国的《政府绩效与结果法》、荷兰的《市政管理法》等，都以法律的形式要求各地方政府部门进行绩效管理。其次，制度化表现为地方政府绩效管理机构的建立与完善。除各地方政府部门根据预先确定的标准和程序进行自我评估与管理外，多数国家还确定了独立机构，一方面对各部门的绩效评估与管理结果进行整合汇总，以便公众比较、评价；另一方面有选择地独立对一些部门的绩效进行管理，避免部门自我管理可能产生的"报喜不报忧"和评价失准现象。

（2）科学化与规范化。地方政府绩效管理主要围绕经济、效率、效益三个维度展开，同时辅之以公正维度，强调地方政府部门的工作过程与结果并重。虽然地方政府部门的职责和工作性质千差万别，但其经济、效率、效益和公正性都具体化为系统的适合部门工作特点的绩效指标，为绩效管理确立科学、规范的内容和标准体系，使之具备可操作性。另外，在管理程序、管理技术、评估结果公开与应用等方面都体现了规范化的特点。

（3）导向化与外向化。首先要求地方政府绩效管理以社会公众为中心，以社会公众满意度为本级政府绩效的终极标准。到 20 世纪 80 年代末，随着改革目标从经济、效率向以质量和顾客满意为侧重点的转移，地方政府绩效管理以社会公众为中心的导向日渐突出。此外，地方政府绩效管理的导向还体现在过程中的社会公众的广泛参与，社会公众成为地方政府绩效管理的主体之一。发达国家地方政府绩效管理中的社会公众参与既表现为地方政府绩效指标设计的外向特征和多样化的社会公众满意度调查，又表现为民间组织对地方政府绩效的独立评价和审视。

# 第四节　地方政府绩效管理的功能

地方政府绩效管理与资源的有效使用有着直接关系。当代地方政府面临着两难选择，一方面，社会公众对地方政府的要求越来越高，希望地方政府提供的服务越来越多；另一方面，地方政府可供调节配置的资源越来越少。要协调两者的矛盾，只能通过提高地方政府能力，从而最有效地利用各种资源。而资源使用的情况只能通过有效管理与评价才能得出结论。从这个角度看，地方政府绩效管理的功能主要体现在以下四个方面：

（1）绩效管理具有计划辅助功能。地方政府行政管理计划和具体目标的确定要以多方面的信息为基础，前一阶段地方政府的绩效状况是必要的信息，地方政府绩效管理可以提供这方面的信息。前一阶段的评估与管理结果可以为下一阶段计划的科学制订提供重要的帮助。

（2）绩效管理具有监控支持功能。在地方政府管理计划的实施阶段，必须对执行情况进行严密的监控，以发现是否有背离计划的情况，从而预测可能发生的后果并采取相应的控制措施。为绩效管理而拟定的绩效标准及据此收集的系统资料，可以为监控提供重要的、现成的信息来源。

（3）绩效管理具有促进功能。实施地方政府绩效管理，必须对地方政府管理系统进行研究和设计，这将有利于促进地方政府提高管理水平和工作效率。绩效评估的结果将为地方政府提供今后努力的方向，促进地方政府改进工作。

（4）绩效管理具有资源优化功能。地方政府绩效管理有助于科学地设定地方政府的目标，并根据效果配置资源。因为在缺乏有效的客观资料的情况下，地方政府领导者在决定某个领域的工作时，往往不知道将新增加的资源投向何处；当他们在削减预算时，又不知道削减的是"肌肉"还是"脂肪"。所幸的是，地方政府绩效评估与管理的结果可以为本地的资源优化配置提供科学的根据。

# 第四章  我国地方政府绩效
管理的探索与实践

地方政府绩效管理在我国从无到有，在最近20多年间里迅速发展，取得了许多阶段性成果，但其中存在的问题也很明显。立足于当前的现实情况，推进地方政府绩效管理进一步发展的最佳手段莫过于通过优化地方政府绩效管理的方式方法，在实践中让地方政府绩效管理的价值和作用得到充分显现，从而使地方政府绩效管理获得更加广泛的关注认同，赢取更加广阔的发展空间。

## 第一节  我国地方政府绩效管理的发展历程

从单纯GDP的增长到GDP与社会、文化的协同，再到注重经济、政治、文化、社会与生态"五位一体"的协调，我国的发展模式在探索中曲折前进。与此相适应，随着认识的逐渐深化，与此相关的政府绩效管理模式不断被提出，在实践形式上也得到不断优化。在从政府绩效管理20多年的实践以及我国领导干部考核实践，尤其是对党政领导班子考核实践的基础上，依据较为显著的转折性事件，可以将我国地方政府绩效管理的实践划分为以下三个阶段。

### 一、模式探索阶段

受西方国家绩效评估改革浪潮的影响，我国各地也逐步开始对组织绩效模式的探索，并取得了一定的进展。1983～1995年为我国政府绩效管理的模式探索阶段，其间的实践模式包括目标责任制、效能监察以及社会服务承诺制。这一阶段虽然已经开始了对政府绩效管理模式的积极探索，但总体上更多的是对基层、微观绩效的改进，并未真正触动地方政府绩效的大变化，这也是该阶段最为显著的特点。

目标责任制强调通过个人对目标的完成情况来促进组织绩效的提高，而在目标管理理论中，目标是由下而上逐级传递、逐层汇总的过程。然而，在实际中由于传统管理体制的制约，使得目标管理由原先自下而上的流程演变成自上而下的层层下达。虽然随着行政体制改革的深入和完善，将目标延伸至面向一把手的考核，使目标责任制逐步从微观层面扩展到宏观层面，然而事实上由于目标的设置多数来源于市委、市政府的工作部署，因此压力的承受者主要还是各职能部门的领导。从青岛市的目标责任制实施细则可以看出，对于完成年度工作目标的优秀单位给予精神和物质奖励；对当年未完成工作目标的单位主要领导实行诫勉；连续两年未完成工作目标的单位，其主要领导将被降职、免职或责令辞职。

效能监察虽然被称为"组织绩效管理的一种特殊形式"，但由于其侧重点以及监察方式等原因，直接制约了监察的影响范围，只能局限于与民众紧密接触、问题突出的部门。从监察的结果来看，虽然起到了一定的作用，查处了一部分违法违纪的党员干部，但其只能视为一种个人行为，而无法与组织绩效直接挂钩。

社会服务承诺制主要是借鉴了英国的"公民宪章"运动，以公开办事内容、标准、程序等方式来改革绩效。虽然社会服务承诺制本身为提高办事效率，改善服务水平起到了积极的作用，但事实上承诺制所影响到的部门并无法延伸至所有的职能部门。就烟台市的实施情况来看，其服务承诺制主要在以下三种类型的部门中推行：一是公共服务部门，如自来水、公交、电业等；二是与基层联系较多的行政执法部门，如工商、税务、公安等；三是关系国计民生而竞争又不充分的商业服务部门，如银行、粮食等。[1] 可见，制度本身的针对性，决定了社会服务承诺制只能在与顾客直接接触的第一线部门中进行推广和实施，体现出各个部门甚至整个政府的一种服务理念，但并未直接影响到政府领导班子。

这一阶段的模式探索虽然未对地方政府绩效管理产生深远影响，但地方政府领导无疑是绩效模式得以推广的巨大动力，领导作用在这过程中得

---

[1]刘旭涛：《政府绩效管理：制度、战略与方法》，机械工业出版社2003年版，第241页。

到彰显，新公共管理运动浪潮中的"绩效"意识已经逐渐深入，并起到了积极的作用。

## 二、评估指标确立阶段

这一阶段的时间跨度为1995～2003年。1995年，中共中央组织部制定下发了第一个实绩考核文件，即《关于加强和完善县（市）党委、政府领导班子实绩考核的通知》。与此同时，河北省省委正式制发了《关于市地党政领导班子和领导成员实绩考核的试行办法》和《关于省直单位领导班子和领导成员实绩考核的试行办法》，在全国率先启动了干部实绩考核制度。[1]此后，各地亦纷纷确立了以实绩为主的目标考核制度。

从各地的实践历程中可以发现，以目标责任制为主要方式的实绩考核制度多根据职能特点分为两部分：一部分是以职能部门为依托的考核指标；另一部分是以党政领导班子为对象的地方层级考核指标。例如，河北省干部实绩考核制度就分为市、县考核目标和省、市、县直属部门考核目标两部分，其中市、县考核目标体系由经济建设、精神文明建设和社会发展以及党的建设三部分目标构成。

这一期间除了明确干部实绩考核的主导地位外，最有意义的绩效模式探索莫过于率先在福建省开展的效能建设。于2000年在福建省全面展开的效能建设被认为是富有特色的中国新公共管理运动，[2]更有学者认为应该用行政效能取代传统的行政效率。[3]毫无疑问，效能建设通过明确工作职责、强化内部管理规范、优化资源配置等方式提高了组织绩效，并取得了积极的成效。此外，各地也开始了以行政相对人为活动主体的评议政府活动，如1998年沈阳市开展的"市民评议政府"活动、南京市的"万人评政府形象"活动等模式探索最积极的意义在于拓宽了绩效管理活动主体的层面，改变了以往单纯的内部评价方式，将享受公共服务和产品的对象作为绩效管理活动的主体，以此来提高政府的工作效率和质量。这一阶段的地方政府绩效管理呈现出以下几个特点：

---

①刘旭涛：《政府绩效管理：制度、战略与方法》，机械工业出版社2003年版，第191页。
②卓越：《公共部门绩效管理》，福建人民出版社2004年版，第9页。
③马春庆：《为何用"行政效能"取代"行政效率"》，《中国行政管理》2003年第4期。

1. 形成政绩至上的指标价值取向

由于长期以来受"政府本位"模式的影响，我国政府部门往往习惯性地认为，经济与社会发展的一切事务都应该由政府来统包统揽，强调政府管理的权威性，忽视公众的实际状况和市场经济规则，主观提高政府对经济与社会发展的推动作用。在这种理念的影响下，考核各级政府绩效的主要方式也就是看下一级政府对上一级政府年初下达各项经济与社会发展指标的完成情况，其中 GDP 指标是整个指标体系的核心，致使各级地方政府一味地追求 GDP 指标，不惜运用和动用一切手段、资源去实现当地 GDP 的增长，而完全忽视了指标本身所具有的局限性。这也体现出了目标管理本身所固有的缺陷：易使人们将注意力集中于指定的目标，聚焦于短期行为而以牺牲长期利益为代价，最终导致社会发展的不协调、"数字造英雄"、低水平重复建设等问题。各级领导干部的所有工作都围绕着上级领导的注意力，上级领导重视什么就在什么问题上下工夫，而对老百姓的注意力却无动于衷。

2. 模式的形式意义大于实际意义

与之前的社会服务承诺制、效能监察等相比，效能建设涵盖了各级机关组织、各个层级。例如，厦门市的效能建设涉及全市镇以上各级机关（含党政机关、人大机关、行政机关、政协机关、检察机关和审判机关）和承担社会行政管理职能的单位，但也明确指出重点是行政机关。浙江省临安市在全面推广机关绩效序位考评制和效能告诫的过程中，也未将机关部门的党政一把手列入考评的范围，而对此临安市委组织部副部长王建良认为原因在于："对基层单位的满意不满意评选活动，实际上是在对党政正职进行考评，他们是主要的压力承受者。"

行政相对人评议政府的活动虽然力求影响到政府的各个层面，涉及所有部门，然而"由于信息的匮乏和认知的偏好，决定了公众难以对政府所有职能部门工作的各方面内容进行全面、客观、准确的评价"。[1] 此外，评议结果是否能真正促进政府绩效的改进也是必须考虑的问题。作为我国第一家由民间机构发起的对地方政府进行绩效评价的报告——《甘肃省非公有制企业评议政府工作报告》中显示：市、州政府和省政府所属部门的综

---

[1] 吴建南、庄秋爽：《"自下而上"评价政府绩效的探索："公民评议政府"的得失分析》，《理论与改革》2004 年第 5 期。

合绩效指数均获得了中等以上的评价，各市、州政府和省政府所属部门绩效相差并不显著，而且没有公布排名情况。对此，中共中央党校政法部副主任卓泽渊教授认为："评比有时随意性很强，而且由于评比多为单项评优，所以评比的结果只是代表部分的真实性，常常表现得很模糊，缺乏量化的标准。"①

可见，无论是效能建设还是公民评议，对于一级政府领导班子的影响作用均不显著。然而，不可否认的是两者均对绩效模式进行了积极的探索，在一定程度上促进了机关工作作风的转变，提高了办事质量和效率，获得了社会各界的好评和赞誉，并且对各职能部门领导起到了促动作用。

3. 绩效指标体系初现端倪

领导班子实绩考核方法的出台，为一级政府绩效评估指标的确立提供了明确的方向。从各地的实践活动来看，评估指标一般划分经济建设、社会发展和精神文明建设以及党的建设三个方面内容，并以此为一级指标进行细分。例如，河北省 1999 年度的县（市）党政领导班子考核目标体系分为经济建设目标，主要考核国内生产总值增长率、中央级收入、地方固定资产投资等二级指标；社会发展和精神文明，重点考核人口与计划生育工作、国有企业下岗职工再就业率等；党的建设，包括班子自身建设、党风廉政建设等。福建省下发的关于《福建省机关单位绩效考评工作意见》中也明确对各级政府的绩效考评，主要包括年度经济和社会发展目标、政务工作目标、廉政建设目标、行政管理效率四个方面内容。

## 三、价值取向确立阶段

笔者之所以将 2003 年作为绩效管理价值取向确立阶段的分界点，最主要的原因在于它是地方政府绩效指标的价值取向发生转折性变化的一年，而这种变化的根本原因在于党的十六届三中全会的召开。在此次会议上，党中央明确提出要树立科学发展观，要着眼于经济、社会、政治、文化、生态等各方面的全面、协调和可持续发展。温家宝同志在十届全国人大二次会议上作政府工作报告时强调，要弘扬求真务实精神，树立科学发展观和正确的政绩观；要求坚持一切从实际出发，按客观规律办事，既要积极进取，又要量力而行，不盲目攀比；必须坚持察实情，讲真话，不虚报浮

---

①王刚：《民意评价政府冲动：谁来考评各地政府及官员》，《中国新闻周刊》2005 年第 3 期。

夸；必须坚持统筹兼顾，立足当前，着眼长远，不急功近利；各项工作都要经得起实践、群众和历史的检验。胡锦涛同志在中央人口资源环境工作座谈会上要求各级领导干部都要按照科学发展观和正确政绩观的要求来谋划和领导发展工作，坚持把经济增长指标同人文、资源、环境和社会发展指标有机地结合起来，并要求组织部门尽快将人口环境指标纳入干部考核体系中。

科学发展观的提出，胡锦涛和温家宝同志对于树立正确政绩观的强调，为建立科学的干部考核指标体系奠定了基础。这一阶段的主要特点有：

1. 指标的价值取向趋于平衡

随着党中央对干部考核指标价值取向的确立，各地开始逐步淡化对GDP 等显性政绩的考核，转为追求经济与社会的协调发展，这方面浙江省湖州市走在了改革的前列。湖州市几年来在完善干部政绩考核制度中已逐渐淡化 GDP 的因素，2003 年其指标只占整个考核指标体系的 4%，并于2004 年在对县区年度综合考核中取消了对 GDP 的考核。

作为《关于完善县区年度综合考核工作的意见》的唯一起草人，湖州市委副秘书长章旭东指出了取消 GDP 考核的三个考量：一是 GDP 指标本身的局限性，也就是只反映后果而不顾原因，既不能安全反映经济增长所付出的环境污染、资源消耗等代价，也不能准确反映社会成员个人的福利状况；二是容易形成 GDP 崇拜，把"发展是硬道理"理解成"GDP 增长是硬道理"；三是 GDP 注水现象严重，2003 年浙江省 GDP 增长首次超过江苏省的背后却是各地市围绕土地资源进行的激烈争夺。[①] 虽然湖州市的改革引起了广泛争议，但至少是对我国地方政府考核标准的一次创造性尝试。

与此同时，绿色 GDP 制度（现行 GDP 总量扣除环境资源成本和对环境资源的保护服务费用后剩下的部分）的研究悄然展开，四川、重庆、北京等地已试图将绿色 GDP 纳入干部考核体系中。国家发展和改革委员会在有关区域经济发展的新思路和机制的报告中指出：考核地方首长的主要标准应以社会保障率、就业率、家庭财产增长率、九年制义务教育实现率、按功能区确定的生态和环境指标达成率、社会治安破案率、重大责任事故发

---

①《浙江湖州取消对干部的 GDP 指标考核激起千层浪》，http：//unn. people. com. cn/ GB/14748/ 2418560. html，2004 – 03 – 30。

生率、对案发事件应急反应能力、人口自然增长率九项指标为主。①

从上述例子中不难发现，对地方政府绩效评估指标的调整和更新多集中于社会发展；具体考核内容以环境保护、基础教育、市场秩序的整顿为主，已逐步摆脱单纯以 GDP、招商引资等经济指标为核心的考核体系，开始寻求人与环境、城市与农村的科学协调发展。

2. 指标增设的临时性突出

在科学发展观、可持续发展观的大旗下，各级地方政府纷纷增加了对社会、环境等领域有关指标的考核。虽然这对于完善地方政府绩效指标体系起到一些促进作用，增设的指标弥补了原先政府职能的空缺，有益于改变领导干部的政绩观，但这种临时增设的指标又在一定程度上影响了地方政府绩效指标体系的完整性和逻辑性，不利于指标体系的构成，而且逐渐增多的指标亦容易导致顾此失彼现象的发生。

例如，再就业政策的发布使各地纷纷将再就业工作纳入干部考核指标中，其中辽宁省不仅将就业和再就业考核指标排在 43 项指标的首位，并从"城镇就业和再就业人数"的单一指标调整为"城镇就业和再就业"综合指标，具体包括城镇就业和再就业人数、促进再就业扶持资金筹集和使用情况、再就业培训计划完成情况、街道和社区劳动保障工作机构建设情况、再就业政策落实情况、劳动力市场建设情况 6 个子项内容。重庆市则将净增就业岗位、落实再就业政策、强化再就业服务、加大再就业资金投入、帮助困难群体就业 5 项工作纳入各地政绩考核的范围。

针对环境污染日趋严重的事实，各地也增设了与环境保护相关的指标，如广东省政府设立了政府环保目标责任制，设置空气污染指数、地面水质达标率等几项指标；海南省三亚市将环境保护和建设工作成效作为干部考核的重要内容；北京市政府将完成大气污染防治工作列入各区、县政府以及市有关部门干部考核指标中；山西省就个别地方出现的严重侵占林地、森林的现象实行保护林地任期目标责任制，把保护林地和培育森林资源列入政府议事日程；安徽省滁州市将年度新增耕地指标与主管领导年度目标考核相挂钩，有效保护了耕地的流失。

综上所述，相较于公共部门在绩效模式上的积极探索和成功实践，处于宏观层面的地方政府绩效管理虽然亦在绩效改进的旅途上缓慢前行，但

①胡继妹：《对地方政府绩效考核取消 GDP 指标的思考》，《行政论坛》2004 年第 6 期。

由于其管理职能的多样性、抽象性等特点，导致以地方政府为绩效管理对象的绩效活动缺乏在管理模式等方面的显著变革，而是突出地体现在价值取向、职能上的变化，以及由此引发的指标体系的变革上。

# 第二节　当前我国地方政府绩效管理 实践中存在的问题

处于探索阶段的我国地方政府绩效管理无论是在理论上还是在实践上都表现得很不成熟。与发达国家的实践相比，我国的地方政府绩效管理"还处在原始的手工业水平上"，存在的问题还相当突出。这些问题已经成为我国地方政府绩效管理发展的障碍，如果不及时解决，必将导致地方政府绩效管理流于形式甚至步入歧途。

## 一、绩效管理理论和认识上存在的问题

（1）政府绩效管理的知识体系准备严重不足。相对于政府绩效管理实践的发展要求，理论界研究的系统性和完整性仍有相当的差距，遑论对实践的指导性，由此导致各级地方政府绩效管理实践者的知识体系准备显现出严重的不足。

（2）决策者和执行人员对绩效管理态度消极。由于政府绩效管理往往涉及对决策者和执行人员工作成果和能力的鉴别，这使他们感到威胁，因而对绩效管理采取消极逃避，甚至抵制的态度。

（3）绩效管理及其价值尚未引起足够的重视和认同。政府绩效管理作为一项系统的工程，其推行难度及成本也较高，在实施过程中不仅需要消耗一定的人力资源和财力，而且需要引起领导的重视以得到常态化的长期开展，那种"一阵风式"的绩效活动显然不能奏一时之效。许多地方政府常常由于领导的不够重视或者推行过程中的一些难点和障碍，导致政府绩效管理工作短期化。

## 二、绩效管理体制上存在的问题

（1）绩效管理多处于自发状态。当前各地政府及其各部门推行的绩效

管理活动多处于自发状态，缺乏机制化和可持续性，经常采用"运动式"方法，往往流于形式和短期化。

（2）绩效管理的主体比较单一。当前各地的政府绩效管理多是上级机关对下级机关的监督与管控，缺乏社会公众对政府的评价，因此政府绩效管理通常难以对政府行为及其效果作出客观、公正、全面的评价与判断，也就难以实现理想的效果。

（3）绩效管理往往处于单兵作战的状态。综观我国的地方政府管理，责任机制、结果为本、顾客导向等先进的管理理念不是没有形成就是刚刚开始引入，政府绩效管理的配套机制与措施没有形成，绩效管理往往"独木难成林"。这种情况不仅在内陆的欠发达地区如此，就连在一些沿海的发达地区也是这样。

## 三、绩效管理技术和方法上存在的问题

（1）绩效指标体系片面地强调经济指标。政府绩效指标中出现了泛经济化的倾向，导致这一现象的主要原因就是权力高度集中的行政管理体制。在这种体制下，上级组织和各级领导拥有过大的权力，掌握着各种资源的配置权和对下级政绩的评判权，"即一级政治组织为了实现经济赶超，完成上级下达的各项指标，而采取数量化任务分解的管理方式和物质化的评估体系"，"根据其完成的情况进行政治和经济方面的奖惩"。[1]

（2）有效的绩效管理信息系统尚未建立。在现实中，由于许多地方政府准备不足，政府绩效管理活动中的信息化应用缺乏，有效的绩效管理信息系统未能建立，各类数据和资料的传送、保存、处理还不够妥善，从而出现大量的信息失真现象，进而使得绩效评估结果难以实现客观公正的要求，因此缺乏公信力和权威性。

（3）定性分析与定量分析的方法未能很好地结合。由于缺乏定量的测评标准和定量分析人员，当前地方政府绩效管理仍然以定性考评为主，缺乏数据支持和科学的分析测评，造成了考核难以避免随意性和片面性。此外，在量化评估方面又经常存在着用错误的量化指标去衡量政府绩效，这样的定量分析显然无法保证评估工作的科学性和合理性。

---

[1]王强、陈易难：《学习型政府——政府管理创新读本》，中国人民大学出版社 2003 年版，第 133 页。

# 第三节　改进地方政府绩效管理的建议

## 一、创新政府绩效管理理念

英国政府在绩效管理过程中提出了"顾客至上、消费者导向"的理念。这种理念所体现的精神——以公众价值作为政策措施的重要基础、把社会公众需要放在政府工作的首位等，无疑是极具借鉴意义的。我国是社会主义国家，地方政府确立并落实"顾客至上"、"人民的利益高于一切"的指导思想，全心全意为人民服务，是职责所在。当前，我国政府亟须创新以下三种绩效管理理念：

1. 服务理念

政府是为公共利益而存在的，必须为促进社会的发展和进步服务，为公众日益增长的物质文化需要服务。在这个框架内，必须对政府管理进行新的阐释。这一理念要求政府的所有法律、法规和行为都必须贯彻服务精神和准则。也就是说，政府的服务理念要求政府一方面扩大服务职能的数量，提升服务的品质；另一方面即使在行使统治和管理职能时，也要始终贯彻服务精神。

2. 责任理念

当前政府管理缺少的不是权力而是责任，其突出表现为滥用权力、机构膨胀、官僚主义和效率低下等问题。究其根源，主要在于政府与社会关系模式上"政府本位"的价值取向。要改变这一传统模式，确立起以"社会本位"为基本价值取向的现代模式，必须呼唤和强化责任意识，使政府成为责任政府。

3. 效能理念

效能是政府绩效管理的意义和根本所在。确立效能理念是解决当前各级政府效率普遍低下的客观要求，政府的运作应当是高效能的。一个低效能的政府不仅会影响其自身的投入产出比，还必然会带来市场的低效。政府只有在服务理念、责任理念和效能理念等绩效管理理念上得到创新，才能为政府绩效评估提高良好的环境氛围，确保政府的绩效评估工作顺利进行。

## 二、建立政府绩效管理主体多元化机制

政府绩效如何，不能只由政府部门自己来评价，也不能只由其上级管理部门来评价。一旦有可能，就应尽量让多个评价主体各自独立进行评价。对于这个问题，西方国家均建立了多元的绩效评价主体机制，由公共部门自身、政府部门以及民间组织、民众的评价相结合，使各类评价主体扬长避短、互为补充。

首先，要将外部评价的群众参与度、服务满意度作为绩效管理的"主维度"。群众和服务对象评议政府绩效，可以弥补过去行之有效的自上而下的评议制度的局限，它作为一种自下而上的评议制度，与自上而下的评议制度起到相互补充的作用。同时，政府要为人民服务，但是如果不知道人民需要什么，提供的服务就会不符合人民的需要。

其次，要建立专门的政治上独立的绩效评估与管理机构，配备专业的绩效评估与管理人员。绩效评估与管理成员可吸引一定比例的党代表、人大代表、政协委员、政府代表、专家学者、商务人士、普通公民等各界人士参加。

最后，由相对独立的民间机构，而不是由政府及其附属机构，依据一套科学的绩效标准和严格的绩效管理程序，对政府绩效进行评价，并给予一定的奖励。这种做法不仅有利于提高绩效管理活动的科学性、客观性和公正性，更重要的是能够促进政府不断完善自身的制度和行为，增强公民对政府的认同和信任。

## 三、提高政府绩效管理的信息化水平

政府绩效管理意味着各种信息在政府、社会公众之间的交流与沟通，而不仅仅是在政府公共部门之间的交流和沟通。因此，采用信息管理系统的形式既能满足政府日常管理的信息要求，又可满足绩效管理的信息要求。在实现向服务政府、责任政府、效能政府转变的过程中，政府应当将管理模式的转换与运用先进的科学技术有机结合起来，运用信息技术的手段和方式将先进的管理理念表现出来，构筑数字化政府，走向在线服务。

数字化政府的核心是政府通过网络去处理属于其管辖范围内的公共事务和传递公共服务。社会公众通过互联网能迅速了解政府机构的组成、职

能、办事规程，各项政策法规和政府服务项目等信息，在网上表达自己的意志和提出对公共服务的要求、实现权利和履行义务。政府通过互联网公布服务信息，直接获得社会公众对服务种类与服务质量的要求与反馈信息，管理公共事务和传递公共服务。对于政府来说，除法律规定应予保密的信息之外，其他一切有关政府绩效管理的情况应通过网络及时向社会传播，增强政府绩效管理过程的透明度，杜绝政府绩效管理过程中不必要的"暗箱操作"。

# 第五章 深圳市政府绩效管理概述

深圳市从 2007 年开始推行政府绩效管理工作，始终坚持"科学合理、公开透明、动态开放、简便易行"的基本要求和"标杆管理、过程控制、结果导向、持续改进、公众满意"的基本理念，历经局部试点、全面试行、全面推行三个阶段，至今已初步形成组织健全、程序完备、操作规范、运转协调的工作体系，基本实现了政府绩效管理的系统化、电子化、实时化和制度化，并取得一定的实效。

## 第一节 深圳市开展政府绩效管理的背景

深圳市政府绩效管理工作是在贯彻落实中央有关部署精神、创新政府管理、推进服务型政府建设的背景下产生和发展起来的。

### 一、顺应现代行政管理的发展潮流

政府绩效管理是现代政府管理的创新方式和公民参与政府管理的创新途径，已成为世界各国政府改革的新趋势，在国内也引起党中央和国务院的高度重视。20 世纪 80 年代中期以来，发达国家普遍实施了以公共责任和公民利益为核心的政府绩效评估。我国理论界对此也作了很多研究和探讨，有的地方政府逐渐引进绩效管理的理念，并开展试点工作。2005 年，温家宝同志在《政府工作报告》中首次正式提出要建立科学的绩效评估体系。2008 年，胡锦涛同志在中共中央政治局第四次常委会议上明确要求："推进以公共服务为主要内容的政府绩效评估和行政问责制度。"同年，党的十七届二中全会通过的《关于深化行政管理体制改革的意见》提出："推行政府绩效管理和行政问责制度，建立科学合理的政府绩效评估指标体系和评估机制。"这为深圳市探索建立政府绩效管理体系指明了方向，也注入了强大的动力。

## 二、深化行政管理体制改革的现实需要

深圳市场经济发育早，遇到的问题也较早，正处在经济发展转折期和社会转型期，人民群众的民主意识、法制意识和维权意识日益增强，对政府公共服务的要求越来越高，传统的政府管理方式已很难适应新形势发展的需要。2005 年以来，深圳市委市政府大力加强服务型政府建设，在全市机关中开展"问责治庸"，推行以"职责设定、目标管理、行政监督、绩效评估、行政问责"五要素为主要内容的行政责任体系建设。2008 年开始，深圳市委市政府认真落实国务院《珠三角改革发展规划纲要》和《深圳市综合配套改革总体方案》，在行政管理体制改革方面先行先试。2009 年，深圳市突出"市场、效率、服务"三大导向，推行大部门体制改革，以新的管理理念和方式进一步推进服务型政府建设。绩效管理作为创新政府公共服务模式、提高公共服务水平的重要方式，由此产生并不断发展深化。

## 三、行政监察科学化水平提高的产物

深圳市监察局按照上级纪检监察机关的要求，积极发挥全国行政监察工作"试验田"的作用，近年来提出了"依法监察、科学监察、民主监察、系统监察"的基本理念，持续不断地从监察机制、监察制度、监察内容、监察方式和监察手段等方面进行改革创新，并创建了电子监察的科学化监督模式。绩效管理是监察内容的深化和监察方式的创新，也是电子监察模式的延伸。电子监察从行政审批领域起步创建，逐步扩展到政府投资重大项目建设、行政执法、要素市场监管等领域，形成了综合型的电子监察体系，由此也为在政府绩效管理应用信息技术积累了经验，使繁杂的政府绩效管理成为现实可能。

# 第二节 深圳市政府绩效管理工作的基本理念

深圳市政府绩效管理工作始终坚持"标杆管理、过程控制、结果导向、持续改进、公众满意"的基本理念，贯穿了"科学合理、公开透明、动态开放、简便易行"的基本要求。

## 一、标杆管理

借鉴企业界的标杆管理方法，推动各级政府、政府各部门站在全行业甚至是更广阔的全球视野寻找和研究同行的"最佳管理"、"最佳服务"，以同类政府或政府部门最佳实践的最优效率为学习的标杆，以绩效最佳的单位和指标为工作的标准，来衡量和评估各单位的绩效状况。

## 二、过程控制

综合运用信息网络技术、智能技术、计划与控制技术，收集、分析、处理相关信息，加强实时监控、监督检查、纠偏纠错和预期预估，使行政过程中的问题能够及时得到发现和解决，减少工作失误，提升管理与服务效果。

## 三、结果导向

政府绩效管理是一种管理工具，其目的是追求良好的效果，结果导向是绩效管理的核心理念，过程控制是达到预期效果的保证。要重视结果运用，加强绩效管理结果与政府政策调校、措施改进及干部奖惩、使用等的结合，发挥结果在进一步提高绩效中的导向作用。

## 四、持续改进

政府绩效管理是一个实时、动态、持续改善和提高的过程，应当促使各级政府、政府各部门积极寻找改进的机会，持续不断地提高工作绩效、服务质量和工作水平。

### 五、公众满意

政府是公共服务的提供者，政府管理工作必须以公众为中心，以公众需求为导向，倾听公众的声音，按公众的要求提供优质服务。实现公众满意是构建现代服务型政府的必然要求，也是衡量政府绩效的终极目标。绩效管理要始终将公众满意作为出发点和归宿，对政府绩效不仅要有数量要求，更要重视质量要求，实现公众满意。

## 第三节　深圳市政府绩效管理的发展

### 一、深圳市政府绩效管理的发展阶段

截至目前，深圳市政府绩效管理的发展主要经历了四个阶段，即 2005～2006 年的酝酿筹备阶段、2007～2009 年的局部试点阶段、2010 年的全面试行阶段和 2011 年以来的全面推行阶段。

1. 酝酿筹备阶段

早在 2005 年，深圳市就深入学习领会中央的重要指示精神，并结合本地实际情况，积极探索开展绩效管理工作。当年，深圳市就提出由市监察局牵头建设政府绩效评估电子系统。2006 年 2 月，国家行政学院与深圳市福田区联合成立"深圳市福田区政府绩效评估体系"项目组，进行建立政府绩效管理试点工作。同年 4 月，深圳市委、市政府《关于印发〈深圳市2006 年改革计划〉的通知》（深发〔2006〕5 号）提出"创新行政效能综合评估制度，探索建立目标管理和行政绩效综合评估体系"的要求。同年 6 月，深圳市成立了由市政府主要领导牵头的"深圳市政府绩效评估电子系统"项目建设领导小组及办公室，负责开发建设绩效评估电子系统、确立绩效评估指标体系等事项，探索建立政府绩效管理体系。

2. 局部试点阶段

2007 年 2 月，在完成指标体系设计和政府绩效评估系统即将投入试运行之际，深圳市成立了政府绩效评估委员会，并下设办公室负责日常工作（2009 年以后，随着市政府"大部制"改革的实施，市政府绩效评估委员会

更名为"市政府绩效管理委员会"。相应地，市政府绩效评估委员会办公室更名为"市政府绩效管理委员会办公室"）。同时，选取了职能清晰、内部流程规范、与企业和居民工作生活联系密切的 16 个政府工作部门及全市 6 个区政府作为绩效管理试点单位。由此，深圳市在市政府系统的 22 个单位拉开了政府绩效管理的局部试点工作。

3. 全面试行阶段

在 2007～2009 年的三年试点工作期间，深圳市主要是从无到有，逐步理顺了绩效管理的工作流程，探索构建科学合理的绩效指标体系，尝试政府绩效管理相关制度建设，积累政府绩效评估与管理结果应用经验，初步建立了地方政府绩效管理的框架体系。2010 年，为进一步探索经验，也为初步检验 2009 年下半年的"大部制"改革成果，深圳市在全市政府系统范围内全面试行政府绩效管理工作。市政府所有 32 个职能部门和 8 个区政府（含 2 个新区管委会）纳入政府绩效管理范围。

4. 全面推行阶段

2011 年，经国务院批准，由国家监察部牵头的政府绩效管理部际联席工作会议选择了北京、吉林、福建、广西、四川、新疆、杭州、深圳 8 个地区和国家发展和改革委员会、财政部、国土资源部、环境保护部、农业部、质检总局 6 个部委开展全国政府绩效管理工作试点。作为 8 个试点地区之一，深圳市以此为契机，正式在全市政府系统全面推行政府绩效管理工作，更加严格了各方面的工作要求，并对绩效评估结果加以适当的应用。

## 二、深圳市政府绩效管理的主要做法

在从局部试点到全面推行政府绩效管理工作的这一过程中，深圳市主要做了以下几个方面的工作：

1. 建立了高规格的政府绩效管理组织体系

深圳市成立了市政府绩效管理委员会，成员单位由市政府办公厅、市发展和改革委员会、财政委员会、监察局、人力资源和社会保障局、审计局、统计局和法制办构成；委员会主任由市长兼任，副主任由分管副市长、市政府秘书长兼任，成员由对口副秘书长以及上述成员单位的主要领导组成。委员会办公室设在市监察局，市监察局局长和一名副局长分别兼任办公室主任、副主任，办公室成员由各委员单位指定专人参加，集中办公，处理政府绩效管理日常工作。

各试点单位参照这种模式，也设立了相应的绩效管理组织架构，由单位行政首长或者主要负责人牵头组成绩效管理委员会，确定了分管领导和直接责任人，并设立委员会办公室，抽调专人负责绩效管理日常工作。这样，深圳市各层级已基本从组织建设上确保了政府绩效管理工作的顺利实施。

2. 制定了简便实用的政府绩效指标体系

通过认真研究和总结国内外已有的政府绩效管理实践经验，结合本地经济社会发展的特点，深圳市探索制定了一套符合实际的政府绩效指标体系。这套指标体系围绕市委、市政府年度重大工作、重大政策、重大改革、重大投入和政府管理目标，体现了纳入绩效管理各单位的职能职责、行为业绩、管理特色和绩效改进等方面的主要内容，具有较为"科学、合理、刚性、便于操作"的特点。

3. 探索出较为科学的绩效管理方法体系

深圳市政府绩效管理与评估采用客观评估和主观评估相结合的方法。客观评估由各单位或数据采集与报送责任单位通过网络实时向"深圳市政府绩效电子评估与管理系统"报送年度工作完成进度数据、年度绩效工作报告数据及其他相关数据。绩效指标各项数据由内置的软件模块处理，同时自动生成评估结果。这种评估方法的主要特点在于，它有机地将政府绩效管理与现代信息网络技术结合起来，实时、动态、便捷、直观，评估结果通过电子大屏幕直观展现，为领导决策参考提供了便利条件。

主观评估由试点单位的上级机关、同级机关、下属部门、服务对象以及人大、政协、相关专家、专业机构、社会公众对其行政行为与绩效状况进行评估，主要采用座谈交流、街头拦截调查、网上调查、电话调查、符合性验证等方式进行。在权重分布安排上，采用层次分析法（APH）进行科学计算，将社会公众对政府服务的评价意见放在相对重要的位置，体现了政府服务为民的精神和公共责任的理念。

在综合主客观评估结果和意见的基础上，按预先确定的权重对各单位的绩效状况计算分值；每项指标的权重各不相同，主客观评估结果的权重也互有差异。

4. 开发出理念先进的评估技术平台

"深圳市政府绩效电子评估与管理系统"可以说是深圳市政府绩效管理工作中的亮点。绩效评估数据采集与报送单位可以通过网络向该系统直接而实时地报送数据，大大简化了工作流程，减轻了人工操作负担，提高了工作效率。该系统内置的数据处理软件具有强大的数据处理和分析能力，具有"趋势分析、预期预估、纠偏纠错和结果导向"的功能，既可以预期未来事件的发生，又可以预估当前努力的方向，解决了非人力所能为的海量数据处理任务，实现了评估与管理工作的科学化、实时化、动态化和刚性化。通过电子大屏幕，该系统以红、黄、蓝、绿四色等级直观地显示各单位的评估结果和状态，强化了对绩效管理的过程导向和结果导向。

5. 建立了相对完备的法规制度

2009 年 8 月，深圳市政府下发了《关于印发深圳市政府绩效评估与管理暂行办法等"1 + 3"文件①的通知》，以政府规章的形式确立政府绩效管理在政府管理中的地位和作用，对政府绩效管理的框架原则、主要内容、组织机构、指标体系、方式方法和结果运用等进行了明确界定。同时，明确了对考核结果的运用，建立了绩效奖励和惩处机制，将考核结果作为领导决策、政策调校、财政预算、行政奖励、行政问责的重要依据。

# 第四节　深圳市政府绩效管理的主要特点

经过几年的探索，深圳市政府绩效管理与全国其他地方相比，呈现出系统化、电子化、实时化、标准化和精细化五个鲜明的特点。系统化就是建立绩效计划、实施、评估、反馈、结果运用相统一的工作体系。电子化就是绩效评估的数据采集、计算处理、分析评估和结果展示等都依托政府绩效电子评估与管理系统完成。实时化就是绩效管理与政府工作落实的过程同步进行，从年初持续到年末，融入政府工作的全过程。标准化就是将标准化管理模式应用于政府绩效管理的各个环节，对指标数据采集方法及工作流程进行程式化。精细化就是充分考虑被评估对象的客观差异，通过改进评分方法，缩小个体客观差异对评估结果的影响。具体如下：

---

① "1 + 3"文件包括《深圳市政府绩效评估与管理暂行办法》及《深圳市政府绩效评估与管理指标确定及数据采集规则》、《深圳市政府绩效评估与管理方法和程序操作规则》、《深圳市政府绩效评估与管理结果运用规则》3 个配套文件。

## 一、目标上由注重效率扩展到"绩效优先"

在深圳经济特区加大创新发展、转型发展和可持续发展力度的时代背景下,深圳市将政府绩效的目标从侧重提高行政效率扩展为重视提升政府的管理品质和效益、效果,也就是从单纯的"效"扩展为"绩和效",顺应了"深圳速度"向"深圳质量"转变的内在要求。深圳市政府绩效评估指标体系中,强化了绩效评估的导向性和针对性,更加突出发展质量,更加突出自主创新,除"行政效率"评估指标外,还设置了专门的"行政质量"和"行政成本"评估指标,侧重对政府的行政效能进行评价。在制定每个单项指标的评估标准时,既有对单项工作的效率进行评价的标准,也包括对该项工作质量、效果和效益等方面的评价标准。同时,还注重从财政审计向绩效审计的拓展,积极探索开展绩效预算评估,从而使政府绩效管理工作较好地体现了创造"深圳质量"的要求,更好地促进深圳有质量的稳定增长和可持续的全面发展。

## 二、价值观上突出"公民导向"

深圳市政府绩效管理模式贯彻了公民导向原则,引导政府工作重心向民生转变,体现了建设人民满意政府的要求。一是通过发展和完善电子政务,借助互联网实行政务公开等途径来加强政府部门之间和政府对社会公众的信息传递、交流和反馈,为公民参与绩效管理提供信息平台。例如,开发了政府绩效网上调查系统,常年收集社会公众对政府工作的评价、意见和建议等。二是实行公共服务白皮书制度,将市委、市政府年度重要工作、民生实事、"十二五"规划及转变经济发展方式等方面的年度重点任务列入"公共服务白皮书",尤其是突出社会关注、涉及民生的热点难点问题,接受社会公众监督。三是在绩效评估方案、指标和评分标准的制定以及评估过程中,注重体现广泛的公众参与性,其中既包括市民和服务对象的广泛参与,又有政府部门内部的自上而下的领导测评,还有社会第三方机构的技术支持与服务,包括政府官员、普通民众、专家学者、社会团体和媒介在内的多元主体广泛参与其中,有效扩大了评价体系的覆盖面和影响力,提高了市民的参与意识,既对政府工作起到监督作用,又提升了政府绩效评价的公信力。

### 三、方式上重视过程控制与结果导向相结合

深圳市重视政府绩效管理过程控制与结果导向相结合，加强目标任务完成情况的过程督查、加大机关和公务员行政作为的效能监督以及重视社会评价公众意见的整改和反馈等，使绩效管理对象的注意力从结果向过程转移，促进各部门在行政行为中提高成本意识、优化资源配置，最终使综合绩效管理达到"全面质量管理"的效果。深圳市政府绩效管理包括绩效计划、实施、监控、评估、反馈、改进等各环节，从年初持续到年末，融入政府工作的全过程。年初，市政府下发《绩效管理工作实施方案》和指标体系，各单位制定年度绩效计划和公共服务白皮书，确定全年的目标。每季度，进行实时评估，并开展绩效状况季度分析，提交分析报告。同时，市绩效办、市监察局随时对工作进展情况进行检查，对系统所采集的数据和信息进行符合性验证，及时向各单位反馈其绩效情况和存在问题，及时提醒和督促，推动各单位改进工作，把问题和不足解决在工作落实的过程中。年末再以多种方式进行年度综合评估和反馈，形成了绩效管理的完整链条。此外，在绩效结果的运用方面，充分发挥结果导向和刚性约束作用，建立政府绩效奖励和惩处机制，将政府绩效评估结果作为领导决策、政策调校、财政预算、行政奖励、行政问责的重要依据。

### 四、手段上由人工操作转向电子技术应用

不断完善"政府绩效电子评估系统"，优化数据采集及反馈功能，数据采集单位既报送各项指标的结果信息，也报送具体的扣分信息等内容，经系统采集处理后反馈给被评估单位，以促进被评估单位改进工作；被评估单位对自身任务完成情况指标既报送数据和说明，也报送佐证材料和图片，以便加强监督。强化市、区及市政府直属各单位领导检查功能，领导同志可以直接打开管理系统查看自己所分管的单位工作任务完成情况、未完成情况、报送情况、报送预警情况和绩效评估情况等，直观明了，以便加强指导和督促。强化绩效状况实时统计和展示功能，实现部门横向、纵向比较和指标历史分析统计、区域分析统计、差距分析统计，提高数据的及时性、准确性和全面性。建设政府绩效管理信息库，分类收集各单位政府绩效管理的做法和效果、意见和建议、问题和不足、改进措施，加强交流反馈、跟踪处理和统计分析，使之成为深圳绩效管理工作的"电子智库"。挖

掘绩效数据，充分利用实时评估和信息库数据，每半年对政府绩效的总体状况、良好表现、实际效果和落后指标等进行综合分析，为改进绩效提供依据。各指标的数据采集单位年终对所负责的全市该项指标（领域）的整体绩效情况进行专题分析，总结各单位成绩，查找不足，提出改进建议，反馈市绩效办进行年度综合分析。

### 五、体系上推动纵向贯通和横向衔接

在开展对市政府工作部门和各区政府（新区管委会）绩效评估的同时，注重加强政府绩效管理体系与"幸福广东"、"落实科学发展观"等重大考核体系的衔接，充分发挥深圳市政府绩效管理对上级考核事项落实情况的驱动作用。推行政府部门对内评估和区政府对下评估，各区政府将绩效管理延伸到区属部门、街道办，政府各部门延伸到部门内设机构，与现行的政府绩效管理体系互相衔接。探索开展公务员个人绩效考核试点，由部门对公务员个人实行绩效考核，将政府绩效管理与公务员个人评价和岗位考核紧密结合，实现政府整体绩效、政府部门绩效与公务员个人绩效"三位一体"和相互统一。积极探索和研究绩效管理与绩效预算、绩效审计的制度衔接，加强与财政、审计等部门的良性互动，实现考核结果共享，初步构建起纵向贯通、横向衔接的绩效管理体系。

# 第五节　深圳市政府绩效管理的成效

截至目前，深圳市初步形成了具有地方特色的政府绩效管理模式，对推动政府工作落实、加强服务型政府建设、提高政府执行力和公信力、改进机关作风发挥了积极的作用。其成效主要表现为：

### 一、推动政府工作目标得到有效落实

近年来，深圳市公共服务白皮书确定的各项任务和各项评估指标均完成较好，年初向社会承诺的"民生实事"均百分之百达到预定目标，群众对政府工作绩效与服务水平的评价也不断提高，这都得力于政府绩效管理的有效推行。比如，在"十件民生实事"专项评估中，发现生猪屠宰场等民生工程项目一直进展缓慢、远远落后于目标进度，连续不断地向有关单

位发出预警，随后进行了调查处理，对工作推进不力的 3 名责任人、3 家责任单位进行了问责，督促整改，促使项目建设按期完成。

政府绩效管理是一个综合性的"目标管理系统"、"督查纠偏系统"和"激励问责系统"，形成"点对面"的体系式、整体式管控。年初将政府部署的重要任务和部门履行的主要职责纳入管理范围，并以白皮书形式向社会公布，全年依靠科技手段和社会监督力量进行全程、实时、动态的评估监督，使监督检查更加全面，保证政令畅通更加有效。

## 二、推动政府绩效持续改进和提高

绩效管理的开展，对政府机关形成了较大的监督压力和改进工作的动力，使重视绩效的理念深入人心，营造了"你追我赶"的良性竞争氛围，增强了政府机关持续改进绩效的主动性。在政府绩效评估与管理过程中发现的问题大多数得到了有效的整改，全年评估指标得分呈明显上升趋势。针对审批效率问题，多个审批部门出台了优化审批流程、缩短审批时限的具体措施，取得了实际效果。

例如，2011 年各部门受理审批业务达 223 万多笔，提前办结率为99.9%，行政审批效能指标平均得分为 90.13 分，比 2010 年度提高了 0.86分；行政审批网上实现率指标平均得分为 97.18 分，比 2010 年度提高了4.81 分，有的部门从原来没有一项审批事项实现网上申请到全部事项均可网上处理。行政执法电子监察系统监督行政处罚案件 95000 多宗，办结率为84.5%，比 2010 年增加 47.7%；行政处罚主体资格异常的案件 18 宗，比2010 年的 8002 宗大幅减少 98%，表明深圳市行政执法主体资格越来越规范，执法效能不断提高。

## 三、增强权力制约监督的有效性，强化预防机制

绩效管理是全方位监督与全过程监督紧密结合的监督体系，对行政责任履行和行政权力行使的过程进行监督管理，增强了行政机关及其公务员的法治意识和廉洁意识，减少了违规问题和不廉洁行为的发生。及时发现问题和不规范现象，在客观上形成了科学合理的权力结构和运行机制，促进了权力配置的科学化、权力运行的规范化和权力监督的常态化。近年来，深圳市处理的行政执法过错案件数量呈下降趋势；市监察局受理的有关行政审批投诉数量占信访总量比例由以前的超过 50% 下降到 3% 左右。

# 第六章 深圳市政府绩效指标
## 体系的构建与优化

　　绩效指标体系是地方政府绩效管理内容的具体体现，是测度地方政府绩效的标尺，也是地方政府绩效管理制度最为重要的组成部分。指标的选择意味着绩效管理内容的确定，标志着绩效管理工作的指向，直接决定绩效管理工作的成效。因此，深圳市一直重视绩效指标体系的设计工作，将构建科学合理的指标体系作为政府绩效管理至关重要的基础性工程。

## 第一节　对绩效指标体系的认识

### 一、绩效指标及绩效指标体系

　　理论研究者对"政府绩效管理指标"或者说"绩效指标"的定义视角不一，各有侧重，但都认为它是政府绩效管理的基本要素，具有丰富的内涵，是一个广义的概念。笔者认为，绩效指标是政府绩效的测量尺度，不仅应反映工作任务或目标的完成结果和程度，还要反映工作任务或目标完成的节点过程。也就是说，绩效指标就是"对总目标进行分解，逐级展开，通过上下协商，制定出各级政府、各部门的目标，形成一个'目标—手段链'"，[1] "是一种可以评估发展、确认挑战和需求、监督实施和评估结果的有效工具，它可以显示与某个重要目标或动机相联系的某种事物的发展情况，它是反映总体现象的特定概念和具体数值，是评估和监测经济社会发

----
①周凯：《政府绩效评估导论》，中国人民大学出版社2006年版，第13页。

展的重要量化手段"。①

由于政府绩效具有复合多元性，包括多种维度的复杂内容，是数量与质量、内部与外部、短期与长期的多层次输出，因此要全面、客观地衡量与评估它，不是依靠单一的指标就能实现的，而需要依靠多种绩效指标组成的指标体系，统筹兼顾各种维度的内容。所谓指标体系，是指一组既独立又相互关联、层次分明并能够完整表达绩效评估要求的结构体系，工作任务或目标经过层次分解形成一组系统化了的指标集合体，不但要反映政府完成了什么工作任务或目标，而且要反映其是怎样完成的，其目的和效果如何，即从整体上全面地给予反映。

在实践中，要科学地构建绩效指标体系，还需要对政府绩效管理进行分级分类。按照管理对象的不同，政府绩效管理可以分为组织绩效管理、个人绩效管理和专项绩效管理。组织绩效管理又可以分为地方政府整体绩效管理、政府部门绩效管理、政策绩效管理三种类型。个人绩效管理又可以分为领导干部绩效管理和公务员考核管理。专项绩效管理是对某些专项工作或专业领域的某些重点任务实施的绩效管理，如重大项目绩效管理、民生实事绩效管理、市政府重点工作绩效管理。此外，根据指标体系的内涵，构建一个完整的绩效指标体系不仅要划分出一级、二级、三级或四级指标等各个层级及其名称，还要考虑指标的设计依据、具体释义、完成目标值、节点划分、评估标准、计分方法、权重、评估周期、评估主体、数据来源及采集报送流程，甚至细化到责任部门、分管领导和具体责任人等要素。

## 二、绩效指标体系的构建原则

地方政府绩效指标体系不是某些指标的简单堆积和组合，而是根据一定的原则构建的、能够综合反映一个地方政府绩效状况的指标集合。构建地方政府绩效指标体系必须遵循一定的原则和流程，必须依赖一定的逻辑框架。深圳市在构建政府绩效指标体系时，为满足科学合理、边界清晰、符合客观实际的标准，不仅坚持了整体一致性原则、科学准确性原则、共性与个性兼顾原则、规范性与操作性结合原则等普遍原则，还特别强调以

①中国21世纪议程管理中心、中国科学院地理科学与资源研究所：《可持续发展指标的理论与实践》，社会科学文献出版社2004年版，第4页。

下几项原则：

1. 明晰可考原则

明晰可考原则是指指标的设计必须有明确的目标设置，明晰的责任划分，清晰的时间节点，可统计的量化成果，符合评估指标可分期、可量化、可考核的特点。

2. 通用可比原则

通用可比原则是指指标的设计必须满足在不同时期以及不同对象间进行比较的要求，即纵向比较和横向比较。纵向比较，即同一对象在不同时期间进行比较，要求专项工作的内涵和外延保持稳定，用以衡量该项工作的各参照值（标准值）不变。横向比较，即在不同的对象之间进行比较，找出共同点并据以设计评估内容和评估标准。

3. 目标导向原则

目标导向原则是指指标的设计应该具有引导和鼓励全市性工作朝既定方向与目标发展的效应，通过绩效评估加强过程控制，不断向目标靠近。

# 第二节　深圳市政府绩效指标体系的初步构建

深圳市政府绩效指标体系分为客观评估指标和主观评估指标两部分：客观评估指标主要体现在一整套政府绩效评估客观指标体系上；主观评估指标主要是公众对政府的满意度。指标体系的内容主要围绕市委、市政府重大工作、重大政策、重大改革、重大投入以及公共政策、公共服务白皮书，统筹兼顾政府的行政行为及其结果与效果。

## 一、总体要求

2007 年初，深圳市在设计政府绩效指标体系时就注重汲取当时国内一些地方政府在设计指标体系时存在的内容过于复杂、涉及范围太广、设置指标过多、操作难度大、实用性不强等问题，也借鉴美国等西方国家开展政府绩效管理的经验，同时结合本地实际大胆创新，提炼出"科学、合理、刚性、便于操作"的基本原则，确立指标内容"宜粗不宜细、宜实不宜虚、宜近不宜远"的根本要求。

鉴于工作职能职责的不同，深圳市针对市政府职能部门和各区政府分别设计了两套不同的指标体系，具体分为三个层级架构：一级指标也称维度指标，关注评估的战略思路和战略理念；二级指标又称基本指标，侧重评估的策略目标，关注组织的职能职责；三级指标也称具体指标，其内容更丰富，层级更清晰。在遴选具体的指标时，深圳市主要参考了中央、省、市的重大战略规划和重点要求，市委、市政府年度重大工作任务，各单位的职责职能、年度工作目标以及政府部门目标责任白皮书等多方面的内容，尽可能体现"少而精、简单实用、动态开放"的特点，同时确保既能反映被各个评估单位的职能职责、行为业绩和管理特色，又能反映其工作绩效及绩效改进等情况。

## 二、客观评估指标与主观评估指标

政府工作具有目标多元性和价值多样性的特点，"绩效"则恰恰体现了一种系统、全面和多层次的价值内涵。政府绩效不仅仅是政府所做的成绩和所获得的收益，还包括政府效率、政治稳定、社会进步、持续发展、稳定运行、政府成本等多方面的内容。针对政府部门的评估指标，也即客观评估的内容，分为行政业绩、行政效率、行政执行力、行政成本四个一级指标。一级指标项下分为若干二级指标，二级指标项下又细分为若干三级指标。为保持评估内容的稳定性和可比性，一级指标保持基本不变，二级指标每年微调，三级指标则根据每年的形势变化和市委市政府重点工作变化而有较大的调整。

同时，深圳市借鉴市场营销学中的顾客满意度调查方法，采取相似性原则，对政府行政工作和服务中各个变量进行本质抽象组成一个系统，用以测度公众对政府的满意度。公众满意度调查是深圳市政府绩效评估的重要组成部分，占据25%～30%的权重，对政府职能部门整体评估结果的影响很大。因此，深圳市委托相关部门精心设计公众满意度方案，并按照依法独立调查的原则组织实施。

## 三、市政府工作部门绩效评估指标体系

市政府工作部门绩效评估指标体系的设计思路是：实现主观评价与客观评价、结果评价与过程评价、定性评价与定量评价、绩效评估与目标考核、内部评价与外部评价的有机统一；贯彻责任、服务、公信和人民满意政府的

执政理念；体现结果导向、流程优化导向与公众满意导向的结合。具体而言，深圳市于 2007 年初次构建的针对市政府工作部门的绩效评估指标体系包括行政业绩、行政效率、行政执行力和行政成本 4 个方面的 24 项指标（见表 6 - 1）。

表 6 - 1　针对市政府职能部门的绩效评估指标体系（2007 年）

| 评估内容 | 序号 | 评估指标 |
|---|---|---|
| 行政业绩 | 1 | 履行职责 |
| | 2 | 完成年度重要工作 |
| | 3 | 政府重大投资项目 |
| | 4 | 完成计划外任务 |
| | 5 | 改革与创新能力 |
| 行政效率 | 6 | 行政审批 |
| | 7 | 办文时效 |
| | 8 | 对人大、政协的建议提案处理 |
| | 9 | 对信访、投诉事件处理 |
| 行政执行力 | 10 | 督查督办 |
| | 11 | 政风行风 |
| | 12 | 政令检查 |
| | 13 | 效能监察 |
| | 14 | 廉洁状况 |
| | 15 | 重大事故问责 |
| | 16 | 财经责任问责 |
| | 17 | 基本建设投资情况 |
| | 18 | 基本建设竣工决算情况 |
| | 19 | 电子政务应用 |
| | 20 | 行政复议及诉讼 |
| | 21 | 行政执法 |
| 行政成本 | 22 | 部门预算支出 |
| | 23 | 财政绩效检查评价 |
| | 24 | 财政、财务收支的真实、合法和效益 |

资料来源：深圳市政府绩效办内部资料。

## 四、区级政府绩效评估指标体系

区级政府（含新区管委会）绩效评估指标体系的设计思路为：一是体现地方政府绩效评估本质上是主观评估，但逻辑上基于客观事实。二是符合地方政府绩效的内涵，包括界定政府绩效评估与目标考核的关系；体现结果导向和公众满意导向；满足4E结构，即经济性、效率性、效果性和公平性。三是体现体制内评估特点，包括评估目标完成程度、强调上级领导评估全面性、指标数据可得性。四是反映政府投入、过程与结果的逻辑关系。五是评价的内涵界定明晰，各个维度内涵清晰、互不重叠，实现主观评估与客观评估的逻辑统一与功能互补。六是针对增量、兼顾存量的指标评分标准，既与政府绩效周期评估具有一致性，又可将不同特点（属性/阶段）的一组被评对象置于统一的评估体系中。具体而言，深圳市于2007年初次构建的针对区政府（含新区管委会）的绩效评估指标体系包括经济调节、市场监管、社会管理和公共服务4个方面的42项指标（见表6-2）。

表6-2　针对区政府的绩效评估指标体系（2007年）

| 评估内容 | 评估分类 | 序号 | 评估指标 |
| --- | --- | --- | --- |
| 经济调节 | 居民生活 | 1 | 人均可支配收入 |
| | | 2 | 城镇居民恩格尔系数 |
| | | 3 | 在岗职工平均工资水平 |
| | 经济效益 | 4 | 人均GDP |
| | | 5 | 每平方公里土地产出GDP |
| | | 6 | 万元GDP能耗 |
| | | 7 | 万元GDP水耗 |
| | | 8 | 全社会劳动生产率 |
| | 循环经济 | 9 | 工业固体废物综合利用率 |
| | | 10 | 工业用水重复利用率 |
| | | 11 | 再生资源回收利用率 |

续表

| 评估内容 | 评估分类 | 序号 | 评估指标 |
|---|---|---|---|
| 市场监管 | 行政执法 | 12 | 制售假冒伪劣商品查处率 |
| | | 13 | 违法抢建查处率 |
| | | 14 | 无照经营查处率 |
| | | 15 | 药品安全抽样合格率 |
| | | 16 | 主要农产品质量安全监测超标率 |
| 社会管理 | 公共安全 | 17 | 每万人刑事案件立案数 |
| | | 18 | 每十万人安全事故死亡率 |
| | | 19 | 交通事故死亡率（十万分之一） |
| | 社会公平 | 20 | 政府科学民主决策率 |
| | | 21 | 城镇居民基尼系数 |
| | 环境保护 | 22 | 财政性环保投资经费占财政支出比 |
| | | 23 | 空气综合污染指数 |
| | | 24 | 城市污水集中处理率 |
| | | 25 | 生活垃圾资源化率 |
| | | 26 | 生活垃圾无害化处理率 |
| | 计划生育 | 27 | 户籍人口政策内生育率 |
| 公共服务 | 基础设施 | 28 | 财政性公共基础设施建设支出占财政支出比 |
| | | 29 | 人均住房使用面积 |
| | | 30 | 人均公共图书馆馆藏图书（册/人） |
| | | 31 | 人均公共绿地面积（平方米/人） |
| | | 32 | 公共交通分担率 |
| | 科技教育 | 33 | 财政性教科文卫体支出占财政支出比例 |
| | | 34 | 人均受教育年限 |
| | 信息服务 | 35 | 政府公共服务上网率 |
| | 社会保障 | 36 | 社会保障和就业支出占财政支出比例 |
| | | 37 | 社会保险综合参保率 |
| | | 38 | 劳务工医疗保险参保率 |
| | | 39 | 劳务工工伤保险参保率 |
| | | 40 | 年末城镇登记失业率 |
| | | 41 | 零就业家庭户数（户） |
| | | 42 | 人均预期寿命（岁） |

资料来源：深圳市政府绩效办内部资料。

在绩效评估指标基本遴选之后，为使其更具有实际可操作性，便于使用各方的理解与执行，还要根据指标体系的内涵要求进一步明确各项内容：一是对指标进行释义。针对不同的人对指标体系可能存在的理解偏差，经过认真研究讨论，对每一项指标所包含的内容都作了清晰的解释，并给出明确的定义。二是制定指标的评估标准。在征求评估指标数据采集责任部门意见的基础上，结合本地实际，以注重绩效评估结果为导向，推进绩效持续改进为目标，对各项评估指标计分规则和计算方法予以确定，并划分出优、良、中、差四个等级。三是确定指标的评估权重。为客观、合理地计算被评估单位的综合绩效情况，根据指标在绩效评估工作中的重要程度，综合运用定性方法和定量方法，赋予各项指标相应的权重。四是明确指标的数据采集责任。在借鉴统计部门关于统计指标采集与报送方法的同时，结合现行绩效评估指标体系的操作要求，与包括市人大、市政协及相关政府职能部门在内的 30 多家单位，对评估指标数据的采集方式、报送责任、报送频度、评估周期等内容进行明确。

# 第三节　对指标体系的持续修订

对政府绩效指标体系的修订涉及具体指标、计分标准、计算规则、所占权重等多个方面的内容。从一开始，深圳市就明确了指标体系的修订原则，即一级指标保持基本稳定，二级指标适度调整，三级指标根据市委市政府的年度工作重点和实际需要适时修订。每到岁末年初，深圳市都要组织对绩效指标体系的修改工作，往往要通过多次广泛征求被评估单位、相关指标数据责任单位以及专家学者的意见，最终形成大家都认可的方案。

## 一、对具体指标的修订

对具体指标的修订通常分为指标删除、指标调整、指标增加，以及数据采集与报送责任单位调整四种情况。有的指标因为数据报送困难，操作性不强，或者相关工作已经非常到位，不需要再纳入评估范围，因此可以删除。例如，在 2009 年，"基建投资情况"和"基建竣工决算"两项指标由于数据采集难度大且实际意义也不大而被删除；"再生资源回收率"指标得分都较高，表明各单位在这项工作的成绩很好，无须再通过绩效评估进行推进而被删除。

有的指标是因为内容的变化或者为增强实用性而被调整。例如，"年末城镇登记失业率"为年度数据，且当时是市、区分块管理，评估意义不大，在 2009 年被调整为"就业再就业率"。再如，"城市污水集中处理率"、"水行政违法事件处理率"等工作归属同一业务主管单位，分散计算评估显得松散，反而不利于开展工作，为此在 2011 年将这些指标综合调整为"城市水务管理"，以利于业务主管部门工作的推进。

为了对接市委、市政府工作重心的转移或为了更好地完成上级下达的任务，使各单位增强责任心和工作能动性，绩效评估指标有时也会增加。例如，2011 年，为落实市委、市政府要求转变经济发展方式、加快特区一体化建设，新增了"新兴产业增加值增长率"、"支柱产业占 GDP 比重"、"专利授予量增长率"等指标。又如，在 2012 年，为配合广东省委、省政府将"建设幸福广东"和"加快转型升级"列为"十二五"规划的核心任务的指示精神，增加了"幸福广东指标责任落实"和"创造深圳质量工作状况"两个指标。

因为指标的具体内容发生变化或者部门职能职责被调整，因此相关绩效指标数据采集与报送责任单位也可能被调整。例如，在 2009 年，由于机构调整的变化，市统计局建议将"人均可支配收入增长率"的数据采集责任单位调整为新成立的国家统计局深圳调查队。此外，2012 年，市经贸信息委提出，增列市国家保密局为"信息安全"指标的数源单位，具体负责"涉密及内网计算机违规联网监管措施"分项指标的数据监测工作。这样，经过几年的磨合、调整，到 2012 年深圳市政府绩效评估指标基本形成，其具体内容可参见表 6－3 和表 6－4。

## 二、对计分标准的修订

对指标计分标准进行修订的目的是让绩效评估结果更加科学合理。在深圳市开展绩效管理工作的五年多时间里，许多单位特别是各被评估单位可能会站在自身的立场考虑问题，但它们所提出的一些意见和建议也存在合理性，因此往往会被采纳。例如，2012 年，南山区针对"刑事警情报警发生率"指标的绩效标准提出修改意见，认为该指标的计算基准应以近三年刑事警情的平均数作为参考，因为单独以上一年的警情数为该项指标的计算参考方式不合理,不能作为辖区刑事警情计算的标准。又如,2012年,有被评估单位建议评估"财政收入增长进步率"指标时,应以报告期GDP增长率为参照目标,同时将基期增长率调整为基期前三年的平均增长率,并且取消排名,只划分等级。这些意见和建议因为具有合理性,均被采纳。

### 三、对计算规则的修订

绩效指标的计算规则为绩效管理工作各参与单位提供了测量绩效结果的共同语言。自从有了这样的规则,虽然各单位的行政职能不同,承担工作的内容各异,但就其对绩效结果的计算而言,其方法是一致的。

2007~2010年,深圳市对绩效指标的计分原则采用目标对比法,方法较为单一,主要表现为对工作目标实现程度的评价。由于不同部门和地区在许多方面客观差异性很大,简单的横比难以客观真实地反映实际绩效情况。为解决上述计分规则的不足,深圳市从2011年开始尝试进行修订,单项指标的分值结构原则上由"水平分、横比分、纵比分"组成,分别反映绩效评估指标任务的当期完成情况、与同类可比单位相比较的优劣状况、与过去相比的改进程度,用以体现标杆管理和鼓励持续改进的绩效管理理念。

水平分是指根据绩效评估指标任务的实际完成情况计算所得的分值,由当期原始分乘以权重占比构成。横比分侧重反映的是某单位与同类可比单位的比较情况,它根据绩效评估指标任务的当期原始得分在同类可比单位中的等次排序折算得出,由当期原始分乘以原始分与同类可比单位的当期最高分的比值,再乘以权重占比构成。纵比分侧重反映的是某单位某一指标任务现在与过去的完成情况相比较的结果,由当期原始分乘以当期原始分与前三年原始分均值的比值,再乘以权重占比构成。如果该指标任务只有一年或两年的历史分值,就不可能有前三年的原始分均值,因此纵比分只按一年或两年的历史分均值计算;如果该指标任务因为是新设指标,没有历史分值,纵比分就由当期原始分乘以权重占比构成。

如果用P表示当期原始分,A%、B%、C%分别表示水平分、横比分、纵比分的权重占比(A%+B%+C%=1),那么某一指标任务的水平分就可以用公式表示为P×A%,横比分为P×(当期原始分÷同类可比单位的当期最高分)×B%,纵比分为P×(当期原始分÷前三年原始分平均值)×C%。

对于A、B、C权重占比的赋值,根据评估指标的内容有所差异。一般地，如果需要侧重反映评估指标的当期完成情况，水平分、横比分和纵比分的权重分别为80％、10％、10％；如果需要侧重反映评估指标的年度进步情况，水平分、横比分和纵比分的权重一般分别为30％、10％、60％；如果评估指标的当期原始分的计算公式中已对横比和纵比关系有所反映或者横比和纵比意义不大，就直接以当期原始分作为水平分。

## 四、对指标权重的修订

绩效指标体系是集合了多项指标的复杂系统，指标权重是对各项指标重要程度的权衡和评价，其大小反映了市委市政府各项工作的重点、难度以及在资源投入上的差别。不同的权重往往导致不同的评估结果，因此权重的确定是考估指标体系设计中非常关键的一个环节，对于能否准确、客观地反映各级各部门及其员工的工作绩效起着至关重要的作用，进而对他们的工作行为也起到显性或隐性的引导作用。

深圳市政府绩效评估指标的内容得到初步确定后，再确定各具体指标的权重占比。随着各级各部门对绩效管理的效用认识越来越清晰，从中受益越来越多，它们对该项工作的重视程度也越来越高，不仅要求增设指标，而且要求拥有尽可能高的权重。例如，2010年，深圳市法制办要求增设"法治政府建设"这一指标，并要求占比至少10％；但深圳市既考虑了该项工作在全国的重要示范意义，又征求了各方意见并经过充分权衡，对该指标赋权6％。又如，2012年，深圳市政府针对一些重点工作推进不力的现状，要求加大对重点工作的督查督办力度。为此，深圳市绩效办与市政府督察室联合研究，将"政府督查事项落实"的权重系数提高到8％或10％，而将推动多年并已相对稳态化的"白皮书任务完成率"的权重系数由20％降低至10％或8％。各评估指标的权重如表6－3和表6－4所示。

绩效指标的权重调整后，各级各部门对市委市政府重点工作的推进力度明显加大。例如，在2012年上半年的绩效评估工作中，某新区政府的"政府督查事项落实"得分较低，由此引起了该区主要领导的高度重视，他们不仅亲自查找原因、分析问题，还在内部多次强调要迅速加大对各项重点工作的推动力。

表6-3 针对市政府职能部门的绩效评估指标体系（2012年）

| 一级指标 | 二级指标 | 序号 | 三级指标 | 权重（%） | |
|---|---|---|---|---|---|
| | | | | A类部门 | B类部门 |
| 行政业绩 | 职能履行 | 1 | 创造深圳质量工作状况 | 10 | 10 |
| | | 2 | 政府督查事项落实 | 10 | 10 |
| | | 3 | 白皮书任务完成率 | 10 | 10 |
| | 专项工作 | 4 | 幸福广东指标责任落实 | 2 | 4 |
| | | 5 | 政府投资项目（A类）完成率 | 3 | 0 |
| | | 6 | 保障性住房建设任务落实 | 2 | 2 |
| | | 7 | 临时性重要专项工作 | 2 | 2 |
| 行政质量 | 服务质量 | 8 | 改革创新成效 | 3 | 4 |
| | | 9 | 执行改革措施情况 | 3 | 3 |
| | | 10 | 办事质量和效率 | 3 | 4 |
| | | 11 | 政府信息公开和网站建设 | 5 | 5 |
| | | 12 | 信息安全 | 2 | 3 |
| | | 13 | 安全事故（事件）预防 | 3 | 4 |
| | 依法行政 | 14 | 法治政府建设（含普法教育） | 7 | 8 |
| | | 15 | 行政处罚状况 | 3 | 0 |
| | 廉政勤政 | 16 | 建设廉洁城市工作推进状况 | 3 | 3 |
| | | 17 | 违纪违法案件和问责发生率 | 3 | 4 |
| 行政效率 | 行政审批 | 18 | 行政审批效能 | 4 | 0 |
| | | 19 | 行政审批网上实现率 | 3 | 0 |
| | 政务协同 | 20 | 人大建议办理 | 3 | 4 |
| | | 21 | 政协提案办理 | 3 | 4 |
| | | 22 | 信访投诉处理 | 2 | 3 |
| 行政支出 | 经费节约 | 23 | 部门人均公用经费支出水平 | 4 | 5 |
| | | 24 | 部门已完成项目经费支出比例 | 4 | 5 |
| | 财务审计 | 25 | 财政财务收支的真实合法效益 | 3 | 3 |

资料来源：深圳市政府绩效办内部资料。

表6-4　针对区政府的绩效评估指标体系（2012年）

| 一级指标 | 二级指标 | 序号 | 三级指标 | 权重（%） | |
|---|---|---|---|---|---|
| | | | | 行政区 | 功能区 |
| 公共服务 | 服务质量 | 1 | 创造深圳质量工作状况 | 8 | 8 |
| | | 2 | 政府督查事项落实 | 8 | 8 |
| | | 3 | 白皮书任务完成率 | 8 | 8 |
| | | 4 | 财政性科教文卫体人均支出水平 | 3 | 2 |
| | | 5 | 保障性住房建设任务落实 | 3 | 3 |
| | | 6 | 政府投资项目（A类）完成率 | 3 | 3 |
| | | 7 | 改革创新成效 | 2 | 2 |
| | | 8 | 执行改革措施情况 | 2 | 2 |
| | | 9 | 临时性重要专项工作 | 2 | 2 |
| | 服务保障 | 10 | 建设廉洁城市工作推进状况 | 2 | 2 |
| | | 11 | 法治政府建设（含普法教育） | 7 | 6 |
| | | 12 | 财政财务收支的真实合法效益 | 2 | 2 |
| | | 13 | 政府信息公开和网站建设 | 3 | 3 |
| | | 14 | 信访投诉处理 | 2 | 2 |
| | | 15 | 违纪违法案件和问责发生率 | 3 | 3 |
| 社会管理 | 公共安全 | 16 | 刑事警情报警发生率 | 3 | 3 |
| | | 17 | 各类安全生产事故死亡人数 | 3 | 3 |
| | 人口管理 | 18 | 流动人口政策生育率 | 2 | 2 |
| | | 19 | 分区域人口调控指导性计划完成率 | 2 | 2 |
| | 市政管理 | 20 | 违法用地违法建筑纠正率 | 4 | 4 |
| | | 21 | 水务建设与管理 | 3 | 3 |
| | | 22 | 城市市容环境卫生状况 | 2 | 2 |
| 经济调节 | 经济效益 | 23 | 每平方公里GDP产出增长进步率 | 2 | 2 |
| | | 24 | 财政收入发展进步率 | 3 | 3 |
| | | 25 | 专利申请量增长水平 | 2 | 2 |
| | 节能减排 | 26 | 万元GDP能耗下降率 | 2 | 2 |
| | | 27 | 万元GDP水耗下降率 | 2 | 2 |
| | | 28 | 污染减排任务完成情况 | 3 | 3 |

续表

| 一级指标 | 二级指标 | 序号 | 三级指标 | 权重（%） | |
|---|---|---|---|---|---|
| | | | | 行政区 | 功能区 |
| 经济调节 | 转型升级 | 29 | 新兴产业增加值增长进步率 | 2 | 4 |
| | | 30 | 支柱产业占 GDP 比重进步率 | 2 | 4 |
| 市场监管 | 规范竞争 | 31 | 无证无照取缔规范率 | 2 | 1 |
| | 重点监督 | 32 | 食品生产抽样检验合格率 | 2 | 1 |
| | | 33 | 药品安全抽样合格率 | 1 | 1 |

资料来源：深圳市政府绩效办内部资料。

# 第七章 深圳市政府绩效
## 管理的信息化应用

现代信息技术（Information Technology，IT）的飞速发展和广泛应用为政府绩效管理实现信息化提供了便利条件，为建立科学、便捷、实用的绩效管理信息系统奠定了技术基础。反过来，现代绩效管理与传统考评相区别的内在要求也对绩效管理方式的信息化提出了更高的要求。政府绩效管理的大规模深入开展，绩效管理工作量的加速增长，绩效管理工作效率的提高，绩效评估结论效度和信度的保证，绩效评估结果决策支持作用的发挥，都离不开政府绩效管理的信息化应用。

## 第一节 地方政府绩效管理的信息化

### 一、信息化是地方政府绩效管理的发展趋势

传统的政府管理模式是一种集权式的管理，政府是"游戏规则"的制定者，垄断着社会公共事务的决策权；社会公众是"游戏规则"被动接受者，缺乏发言权和选择权，是政府的管理对象而非服务对象。政府通过垄断和封锁那些不利于政治稳定或统治的信息，下层官员基于自身的利益选择信息向上传递，经过层层选择，信息大部分滞留在各级官员手中。政府的运作方式是"我能做什么，我认为我应该做什么"；政府工作人员的大脑中积淀的是"为官"和"主人"的思想，而非"公务员"和"仆人"的理念。由于缺乏畅通的信息交流和沟通渠道，传统政府管理模式的弊端主要表现为：①手工管理模式导致各种信息资料传递、存储和应用比较困难，

管理效率相对低下，因为政府的很多管理工作是以大量信息资料为基础的；②信息交流困难导致政府服务比较被动，服务难以到位；③政府的主体地位导致社会公众需求的实现必须经过申请，政府管制又往往容易产生腐败。

但是，随着社会公众对公共信息和服务的需求不断增多，政府提升自身管理绩效、增强服务能力和提高服务质量的压力也越来越大。为此，政府急需引入先进的技术手段，以技术创新推动政府管理创新和政府流程再造，一方面使自身从日渐繁重的工作任务和负担中解脱出来，另一方面提高公共服务的供给水平和质量。由于信息技术的迅猛发展和广泛应用，现代政府以信息网络为平台，综合利用先进的信息技术，将其管理和服务职能通过网络技术进行集成，在网络上实现政府组织结构和工作流程的优化重组，超越时间、空间与部门分割的制约，优化政府组织，重组公共管理，转变政府职能，全方位地向社会提供优质、规范、透明、符合国际标准的管理和服务，实现公务、政务、商务、事务的一体化管理与运作，为社会公众提供广泛、高效和个性化服务。也就是说，现代政府管理正在实现信息化，政府职能和信息技术日益融合在一起，通过信息技术创新，促进政府管理创新。其中，政府管理，即"政务"是本质与核心；信息技术的应用，即"信息化"只是工具和手段，具体实现形式是电子政务系统。正是因为电子政务建设的逐步拓展，政府通过网络提供公共信息和公共服务的能力不断得到增强，质量不断得到提高。

与政府管理信息化的深度发展相适应，政府绩效管理的信息化需求也浮出水面。这是因为随着政府绩效管理的日趋繁重和指标数据的日积月累，工作的数量、强度和难度也不断增加，绩效管理的成本在逐年攀升。以信息网络为平台的政府绩效管理信息化不仅可以使政府从繁重的工作、沉重的负担和潜藏的危机中解脱出来，更可以提高绩效管理与评估的客观性、科学性和公信力。将信息技术整合到政府绩效管理领域并建设电子化的政府绩效评估系统，[①] 就是为了充分挖掘信息技术的优势，在原有的政府绩效管理体系中植入更多的技术元素，将已有的较为成熟的政府绩效管理理念、方法、程序、制度等成果通过信息技术手段发挥更大的效用，获取更多的

---

①本书所提到的政府绩效电子评估系统，均是指电子化的政府绩效评估系统，即以信息网络为平台，综合运用信息技术，将政府绩效评估通过信息技术和网络技术进行集成，实现政府绩效评估的电子化、网络化、自动化和一体化。

效益，使政府绩效管理系统能尽可能地代替人工担负起管理政府绩效的部分责任，尽可能地实现绩效评估与管理运行的规范化、制度化、电子化、网络化。利用电子化政府绩效评估与管理系统的优势在于其工作主体和管理工具是程序化执行的系统，具有"刚性"和"长性"，它会严格按指令行动，按程序办事，按规则操作，不为人情左右，不被时空羁绊，能有效地保障评估与管理过程和结果的公开性、透明性、公平性、公正性。当然，在技术达不到的时间、环节和地方，还是要以人工操作为主。如果政府能采取有效措施将电子化评估和管理方式与人工操作方式进行有机结合，就可以实现两者的优势互补，同时又规避两者的不足，使政府绩效管理取得更好的效果。

因此，政府绩效管理的信息化，从根本上为政府绩效管理模式带来革命性的转变，其价值取向和实现手段有别于传统的行政理念，反映了政府绩效管理的未来发展和变化趋势。这主要体现在三个方面：一是以顾客为中心。将社会公众视为政府的"顾客"，"一切以顾客为中心"是政府绩效管理的基本理念。传统的政府是一种以集权为特征的管制型政府，强调领导权威，政府自成一体，忘记了其存在的基础和依据，把自身当作目的。信息技术的运用缩短了政府与公众之间的距离，改变了政府与公众交流的方式。二是参与式民主。"参与式民主"是对现有"集权式民主"的否定，是从"替民做主"到"由民做主"的转变。在现代社会，信息技术的发展为"电子民主"提供了可操作性的解决方案，为"参与式民主"的实现打好了坚实的基础。三是快速回应。要想提高对公众需求变化的快速回应能力，政府就应该始终保持对公众需求变化的高度关注，保持灵敏的回应能力，做到快速回应和快速处理，为社会公众提供高效的政府服务。在互联网时代，由于行政范围的迅速扩大和行政环境的巨大变化，政府要增强对外部环境变化的快速回应能力，首先迫切需要通过应用先进的电子信息与网络技术来提高自身的快速响应能力。

## 二、地方政府绩效管理信息化的现实需求

地方政府绩效管理的信息化有狭义和广义的两种理解。从狭义上讲，地方政府绩效管理信息化就是评估和管理方式及过程的软件化，即通过计算机语言将既定的评估指标、标准和规则编写成软件，使之成为一个能实现从信息输入到结果生成的电子信息系统。广义上的地方绩效管理信息化

是指除了拥有绩效评估与管理软件系统的功能之外，还能够利用网络传输信息的便利，对政府绩效信息进行实时动态的获取和分析，并对绩效评估结果进行更加深入的描述与分析，以便及时采取措施纠偏纠错，使之成为政府决策支持系统的一个重要组成部分，推动政府绩效持续改进。现实情况是，政府绩效管理的多主体、多维度、多层次指标、多种类标准和多计算步骤的特点，决定了它必须依靠先进的信息处理技术，才能实现科学、简易、实用的工作过程，得出客观、真实、可信的绩效评估结果，发挥精准、快速、有效的决策支持能力。一般来说，地方政府绩效管理的信息化应用具有以下作用：

1. 有助于构建科学的绩效指标体系

为了提高地方政府绩效管理的科学性和有效性，克服以定性指标为主的手工考评工作的不足，政府绩效评估与管理应当构建多维度、多层次、相互关联、相互制约、相互印证的综合绩效指标体系。很显然，这样的综合绩效指标体系的构建和完善，离不开计算机技术的运用。为了检验指标设置的科学性、合理性以及权值配比，需要运用大量的测评数据进行测试。因此，在绩效指标体系的设计和测试工作中，必须运用计算机进行分析处理，以确保指标体系的信度与效度。

2. 有利于计算各类绩效指标数据

由于政府绩效指标体系的多维度、多层级特点，要得到各类绩效指标值，必须进行大量的数据运算，而底层绩效指标及其相应数据相对繁多，如果没有计算机技术的辅助应用，评估与管理的工作难度及其过程的科学性是难以想象的。

3. 可以减少政府绩效管理过程中的人为因素

为了提高政府绩效管理的客观性与真实性，降低单一主体对绩效评估结果的影响程度，绩效管理主体持续呈现多元化趋势。采用计算机技术和网络化手段，有利于减少绩效评估与管理过程中的人为因素，既可以避免手工收集各类主体评分结果造成的误差，也可以克服由于当面递交绩效结果带来的不公正性，保证各类评估主体的独立性。另外，采用网络化评估与管理手段可以方便、高效地取得外部绩效信息，降低绩效评估与管理工作成本。

4. 有利于政府绩效结果的综合应用

政府绩效管理的主要目的是通过考察、评估政府的关键行为和重大事项，发现问题，预估趋势，找到对策，推动政府绩效持续提高。因此，对政府绩效评估结果进行综合应用，除了要对绩效管理对象综合评估得分并进行排序外，还要进一步实现在多种条件下对管理对象的某项或某些绩效结果进行分析，为政府决策、政策调校和干部选拔任用提供参考依据。

政府进行绩效管理的目的除了推动效率、效益之外，更重要的是发现造成绩效较低的具体原因，为政府绩效的改进或者公共决策的进行提供积极的支持。政府绩效管理的信息化应用能增强它在这方面的作用，帮助检测和判断工作流程中的不足和缺陷，作为政府改进绩效的有益参考。当然，将电子化和信息化的政府绩效评估与管理系统作为政府绩效管理的主体，并不等于不重视传统的政府绩效管理体系。电子化政府绩效管理系统之所以具有优势且有效可行，归因于它是建筑在充分吸收传统的科学、成熟、稳定的绩效管理体系成果的基础之上的。正如有学者指出，任何一个"评估主体都有自身特定的评估角度，有不可替代的比较优势。同时，具有特定身份的评估主体亦有自身难以克服的评估局限"。[1] 实际上，可以采取以自动化评估与管理为主，以人工评估为辅的评估与管理方法，实行定量评估和定性评估与管理相结合，以弥补各类主体在信息收集与处理技术、技能等方面的不足。

## 三、地方政府绩效管理领域中的信息化应用

随着信息技术在社会各个层面的深度应用，政府绩效管理的信息化程度将得到进一步提升，两者将会日益融合在一起。一方面，信息化建设所构造的电子管理信息系统框架，为政府绩效管理的有效开展提供了强有力的技术支持；另一方面，政府绩效管理的持续进行，也丰富了信息化建设的目标——它将不仅作为政府再造流程的一种手段，更需要从多角度满足政府绩效管理的要求，以达到推进政府绩效改善的共同目标。

政府绩效管理系统应该是兼具操作平台和评估工具作用的同时，还具有评估主体的地位与功能，并且把政府绩效管理的理念、方法、指标体系、程序、制度等都融合于其中，使之成为一种电子化的评估与管理模式，成为实时的、动态的、自动的、制度化的管理机制。地方政府绩效管理信息化的一般步骤包括系统需求分析、系统模型设计和系统解决方案。

---

① 卓越：《公共部门绩效评估的主体建构》，《中国行政管理》2004 年第 5 期。

1. 需求分析

建设地方政府绩效管理信息系统的需求分析包括以下几个方面：确定系统所期望的用户总数和类型；获取每个用户的需求；了解实际用户任务和目标以及这些任务和目标所支持的业务需求；掌握管理员与用户的信息，以区别用户任务需求、功能需求、业务规则、质量属性、建议解决方法和附加信息；将系统级的需求分为几个子系统；了解相关质量属性的重要性；讨论得出实施优先级；将所收集的用户需求编写成需求规格说明和模型；评审需求规格说明，确保与用户达成共识。由此可见，需求分析无疑是绩效管理系统信息化实现的关键问题，对书面绩效管理体系的理解程度和需求分析的完整程度是决定绩效管理系统信息化成败的两大原因。为了保障需求分析的质量，通常要求按照以下具体步骤进行：

首先是需求调查准备。需求调查准备工作是在了解书面绩效管理信息系统的运作框架后，解决目标系统做什么、做到什么程度的初步设计，同时它也包括对功能、性能、环境、可靠性、安全性、保密性、用户界面、资源使用、进度等的构思。此外，还应明确需求的调研方法，如会谈、询问；调查表；收集分析绩效管理使用的各种表格、有关评估规则、评估流程、相关指标数据的各种文字资料；收集绩效管理信息系统课题研究中已有的技术资料、演示程序或软件程序；可视化方法。

其次是撰写需求分析文档。在确认需求调查准备的几项工作完成后，应由开发系统的软件工程师、绩效管理信息系统的设计者和综合绩效管理主体共同讨论系统简化原型，并不断修改完善系统简化原型和文档原型，最终达成共识。绩效管理信息系统的设计者可将改进意见发到开发部门，从而便于开发人员及时修改系统的设计和编码。简化模型采用可视化的数据库编程语言设计，其主要设计要求有：充分考虑系统的设计与实现，不得与实际系统脱节；仿真实际系统的操作界面，与实际系统的操作过程完全相同；以单机安装运行，不与实际数据库连接；对界面中容易误解或难以理解的操作，在功能帮助中给出说明；运行稳定，并比实际系统对硬件要求低。

最后是进行需求评审。需求评审一般由用户单位组织，评审团成员由同行专家、系统分析、设计和测试人员组成。需求分析的任务是借助于当前的系统物理模型导出目标系统的逻辑模型，解决目标系统"做什么"的问题，所要做的工作是深入描述系统软件的功能和性能，确定绩效管理信息系统同其他信息化政务应用系统的接口细节，定义软件的其他有效性需求，通过逐步细化对软件的要求描述软件要处理的数据，并给软件开发提供一种可以转化为数据设计、结构设计和过程设计的数据与功能表示。此外，对其中模糊的要求进一步澄清，然后决定是否采纳，最后将软件的需求有准备地表达出来，形成软件需求说明书。

2. 系统模型设计

根据"标杆管理、过程监控、结果导向、持续改进、公众满意"的政府绩效管理理念，绩效评估与管理模型应该体现政府绩效管理信息系统的即时评估、及时纠偏和提前预警的功能。为此，首先要建立绩效标杆评估模型，将一个具有激励和警告功能的变量纳入绩效评估当中，同时既要体现出促进绩效持续改进的作用，又要体现出数值的动态性，以实现绩效评估的时间累积特征；其次要建立纠偏模型，以便及时发现问题，并提示相关单位及时采取有效措施对存在的问题进行整顿和改进；再次要建立预估模型，以反映过去及现在的工作业绩状况对未来工作业绩状况的影响；最后要将这些模型编写成计算机程序语言，转化成地方政府绩效管理的工作平台和实施工具。

3. 系统解决方案

地方政府绩效管理信息系统以先进的多维度、多主体评估体系为设计理念，以系统科学、信息科学、管理科学、运筹学、数理统计等多学科为基础，集合多种决策支持工具和模型算法，整合各类政务信息资源、绩效信息，通过网上网下相结合的评估方式，为地方政府绩效管理提供最便捷的信息化实现方式。

地方政府绩效电子评估与管理系统由实时评估子系统、纠偏纠错子系统、预期预估子系统、绩效指数子系统和技术平台等模块，以及报表、绩效管理综合信息数据库和绩效结果分析库等几部分组成。政府绩效电子评估与管理系统的本质是信息处理系统，其基本功能是将输入数据转变成需要的输出信息，在这一过程中将政府绩效评估的理念、方法、指标、程序、制度等融合在一起。因此，除了一般管理信息系统的功能外，政府绩效电子评估与管理系统还应具有绩效管理主体的功能和地位，是一种电子化、智能化、全天候的综合性系统解决方案，其主要功能至少要包括：

（1）信息采集。绩效管理内容和绩效指标数据的采集是整个绩效电子评估与管理系统的基础工作，是绩效信息数据库建设的根本。绩效指标数据的采集责任单位通过网络信息实时监测系统对各种绩效指标数据进行分类、筛选、采集、报送，确保绩效信息的及时、完全、准确。

（2）实时评估。为对政府工作实施即时监测和反馈，政府绩效电子评估与管理系统就应该是一个实时、动态的解决方案，能实时、动态地将采集到的绩效信息进行处理和展示。实时绩效评估采用从整体绩效评估到具体指标评估逐层分解的方式，像剥卷心菜一样层层分析被评估单位的绩效表现及其背后的原因。

（3）纠偏纠错。政府绩效管理的宗旨是前瞻性地发现问题，并找到解决办法，推动绩效持续提高。为此，政府绩效电子评估与管理系统就应该具有及时提示功能，提醒被评估单位及时采取措施，纠偏纠错，对出现问题的环节进行整改。

（4）预期预估。政府绩效管理的重点不是在事后发现问题和追查责任，而是在事前发现问题的苗头，防患于未然。事前发现问题，并把问题解决于未发之前，才是最大的绩效。因此，政府绩效电子评估与管理系统还应该具有预期预估功能，以便能前瞻性地发现问题。

（5）绩效指数发布。绩效指数是一个概念化和综合性的指标，这是用一个数据高度概括一个部门的绩效工作整体情况的方法。通过对不同周期的绩效指数进行部门间横向比较和部门内部纵向比较，使每个部门的绩效指数实现空间坐标的立体定位，直观地展示绩效差异，以便发现问题、查找原因和寻求对策。

（6）绩效结果分析。绩效结果分析是对绩效指标数据进行挖掘和剖析。在政府绩效电子评估与管理系统中，引入了数据仓库的概念，建立联机在线分析和展示系统，采用了数据分析建模和数据挖掘工具，从多种角度对绩效结果进行分析，为社会公众查询、浏览和了解政府绩效情况提供便利的条件，也为各级政府领导决策提供科学依据。

# 第二节　地方政府绩效评估模型的导入

地方政府绩效管理的数学模型是政府绩效管理的具体过程和问题从定性的模糊认识上升到定量的精确认识的关键。一方面，数学自身的理论是严密精确和完善的，在政府管理问题的分析和设计中总是希望借助于这些成熟的理论；另一方面，数学本身也只有给它提供实际应用的场合，才具有生命力。根据政府绩效管理及其行为过程的相关历史数据，通过数据分析建立起数学模型，根据模型去测算政府行为和其绩效之间的关系，由此发现问题，预见趋势，分析原因，找到对策，不断纠正政府行为，提高政府绩效。

## 一、模型构建思路及其功能实现

按照"科学、简单、实用"的建设原则，地方政府绩效电子评估与管理系统主要包括三个子系统，分别对应三个绩效评估模型，即具有纠错纠偏和绩效持续改进功能的"绩效标杆评估模型"、具有预估功能的"绩效趋势预测模型"和体现客观公正的"指标权重计算模型"。

1. 绩效标杆评估模型

绩效标杆评估模型的构建思路是：将一个具有激励和警告功能的变量纳入绩效评估当中；该变量一方面要体现出促进绩效持续改进的作用，另一方面要体现出数值的动态性，以体现绩效评估的时间累积特征。该模型的核心思想可以用以下公式表示

总分值 = 基本分值 + 奖惩分值

在上式中，基本分值是根据各类绩效评估指标及其所占权重计算出的被评估单位分值。奖惩分值是一个模糊数值，其作用是给被评估单位带来持续改进绩效的压力，计算公式为：

奖惩分值 ＝（本期基本分值 ÷ 上期基本分值 − 1）× ［（本期基本分值 ÷ 上期基本分值 − 1）÷ 2］

根据上述公式，在评估开始的第一个周期，被评估单位的总分值就是基本分值。但是，从第二个周期开始，奖惩分值开始产生，如果第二个周期的绩效比第一个周期好，那么第二个周期的奖惩分值为正，总分值相应较高；反之，如果第二个周期比第一个周期绩效差，那么第二个周期的奖惩分值为负，总分值也相应较低。同样道理，其他各期依次类推。由于总分值中包含了被评估单位的既往绩效信息，因此它可以体现评估活动的动态性、客观性和经验累积性。

由于奖惩分值这一模糊项的存在，将促使那些即使现期绩效已经不错的被评估单位不断努力，推动绩效持续改进。否则，只要工作稍有松懈，

奖惩分值就会发生调节作用，变成负值，进而影响到被评估单位的总分值。由此，绩效评估模型的绩效持续改进动力得到充分的体现。

绩效标杆评估模型的功能是：通过对被评估单位工作绩效得分数值的计算及经验累积曲线的生成，完善被评估单位的自动评价；通过奖惩分值变量的引入，充分调动被评估单位持续改进绩效的积极性；通过绩效雷达图和相应比对基准的建立，自动生成绩效改进和纠错纠偏建议，实现绩效评估的计算机化，增强绩效评估的科学性、简易性和客观性。

2. 绩效趋势预测模型

绩效趋势预测模型的构建思路是：在通过上述绩效标杆评估模型计算出本期业绩总分值的同时，未来一个或几个周期的工作任务完成的可能性和绩效改进状况也将自动生成。建立该模型的逻辑依据是，过去及现在的工作业绩状况将影响到未来的工作业绩状况。根据政府部门数据采集频度及数据的可获取性，在这里选用动态赋权的两期加权平滑模型。通过这个模型，只要获得两期以上的数据，即可对今后一期的工作绩效进行预估。

绩效趋势预测模型的功能是：利用时间序列趋势加权平滑预测模型，可以自动生成各类绩效评估指标的未来绩效得分情况。通过对比现在的工作绩效状况和未来的工作绩效发展趋势，可以对政府工作及时提出改进建议，实现绩效趋势预测的自动化。

3. 指标权重计算模型

建立指标权重计算模型的基本思路是：根据政府绩效总目标，确立各层次绩效评估指标的相对重要性，也即指标的权重。设置权重的数学方法采用统计学领域常用的"层次分析法"（Analytic Hierarchy Process，AHP）。

层次分析法是由美国匹兹堡大学教授 T. Saaty 于 20 世纪 70 年代中期提出的。它将指标评估体系分解为多个层次，并按目标层、准则层、指标层排列起来，形成有序的多层次模型，首先通过两两比较的方式确定层次中诸因素的相对重要性，然后综合评估主体的判断确定诸因素相对重要性的总顺序。层次分析法的基本思想就是将组成复杂问题的多个元素权重的整体判断转变为对这些元素进行"两两比较"，然后转为对这些元素的整体权重进行排序判断，最后确立各元素的权重。对于变量数据搜集不便的政府部门来说，运用层次分析法对变量赋权具有简单性和科学性。

构建指标权重计算模型的意义在于，通过层次分析法的引入，实现指标权重计算的规范化，为赋权客观性提供基础。

## 二、子模型的构建原理

1. 核心模型：带有奖惩分值的线性评估方程

令 Z 表示被评估单位某期最终评估结果或总分值；V 表示被评估单位某期依据数据报送和指标权重计算出来的评估结果或基本分值；P 表示被评估单位本期由于绩效改进而获得的奖励分值（或由于绩效退步而得到了惩罚分值），则具有动态累积特征和绩效改进促进效果的线性评估方程可以简单表示为：

$$
\begin{cases}
Z_t = V_t + P_t \\
V_t = a_1 v_1 + a_2 v_2 + \cdots + a_n v_n = \sum_{i=1}^{n} a_i v_i \\
P_t = \left( \dfrac{V_t}{V_{t-1}} - 1 \right) \times \dfrac{(V_t + V_{t-1})}{2}
\end{cases}
$$

其中，时间 $t$，$t-1$ 分别表示评估期的本期和上一期，在一个评估年度内，$t \in (1, \cdots, 12)$；$a_i$，$v_i$ 分别表示指标权重和指标数值，且 $i \in (1, \cdots, n)$ 表示指标数量。这个模型可以直观写成：

$$
Z_t = V_t + P_t = \sum_{i=1}^{n} a_i v_i + \left( \frac{V_t}{V_{t-1}} - 1 \right) \times \frac{(V_t + V_{t-1})}{2}
$$

模型的动态累积性体现在时间和时间差分上，绩效改进促进效应体现在变量 $P_t = \left( \dfrac{V_t}{V_{t-1}} - 1 \right) \times \dfrac{(V_t + V_{t-1})}{2}$ 上，并定义：

被评估单位绩效改进程度 $P_t = \left( \dfrac{V_t}{V_{t-1}} - 1 \right) \times \dfrac{(V_t + V_{t-1})}{2}$

根据这个定义，若被评估单位基本分值 $V_t > V_{t-1}$，则 $P_t > 0$，说明本期绩效比上期改进，应给予鼓励，总分值 $Z_t$ 相应较高；反之，若被评估单位基本分值 $V_t < V_{t-1}$，则 $P_t < 0$，说明本期绩效比上期退步，应给予警告，总分值 $Z_t$ 相应较低。因此，该模型体现了自我评价、以评估促改进的要求。

2. 绩效标杆评估模型的构建

根据前面所描述的核心评估方程，可以设定评估期如下：

月度评估：$t=1$，$t=2$，$\cdots$，$t=12$；

季度评估：$t=1$，$t=2$，$t=3$，$t=4$；

半年度评估：$t=1$，$t=2$；

年度评估：$t = 1$；

为了区分评估期及相应评估指标变量，还可以约定以下符号及其表达式：

（1）月度评估方程：

$$Z_{mt} = V_{mt} + P_{mt} = \sum_{i=1}^{n} a_{mi} v_{mi} + \left( \frac{V_{mt}}{V_{m(t-1)}} - 1 \right) \times \frac{(V_{mt} + V_{m(t-1)})}{2}$$

（2）季度指标评估方程：

$$Z_{qt} = V_{qt} + P_{qt} = \sum_{i=1}^{n} a_{qi} v_{qi} + \left( \frac{V_{qt}}{V_{q(t-1)}} - 1 \right) \times \frac{(V_{qt} + V_{q(t-1)})}{2}$$

（3）半年度指标评估方程：

$$Z_{ht} = V_{ht} + P_{ht} = \sum_{i=1}^{n} a_{hi} v_{hi} + \left( \frac{V_{ht}}{V_{h(t-1)}} - 1 \right) \times \frac{(V_{ht} + V_{h(t-1)})}{2}$$

（4）年度指标评估方程：

$$Z_{yt} = V_{yt} + P_{yt} = \sum_{i=1}^{n} a_{yi} v_{yi} + \left( \frac{V_{yt}}{V_{y(t-1)}} - 1 \right) \times \frac{(V_{yt} + V_{y(t-1)})}{2}$$

由此，我们可以设计阶段性评估和年终总评估的评估路线图：

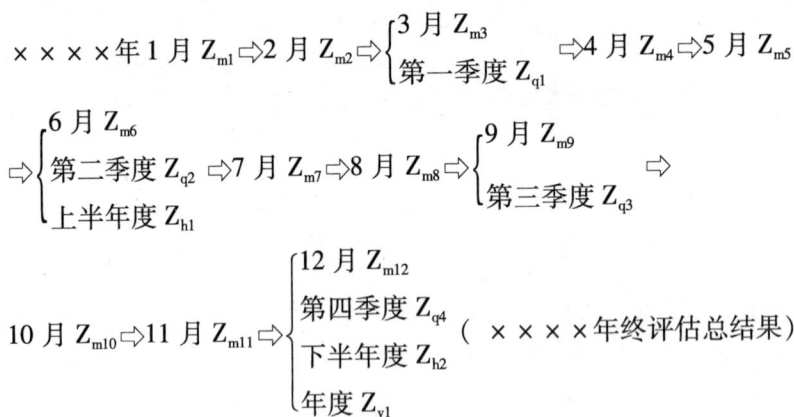

$$\times\times\times 年 1 月\, Z_{m1} \Rightarrow 2 月\, Z_{m2} \Rightarrow \begin{cases} 3 月\, Z_{m3} \\ 第一季度\, Z_{q1} \end{cases} \Rightarrow 4 月\, Z_{m4} \Rightarrow 5 月\, Z_{m5}$$

$$\Rightarrow \begin{cases} 6 月\, Z_{m6} \\ 第二季度\, Z_{q2} \\ 上半年度\, Z_{h1} \end{cases} \Rightarrow 7 月\, Z_{m7} \Rightarrow 8 月\, Z_{m8} \Rightarrow \begin{cases} 9 月\, Z_{m9} \\ 第三季度\, Z_{q3} \end{cases} \Rightarrow$$

$$10 月\, Z_{m10} \Rightarrow 11 月\, Z_{m11} \Rightarrow \begin{cases} 12 月\, Z_{m12} \\ 第四季度\, Z_{q4} \\ 下半年度\, Z_{h2} \\ 年度\, Z_{y1} \end{cases} （\times\times\times 年终评估总结果）$$

根据以上评估路线图，可以描绘出标杆评估和累计经验曲线的生成原理：

假定×××年的绩效评估从 1 月开始（若从其他月份开始，令以前月份的绩效总分值 $Z_{mt} = 0$ 即可）：

⇨1 月份

由于假定 1 月份为评估起步期，包括前一期变量的奖惩分值不存在，因

此令 $P_{m1} = \left( \dfrac{V_{m1}}{V_{m(1-1)}} - 1 \right) \times \dfrac{(V_{m1} + V_{m(1-1)})}{2} = 0$。

1 月份的评估结果为：

$$Z_{mt} = V_{mt} + P_{mt} = \sum_{i=1}^{n} a_{mi} v_{mi} + 0 = \sum_{i=1}^{n} a_{mi} v_{mi}$$

其中，$\sum\limits_{i=1}^{n} a_{mi} = a_{m1} + a_{m2} + \cdots + a_{mn} = 1$，直观表现是图形上的一个起始点。

⇨2 月份

由于 1 月份的基本分已经计算，因此奖惩分值开始发挥作用，2 月份的评估结果为：

$$Z_{m2} = V_{m2} + P_{m2} = \sum_{i=1}^{n} a_{mi} v_{mi} + \left( \frac{V_{m2}}{V_{m1}} - 1 \right) \times \frac{(V_{m1} + V_{m1})}{2}$$

直观表现是图形上的一个具有经验累积特征的线段，后一个端点即 2 月份的评估结果。

⇨3 月份和第一季度综合评估

3 月份的月度指标评估结果：

$$Z_{m3} = V_{m3} + P_{m3} = \sum_{i=1}^{n} a_{mi} v_{mi} + \left( \frac{V_{m3}}{V_{m2}} - 1 \right) \times \frac{(V_{m3} + V_{m2})}{2}$$

第一季度指标的评估结果：

$$Z_{q1} = V_{q1} + P_{q1} = \sum_{i=1}^{n} a_{qi} v_{qi} + \left( \frac{V_{q1}}{V_{q(1-1)}} - 1 \right) \times \frac{(V_{q1} + V_{q(1-1)})}{2}$$

$$= \sum_{i=1}^{n} a_{qi} v_{qi} + 0 = \sum_{i=1}^{n} a_{qi} v_{qi}$$

其中，$\sum\limits_{i=1}^{n} a_{qi} = a_{q1} + a_{q2} + \cdots + a_{qn} = 1$

第一季度的总评结果：

$$Z_{Q1} = \frac{1}{2} \times Z_{m3} + \frac{1}{2} \times Z_{q1}$$

$$= \frac{1}{2} \times \left( \sum_{i=1}^{n} a_{mi} v_{mi} + \left( \frac{V_{m3}}{V_{m2}} - 1 \right) \times \frac{(V_{m3} + V_{m2})}{2} \right) + \frac{1}{2} \times \sum_{i=1}^{n} a_{qi} v_{qi}$$

⇨4 月份

第一季度总评估结束后，接着进行 4 月份的评估。4 月份的评估结果：

$$Z_{m4} = V_{m4} + P_{m4} = \sum_{i=1}^{n} a_{mi} v_{mi} + \left( \frac{V_{m4}}{V_{m3}} - 1 \right) \times \frac{(V_{m4} + V_{m3})}{2}$$

⇨5 月份

5 月份的评估结果：

$$Z_{m5} = V_{m5} + P_{m5} = \sum_{i=1}^{n} a_{mi} v_{mi} + \left( \frac{V_{m5}}{V_{m4}} - 1 \right) \times \frac{(V_{m5} + V_{m4})}{2}$$

⇨6 月份、第二季度和上半年综合评估

6 月份的月度指标评估结果：

$$Z_{m6} = V_{m6} + P_{m6} = \sum_{i=1}^{n} a_{mi} v_{mi} + \left( \frac{V_{m6}}{V_{m5}} - 1 \right) \times \frac{(V_{m6} + V_{m5})}{2}$$

第二季度指标的评估结果：

$$Z_{q2} = V_{q2} + P_{q2} = \sum_{i=1}^{n} a_{qi} v_{qi} + \left( \frac{V_{q2}}{V_{q1}} - 1 \right) \times \frac{(V_{q2} + V_{q1})}{2}$$

上半年度指标的评估结果：

$$Z_{h1} = V_{h1} + P_{h1} = \sum_{i=1}^{n} a_{hi} v_{hi} + \left( \frac{V_{h1}}{V_{h(1-1)}} - 1 \right) \times \frac{(V_{h1} + V_{h(1-1)})}{2}$$

$$= \sum_{i=1}^{n} a_{hi} v_{hi} + 0 = \sum_{i=1}^{n} a_{hi} v_{hi}$$

其中，$\sum_{i=1}^{n} a_{hi} = a_{h1} + a_{h2} + \cdots + a_{hn} = 1$

上半年度的综合评估总结果：

$$Z_{H1} = \frac{1}{3} \times Z_{m6} + \frac{1}{3} \times Z_{q2} + \frac{1}{3} \times Z_{h1}$$

$$= \frac{1}{3} \times \left( \sum_{i=1}^{n} a_{mi} v_{mi} + \left( \frac{V_{m6}}{V_{m5}} - 1 \right) \times \frac{(V_{m6} + V_{m5})}{2} \right) +$$

$$\frac{1}{3} \left( \sum_{i=1}^{n} a_{qi} v_{qi} + \left( \frac{V_{q2}}{V_{q1}} - 1 \right) \times \frac{(V_{q2} + V_{q1})}{2} \right) + \frac{1}{3} \sum_{i=1}^{n} a_{hi} v_{hi}$$

⇨7 月份

7 月份的评估结果：

$$Z_{m7} = V_{m7} + P_{m7} = \sum_{i=1}^{n} a_{mi} v_{mi} + \left( \frac{V_{m7}}{V_{m6}} - 1 \right) \times \frac{(V_{m7} + V_{m6})}{2}$$

⇨8 月份

8 月份的评估结果：

$$Z_{m8} = V_{m8} + P_{m8} = \sum_{i=1}^{n} a_{mi} v_{mi} + \left( \frac{V_{m8}}{V_{m7}} - 1 \right) \times \frac{(V_{m8} + V_{m7})}{2}$$

⇨9 月份和第三季度综合评估

9 月份的月度指标评估结果：

$$Z_{m9} = V_{m9} + P_{m9} = \sum_{i=1}^{n} a_{mi} v_{mi} + \left( \frac{V_{m9}}{V_{m8}} - 1 \right) \times \frac{(V_{m9} + V_{m8})}{2}$$

第三季度指标的评估结果：

$$Z_{q3} = V_{q3} + P_{q3} = \sum_{i=1}^{n} a_{qi} v_{qi} + \left( \frac{V_{q3}}{V_{q2}} - 1 \right) \times \frac{(V_{q3} + V_{q2})}{2}$$

第三季度的总评结果：

$$Z_{Q3} = \frac{1}{2} \times Z_{m9} + \frac{1}{2} \times Z_{q3}$$

$$= \frac{1}{2} \times \left( \sum_{i=1}^{n} a_{mi} v_{mi} + \left( \frac{V_{m9}}{V_{m8}} - 1 \right) \times \frac{(V_{m9} + V_{m8})}{2} \right) +$$

$$\frac{1}{2} \times \left( \sum_{i=1}^{n} a_{qi} v_{qi} + \left( \frac{V_{q3}}{V_{q2}} - 1 \right) \times \frac{(V_{q3} + V_{q2})}{2} \right)$$

⇨10 月份

10 月份的评估结果：

$$Z_{m10} = V_{m10} + P_{m10} = \sum_{i=1}^{n} a_{mi} v_{mi} + \left( \frac{V_{m10}}{V_{m9}} - 1 \right) \times \frac{(V_{m10} + V_{m9})}{2}$$

⇨11 月份

11 月份的评估结果：

$$Z_{m11} = V_{m11} + P_{m11} = \sum_{i=1}^{n} a_{mi} v_{mi} + \left( \frac{V_{m11}}{V_{m10}} - 1 \right) \times \frac{(V_{m11} + V_{m10})}{2}$$

⇨12 月份、第四季度、下半年和年度综合评估

12 月份的月度指标评估结果：

$$Z_{m12} = V_{m12} + P_{m12} = \sum_{i=1}^{n} a_{mi} v_{mi} + \left( \frac{V_{m12}}{V_{m11}} - 1 \right) \times \frac{(V_{m12} + V_{m11})}{2}$$

第四季度指标的评估结果：

$$Z_{q4} = V_{q4} + P_{q4} = \sum_{i=1}^{n} a_{qi} v_{qi} + \left( \frac{V_{q4}}{V_{q3}} - 1 \right) \times \frac{(V_{q4} + V_{q3})}{2}$$

下半年度指标的评估结果：

$$Z_{h2} = V_{h2} + P_{h2} = \sum_{i=1}^{n} a_{hi} v_{hi} + \left( \frac{V_{h2}}{V_{h1}} - 1 \right) \times \frac{(V_{h2} + V_{h1})}{2}$$

其中，年度指标的评估结果：

$$Z_{y1} = V_{y1} + P_{y1} = \sum_{i=1}^{n} a_{yi} v_{yi} + \left( \frac{V_{y1}}{V_{y(1-1)}} - 1 \right) \times \frac{(V_{y1} + V_{y(1-1)})}{2}$$

$$= \sum_{i=1}^{n} a_{yi} v_{yi} + 0 = \sum_{i=1}^{n} a_{yi} v_{yi}$$

×××年终综合评估总结果：

$$Z_{H2} = \frac{1}{4} \times Z_{m12} + \frac{1}{4} \times Z_{q4} + \frac{1}{4} \times Z_{h2} + \frac{1}{4} Z_{y1}$$

$$= \frac{1}{4} \times \left( \sum_{i=1}^{n} a_{mi} v_{mi} + \left( \frac{V_{m12}}{V_{m11}} - 1 \right) \times \frac{(V_{m12} + V_{m11})}{2} \right) +$$

$$\frac{1}{4} \left( \sum_{i=1}^{n} a_{qi} v_{qi} + \left( \frac{V_{q4}}{V_{q3}} - 1 \right) \times \frac{(V_{q4} + V_{q3})}{2} \right) +$$

$$\frac{1}{4} \left( \sum_{i=1}^{n} a_{hi} v_{hi} + \left( \frac{V_{h2}}{V_{h1}} - 1 \right) \times \frac{(V_{h2} + V_{h1})}{2} \right) \frac{1}{4} \sum_{i=1}^{n} a_{yi} v_{yi}$$

以上标杆评估模型的评估值是综合了基本分值和奖惩分值之后的总分值，用以被评估单位自我评价。当总分值状况不好时，可以通过逐层分析，发现其中所存在的问题，并提出改进建议。因此，要寻找问题根源，需要回到各个指标上面去，我们的纠错纠偏模型就是针对这个问题建立的，模型是直观显示的"标杆—雷达图"。

如果对现有的计分标准"优秀"、"良好"、"一般"、"较差"分别赋予值 4、3、2、1，则指标分值的最大值为 4。以 4 为基准，建立绩效改进自动生成比照区间。

令指标 $V_i$ 的基本分值为 $v_i$，则该指标与标杆值 4 的比率为 $\frac{v_i}{4}$，这个比率的绩效改进自动生成建议来源于以下比对区间：

$\frac{v_i}{4}$ 位于（0.9，1）中，指标业绩优秀，继续努力；

$\frac{v_i}{4}$ 位于（0.8，0.9）中，指标业绩良好，有待改进；

$\frac{v_i}{4}$ 位于（0.6，0.8）中，指标业绩一般，急需改进；

$\frac{v_i}{4}$ 位于（0，0.6）中，指标业绩差，需要重点整顿。

3. 绩效趋势预测模型的构建

具体到月度、季度、半年、年度评估，由于上述各个评估期的指标权重之和不等于 1，因此，为了预估的自动生成，可以在已经阐述的上述模型中，对月度、季度、半年、年度指标权重分别进行"归一化"处理，具体方法如下：

假定按照指标体系计算的月度、季度、半年、年度指标权重分别为：

月度：$\beta_{m1}$，$\beta_{m2}$，$\cdots$，$\beta_{mn}$；

季度：$\beta_{q1}$，$\beta_{q2}$，$\cdots$，$\beta_{qn}$；

半年：$\beta_{h1}$，$\beta_{h2}$，$\cdots$，$\beta_{hn}$；

年度：$\beta_{y1}$，$\beta_{y2}$，$\cdots$，$\beta_{yn}$；

则 $\sum \beta_{mi} + \sum \beta_{qi} + \sum \beta_{hi} + \sum \beta_{yi} = \sum \sum \beta = 1$

"归一化"处理方法是：

月度：$a_{m1}$，$a_{m2}$，$\cdots$，$a_{mn}$

其中，$a_{mi} = \dfrac{\beta_{mi}}{(\beta_{m1} + \beta_{m2} + \cdots + \beta_{mn})} = \dfrac{\beta_{mi}}{\sum \beta_{mi}}$

$\sum a_{mi} = 1$

季度：$\beta_{q1}$，$\beta_{q2}$，$\cdots$，$\beta_{qn}$

其中，$a_{qi} = \dfrac{\beta_{qi}}{(\beta_{q1} + \beta_{q2} + \cdots + \beta_{qn})} = \dfrac{\beta_{qi}}{\sum \beta_{qi}}$

$\sum a_{qi} = 1$

半年：$\beta_{h1}$，$\beta_{h2}$，$\cdots$，$\beta_{hn}$

其中，$a_{hi} = \dfrac{\beta_{hi}}{(\beta_{h1} + \beta_{h2} + \cdots + \beta_{hn})} = \dfrac{\beta_{hi}}{\sum \beta_{hi}}$

$\sum a_{hi} = 1$

年度：$\beta_{y1}$，$\beta_{y2}$，$\cdots$，$\beta_{yn}$

其中，$a_{yi} = \dfrac{\beta_{yi}}{(\beta_{y1} + \beta_{y2} + \cdots + \beta_{yn})} = \dfrac{\beta_{yi}}{\sum \beta_{yi}}$

$\sum a_{yi} = 1$

根据这种原则，如果对现有的计分标准"优秀"、"良好"、"一般"、"较差"分别赋予分值4、3、2、1，则根据模型，每一个被评估单位基本分值的最高值为4，这样，4就成为我们的预估标杆。

（1）"两期加权"绩效评估趋势预测模型。假定××××年的绩效评估从 t 月（或季度）开始（若从其他月份开始，令以前月份的绩效总分值 $Z_{mt}$ =0 即可），且相邻月份（即 t＋1 月）的绩效状况按照前述"绩效杠杆评估模型"已经算出，则可以得到以下几个变量数据：

t 月（或季度）的总分值 $Z_t$、基本分值 $V_t$ 和绩效改进状况 $P_t$；

t + 1 月（或季度）的总分值 $Z_{t+1}$、基本分值 $V_{t+1}$ 和绩效改进状况 $P_{t+1}$。

令 $\hat{V}_{t+2}$ 为第 t + 2 月（或季度）的绩效预估趋势值，则：

$$\hat{V}_{t+2} = \frac{z_t}{z_t + z_{t+1}} \times V_t + \frac{z_{t+1}}{z_t + z_{t+1}} \times V_{t+1}$$

说明：以总分值 $Z_t$、$Z_{t+1}$ 作为预测的加权因子，目的是充分考虑绩效历史信息的作用。这个模型意味着，只要知道两期数值，就可以实现未来一期或多期的趋势预估。扩展模型为第 t + i + 1 月（或季度）的绩效预估方程：

$$\hat{V}_{t+i+1} = \frac{\hat{z}_{t+i-1}}{\hat{z}_{t+i-1} + \hat{z}_{t+i}} \times \hat{V}_{t+i-1} + \frac{\hat{z}_{t+i-1}}{\hat{z}_{t+i-1} + \hat{z}_{t+i}} \times \hat{V}_{t+i}$$

其中，$\hat{Z}_{t+i-1}$，$\hat{Z}_{t+i}$ 为 $Z_{t+i-1}$，$Z_{t+i}$ 的平权平滑趋势。

预测值生成后，我们定义业绩完成可能性或绩效概率：

$$\lambda = \frac{\hat{V}_{t+i}}{4}$$

其中，4 为标杆值。例如，经过上述模型预测，t + i 期的基本分预估值为 $\hat{V}_{t+i} = 3.45$，则可以认为，t + i 期被评估单位业绩达到优秀（或圆满完成任务）的概率为 $\frac{3.45}{4} = 86\%$。

（2）"两期加权"绩效改进趋势预测模型。已知相邻两期绩效改进状况 $P_t$、$P_{t+1}$，以总分值 $Z_t$、$Z_{t+1}$ 作为预测的加权因子，令 $\hat{P}_{t+2}$ 为第 t + 2 月（或季度）的绩效改进趋势值，则：

$$\hat{P}_{t+2} = \frac{z_t}{z_t + z_{t+1}} \times P_t + \frac{z_{t+1}}{z_t + z_{t+1}} \times P_{t+1}$$

扩展模型为第 t + i + 1 月（或季度）的绩效改进预估方程：

$$\hat{P}_{t+i+1} = \frac{\hat{z}_{t+i-1}}{\hat{z}_{t+i-1} + \hat{z}_{t+i}} \times \hat{P}_{t+i-1} + \frac{\hat{z}_{t+i-1}}{\hat{z}_{t+i-1} + \hat{z}_{t+i}} \times \hat{P}_{t+i}$$

其中，$\hat{Z}_{t+i-1}$，$\hat{Z}_{t+i}$ 为 $Z_{t+i-1}$，$Z_{t+i}$ 的平权平滑趋势。若 $\hat{P}_{t+i+1} > \hat{P}_{t+i}$，则可以预期被评估单位绩效正在持续改进；反之，则可以预期被评估单位绩效改进效率不高。

4. 指标权重计算模型的构建

政府绩效评估指标体系是一个具有多层次、多指标的系统性体系。由于评估体系指标数量较多，各项指标的相对重要性也不一样，因此需要寻找一套客观确定指标权重的统计方法。权重的确定方法有很多种，既有定量方法，也有定性方法。在综合评价中，通常需要将定性方法和定量方法结合在一起应用，因为仅凭某一类方法往往不能得到满意的效果。因此，我们采用具有综合特点的层次分析法来确定政府绩效评估指标的权重问题。

层次分析法的基本思路是：通过建构判断矩阵，首先将单层指标权重计算出来，然后确定所有指标相对于总指标的权重。利用层次分析法，不仅可以提高指标权重确定的精确度和科学性，而且通过采取对判断矩阵进行一致性检验等措施，可以提高权重确定的信度和效度。具体步骤如下：

首先，确立指标的层次结构。我们把政府绩效评估指标体系进行分层，建立一种包含各层级指标的递阶层次结构，第一层次一般是评估的总目标，次级层次为准则层、子准则层，包含各中细项指标。例如，对政府各职能局的指标层次设计，根据绩效评估目的和作用可以划分如下：第一层次为政府绩效总目标 A，第二层次包括行政业绩 B1、行政绩效 B2、行政执行 B3 和行政成本 B4 四项指标，每项指标下面又包含若干个子指标项。

其次，建立两两判断矩阵。对每一层次各因素的相对重要性用数值形式给出判断，并写成矩阵形式。矩阵（bij）表示相对于 Ak 而言，Bi 和 Bj 的相对重要性。通常取 1，2，…，9 及它们的倒数作为标度。任何判断矩阵都应满足 bij ＝1，bij ＝1/ bji。判断矩阵中的指标数值可以根据调研数据、统计资料、政府工作报告以及专家意见综合权衡后得出。

最后，进行层次单排序和一致性检验。层次单排序是根据判断矩阵，计算对于上一层某因素而言本层次与之有联系的因素的重要性次序的权值。它可以归结为计算判断矩阵的特征和特征向量问题，即对判断矩阵 B，计算满足 BW＝λmaxW 的特征根和特征向量，并将特征向量归一化，将归一化后所得到的特征向量 W ＝（w1，w2，…，wn）作为本层次元素 b1，b2，…，bn 对于其隶属元素 Ak 的排序权值。由于受诸多主客观因素的影响，判断矩阵很难出现严格一致性的情况。因此，在得到 λmax 后，还需要对判断矩阵的一致性进行检验。为了检验判断矩阵的一致性，需要计算它的一致性指标 CI，其定义：

CI ＝（λmax － n）／（n － 1）

当 CI ＝ 0 时，判断矩阵具有完全一致性。λmax － n 越大，CI 就越大，那么判断矩阵的一致性就差。为了检验判断矩阵是否具有满意的一致性，需要将 CI 与平均随机一致性指标 RI 进行比较。RI 的取值如表 7 - 1 所示：

表 7 - 1　RI 的取值

| 阶数 n | 1 | 2 | 3 | 4 | 5 | 6 | 7 | 8 | 9 |
| --- | --- | --- | --- | --- | --- | --- | --- | --- | --- |
| RI | 0.00 | 0.00 | 0.58 | 0.90 | 1.12 | 1.24 | 1.32 | 1.41 | 1.45 |

（1）如果判断矩阵 CR = CI/RI < 0.10，则此判断矩阵具有满意的一致性；否则就需要对它进行调整。在这里，具体指标之间的两两比较，一般可以通过调查访问法、专家咨询法进行。根据各指标的重要性构建判断矩阵，并进行计算，所得结果如表 7 - 2 所示：

表 7 - 2　具体指标之间的比较

| A | B1 | B2 | B3 | B4 | W |
| --- | --- | --- | --- | --- | --- |
| B1 | 1 | 1/7 | 1/3 | 1/5 | 0.0569 |
| B2 | 7 | 1 | 1/5 | 1/3 | 0.5579 |
| B3 | 3 | 5 | 1 | 3 | 0.1219 |
| B4 | 5 | 3 | 1/3 | 1 | 0.2633 |

$\lambda_{max} = 4.1172$，CI = 0.0391，RI = 0.90，CR < 0.10。

（2）判断矩阵 B1 - P（相比行政绩效，各细项指标之间的相对重要性比较），见表 7 - 3。

表 7 - 3　判断矩阵 B1 - P

| B1 | B11 | B12 | B13 | B14 | B15 | B16 | W |
| --- | --- | --- | --- | --- | --- | --- | --- |
| B11 | 1 | 5 | 4 | 6 | 2 | 9 | 0.3930 |
| B12 | 1/5 | 1 | 1/3 | 2 | 1/5 | 5 | 0.0841 |
| B13 | 1/4 | 3 | 1 | 4 | 1/4 | 5 | 0.1354 |
| B14 | 1/6 | 1/3 | 1/4 | 1 | 1/7 | 3 | 0.0466 |
| B15 | 1/2 | 5 | 4 | 7 | 1 | 8 | 0.3141 |
| B16 | 1/9 | 1/5 | 1/5 | 1/3 | 1/8 | 1 | 0.0263 |

$\lambda_{max} = 6.4200$，CI = 0.0840，RI = 1.24，CR < 0.10。

（3）判断矩阵 B2 - P（相对于执行能力而言，各细项指标之间的相对重要性比较），见表 7 - 4。

表 7 - 4　判断矩阵 B2 - P

| B2 | B21 | B22 | B23 | B24 | B25 | B26 | W |
|---|---|---|---|---|---|---|---|
| B21 | 1 | 1/2 | 1/2 | 1/3 | 1/2 | 1/2 | 0.0821 |
| B22 | 2 | 1 | 2 | 1 | 2 | 2 | 0.2419 |
| B23 | 2 | 1/2 | 1 | 1/2 | 1/2 | 1 | 0.1531 |
| B24 | 3 | 1 | 2 | 1 | 3 | 1/2 | 0.2765 |
| B25 | 2 | 1/2 | 2 | 1/3 | 1 | 1/2 | 0.1273 |
| B26 | 2 | 1/2 | 1 | 2 | 2 | 1 | 0.1191 |

$\lambda max = 6.2679$，$CI = 0.0536$，$RI = 1.24$，$CR < 0.10$。

（4）判断矩阵 B3 - P（相对于行政效率而言，各细项指标之间的相对重要性比较），见表 7 - 5。

表 7 - 5　判断矩阵 B3 - P

| B3 | B31 | B32 | B33 | B34 | B35 | W |
|---|---|---|---|---|---|---|
| B31 | 1 | 3 | 5 | 4 | 7 | 0.4913 |
| B32 | 1/3 | 1 | 3 | 2 | 5 | 0.2321 |
| B33 | 1/5 | 1/3 | 1 | 1/2 | 3 | 0.0925 |
| B34 | 1/4 | 1/2 | 1/2 | 1 | 3 | 0.1384 |
| B35 | 1/7 | 1/5 | 1/3 | 1/3 | 1 | 0.0457 |

$\lambda max = 5.1263$，$CI = 0.0315$，$RI = 1.12$，$CR < 0.10$。

（5）判断矩阵 B4 - P（相对于行政成本而言，各细项指标之间的相对重要性比较），见表 7 - 6。

表 7 - 6　判断矩阵 B4 - P

| B4 | B41 | B42 | B43 | B44 | B45 | W |
|---|---|---|---|---|---|---|
| B41 | 1 | 2 | 3 | 4 | 7 | 0.4335 |
| B42 | 1/2 | 1 | 3 | 2 | 5 | 0.2644 |

| B4 | B41 | B42 | B43 | B44 | B45 | W |
|-----|-----|-----|-----|-----|-----|-----|
| B43 | 1/3 | 1/3 | 1 | 1/2 | 1 | 0.0910 |
| B44 | 1/4 | 1/2 | 2 | 1 | 3 | 0.1481 |
| B45 | 1/7 | 1/5 | 1 | 1/3 | 1 | 0.0630 |

$\lambda_{max} = 5.1767$，$CI = 0.0434$，$RI = 1.12$，$CR < 0.10$。

从计算结果可以知道，以上各判断矩阵均通过一致性检验。

接下来，再进行层次总排序和一致性检验。利用同一层次中所有层次单排序的结果，就可以计算针对上一层次而言本层次所有因素重要性的权值。层次总排序需要从上到下逐层进行。如果总指标 A 隶属的 n 个指标 B1，B2，…，Bn 对 A 的排序数值向量为 WA→Bi，Bik 对指标层 Bi 的排序数值向量为 WBi→Bik，分别将一级指标 相对于总指标 A 的权重向量 WA→Bi 和二级指标 Bik 相对于其隶属指标的权重向量代入上述公式，可计算出层次总排序，即二级指标 Bik 相对于总指标 A 的权重向量。综合评估指标权重即为所求，计算结果见表 7 - 7。

表 7 - 7　计算结果

| 准则层 | B1 0.0569 | B2 0.5579 | B3 0.1219 | B4 0.2633 | 各指标相对于总目标的权重 |
|-----|-----|-----|-----|-----|-----|
| B11 | 0.3930 | | | | 0.0224 |
| B12 | 0.0841 | | | | 0.0048 |
| B13 | 0.1354 | | | | 0.0077 |
| B14 | 0.0466 | | | | 0.0026 |
| B15 | 0.3141 | | | | 0.0179 |
| B16 | 0.0263 | | | | 0.0015 |
| B21 | | 0.0821 | | | 0.0458 |
| B22 | | 0.2419 | | | 0.1349 |
| B23 | | 0.1531 | | | 0.0854 |
| B24 | | 0.2765 | | | 0.1542 |
| B25 | | 0.1273 | | | 0.0710 |
| B26 | | 0.1191 | | | 0.0664 |

| 准则层 | B1<br>0.0569 | B2<br>0.5579 | B3<br>0.1219 | B4<br>0.2633 | 各指标相对于<br>总目标的权重 |
|---|---|---|---|---|---|
| B31 | | | 0.4913 | | 0.0599 |
| B32 | | | 0.2321 | | 0.0283 |
| B33 | | | 0.0925 | | 0.0113 |
| B34 | | | 0.1384 | | 0.0169 |
| B35 | | | 0.0457 | | 0.0056 |
| B41 | | | | 0.4335 | 0.1141 |
| B42 | | | | 0.2644 | 0.0696 |
| B43 | | | | 0.0910 | 0.0240 |
| B44 | | | | 0.1481 | 0.0390 |
| B45 | | | | 0.0630 | 0.0166 |

$$CR = \frac{\sum\limits_{i=1}^{n} a_i CI_i}{\sum\limits_{i=1}^{n} a_i RI_i}$$

$$= \frac{(0.0569 \times 0.0840 + 0.5579 \times 0.0536 + 0.1219 \times 0.0315 + 0.2633 \times 0.0434)}{(0.0569 \times 1.24 + 0.5579 \times 1.24 + 0.1219 \times 1.12 + 0.2633 \times 1.12)}$$

以上各指标特征向量就是政府绩效评估指标对于总目标的权重，它为政府绩效评估指标的量化及政府绩效评估实践的开展提供了前提条件。在实际工作中，可以遵循上述模型程序，按以下步骤进行操作：

（1）实地调研，了解被评估单位工作状况。其目的是进行指标优化，并为制作权重计算调查表做准备。

（2）制作权重计算调查表。该表分为两个部分，即被评估单位意见咨询表和专家意见咨询表。

（3）权重计算。根据"层次分析法"，在两类调查表的基础上，建立各自的权重计算程序，然后根据平权将两类权重数据合成最终指标权重。

（4）权重应用。根据确立的指标权重，为了"绩效标杆评估模型"和"绩效趋势预测模型"应用的统一，采用前文介绍的方法，笔者将分别对月度、季度、半年、年度指标再次进行归一化处理，得出适用于"绩效标杆评估模型"和"绩效趋势预测模型"的逻辑一体的指标权重。

5. 绩效指数计算模型的构建

绩效指数是实时评估过程的最后总结和直观显示。构建"绩效指数"的核心理念：绩效指数是一个概念化和综合性的指标，是对绩效模型的测算数据做进一步的提炼和加工，以便得到各个被评估单位绩效状况的最简单、直观的印象。其操作方法是：依据评估路线图和标准化方法，对于被评估单位按照月、季、半年、年给出相应的实时"绩效指数"；同时"绩效指数"应体现被评估单位的绩效改进状况，不同被评估单位的"绩效指数"应具有统计上的可比性。

（1）加法绩效指数模型。根据绩效评估模型的标准化方法，各评估指标值在（$V_{min}$，$V_{max}$）的区间内，令指标实时评估值为 $V_i$，则指数化的 $V_i$ 为

$$h_i = \frac{V_i - V_{min}}{V_{max} - V_{min}}。$$

假设对被评估单位的评估指标体系包含四项基本层指标，此时被评估单位在某一评估期的加法绩效指数为：

$$H_i = \alpha_1 \times h_1 + \alpha_2 \times h_2 + \alpha_3 \times h_3 + \alpha_4 \times h_4$$

其中，$\alpha$ 为各个基本层次指标的相应权重。

（2）乘法绩效指数模型。乘法绩效指数的计算方法是：

$$H_i = h_1 \times h_2 \times h_3 \times h_4。$$

其中，$h_i$ 的计算方法与加法绩效指数一样，即 $h_i = \frac{V_i - V_{min}}{V_{max} - V_{min}}$。

## 三、理论模型的模拟

### 1. 实时评估模拟

假设某部门的绩效评估指标体系中包含行政业绩、行政效率、行政执行力和行政成本四项基本层指标（一级指标），在基本层指标下面又分为若干骨干层指标（二级指标）和末梢层指标（三级指标）。为了更清晰地进行分析，在这里仅对该部门的 20 个末梢层指标进行模拟。

1 月份（月度评估），见表 7 – 8 和表 7 – 9。

表7-8 绩效评估指标权重

| | | 评估路线图 | | | | |
|---|---|---|---|---|---|---|
| | | 月度指标 | 月度指标 + 季度指标 | | 月度指标 + 季度指标 + 半年度指标 | 月度指标 + 季度指标 + 半年度指标 + 年度指标 |
| 行政业绩 | | | 1. 履行职责（$v_1$） | 0.2903 | 0.2654 | 0.254 |
| | | | 2. 完成年度重要工作（$v_2$） | 0.1349 | 0.1233 | 0.1180 |
| | | | 3. 政府重大投资项目（$v_3$） | 0.0606 | 0.0554 | 0.0530 |
| | | | 4. 改革与创新能力（$v_4$） | | 0.0261 | 0.0250 |
| 行政效率 | 5. 行政审批（$v_5$） | 0.1596 | 0.0686 | | 0.0627 | 0.0600 |
| | 6. 办理人大建议政协提案（$v_6$） | 0.0798 | 0.0343 | | 0.0313 | 0.0300 |
| | 7. 处理信访投诉（$v_7$） | 0.0798 | 0.0343 | | 0.0313 | 0.0300 |
| | 8. 效能监察（$v_8$） | 0.0532 | 0.0229 | | 0.0209 | 0.0200 |
| | | | 9. 电子政务（$v_9$） | 0.0686 | 0.0627 | 0.0600 |

| | 评估路线图 | | | |
|---|---|---|---|---|
| | 月度指标 | 月度指标＋季度指标 | 月度指标＋季度指标＋半年度指标 | 月度指标＋季度指标＋半年度指标＋年度指标 |
| 行政执行力 | 10. 督查督办（$v_{10}$） 0.0372 | 0.0160 | 0.0147 | 0.0140 |
| | | 11. 政风行风（$v_{11}$） 0.0160 | 0.0147 | 0.0140 |
| | 12. 政令检查（$v_{12}$） 0.0372 | 0.0160 | 0.0147 | 0.0140 |
| | 13. 廉洁状况（$v_{13}$） 0.1915 | 0.0823 | 0.0752 | 0.0720 |
| | 14. 重大事故问责（$v_{14}$） 0.1144 | 0.0491 | 0.0449 | 0.0430 |
| | 15. 财经责任问责（$v_{15}$） 0.1144 | 0.0491 | 0.0449 | 0.0430 |
| | 16. 行政执法（$v_{16}$） 0.0664 | 0.0285 | 0.0261 | 0.0250 |
| | 17. 行政复议及诉讼（$v_{17}$） 0.0665 | 0.0285 | 0.0261 | 0.0250 |
| 行政成本 | | | 18. 部门预算支出（$v_{18}$） 0.0596 | 0.0570 |
| | | | | 19. 财政绩效检查评价（$v_{19}$） 0.0140 |
| | | | | 20. 财政、财务收支的真实合法和效益（$v_{20}$） 0.0290 |

**表 7－9　绩效评估指标数据模拟**

| | 评估路线图 | | | |
|---|---|---|---|---|
| | 月度指标 | 月度指标＋季度指标 | 月度指标＋季度指标＋半年度指标 | 月度指标＋季度指标＋半年度指标＋年度指标 |
| 行政业绩 | | 1. 履行职责（$v_1$） | | |
| | | 2. 完成年度重要工作（$v_2$） | | |
| | | 3. 政府重大投资项目（$v_3$） | | |
| | | | 4. 改革与创新能力（$v_4$） | |
| 行政效率 | 5. 行政审批（$v_5$）| $v_5 = 0.68$ | | | |
| | 6. 办理人大建议政协提案（$v_6$）| $v_6 = 0.85$ | | | |
| | 7. 处理信访投诉（$v_7$）| $v_7 = 0.85$ | | | |
| | 8. 效能监察（$v_8$）| $v_8 = 0.78$ | | | |
| | | 9. 电子政务（$v_9$） | | |

续表

| 评估路线图 | | | |
|---|---|---|---|
| 月度指标 | 月度指标 + 季度指标 | 月度指标 + 季度指标 + 半年度指标 | 月度指标 + 季度指标 + 半年度指标 + 年度指标 |

行政执行力

| 月度指标 | 月度指标 + 季度指标 | 月度指标 + 季度指标 + 半年度指标 | 月度指标 + 季度指标 + 半年度指标 + 年度指标 |
|---|---|---|---|
| 10. 督查督办 ($v_{10}$) $v_{10}=0.90$ | | | |
| | 11. 政风行风 ($v_{11}$) | | |
| 12. 政令检查 ($v_{12}$) $v_{12}=0.78$ | | | |
| 13. 廉洁状况 ($v_{13}$) $v_{13}=0.56$ | | | |
| 14. 重大事故问责 ($v_{14}$) $v_{14}=0.68$ | | | |
| 15. 财经责任问责 ($v_{15}$) $v_{15}=0.70$ | | | |
| 16. 行政执法 ($v_{16}$) $v_{16}=0.75$ | | | |
| 17. 行政复议及诉讼 ($v_{17}$) $v_{17}=0.67$ | | | |

行政成本

| 月度指标 | 月度指标 + 季度指标 | 月度指标 + 季度指标 + 半年度指标 | 月度指标 + 季度指标 + 半年度指标 + 年度指标 |
|---|---|---|---|
| | | 18. 部门预算支出 ($v_{18}$) | |
| | | | 19. 财政绩效检查评价 ($v_{19}$) |
| | | | 20. 财政、财务收支的真实合法和效益 ($v_{20}$) |

【实时评估公式】

$$K_1 = V_1 + P_1 = \sum_{i=1}^{n} a_i v_i + 0 = \sum_{i=1}^{n} a_i v_i = V_1$$

$= 0.1596 \times v_5 + 0.0798 \times v_6 + 0.0798 \times v_7 + 0.0532 \times v_8 + 0.0372 \times v_{10} +$

$0.0372 \times v_{12} + 0.1915 \times v_{13} + 0.1144 \times v_{14} + 0.1144 \times v_{15} + 0.0664 \times$

$v_{16} + 0.0665 \times v_{17}$

$= 0.1596 \times 0.68 + 0.0798 \times 0.85 + 0.0798 \times 0.85 + 0.0532 \times 0.78 +$

$0.0372 \times 0.90 + 0.0372 \times 0.78 + 0.1915 \times 0.56 + 0.1144 \times 0.68 +$

$0.1144 \times 0.70 + 0.0664 \times 0.75 + 0.0665 \times 0.67$

$= 0.7076$

2 月份（月度评估），见表 7 - 10 和表 7 - 11。

表 7 - 10　绩效评估指标权重

| | 评估路线图 | | | |
|---|---|---|---|---|
| | 月度指标 | 月度指标 + 季度指标 | | 月度指标 + 季度指标 + 半年度指标 | 月度指标 + 季度指标 + 半年度指标 + 年度指标 |
| 行政业绩 | | 1. 履行职责（$v_1$） | 0.2903 | 0.2654 | 0.254 |
| | | 2. 完成年度重要工作（$v_2$） | 0.1349 | 0.1233 | 0.1180 |
| | | 3. 政府重大投资项目（$v_3$） | 0.0606 | 0.0554 | 0.0530 |
| | | | 4. 改革与创新能力（$v_4$） | 0.0261 | 0.0250 |

| | | 评估路线图 | | | |
|---|---|---|---|---|---|
| | | 月度指标 | 月度指标 + 季度指标 | 月度指标 + 季度指标 + 半年度指标 | 月度指标 + 季度指标 + 半年度指标 + 年度指标 |
| 行政效率 | 5. 行政审批（$v_5$） | 0.1596 | 0.0686 | 0.0627 | 0.0600 |
| | 6. 办理人大建议政协提案（$v_6$） | 0.0798 | 0.0343 | 0.0313 | 0.0300 |
| | 7. 处理信访投诉（$v_7$） | 0.0798 | 0.0343 | 0.0313 | 0.0300 |
| | 8. 效能监察（$v_8$） | 0.0532 | 0.0229 | 0.0209 | 0.0200 |
| | 9. 电子政务（$v_9$） | | 0.0686 | 0.0627 | 0.0600 |
| 行政执行力 | 10. 督查督办（$v_{10}$） | 0.0372 | 0.0160 | 0.0147 | 0.0140 |
| | 11. 政风行风（$v_{11}$） | | 0.0160 | 0.0147 | 0.0140 |
| | 12. 政令检查（$v_{12}$） | 0.0372 | 0.0160 | 0.0147 | 0.0140 |
| | 13. 廉洁状况（$v_{13}$） | 0.1915 | 0.0823 | 0.0752 | 0.0720 |
| | 14. 重大事故问责（$v_{14}$） | 0.1144 | 0.0491 | 0.0449 | 0.0430 |
| | 15. 财经责任问责（$v_{15}$） | 0.1144 | 0.0491 | 0.0449 | 0.0430 |
| | 16. 行政执法（$v_{16}$） | 0.0664 | 0.0285 | 0.0261 | 0.0250 |
| | 17. 行政复议及诉讼（$v_{17}$） | 0.0665 | 0.0285 | 0.0261 | 0.0250 |

| | 评估路线图 | | | |
|---|---|---|---|---|
| | 月度指标 | 月度指标 + 季度指标 | 月度指标 + 季度指标 + 半年度指标 | 月度指标 + 季度指标 + 半年度指标 + 年度指标 |
| 行政成本 | | | 18. 部门预算支出（$v_{18}$） 0.0596 | 0.0570 |
| | | | | 19. 财政绩效检查评价（$v_{19}$） 0.0140 |
| | | | | 20. 财政、财务收支的真实合法和效益（$v_{20}$） 0.0290 |

表 7 –11　绩效评估指标数据模拟

| | 评估路线图 | | | |
|---|---|---|---|---|
| | 月度指标 | 月度指标 + 季度指标 | 月度指标 + 季度指标 + 半年度指标 | 月度指标 + 季度指标 + 半年度指标 + 年度指标 |
| 行政业绩 | | 1. 履行职责（$v_1$） | | |
| | | 2. 完成年度重要工作（$v_2$） | | |
| | | 3. 政府重大投资项目（$v_3$） | | |
| | | | 4. 改革与创新能力（$v_4$） | |

续表

| | | 评估路线图 | | | |
|---|---|---|---|---|---|
| | | 月度指标 | 月度指标 + 季度指标 | 月度指标 + 季度指标 + 半年度指标 | 月度指标 + 季度指标 + 半年度指标 + 年度指标 |
| 行政效率 | 5. 行政审批（$v_5$） | $v_5 = 0.88$ | | | |
| | 6. 办理人大建议政协提案（$v_6$） | $v_6 = 0.80$ | | | |
| | 7. 处理信访投诉（$v_7$） | $v_7 = 0.80$ | | | |
| | 8. 效能监察（$v_8$） | $v_8 = 0.68$ | | | |
| | | | 9. 电子政务（$v_9$） | | |
| 行政执行力 | 10. 督查督办（$v_{10}$） | $v_{10} = 0.90$ | | | |
| | | | 11. 政风行风（$v_{11}$） | | |
| | 12. 政令检查（$v_{12}$） | $v_{12} = 0.70$ | | | |
| | 13. 廉洁状况（$v_{13}$） | $v_{13} = 0.75$ | | | |
| | 14. 重大事故问责（$v_{14}$） | $v_{14} = 0.70$ | | | |
| | 15. 财经责任问责（$v_{15}$） | $v_{15} = 0.65$ | | | |
| | 16. 行政执法（$v_{16}$） | $v_{16} = 0.78$ | | | |
| | 17. 行政复议及诉讼（$v_{17}$） | $v_{17} = 0.80$ | | | |

| 评估路线图 | | | |
|---|---|---|---|
| 月度指标 | 月度指标 + 季度指标 | 月度指标 + 季度指标 + 半年度指标 | 月度指标 + 季度指标 + 半年度指标 + 年度指标 |
| 行政成本 | | 18. 部门预算支出（$v_{18}$） | |
| | | | 19. 财政绩效检查评价（$v_{19}$） |
| | | | 20. 财政、财务收支的真实合法和效益（$v_{20}$） |

【实时评估公式】

$$K_2 = V_2 + P_2 = \sum_{i=1}^{n} a_i v_i + 0.2 \left( V_2 - V_1 \right)$$

因为：

$$V_2 = \sum_{i=1}^{n} a_i v_i = 0.1596 \times v_5 + 0.0798 \times v_6 + 0.0798 \times v_7 + 0.0532 \times v_8 +$$
$$0.0372 \times v_{10} + 0.0372 \times v_{12} + 0.1915 \times v_{13} + 0.1144 \times v_{14} + 0.1144 \times$$
$$v_{15} + 0.0664 \times v_{16} + 0.0665 \times v_{17}$$
$$= 0.1596 \times 0.78 + 0.0798 \times 0.80 + 0.0798 \times 0.80 + 0.0532 \times 0.68 +$$
$$0.0372 \times 0.90 + 0.0372 \times 0.70 + 0.1915 \times 0.75 + 0.1144 \times 0.70 +$$
$$0.1144 \times 0.65 + 0.0664 \times 0.78 + 0.0665 \times 0.80$$
$$= 0.7509$$

又因为：

$V_1 = 0.7076$（即 1 月份的基本分，见上文计算结果）

所以：

$$K_2 = V_2 + P_2 = \sum_{i=1}^{n} a_i v_i + 0.2 \left( V_2 - V_1 \right)$$
$$= 0.7509 + 0.2 \times \left( 0.7509 - 0.7076 \right)$$
$$= 0.7596$$

3月份（月度＋第一季度评估），见表7-12和表7-13。

表7-12　绩效评估指标权重

| | | 评估路线图 | | | | |
|---|---|---|---|---|---|---|
| | | 月度指标 | 月度指标＋季度指标 | | 月度指标＋季度指标＋半年度指标 | 月度指标＋季度指标＋半年度指标＋年度指标 |
| 行政业绩 | 1. 履行职责（v₁） | | 0.2903 | | 0.2654 | 0.254 |
| | 2. 完成年度重要工作（v₂） | | 0.1349 | | 0.1233 | 0.1180 |
| | 3. 政府重大投资项目（v₃） | | 0.0606 | | 0.0554 | 0.0530 |
| | 4. 改革与创新能力（v₄） | | | | 0.0261 | 0.0250 |
| 行政效率 | 5. 行政审批（v₅） | 0.1596 | 0.0686 | | 0.0627 | 0.0600 |
| | 6. 办理人大建议政协提案（v₆） | 0.0798 | 0.0343 | | 0.0313 | 0.0300 |
| | 7. 处理信访投诉（v₇） | 0.0798 | 0.0343 | | 0.0313 | 0.0300 |
| | 8. 效能监察（v₈） | 0.0532 | 0.0229 | | 0.0209 | 0.0200 |
| | 9. 电子政务（v₉） | | 0.0686 | | 0.0627 | 0.0600 |

| | | 评估路线图 | | | | |
|---|---|---|---|---|---|---|
| | | 月度指标 | 月度指标+季度指标 | 月度指标+季度指标+半年度指标 | 月度指标+季度指标+半年度指标+年度指标 | |
| 行政执行力 | 10. 督查督办（$v_{10}$） | 0.0372 | 0.0160 | 0.0147 | 0.0140 | |
| | 11. 政风行风（$v_{11}$） | | 0.0160 | 0.0147 | 0.0140 | |
| | 12. 政令检查（$v_{12}$） | 0.0372 | 0.0160 | 0.0147 | 0.0140 | |
| | 13. 廉洁状况（$v_{13}$） | 0.1915 | 0.0823 | 0.0752 | 0.0720 | |
| | 14. 重大事故问责（$v_{14}$） | 0.1144 | 0.0491 | 0.0449 | 0.0430 | |
| | 15. 财经责任问责（$v_{15}$） | 0.1144 | 0.0491 | 0.0449 | 0.0430 | |
| | 16. 行政执法（$v_{16}$） | 0.0664 | 0.0285 | 0.0261 | 0.0250 | |
| | 17. 行政复议及诉讼（$v_{17}$） | 0.0665 | 0.0285 | 0.0261 | 0.0250 | |
| 行政成本 | 18. 部门预算支出（$v_{18}$） | | | 0.0596 | 0.0570 | |
| | 19. 财政绩效检查评价（$v_{19}$） | | | | 0.0140 | |
| | 20. 财政、财务收支的真实合法和效益（$v_{20}$） | | | | 0.0290 | |

表 7 - 13 绩效评估指标数据模拟

| 评估路线图 | | | | |
|---|---|---|---|---|
| 月度指标 | 月度指标 + 季度指标 | | 月度指标 + 季度指标 + 半年度指标 | 月度指标 + 季度指标 + 半年度指标 + 年度指标 |
| | **行政业绩** 1. 履行职责（$v_1$） | $v_1 =$ 0.76 | | |
| | 2. 完成年度重要工作（$v_2$） | $v_2 =$ 0.78 | | |
| | 3. 政府重大投资项目（$v_3$） | $v_3 =$ 0.65 | | |
| | | | 4. 改革与创新能力（$v_4$） | |
| **行政效率** 5. 行政审批（$v_5$） | $v_5 =$ 0.65 | | | |
| 6. 办理人大建议政协提案（$v_6$） | $v_6 =$ 0.86 | | | |
| 7. 处理信访投诉（$v_7$） | $v_7 =$ 0.76 | | | |
| 8. 效能监察（$v_8$） | $v_8 =$ 0.68 | | | |
| | 9. 电子政务（$v_9$） | $v_9 =$ 0.90 | | |

续表

| 评估路线图 | | | | | |
|---|---|---|---|---|---|
| 月度指标 | | 月度指标＋季度指标 | | 月度指标＋季度指标＋半年度指标 | 月度指标＋季度指标＋半年度指标＋年度指标 |
| 10. 督查督办（$v_{10}$） | $v_{10}=0.90$ | | | | |
| | | 11. 政风行风（$v_{11}$） | $v_{11}=0.70$ | | |
| 12. 政令检查（$v_{12}$） | $v_{12}=0.75$ | | | | |
| 13. 廉洁状况（$v_{13}$） | $v_{13}=0.75$ | | | | |
| 14. 重大事故问责（$v_{14}$） | $v_{14}=0.70$ | | | | |
| 15. 财经责任问责（$v_{15}$） | $v_{15}=0.65$ | | | | |
| 16. 行政执法（$v_{16}$） | $v_{16}=0.78$ | | | | |
| 17. 行政复议及诉讼（$v_{17}$） | $v_{17}=0.80$ | | | | |
| | | | | 18. 部门预算支出（$v_{18}$） | |
| | | | | | 19. 财政绩效检查评价（$v_{19}$） |
| | | | | | 20. 财政、财务收支的真实合法和效益（$v_{20}$） |

行政执行力（对应第10—17项）

行政成本（对应第18—20项）

【实时评估公式】

$$K_3 = V_3 + P_3 = \sum_{i=1}^{n} a_i v_i + 0.2 \ (V_3 - V_2)$$

因为：

$$V_3 = \sum_{i=1}^{n} a_i v_i = 0.2903 \times v_1 + 0.1349 \times v_2 + 0.0606 \times v_3 + 0.0686 \times v_5 +$$

$$0.0343 \times v_6 + 0.0343 \times v_7 + 0.0229 \times v_8 + 0.0686 \times v_9 + 0.0160 \times v_{10} +$$

$$0.0160 \times v_{11} + 0.0160 \times v_{12} + 0.0823 \times v_{13} + 0.0491 \times v_{14} + 0.0491 \times$$

$$v_{15} + 0.0285 \times v_{16} + 0.0285 \times v_{17}$$

$$= 0.2903 \times 0.76 + 0.1349 \times 0.78 + 0.0606 \times 0.65 + 0.0686 \times 0.65 +$$

$$0.0343 \times 0.86 + 0.0343 \times 0.76 + 0.0229 \times 0.68 + 0.0686 \times 0.90 +$$

$$0.0160 \times 0.90 + 0.0160 \times 0.70 + 0.0160 \times 0.70 + 0.0823 \times 0.75 +$$

$$0.0491 \times 0.70 + 0.0491 \times 0.65 + 0.0285 \times 0.78 + 0.0285 \times 0.80$$

$$= 0.7525$$

又因为：

$$V_2 = 0.7509 \ (即 2 月份的基本分，见上文计算结果)$$

所以：

$$K_3 = V_3 + P_3 = \sum_{i=1}^{n} a_i v_i + 0.2 \ (V_3 - V_2)$$

$$= 0.7525 + 0.2 \times \ (0.7525 - 0.7509)$$

$$= 0.7528$$

4月份（月度评估），见表7-14和表7-15。

表7-14 绩效评估指标权重

| | 评估路线图 | | | |
|---|---|---|---|---|
| | 月度指标 | 月度指标+季度指标 | 月度指标+季度指标+半年度指标 | 月度指标+季度指标+半年度指标+年度指标 |
| 行政业绩 | | 1. 履行职责（$v_1$） 0.2903 | 0.2654 | 0.254 |
| | | 2. 完成年度重要工作（$v_2$） 0.1349 | 0.1233 | 0.1180 |
| | | 3. 政府重大投资项目（$v_3$） 0.0606 | 0.0554 | 0.0530 |
| | | | 4. 改革与创新能力（$v_4$） 0.0261 | 0.0250 |
| 行政效率 | 5. 行政审批（$v_5$） 0.1596 | 0.0686 | 0.0627 | 0.0600 |
| | 6. 办理人大建议政协提案（$v_6$） 0.0798 | 0.0343 | 0.0313 | 0.0300 |
| | 7. 处理信访投诉（$v_7$） 0.0798 | 0.0343 | 0.0313 | 0.0300 |
| | 8. 效能监察（$v_8$） 0.0532 | 0.0229 | 0.0209 | 0.0200 |
| | | 9. 电子政务（$v_9$） 0.0686 | 0.0627 | 0.0600 |

续表

| | 评估路线图 | | | |
| --- | --- | --- | --- | --- |
| | 月度指标 | 月度指标+季度指标 | 月度指标+季度指标+半年度指标 | 月度指标+季度指标+半年度指标+年度指标 |
| 行政执行力 | 10. 督查督办（$v_{10}$） 0.0372 | 0.0160 | 0.0147 | 0.0140 |
| | | 11. 政风行风（$v_{11}$） 0.0160 | 0.0147 | 0.0140 |
| | 12. 政令检查（$v_{12}$） 0.0372 | 0.0160 | 0.0147 | 0.0140 |
| | 13. 廉洁状况（$v_{13}$） 0.1915 | 0.0823 | 0.0752 | 0.0720 |
| | 14. 重大事故问责（$v_{14}$） 0.1144 | 0.0491 | 0.0449 | 0.0430 |
| | 15. 财经责任问责（$v_{15}$） 0.1144 | 0.0491 | 0.0449 | 0.0430 |
| | 16. 行政执法（$v_{16}$） 0.0664 | 0.0285 | 0.0261 | 0.0250 |
| | 17. 行政复议及诉讼（$v_{17}$） 0.0665 | 0.0285 | 0.0261 | 0.0250 |
| 行政成本 | | | 18. 部门预算支出（$v_{18}$） 0.0596 | 0.0570 |
| | | | | 19. 财政绩效检查评价（$v_{19}$） 0.0140 |
| | | | | 20. 财政、财务收支的真实合法和效益（$v_{20}$） 0.0290 |

**表 7 – 15　绩效评估指标数据模拟**

| | | 评估路线图 | | | |
|---|---|---|---|---|---|
| | | 月度指标 | 月度指标 + 季度指标 | 月度指标 + 季度指标 + 半年度指标 | 月度指标 + 季度指标 + 半年度指标 + 年度指标 |
| 行政业绩 | | | 1. 履行职责（$v_1$） | | |
| | | | 2. 完成年度重要工作（$v_2$） | | |
| | | | 3. 政府重大投资项目（$v_3$） | | |
| | | | | 4. 改革与创新能力（$v_4$） | |
| 行政效率 | 5. 行政审批（$v_5$） | $v_5 = 0.78$ | | | |
| | 6. 办理人大建议政协提案（$v_6$） | $v_6 = 0.80$ | | | |
| | 7. 处理信访投诉（$v_7$） | $v_7 = 0.80$ | | | |
| | 8. 效能监察（$v_8$） | $v_8 = 0.68$ | | | |
| | | | 9. 电子政务（$v_9$） | | |

| | 评估路线图 | | | |
|---|---|---|---|---|
| | 月度指标 | 月度指标+季度指标 | 月度指标+季度指标+半年度指标 | 月度指标+季度指标+半年度指标+年度指标 |
| 行政执行力 | 10. 督查督办（$v_{10}$） $v_{10}=0.90$ | | | |
| | | 11. 政风行风（$v_{11}$） | | |
| | 12. 政令检查（$v_{12}$） $v_{12}=0.70$ | | | |
| | 13. 廉洁状况（$v_{13}$） $v_{13}=0.75$ | | | |
| | 14. 重大事故问责（$v_{14}$） $v_{14}=0.70$ | | | |
| | 15. 财经责任问责（$v_{15}$） $v_{15}=0.65$ | | | |
| | 16. 行政执法（$v_{16}$） $v_{16}=0.78$ | | | |
| | 17. 行政复议及诉讼（$v_{17}$） $v_{17}=0.80$ | | | |
| 行政成本 | | | 18. 部门预算支出（$v_{18}$） | |
| | | | | 19. 财政绩效检查评价（$v_{19}$） |
| | | | | 20. 财政、财务收支的真实合法和效益（$v_{20}$） |

【实时评估公式】

$$K_4 = V_4 + P_4 = \sum_{i=1}^{n} a_i v_i + 0.2 \ (V_4 - V_3)$$

因为：

$$V_4 = \sum_{i=1}^{n} a_i v_i = 0.1596 \times v_5 + 0.0798 \times v_6 + 0.0798 \times v_7 + 0.0532 \times v_8 +$$

$$0.0372 \times v_{10} + 0.0372 \times v_{12} + 0.1915 \times v_{13} + 0.1144 \times v_{14} + 0.1144 \times$$

$$v_{15} + 0.0664 \times v_{16} + 0.0665 \times v_{17}$$

$$= 0.1596 \times 0.78 + 0.0798 \times 0.80 + 0.0798 \times 0.80 + 0.0532 \times 0.68 +$$

$$0.0372 \times 0.90 + 0.0372 \times 0.70 + 0.1915 \times 0.75 + 0.1144 \times 0.70 +$$

$$0.1144 \times 0.65 + 0.0664 \times 0.78 + 0.0665 \times 0.80$$

$$= 0.7509$$

又因为：

$V_3 = 0.7525$ （即 3 月份的基本分，见上文计算结果）

所以：

$$K_4 = V_4 + P_4 = \sum_{i=1}^{n} a_i v_i + 0.2 \ (V_4 - V_3)$$

$$= 0.7509 + 0.2 \times \ (0.7509 - 0.7525)$$

$$= 0.7505$$

5 月份（月度评估），见表 7-16 和 7-17。

表 7-16 绩效评估指标权重

| 类别 | 评估路线图 | | | | |
|---|---|---|---|---|---|
| | 指标 | 月度指标 | 月度指标+季度指标 | 月度指标+季度指标+半年度指标 | 月度指标+季度指标+半年度指标+年度指标 |
| 行政业绩 | 1. 履行职责（$v_1$） | | 0.2903 | 0.2654 | 0.254 |
| | 2. 完成年度重要工作（$v_2$） | | 0.1349 | 0.1233 | 0.1180 |
| | 3. 政府重大投资项目（$v_3$） | | 0.0606 | 0.0554 | 0.0530 |
| | 4. 改革与创新能力（$v_4$） | | | 0.0261 | 0.0250 |
| 行政效率 | 5. 行政审批（$v_5$） | 0.1596 | 0.0686 | 0.0627 | 0.0600 |
| | 6. 办理人大建议政协提案（$v_6$） | 0.0798 | 0.0343 | 0.0313 | 0.0300 |
| | 7. 处理信访投诉（$v_7$） | 0.0798 | 0.0343 | 0.0313 | 0.0300 |
| | 8. 效能监察（$v_8$） | 0.0532 | 0.0229 | 0.0209 | 0.0200 |
| | 9. 电子政务（$v_9$） | | 0.0686 | 0.0627 | 0.0600 |

续表

| | 评估路线图 | | | |
|---|---|---|---|---|
| | 月度指标 | 月度指标＋季度指标 | 月度指标＋季度指标＋半年度指标 | 月度指标＋季度指标＋半年度指标＋年度指标 |
| 行政执行力 | 10. 督查督办（$v_{10}$） 0.0372 | 0.0160 | 0.0147 | 0.0140 |
| | | 11. 政风行风（$v_{11}$） 0.0160 | 0.0147 | 0.0140 |
| | 12. 政令检查（$v_{12}$） 0.0372 | 0.0160 | 0.0147 | 0.0140 |
| | 13. 廉洁状况（$v_{13}$） 0.1915 | 0.0823 | 0.0752 | 0.0720 |
| | 14. 重大事故问责（$v_{14}$） 0.1144 | 0.0491 | 0.0449 | 0.0430 |
| | 15. 财经责任问责（$v_{15}$） 0.1144 | 0.0491 | 0.0449 | 0.0430 |
| | 16. 行政执法（$v_{16}$） 0.0664 | 0.0285 | 0.0261 | 0.0250 |
| | 17. 行政复议及诉讼（$v_{17}$） 0.0665 | 0.0285 | 0.0261 | 0.0250 |
| 行政成本 | | | 18. 部门预算支出（$v_{18}$） 0.0596 | 0.0570 |
| | | | | 19. 财政绩效检查评价（$v_{19}$） 0.0140 |
| | | | | 20. 财政、财务收支的真实合法和效益（$v_{20}$） 0.0290 |

表 7 – 17　绩效评估指标数据模拟

| | 评估路线图 | | | |
|---|---|---|---|---|
| | 月度指标 | 月度指标 + 季度指标 | 月度指标 + 季度指标 + 半年度指标 | 月度指标 + 季度指标 + 半年度指标 + 年度指标 |
| 行政业绩 | | 1. 履行职责（$v_1$） | | |
| | | 2. 完成年度重要工作（$v_2$） | | |
| | | 3. 政府重大投资项目（$v_3$） | | |
| | | | 4. 改革与创新能力（$v_4$） | |
| 行政效率 | 5. 行政审批（$v_5$） | $v_5 = 0.87$ | | |
| | 6. 办理人大建议政协提案（$v_6$） | $v_6 = 0.85$ | | |
| | 7. 处理信访投诉（$v_7$） | $v_7 = 0.80$ | | |
| | 8. 效能监察（$v_8$） | $v_8 = 0.78$ | | |
| | | 9. 电子政务（$v_9$） | | |

| | 评估路线图 | | | |
| --- | --- | --- | --- | --- |
| | 月度指标 | | 月度指标 + 季度指标 | 月度指标 + 季度指标 + 半年度指标 | 月度指标 + 季度指标 + 半年度指标 + 年度指标 |
| 行政执行力 | 10. 督查督办（$v_{10}$） | $v_{10} = 0.90$ | | | |
| | | | 11. 政风行风（$v_{11}$） | | |
| | 12. 政令检查（$v_{12}$） | $v_{12} = 0.70$ | | | |
| | 13. 廉洁状况（$v_{13}$） | $v_{13} = 0.75$ | | | |
| | 14. 重大事故问责（$v_{14}$） | $v_{14} = 0.70$ | | | |
| | 15. 财经责任问责（$v_{15}$） | $v_{15} = 0.75$ | | | |
| | 16. 行政执法（$v_{16}$） | $v_{16} = 0.90$ | | | |
| | 17. 行政复议及诉讼（$v_{17}$） | $v_{17} = 0.80$ | | | |
| 行政成本 | | | | 18. 部门预算支出（$v_{18}$） | |
| | | | | | 19. 财政绩效检查评价（$v_{19}$） |
| | | | | | 20. 财政、财务收支的真实合法和效益（$v_{20}$） |

【实时评估公式】

$$K_5 = V_5 + P_5 = \sum_{i=1}^{n} a_i v_i + 0.2 \ (V_5 - V_4)$$

因为:

$$V_5 = \sum_{i=1}^{n} a_i v_i = 0.1596 \times v_5 + 0.0798 \times v_6 + 0.0798 \times v_7 + 0.0532 \times v_8 +$$

$$0.0372 \times v_{10} + 0.0372 \times v_{12} + 0.1915 \times v_{13} + 0.1144 \times v_{14} + 0.1144 \times$$

$$v_{15} + 0.0664 \times v_{16} + 0.0665 \times v_{17}$$

$$= 0.1596 \times 0.87 + 0.0798 \times 0.85 + 0.0798 \times 0.80 + 0.0532 \times 0.78 +$$

$$0.0372 \times 0.90 + 0.0372 \times 0.70 + 0.1915 \times 0.75 + 0.1144 \times 0.70 +$$

$$0.1144 \times 0.75 + 0.0664 \times 0.90 + 0.0665 \times 0.80$$

$$= 0.7940$$

又因为:

$$V_4 = 0.7509 \ (即 4 月份的基本分,见上文计算结果)$$

所以:

$$K_5 = V_5 + P_5 = \sum_{i=1}^{n} a_i v_i + 0.2 \ (V_5 - V_4)$$

$$= 0.7940 + 0.2 \times \ (0.7940 - 0.7509)$$

$$= 0.8026$$

6月份（月度+第2季度+上半年指标评估），见表7-18和表7-19。

表7-18　绩效评估指标权重

| | | 评估路线图 | | | |
|---|---|---|---|---|---|
| | | 月度指标 | 月度指标+季度指标 | 月度指标+季度指标+半年度指标 | 月度指标+季度指标+半年度指标+年度指标 |
| 行政业绩 | 1. 履行职责（$v_1$） | | 0.2903 | 0.2654 | 0.254 |
| | 2. 完成年度重要工作（$v_2$） | | 0.1349 | 0.1233 | 0.1180 |
| | 3. 政府重大投资项目（$v_3$） | | 0.0606 | 0.0554 | 0.0530 |
| | 4. 改革与创新能力（$v_4$） | | | 0.0261 | 0.0250 |
| 行政效率 | 5. 行政审批（$v_5$） | 0.1596 | 0.0686 | 0.0627 | 0.0600 |
| | 6. 办理人大建议政协提案（$v_6$） | 0.0798 | 0.0343 | 0.0313 | 0.0300 |
| | 7. 处理信访投诉（$v_7$） | 0.0798 | 0.0343 | 0.0313 | 0.0300 |
| | 8. 效能监察（$v_8$） | 0.0532 | 0.0229 | 0.0209 | 0.0200 |
| | 9. 电子政务（$v_9$） | | 0.0686 | 0.0627 | 0.0600 |

续表

| | 评估路线图 | | | |
|---|---|---|---|---|
| | 月度指标 | 月度指标 + 季度指标 | 月度指标 + 季度指标 + 半年度指标 | 月度指标 + 季度指标 + 半年度指标 + 年度指标 |
| 10. 督查督办（$v_{10}$） | 0.0372 | 0.0160 | 0.0147 | 0.0140 |
| 11. 政风行风（$v_{11}$） | | 0.0160 | 0.0147 | 0.0140 |
| 12. 政令检查（$v_{12}$） | 0.0372 | 0.0160 | 0.0147 | 0.0140 |
| 13. 廉洁状况（$v_{13}$） | 0.1915 | 0.0823 | 0.0752 | 0.0720 |
| 14. 重大事故问责（$v_{14}$） | 0.1144 | 0.0491 | 0.0449 | 0.0430 |
| 15. 财经责任问责（$v_{15}$） | 0.1144 | 0.0491 | 0.0449 | 0.0430 |
| 16. 行政执法（$v_{16}$） | 0.0664 | 0.0285 | 0.0261 | 0.0250 |
| 17. 行政复议及诉讼（$v_{17}$） | 0.0665 | 0.0285 | 0.0261 | 0.0250 |

行政执行力为左侧第一列标注。

| | | | |
|---|---|---|---|
| 18. 部门预算支出（$v_{18}$） | 0.0596 | 0.0570 | |
| 19. 财政绩效检查评价（$v_{19}$） | | | 0.0140 |
| 20. 财政、财务收支的真实合法和效益（$v_{20}$） | | | 0.0290 |

行政成本为左侧标注。

表 7-19　绩效评估指标数据模拟

| | 评估路线图 | | | |
|---|---|---|---|---|
| | 月度指标 | 月度指标 + 季度指标 | | 月度指标 + 季度指标 + 半年度指标 | 月度指标 + 季度指标 + 半年度指标 + 年度指标 |
| 行政业绩 | | 1. 履行职责（$v_1$） | $v_1 =$ 0.76 | | |
| | | 2. 完成年度重要工作（$v_2$） | $v_2 =$ 0.78 | | |
| | | 3. 政府重大投资项目（$v_3$） | $v_3 =$ 0.65 | | |
| | | | | 4. 改革与创新能力（$v_4$） | $v_4 = 0.9$ |
| 行政效率 | 5. 行政审批（$v_5$） | $v_5 =$ 0.65 | | | |
| | 6. 办理人大建议政协提案（$v_6$） | $v_6 =$ 0.86 | | | |
| | 7. 处理信访投诉（$v_7$） | $v_7 =$ 0.76 | | | |
| | 8. 效能监察（$v_8$） | $v_8 =$ 0.68 | | | |
| | | 9. 电子政务（$v_9$） | $v_9 =$ 0.90 | | |

| | 评估路线图 | | | | | | |
|---|---|---|---|---|---|---|---|
| | 月度指标 | | 月度指标+季度指标 | | 月度指标+季度指标+半年度指标 | | 月度指标+季度指标+半年度指标+年度指标 |
| 行政执行力 | 10. 督查督办 $(v_{10})$ | $v_{10}=0.90$ | | | | | |
| | | | 11. 政风行风 $(v_{11})$ | $v_{11}=0.70$ | | | |
| | 12. 政令检查 $(v_{12})$ | $v_{12}=0.70$ | | | | | |
| | 13. 廉洁状况 $(v_{13})$ | $v_{13}=0.75$ | | | | | |
| | 14. 重大事故问责 $(v_{14})$ | $v_{14}=0.70$ | | | | | |
| | 15. 财经责任问责 $(v_{15})$ | $v_{15}=0.65$ | | | | | |
| | 16. 行政执法 $(v_{16})$ | $v_{16}=0.78$ | | | | | |
| | 17. 行政复议及诉讼 $(v_{17})$ | $v_{17}=0.80$ | | | | | |
| 行政成本 | | | | | 18. 部门预算支出 $(v_{18})$ | $v_{18}=0.85$ | |
| | | | | | | | 19. 财政绩效检查评价 $(v_{19})$ |
| | | | | | | | 20. 财政、财务收支的真实合法和效益 $(v_{20})$ |

【实时评估公式】

$$K_6 = V_6 + P_6 = \sum_{i=1}^{n} a_i v_i + 0.2 \ (V_6 - V_5)$$

因为：

$$V_6 = \sum_{i=1}^{n} a_i v_i$$

$$= 0.2654 \times v_1 + 0.1233 \times v_2 + 0.0554 \times v_3 + 0.0261 \times v_4 + 0.0627 \times v_5 +$$

$$0.0313 \times v_6 + 0.0313 \times v_7 + 0.0209 \times v_8 + 0.0627 \times v_9 + 0.0147 \times v_{10} +$$

$$0.0147 \times v_{11} + 0.0147 \times v_{12} + 0.0752 \times v_{13} + 0.0449 \times v_{14} + 0.0449 \times$$

$$v_{15} + 0.0261 \times v_{16} + 0.0261 \times v_{17} + 0.0596 \times v_{18}$$

$$= 0.2654 \times 0.76 + 0.1233 \times 0.78 + 0.0554 \times 0.65 + 0.0261 \times 0.90 +$$

$$0.0627 \times 0.65 + 0.0313 \times 0.86 + 0.0313 \times 0.76 + 0.0209 \times 0.68 +$$

$$0.0627 \times 0.90 + 0.0147 \times 0.90 + 0.0147 \times 0.70 + 0.0147 \times 0.70 +$$

$$0.0752 \times 0.75 + 0.0449 \times 0.70 + 0.0449 \times 0.65 + 0.0261 \times 0.78 +$$

$$0.0261 \times 0.80 + 0.0596 \times 0.85$$

$$= 0.7622$$

又因为：

$$V_5 = 0.7940 \ （即 5 月份的基本分，见上文计算结果）$$

所以：

$$K_6 = V_6 + P_6 = \sum_{i=1}^{n} a_i v_i + 0.2 \ (V_6 - V_5)$$

$$= 0.7622 + 0.2 \times \ (0.7622 - 0.7940)$$

$$= 0.7558$$

7 月份（月度评估），见表 7 - 20 和表 7 - 21。

表 7 - 20　绩效评估指标权重

| | | 评估路线图 | | | |
|---|---|---|---|---|---|
| | | 月度指标 | 月度指标 + 季度指标 | 月度指标 + 季度指标 + 半年度指标 | 月度指标 + 季度指标 + 半年度指标 + 年度指标 |
| 行政业绩 | 1. 履行职责（$v_1$） | | 0.2903 | 0.2654 | 0.254 |
| | 2. 完成年度重要工作（$v_2$） | | 0.1349 | 0.1233 | 0.1180 |
| | 3. 政府重大投资项目（$v_3$） | | 0.0606 | 0.0554 | 0.0530 |
| | 4. 改革与创新能力（$v_4$） | | | 0.0261 | 0.0250 |
| 行政效率 | 5. 行政审批（$v_5$） | 0.1596 | 0.0686 | 0.0627 | 0.0600 |
| | 6. 办理人大建议政协提案（$v_6$） | 0.0798 | 0.0343 | 0.0313 | 0.0300 |
| | 7. 处理信访投诉（$v_7$） | 0.0798 | 0.0343 | 0.0313 | 0.0300 |
| | 8. 效能监察（$v_8$） | 0.0532 | 0.0229 | 0.0209 | 0.0200 |
| | 9. 电子政务（$v_9$） | | 0.0686 | 0.0627 | 0.0600 |

| | 评估路线图 | | | |
|---|---|---|---|---|
| | 月度指标 | 月度指标＋季度指标 | 月度指标＋季度指标＋半年度指标 | 月度指标＋季度指标＋半年度指标＋年度指标 |
| 行政执行力 | 10. 督查督办（$v_{10}$） 0.0372 | 0.0160 | 0.0147 | 0.0140 |
| | 11. 政风行风（$v_{11}$） 0.0160 | | 0.0147 | 0.0140 |
| | 12. 政令检查（$v_{12}$） 0.0372 | 0.0160 | 0.0147 | 0.0140 |
| | 13. 廉洁状况（$v_{13}$） 0.1915 | 0.0823 | 0.0752 | 0.0720 |
| | 14. 重大事故问责（$v_{14}$） 0.1144 | 0.0491 | 0.0449 | 0.0430 |
| | 15. 财经责任问责（$v_{15}$） 0.1144 | 0.0491 | 0.0449 | 0.0430 |
| | 16. 行政执法（$v_{16}$） 0.0664 | 0.0285 | 0.0261 | 0.0250 |
| | 17. 行政复议及诉讼（$v_{17}$） 0.0665 | 0.0285 | 0.0261 | 0.0250 |
| 行政成本 | | | 18. 部门预算支出（$v_{18}$） 0.0596 | 0.0570 |
| | | | | 19. 财政绩效检查评价（$v_{19}$） 0.0140 |
| | | | | 20. 财政、财务收支的真实合法和效益（$v_{20}$） 0.0290 |

表7-21 绩效评估指标数据模拟

| | 评估路线图 | | | |
|---|---|---|---|---|
| | 月度指标 | 月度指标+季度指标 | 月度指标+季度指标+半年度指标 | 月度指标+季度指标+半年度指标+年度指标 |
| 行政业绩 | | 1. 履行职责（$v_1$） | | |
| | | 2. 完成年度重要工作（$v_2$） | | |
| | | 3. 政府重大投资项目（$v_3$） | | |
| | | | 4. 改革与创新能力（$v_4$） | |
| 行政效率 | 5. 行政审批（$v_5$） | $v_5 = 0.65$ | | |
| | 6. 办理人大建议政协提案（$v_6$） | $v_6 = 0.90$ | | |
| | 7. 处理信访投诉（$v_7$） | $v_7 = 0.90$ | | |
| | 8. 效能监察（$v_8$） | $v_8 = 0.68$ | | |
| | | 9. 电子政务（$v_9$） | | |

| | | 评估路线图 | | |
|---|---|---|---|---|
| | | 月度指标 | 月度指标 + 季度指标 | 月度指标 + 季度指标 + 半年度指标 | 月度指标 + 季度指标 + 半年度指标 + 年度指标 |
| 行政执行力 | 10. 督查督办（$v_{10}$） | $v_{10}=0.90$ | | | |
| | | | 11. 政风行风（$v_{11}$） | | |
| | 12. 政令检查（$v_{12}$） | $v_{12}=0.70$ | | | |
| | 13. 廉洁状况（$v_{13}$） | $v_{13}=0.75$ | | | |
| | 14. 重大事故问责（$v_{14}$） | $v_{14}=0.70$ | | | |
| | 15. 财经责任问责（$v_{15}$） | $v_{15}=0.85$ | | | |
| | 16. 行政执法（$v_{16}$） | $v_{16}=0.85$ | | | |
| | 17. 行政复议及诉讼（$v_{17}$） | $v_{17}=0.80$ | | | |
| 行政成本 | | | | 18. 部门预算支出（$v_{18}$） | |
| | | | | | 19. 财政绩效检查评价（$v_{19}$） |
| | | | | | 20. 财政、财务收支的真实合法和效益（$v_{20}$） |

【实时评估公式】

$$K_7 = V_7 + P_7 = \sum_{i=1}^{n} a_i v_i + 0.2 \ (V_7 - V_6)$$

因为：

$$V_7 = \sum_{i=1}^{n} a_i v_i = 0.1596 \times v_5 + 0.0798 \times v_6 + 0.0798 \times v_7 + 0.0532 \times v_8 +$$

$$0.0372 \times v_{10} + 0.0372 \times v_{12} + 0.1915 \times v_{13} + 0.1144 \times v_{14} + 0.1144 \times$$

$$v_{15} + 0.0664 \times v_{16} + 0.0665 \times v_{17}$$

$$= 0.1596 \times 0.65 + 0.0798 \times 0.90 + 0.0798 \times 0.90 + 0.0532 \times 0.68 +$$

$$0.0372 \times 0.90 + 0.0372 \times 0.70 + 0.1915 \times 0.75 + 0.1144 \times 0.70 +$$

$$0.1144 \times 0.85 + 0.0664 \times 0.85 + 0.0665 \times 0.80$$

$$= 0.7737$$

又因为：

$V_6 = 0.7622$（即 6 月份的基本分，见上文计算结果）

所以：

$$K_7 = V_7 + P_7 = \sum_{i=1}^{n} a_i v_i + 0.2 \ (V_7 - V_6)$$

$$= 0.7737 + 0.2 \times \ (0.7737 - 0.7622)$$

$$= 0.7760$$

8月份（月度评估），见表7-22和表7-23。

表7-22 绩效评估指标权重

| | | 评估路线图 | | | | |
|---|---|---|---|---|---|---|
| | | 月度指标 | 月度指标＋季度指标 | | 月度指标＋季度指标＋半年度指标 | 月度指标＋季度指标＋半年度指标＋年度指标 |
| 行政业绩 | | | 1. 履行职责（$v_1$） | 0.2903 | 0.2654 | 0.254 |
| | | | 2. 完成年度重要工作（$v_2$） | 0.1349 | 0.1233 | 0.1180 |
| | | | 3. 政府重大投资项目（$v_3$） | 0.0606 | 0.0554 | 0.0530 |
| | | | 4. 改革与创新能力（$v_4$） | | 0.0261 | 0.0250 |
| 行政效率 | 5. 行政审批（$v_5$） | 0.1596 | 0.0686 | | 0.0627 | 0.0600 |
| | 6. 办理人大建议政协提案（$v_6$） | 0.0798 | 0.0343 | | 0.0313 | 0.0300 |
| | 7. 处理信访投诉（$v_7$） | 0.0798 | 0.0343 | | 0.0313 | 0.0300 |
| | 8. 效能监察（$v_8$） | 0.0532 | 0.0229 | | 0.0209 | 0.0200 |
| | | | 9. 电子政务（$v_9$） | 0.0686 | 0.0627 | 0.0600 |

| | 评估路线图 | | | |
|---|---|---|---|---|
| | 月度指标 | 月度指标 + 季度指标 | 月度指标 + 季度指标 + 半年度指标 | 月度指标 + 季度指标 + 半年度指标 + 年度指标 |
| 行政执行力 | 10. 督查督办（$v_{10}$） 0.0372 | 0.0160 | 0.0147 | 0.0140 |
| | | 11. 政风行风（$v_{11}$） 0.0160 | 0.0147 | 0.0140 |
| | 12. 政令检查（$v_{12}$） 0.0372 | 0.0160 | 0.0147 | 0.0140 |
| | 13. 廉洁状况（$v_{13}$） 0.1915 | 0.0823 | 0.0752 | 0.0720 |
| | 14. 重大事故问责（$v_{14}$） 0.1144 | 0.0491 | 0.0449 | 0.0430 |
| | 15. 财经责任问责（$v_{15}$） 0.1144 | 0.0491 | 0.0449 | 0.0430 |
| | 16. 行政执法（$v_{16}$） 0.0664 | 0.0285 | 0.0261 | 0.0250 |
| | 17. 行政复议及诉讼（$v_{17}$） 0.0665 | 0.0285 | 0.0261 | 0.0250 |
| 行政成本 | | | 18. 部门预算支出（$v_{18}$） 0.0596 | 0.0570 |
| | | | | 19. 财政绩效检查评价（$v_{19}$） 0.0140 |
| | | | | 20. 财政、财务收支的真实合法和效益（$v_{20}$） 0.0290 |

**表 7 – 23　绩效评估指标数据模拟**

| | 评估路线图 | | | |
|---|---|---|---|---|
| | 月度指标 | 月度指标 + 季度指标 | 月度指标 + 季度指标 + 半年度指标 | 月度指标 + 季度指标 + 半年度指标 + 年度指标 |
| 行政业绩 | | 1. 履行职责（$v_1$） | | |
| | | 2. 完成年度重要工作（$v_2$） | | |
| | | 3. 政府重大投资项目（$v_3$） | | |
| | | | 4. 改革与创新能力（$v_4$） | |
| 行政效率 | 5. 行政审批（$v_5$） | $v_5 = 0.65$ | | |
| | 6. 办理人大建议政协提案（$v_6$） | $v_6 = 0.90$ | | |
| | 7. 处理信访投诉（$v_7$） | $v_7 = 0.90$ | | |
| | 8. 效能监察（$v_8$） | $v_8 = 0.68$ | | |
| | | 9. 电子政务（$v_9$） | | |

| | 评估路线图 | | | |
|---|---|---|---|---|
| | 月度指标 | 月度指标 + 季度指标 | 月度指标 + 季度指标 + 半年度指标 | 月度指标 + 季度指标 + 半年度指标 + 年度指标 |
| 行政执行力 | 10. 督查督办（$v_{10}$） $v_{10} = 0.90$ | | | |
| | | 11. 政风行风（$v_{11}$） | | |
| | 12. 政令检查（$v_{12}$） $v_{12} = 0.70$ | | | |
| | 13. 廉洁状况（$v_{13}$） $v_{13} = 0.75$ | | | |
| | 14. 重大事故问责（$v_{14}$） $v_{14} = 0.70$ | | | |
| | 15. 财经责任问责（$v_{15}$） $v_{15} = 0.85$ | | | |
| | 16. 行政执法（$v_{16}$） $v_{16} = 0.85$ | | | |
| | 17. 行政复议及诉讼（$v_{17}$） $v_{17} = 0.80$ | | | |
| 行政成本 | | | 18. 部门预算支出（$v_{18}$） | |
| | | | | 19. 财政绩效检查评价（$v_{19}$） |
| | | | | 20. 财政、财务收支的真实合法和效益（$v_{20}$） |

【实时评估公式】

$$K_8 = V_8 + P_8 = \sum_{i=1}^{n} a_i v_i + 0.2 \ (V_8 - V_7)$$

因为：

$$V_8 = \sum_{i=1}^{n} a_i v_i = 0.1596 \times v_5 + 0.0798 \times v_6 + 0.0798 \times v_7 + 0.0532 \times v_8 +$$

$$0.0372 \times v_{10} + 0.0372 \times v_{12} + 0.1915 \times v_{13} + 0.1144 \times v_{14} + 0.1144 \times$$

$$v_{15} + 0.0664 \times v_{16} + 0.0665 \times v_{17}$$

$$= 0.1596 \times 0.65 + 0.0798 \times 0.90 + 0.0798 \times 0.90 + 0.0532 \times 0.68 +$$

$$0.0372 \times 0.90 + 0.0372 \times 0.70 + 0.1915 \times 0.75 + 0.1144 \times 0.70 +$$

$$0.1144 \times 0.85 + 0.0664 \times 0.85 + 0.0665 \times 0.80$$

$$= 0.7737$$

又因为：

$V_7 = 0.7737$（即 7 月份的基本分，见上文计算结果）

所以：

$$K_8 = V_8 + P_8 = \sum_{i=1}^{n} a_i v_i + 0.2 \ (V_8 - V_7)$$

$$= 0.7737 + 0.2 \times \ (0.7737 - 0.7737)$$

$$= 0.7737$$

9月份（月度 + 第3季度评估），见表 7 − 24 和表 7 − 25。

**表 7 − 24　绩效评估指标权重**

| | | 评估路线图 | | | |
|---|---|---|---|---|---|
| | | 月度指标 | 月度指标 + 季度指标 | 月度指标 + 季度指标 + 半年度指标 | 月度指标 + 季度指标 + 半年度指标 + 年度指标 |
| 行政业绩 | 1. 履行职责（$v_1$） | | 0.2903 | 0.2654 | 0.254 |
| | 2. 完成年度重要工作（$v_2$） | | 0.1349 | 0.1233 | 0.1180 |
| | 3. 政府重大投资项目（$v_3$） | | 0.0606 | 0.0554 | 0.0530 |
| | 4. 改革与创新能力（$v_4$） | | | 0.0261 | 0.0250 |
| 行政效率 | 5. 行政审批（$v_5$） | 0.1596 | 0.0686 | 0.0627 | 0.0600 |
| | 6. 办理人大建议政协提案（$v_6$） | 0.0798 | 0.0343 | 0.0313 | 0.0300 |
| | 7. 处理信访投诉（$v_7$） | 0.0798 | 0.0343 | 0.0313 | 0.0300 |
| | 8. 效能监察（$v_8$） | 0.0532 | 0.0229 | 0.0209 | 0.0200 |
| | 9. 电子政务（$v_9$） | | 0.0686 | 0.0627 | 0.0600 |

| | | 评估路线图 | | | | | |
|---|---|---|---|---|---|---|---|
| | | 月度指标 | 月度指标＋季度指标 | | 月度指标＋季度指标＋半年度指标 | | 月度指标＋季度指标＋半年度指标＋年度指标 |
| 行政执行力 | 10. 督查督办（$v_{10}$） | 0.0372 | 0.0160 | | 0.0147 | | 0.0140 |
| | | | 11. 政风行风（$v_{11}$） | 0.0160 | 0.0147 | | 0.0140 |
| | 12. 政令检查（$v_{12}$） | 0.0372 | 0.0160 | | 0.0147 | | 0.0140 |
| | 13. 廉洁状况（$v_{13}$） | 0.1915 | 0.0823 | | 0.0752 | | 0.0720 |
| | 14. 重大事故问责（$v_{14}$） | 0.1144 | 0.0491 | | 0.0449 | | 0.0430 |
| | 15. 财经责任问责（$v_{15}$） | 0.1144 | 0.0491 | | 0.0449 | | 0.0430 |
| | 16. 行政执法（$v_{16}$） | 0.0664 | 0.0285 | | 0.0261 | | 0.0250 |
| | 17. 行政复议及诉讼（$v_{17}$） | 0.0665 | 0.0285 | | 0.0261 | | 0.0250 |
| 行政成本 | | | | | 18. 部门预算支出（$v_{18}$） | 0.0596 | 0.0570 |
| | | | | | | | 19. 财政绩效检查评价（$v_{19}$）　0.0140 |
| | | | | | | | 20. 财政、财务收支的真实合法和效益（$v_{20}$）　0.0290 |

表 7 - 25　绩效评估指标数据模拟

| | 评估路线图 | | | |
| --- | --- | --- | --- | --- |
| | 月度指标 | 月度指标 + 季度指标 | 月度指标 + 季度指标 + 半年度指标 | 月度指标 + 季度指标 + 半年度指标 + 年度指标 |
| 行政业绩 | | 1. 履行职责（$v_1$） | $v_1 = 0.90$ | | |
| | | 2. 完成年度重要工作（$v_2$） | $v_2 = 0.90$ | | |
| | | 3. 政府重大投资项目（$v_3$） | $v_3 = 0.90$ | | |
| | | | | 4. 改革与创新能力（$v_4$） | |
| 行政效率 | 5. 行政审批（$v_5$） | $v_5 = 0.85$ | | | |
| | 6. 办理人大建议政协提案（$v_6$） | $v_6 = 0.86$ | | | |
| | 7. 处理信访投诉（$v_7$） | $v_7 = 0.76$ | | | |
| | 8. 效能监察（$v_8$） | $v_8 = 0.68$ | | | |
| | | 9. 电子政务（$v_9$） | $v_9 = 0.90$ | | |

续表

| | 评估路线图 | | | | | | | |
|---|---|---|---|---|---|---|---|---|
| | 月度指标 | | 月度指标 + 季度指标 | | 月度指标 + 季度指标 + 半年度指标 | | 月度指标 + 季度指标 + 半年度指标 + 年度指标 | |
| 行政执行力 | 10. 督查督办（$v_{10}$） | $v_{10}$ = 0.90 | | | | | | |
| | | | 11. 政风行风（$v_{11}$） | $v_{11}$ = 0.70 | | | | |
| | 12. 政令检查（$v_{12}$） | $v_{12}$ = 0.70 | | | | | | |
| | 13. 廉洁状况（$v_{13}$） | $v_{13}$ = 0.75 | | | | | | |
| | 14. 重大事故问责（$v_{14}$） | $v_{14}$ = 0.70 | | | | | | |
| | 15. 财经责任问责（$v_{15}$） | $v_{15}$ = 0.85 | | | | | | |
| | 16. 行政执法（$v_{16}$） | $v_{16}$ = 0.78 | | | | | | |
| | 17. 行政复议及诉讼（$v_{17}$） | $v_{17}$ = 0.80 | | | | | | |
| 行政成本 | | | | | 18. 部门预算支出（$v_{18}$） | | | |
| | | | | | | | 19. 财政绩效检查评价（$v_{19}$） | |
| | | | | | | | 20. 财政、财务收支的真实合法和效益（$v_{20}$） | |

【实时评估公式】

$$K_9 = V_9 + P_9 = \sum_{i=1}^{n} a_i v_i + 0.2 \ (V_9 - V_8)$$

因为：

$$V_9 = \sum_{i=1}^{n} a_i v_i = 0.2903 \times v_1 + 0.1349 \times v_2 + 0.0606 \times v_3 + 0.0686 \times v_5 +$$
$$0.0343 \times v_6 + 0.0343 \times v_7 + 0.0229 \times v_8 + 0.0686 \times v_9 + 0.0160 \times v_{10} +$$
$$0.0160 \times v_{11} + 0.0160 \times v_{12} + 0.0823 \times v_{13} + 0.0491 \times v_{14} + 0.0491 \times$$
$$v_{15} + 0.0285 \times v_{16} + 0.0285 \times v_{17}$$
$$= 0.2903 \times 0.90 + 0.1349 \times 0.90 + 0.0606 \times 0.90 + 0.0686 \times 0.85 +$$
$$0.0343 \times 0.86 + 0.0343 \times 0.76 + 0.0229 \times 0.68 + 0.0686 \times 0.90 +$$
$$0.0160 \times 0.90 + 0.0160 \times 0.70 + 0.0160 \times 0.70 + 0.0823 \times 0.75 +$$
$$0.0491 \times 0.70 + 0.0491 \times 0.85 + 0.0285 \times 0.78 + 0.0285 \times 0.80$$
$$= 0.8480$$

又因为：

$$V_8 = 0.7737 \ （即8月份的基本分，见上文计算结果）$$

所以：

$$K_9 = V_9 + P_9 = \sum_{i=1}^{n} a_i v_i + 0.2 \ (V_9 - V_8)$$
$$= 0.8480 + 0.2 \times \ (0.8480 - 0.7737)$$
$$= 0.8629$$

10 月份（月度评估），见表 7 - 26 和表 7 - 27。

**表 7 - 26　绩效评估指标权重**

| | | 评估路线图 | | | |
|---|---|---|---|---|---|
| | | 月度指标 | 月度指标 + 季度指标 | 月度指标 + 季度指标 + 半年度指标 | 月度指标 + 季度指标 + 半年度指标 + 年度指标 |
| 行政业绩 | 1. 履行职责（$v_1$） | | 0.2903 | 0.2654 | 0.254 |
| | 2. 完成年度重要工作（$v_2$） | | 0.1349 | 0.1233 | 0.1180 |
| | 3. 政府重大投资项目（$v_3$） | | 0.0606 | 0.0554 | 0.0530 |
| | 4. 改革与创新能力（$v_4$） | | | 0.0261 | 0.0250 |
| 行政效率 | 5. 行政审批（$v_5$） | 0.1596 | 0.0686 | 0.0627 | 0.0600 |
| | 6. 办理人大建议政协提案（$v_6$） | 0.0798 | 0.0343 | 0.0313 | 0.0300 |
| | 7. 处理信访投诉（$v_7$） | 0.0798 | 0.0343 | 0.0313 | 0.0300 |
| | 8. 效能监察（$v_8$） | 0.0532 | 0.0229 | 0.0209 | 0.0200 |
| | 9. 电子政务（$v_9$） | | 0.0686 | 0.0627 | 0.0600 |

续表

| | | 评估路线图 | | | |
|---|---|---|---|---|---|
| | | 月度指标 | 月度指标+季度指标 | 月度指标+季度指标+半年度指标 | 月度指标+季度指标+半年度指标+年度指标 |
| 行政执行力 | 10. 督查督办（$v_{10}$） | 0.0372 | 0.0160 | 0.0147 | 0.0140 |
| | 11. 政风行风（$v_{11}$） | | 0.0160 | 0.0147 | 0.0140 |
| | 12. 政令检查（$v_{12}$） | 0.0372 | 0.0160 | 0.0147 | 0.0140 |
| | 13. 廉洁状况（$v_{13}$） | 0.1915 | 0.0823 | 0.0752 | 0.0720 |
| | 14. 重大事故问责（$v_{14}$） | 0.1144 | 0.0491 | 0.0449 | 0.0430 |
| | 15. 财经责任问责（$v_{15}$） | 0.1144 | 0.0491 | 0.0449 | 0.0430 |
| | 16. 行政执法（$v_{16}$） | 0.0664 | 0.0285 | 0.0261 | 0.0250 |
| | 17. 行政复议及诉讼（$v_{17}$） | 0.0665 | 0.0285 | 0.0261 | 0.0250 |
| 行政成本 | | | | 18. 部门预算支出（$v_{18}$） 0.0596 | 0.0570 |
| | | | | | 19. 财政绩效检查评价（$v_{19}$） 0.0140 |
| | | | | | 20. 财政、财务收支的真实合法和效益（$v_{20}$） 0.0290 |

**表 7－27　绩效评估指标数据模拟**

| | 评估路线图 | | | |
|---|---|---|---|---|
| | 月度指标 | 月度指标＋季度指标 | 月度指标＋季度指标＋半年度指标 | 月度指标＋季度指标＋半年度指标＋年度指标 |
| 行政业绩 | | 1. 履行职责（$v_1$） | | |
| | | 2. 完成年度重要工作（$v_2$） | | |
| | | 3. 政府重大投资项目（$v_3$） | | |
| | | | 4. 改革与创新能力（$v_4$） | |
| 行政效率 | 5. 行政审批（$v_5$） | $v_5 = 0.75$ | | |
| | 6. 办理人大建议政协提案（$v_6$） | $v_6 = 0.90$ | | |
| | 7. 处理信访投诉（$v_7$） | $v_7 = 0.90$ | | |
| | 8. 效能监察（$v_8$） | $v_8 = 0.78$ | | |
| | | 9. 电子政务（$v_9$） | | |

| | | 评估路线图 | | |
|---|---|---|---|---|
| | 月度指标 | 月度指标＋季度指标 | 月度指标＋季度指标＋半年度指标 | 月度指标＋季度指标＋半年度指标＋年度指标 |
| 行政执行力 | 10. 督查督办（$v_{10}$） $v_{10}=0.90$ | | | |
| | | 11. 政风行风（$v_{11}$） | | |
| | 12. 政令检查（$v_{12}$） $v_{12}=0.70$ | | | |
| | 13. 廉洁状况（$v_{13}$） $v_{13}=0.75$ | | | |
| | 14. 重大事故问责（$v_{14}$） $v_{14}=0.70$ | | | |
| | 15. 财经责任问责（$v_{15}$） $v_{15}=0.85$ | | | |
| | 16. 行政执法（$v_{16}$） $v_{16}=0.85$ | | | |
| | 17. 行政复议及诉讼（$v_{17}$） $v_{17}=0.80$ | | | |
| 行政成本 | | | 18. 部门预算支出（$v_{18}$） | |
| | | | | 19. 财政绩效检查评价（$v_{19}$） |
| | | | | 20. 财政、财务收支的真实合法和效益（$v_{20}$） |

【实时评估公式】

$$K_{10} = V_{10} + P_{10} = \sum_{i=1}^{n} a_i v_i + 0.2 \left( V_{10} - V_9 \right)$$

因为：

$$V_{10} = \sum_{i=1}^{n} a_i v_i = 0.1596 \times v_5 + 0.0798 \times v_6 + 0.0798 \times v_7 + 0.0532 \times v_8 +$$
$$0.0372 \times v_{10} + 0.0372 \times v_{12} + 0.1915 \times v_{13} + 0.1144 \times v_{14} + 0.1144 \times$$
$$v_{15} + 0.0664 \times v_{16} + 0.0665 \times v_{17}$$
$$= 0.1596 \times 0.75 + 0.0798 \times 0.90 + 0.0798 \times 0.90 + 0.0532 \times 0.78 +$$
$$0.0372 \times 0.90 + 0.0372 \times 0.70 + 0.1915 \times 0.75 + 0.1144 \times 0.70 +$$
$$0.1144 \times 0.85 + 0.0664 \times 0.85 + 0.0665 \times 0.80$$
$$= 0.8481$$

又因为：

$V_9 = 0.8480$（即 9 月份的基本分，见上文计算结果）

所以：

$$K_{10} = V_{10} + P_{10} = \sum_{i=1}^{n} a_i v_i + 0.2 \left( V_{10} - V_9 \right)$$
$$= 0.8481 + 0.2 \times \left( 0.8481 - 0.8480 \right)$$
$$= 0.8481$$

11月份（月度评估），见表7-28和表7-29。

**表7-28　绩效评估指标权重**

| | | 评估路线图 | | | |
|---|---|---|---|---|---|
| | | 月度指标 | 月度指标+季度指标 | 月度指标+季度指标+半年度指标 | 月度指标+季度指标+半年度指标+年度指标 |
| 行政业绩 | 1. 履行职责（$v_1$） | | 0.2903 | 0.2654 | 0.254 |
| | 2. 完成年度重要工作（$v_2$） | | 0.1349 | 0.1233 | 0.1180 |
| | 3. 政府重大投资项目（$v_3$） | | 0.0606 | 0.0554 | 0.0530 |
| | 4. 改革与创新能力（$v_4$） | | | 0.0261 | 0.0250 |
| 行政效率 | 5. 行政审批（$v_5$） | 0.1596 | 0.0686 | 0.0627 | 0.0600 |
| | 6. 办理人大建议政协提案（$v_6$） | 0.0798 | 0.0343 | 0.0313 | 0.0300 |
| | 7. 处理信访投诉（$v_7$） | 0.0798 | 0.0343 | 0.0313 | 0.0300 |
| | 8. 效能监察（$v_8$） | 0.0532 | 0.0229 | 0.0209 | 0.0200 |
| | 9. 电子政务（$v_9$） | | 0.0686 | 0.0627 | 0.0600 |

续表

| | | 评估路线图 | | | |
|---|---|---|---|---|---|
| | | 月度指标 | 月度指标 + 季度指标 | 月度指标 + 季度指标 + 半年度指标 | 月度指标 + 季度指标 + 半年度指标 + 年度指标 |
| 行政执行力 | 10. 督查督办（$v_{10}$） | 0.0372 | 0.0160 | 0.0147 | 0.0140 |
| | | | 11. 政风行风（$v_{11}$） 0.0160 | 0.0147 | 0.0140 |
| | 12. 政令检查（$v_{12}$） | 0.0372 | 0.0160 | 0.0147 | 0.0140 |
| | 13. 廉洁状况（$v_{13}$） | 0.1915 | 0.0823 | 0.0752 | 0.0720 |
| | 14. 重大事故问责（$v_{14}$） | 0.1144 | 0.0491 | 0.0449 | 0.0430 |
| | 15. 财经责任问责（$v_{15}$） | 0.1144 | 0.0491 | 0.0449 | 0.0430 |
| | 16. 行政执法（$v_{16}$） | 0.0664 | 0.0285 | 0.0261 | 0.0250 |
| | 17. 行政复议及诉讼（$v_{17}$） | 0.0665 | 0.0285 | 0.0261 | 0.0250 |
| 行政成本 | | | | 18. 部门预算支出（$v_{18}$） 0.0596 | 0.0570 |
| | | | | | 19. 财政绩效检查评价（$v_{19}$） 0.0140 |
| | | | | | 20. 财政、财务收支的真实合法和效益（$v_{20}$） 0.0290 |

表 7 - 29　绩效评估指标数据模拟

| 评估路线图 | | | |
|---|---|---|---|
| 月度指标 | 月度指标 + 季度指标 | 月度指标 + 季度指标 + 半年度指标 | 月度指标 + 季度指标 + 半年度指标 + 年度指标 |
| 行政业绩 | | 1. 履行职责（$v_1$） | | |
| | | 2. 完成年度重要工作（$v_2$） | | |
| | | 3. 政府重大投资项目（$v_3$） | | |
| | | | 4. 改革与创新能力（$v_4$） | |
| 行政效率 | 5. 行政审批（$v_5$）　$v_5 = 0.75$ | | | |
| | 6. 办理人大建议政协提案（$v_6$）　$v_6 = 0.85$ | | | |
| | 7. 处理信访投诉（$v_7$）　$v_7 = 0.90$ | | | |
| | 8. 效能监察（$v_8$）　$v_8 = 0.78$ | | | |
| | | 9. 电子政务（$v_9$） | | |

| | 评估路线图 | | | |
| --- | --- | --- | --- | --- |
| | 月度指标 | 月度指标＋季度指标 | 月度指标＋季度指标＋半年度指标 | 月度指标＋季度指标＋半年度指标＋年度指标 |
| 行政执行力 | 10. 督查督办（$v_{10}$） $v_{10}=0.78$ | | | |
| | | 11. 政风行风（$v_{11}$） | | |
| | 12. 政令检查（$v_{12}$） $v_{12}=0.80$ | | | |
| | 13. 廉洁状况（$v_{13}$） $v_{13}=0.75$ | | | |
| | 14. 重大事故问责（$v_{14}$） $v_{14}=0.70$ | | | |
| | 15. 财经责任问责（$v_{15}$） $v_{15}=0.85$ | | | |
| | 16. 行政执法（$v_{16}$） $v_{16}=0.85$ | | | |
| | 17. 行政复议及诉讼（$v_{17}$） $v_{17}=0.80$ | | | |
| 行政成本 | | | 18. 部门预算支出（$v_{18}$） | |
| | | | | 19. 财政绩效检查评价（$v_{19}$） |
| | | | | 20. 财政、财务收支的真实合法和效益（$v_{20}$） |

【实时评估公式】

$$K_{11} = V_{11} + P_{11} = \sum_{i=1}^{n} a_i v_i + 0.2\left(V_{11} - V_{10}\right)$$

因为：

$$V_{11} = \sum_{i=1}^{n} a_i v_i = 0.1596 \times v_5 + 0.0798 \times v_6 + 0.0798 \times v_7 + 0.0532 \times v_8 +$$

$$0.0372 \times v_{10} + 0.0372 \times v_{12} + 0.1915 \times v_{13} + 0.1144 \times v_{14} + 0.1144 \times$$

$$v_{15} + 0.0664 \times v_{16} + 0.0665 \times v_{17}$$

$$= 0.1596 \times 0.75 + 0.0798 \times 0.85 + 0.0798 \times 0.90 + 0.0532 \times 0.78 +$$

$$0.0372 \times 0.78 + 0.0372 \times 0.80 + 0.1915 \times 0.75 + 0.1144 \times 0.70 +$$

$$0.1144 \times 0.85 + 0.0664 \times 0.85 + 0.0665 \times 0.80$$

$$= 0.7902$$

又因为：

$V_{10} = 0.8481$（即 10 月份的基本分，见上文计算结果）

所以：

$$K_{11} = V_{11} + P_{11} = \sum_{i=1}^{n} a_i v_i + 0.2\left(V_{11} - V_{10}\right)$$

$$= 0.7902 + 0.2 \times \left(0.7902 - 0.8481\right)$$

$$= 0.7786$$

12 月份（年终）（月度＋第 4 季度＋下半年度＋年度指标评估），见表 7-30 和表 7-31。

表 7-30 绩效评估指标权重

| | | 评估路线图 | | | | |
|---|---|---|---|---|---|---|
| | | 月度指标 | 月度指标＋季度指标 | | 月度指标＋季度指标＋半年度指标 | 月度指标＋季度指标＋半年度指标＋年度指标 |
| 行政业绩 | | | 1. 履行职责（$v_1$） | 0.2903 | 0.2654 | 0.254 |
| | | | 2. 完成年度重要工作（$v_2$） | 0.1349 | 0.1233 | 0.1180 |
| | | | 3. 政府重大投资项目（$v_3$） | 0.0606 | 0.0554 | 0.0530 |
| | | | 4. 改革与创新能力（$v_4$） | 0.0261 | 0.0250 | |
| 行政效率 | 5. 行政审批（$v_5$） | 0.1596 | 0.0686 | | 0.0627 | 0.0600 |
| | 6. 办理人大建议政协提案（$v_6$） | 0.0798 | 0.0343 | | 0.0313 | 0.0300 |
| | 7. 处理信访投诉（$v_7$） | 0.0798 | 0.0343 | | 0.0313 | 0.0300 |
| | 8. 效能监察（$v_8$） | 0.0532 | 0.0229 | | 0.0209 | 0.0200 |
| | | | 9. 电子政务（$v_9$） | 0.0686 | 0.0627 | 0.0600 |

| | | 评估路线图 | | | | |
|---|---|---|---|---|---|---|
| | 月度指标 | | 月度指标 + 季度指标 | | 月度指标 + 季度指标 + 半年度指标 | 月度指标 + 季度指标 + 半年度指标 + 年度指标 |
| 行政执行力 | 10. 督查督办（$v_{10}$） | 0.0372 | 0.0160 | | 0.0147 | 0.0140 |
| | | | 11. 政风行风（$v_{11}$） | 0.0160 | 0.0147 | 0.0140 |
| | 12. 政令检查（$v_{12}$） | 0.0372 | 0.0160 | | 0.0147 | 0.0140 |
| | 13. 廉洁状况（$v_{13}$） | 0.1915 | 0.0823 | | 0.0752 | 0.0720 |
| | 14. 重大事故问责（$v_{14}$） | 0.1144 | 0.0491 | | 0.0449 | 0.0430 |
| | 15. 财经责任问责（$v_{15}$） | 0.1144 | 0.0491 | | 0.0449 | 0.0430 |
| | 16. 行政执法（$v_{16}$） | 0.0664 | 0.0285 | | 0.0261 | 0.0250 |
| | 17. 行政复议及诉讼（$v_{17}$） | 0.0665 | 0.0285 | | 0.0261 | 0.0250 |
| 行政成本 | | | | | 18. 部门预算支出（$v_{18}$） 0.0596 | 0.0570 |
| | | | | | | 19. 财政绩效检查评价（$v_{19}$） 0.0140 |
| | | | | | | 20. 财政、财务收支的真实合法和效益（$v_{20}$） 0.0290 |

**表 7 – 31 绩效评估指标数据模拟**

| 评估路线图 | | | | | |
|---|---|---|---|---|---|
| | 月度指标 | 月度指标 + 季度指标 | | 月度指标 + 季度指标 + 半年度指标 | 月度指标 + 季度指标 + 半年度指标 + 年度指标 |
| 行政业绩 | | 1. 履行职责（$v_1$） | $v_1 = 0.76$ | | |
| | | 2. 完成年度重要工作（$v_2$） | $v_2 = 0.78$ | | |
| | | 3. 政府重大投资项目（$v_3$） | $v_3 = 0.65$ | | |
| | | | | 4. 改革与创新能力（$v_4$） $v_4 = 0.9$ | |
| 行政效率 | 5. 行政审批（$v_5$） $v_5 = 0.65$ | | | | |
| | 6. 办理人大建议政协提案（$v_6$） $v_6 = 0.86$ | | | | |
| | 7. 处理信访投诉（$v_7$） $v_7 = 0.76$ | | | | |
| | 8. 效能监察（$v_8$） $v_8 = 0.68$ | | | | |
| | | 9. 电子政务（$v_9$） $v_9 = 0.90$ | | | |

| | 评估路线图 | | | |
|---|---|---|---|---|
| | 月度指标 | 月度指标 + 季度指标 | 月度指标 + 季度指标 + 半年度指标 | 月度指标 + 季度指标 + 半年度指标 + 年度指标 |
| | 10. 督查督办（$v_{10}$）$v_{10}$ = 0.90 | | | |
| | | 11. 政风行风（$v_{11}$）$v_{11}$ = 0.70 | | |
| | 12. 政令检查（$v_{12}$）$v_{12}$ = 0.70 | | | |
| | 13. 廉洁状况（$v_{13}$）$v_{13}$ = 0.75 | | | |
| 行政执行力 | 14. 重大事故问责（$v_{14}$）$v_{14}$ = 0.70 | | | |
| | 15. 财经责任问责（$v_{15}$）$v_{15}$ = 0.65 | | | |
| | 16. 行政执法（$v_{16}$）$v_{16}$ = 0.78 | | | |
| | 17. 行政复议及诉讼（$v_{17}$）$v_{17}$ = 0.80 | | | |
| | | | 18. 部门预算支出（$v_{18}$）$v_{18}$ = 0.85 | |
| 行政成本 | | | | 19. 财政绩效检查评价（$v_{19}$）$v_{19}$ = 0.9 |
| | | | | 20. 财政、财务收支的真实合法和效益（$v_{20}$）$v_{20}$ = 0.9 |

【实时评估公式】

$$K_{12} = V_{12} + P_{12} = \sum_{i=1}^{n} a_i v_i + 0.2 \ (V_{12} - V_{11})$$

因为：

$$V_{12} = \sum_{i=1}^{n} a_i v_i$$

$$= 0.254 \times v_1 + 0.1180 \times v_2 + 0.0530 \times v_3 + 0.0250 \times v_4 + 0.0600 \times v_5 +$$
$$0.0300 \times v_6 + 0.0300 \times v_7 + 0.0200 \times v_8 + 0.0600 \times v_9 + 0.0140 \times v_{10} +$$
$$0.0140 \times v_{11} + 0.0140 \times v_{12} + 0.0720 \times v_{13} + 0.0430 \times v_{14} + 0.0430 \times v_{15} +$$
$$0.0250 \times v_{16} + 0.0250 \times v_{17} + 0.0570 \times v_{18} + 0.0140 \times v_{19} + 0.0290 \times v_{20}$$

$$= 0.254 \times 0.76 + 0.1180 \times 0.78 + 0.0530 \times 0.65 + 0.0250 \times 0.90 +$$
$$0.0600 \times 0.65 + 0.0300 \times 0.86 + 0.0300 \times 0.76 + 0.0200 \times 0.68 +$$
$$0.0600 \times 0.90 + 0.0140 \times 0.90 + 0.0140 \times 0.70 + 0.0140 \times 0.70 +$$
$$0.0720 \times 0.75 + 0.0430 \times 0.70 + 0.0430 \times 0.65 + 0.0250 \times 0.78 +$$
$$0.0250 \times 0.80 + 0.0570 \times 0.85 + 0.0140 \times 0.90 + 0.0290 \times 0.90$$

$$= 0.7681$$

又因为：

$V_{11} = 0.7902$（即 11 月份的基本分，见上文计算结果）

所以：

$$K_{12} = V_{12} + P_{12} = \sum_{i=1}^{n} a_i v_i + 0.2 \ (V_{12} - V_{11})$$

$$= 0.7681 + 0.2 \times \ (0.7681 - 0.7902)$$

$$= 0.7637$$

2. 纠偏纠错模拟

纠偏纠错功能的目的在于及时发现问题，并提示相关单位及时采取有效措施对存在的问题进行整顿和改进，推动政府工作绩效持续提高。

（1）评估标准设置。在纠偏纠错功能模块中，绩效评估标准主要分为四个等级：若主干层指标 $v_i$ 位于（0.775，0.9）中，表示指标业绩优秀，继续努力；若主干层指标 $v_i$ 位于（0.65，0.775）中，表示指标业绩良好，有待改进；若主干层指标 $v_i$ 位于（0.525，0.65）中，表示指标业绩一般，急需改进；若主干层指标 $v_i$ 位于（0.4，0.525）中，表示指标业绩差，需要立即整顿，否则有可能导致行政问责。

（2）评估模拟。在这里，仅对某被评估单位 1 月份的月度绩效进行评估模拟，其他包括季度、半年度或者年度的评估形式可以依此原理类推。因为月度指标只有行政效率和行政执行力两个基本层指标项下的部分末梢层指标，所以只计算出这些末梢层指标的分值，如表7－32所示。

1月份（月度评估），见表7－32。

**表7－32　评估指标月度数据**

| 评估路线图 | | | |
|---|---|---|---|
| 月度指标 | 月度指标＋季度指标 | 月度指标＋季度指标＋半年度指标 | 月度指标＋季度指标＋半年度指标＋年度指标 |
| 行政业绩 | 1. 履行职责（$v_1$） | | |
| | 2. 完成年度重要工作（$v_2$） | | |
| | 3. 政府重大投资项目（$v_3$） | | |
| | | 4. 改革与创新能力（$v_4$） | |
| 行政效率 | 5. 行政审批（$v_5$）　$v_5 = 0.68$ | | |
| | 6. 办理人大建议政协提案（$v_6$）　$v_6 = 0.85$ | | |
| | 7. 处理信访投诉（$v_7$）　$v_7 = 0.85$ | | |
| | 8. 效能监察（$v_8$）　$v_8 = 0.78$ | | |
| | 9. 电子政务（$v_9$） | | |

| | | 评估路线图 | | |
|---|---|---|---|---|
| 月度指标 | | 月度指标 + 季度指标 | 月度指标 + 季度指标 + 半年度指标 | 月度指标 + 季度指标 + 半年度指标 + 年度指标 |
| 行政执行力 | 10. 督查督办（$v_{10}$） | $v_{10} =$ 0.78 | | | |
| | 11. 政风行风（$v_{11}$） | | | | |
| | 12. 政令检查（$v_{12}$） | $v_{12} =$ 0.78 | | | |
| | 13. 廉洁状况（$v_{13}$） | $v_{13} =$ 0.56 | | | |
| | 14. 重大事故问责（$v_{14}$） | $v_{14} =$ 0.68 | | | |
| | 15. 财经责任问责（$v_{15}$） | $v_{15} =$ 0.70 | | | |
| | 16. 行政执法（$v_{16}$） | $v_{16} =$ 0.75 | | | |
| | 17. 行政复议及诉讼（$v_{17}$） | $v_{17} =$ 0.67 | | | |
| 行政成本 | | | 18. 部门预算支出（$v_{18}$） | | |
| | | | 19. 财政绩效检查评价（$v_{19}$） | |
| | | | 20. 财政、财务收支的真实合法和效益（$v_{20}$） | |

由上表的结果可知，1月份该部门行政审批指标的绩效分值为0.68，表示当月的行政审批工作业绩良好，但还有待改进；办理人大建议政协提案的绩效分值为0.85，表示当月该部门在办理人大建议以及政协提案的工作业绩为优秀。其他指标的绩效分值和评估结论可依此原理类推，详细情况参见表7–33。

表7–33　其他指标

| | 标杆—雷达图 | 纠偏纠错 |
| --- | --- | --- |
| 行政效率 | | 行政审批（$v_5$）：指标业绩良好，有待改进；<br>办理人大建议政协提案（$v_6$）：指标业绩优秀，继续努力（$v_7$、$v_8$）类推 |
| 行政执行力 | | 督查督办（$v_{10}$）：指标业绩优秀，继续努力（$v_{12}$、$v_{13}$）等类推 |

3. 绩效指数模拟

（1）加法绩效指数。对于主干层指标 $v_i$ 而言，根据绩效评估模型的标准化方法，各评估指标值均在区间（0.4，0.9），因此，区间的最小值和最大值，即阈值分别为：

$v_{min} = 0.4$；$v_{max} = 0.9$

令指标标准化后的主干层指标值为 $v_i$，则指数化的 $v_i$ 为：

$$h_i = \frac{v_i - v_{min}}{v_{max} - v_{min}} = \frac{v_i - 0.4}{0.9 - 0.4} = 2 \ (v_i - 0.4)$$

此时，$h_i$ 可以为1。对主干层指标进行加法绩效指数合成，被评估单位在某一评估期的加法绩效指数为：

$$H_i = \alpha_1 \times h_1 + \alpha_2 \times h_2 + \cdots + \alpha_k \times h_k = \sum \alpha_i h_i$$

其中，$\alpha$ 为各个主干层次指标的相应权重，$k$ 为指标数量。

（2）绩效指数模拟。

1 月份（月度评估），见表 7-34 和表 7-35。

表 7-34 绩效评估指标权重

| | | 评估路线图 | | |
|---|---|---|---|---|
| | 月度指标 | 月度指标 + 季度指标 | 月度指标 + 季度指标 + 半年度指标 | 月度指标 + 季度指标 + 半年度指标 + 年度指标 |
| 行政业绩 | | 1. 履行职责（$v_1$） 0.2903 | 0.2654 | 0.254 |
| | | 2. 完成年度重要工作（$v_2$） 0.1349 | 0.1233 | 0.1180 |
| | | 3. 政府重大投资项目（$v_3$） 0.0606 | 0.0554 | 0.0530 |
| | | | 4. 改革与创新能力（$v_4$） 0.0261 | 0.0250 |
| 行政效率 | 5. 行政审批（$v_5$） 0.1596 | 0.0686 | 0.0627 | 0.0600 |
| | 6. 办理人大建议政协提案（$v_6$） 0.0798 | 0.0343 | 0.0313 | 0.0300 |
| | 7. 处理信访投诉（$v_7$） 0.0798 | 0.0343 | 0.0313 | 0.0300 |
| | 8. 效能监察（$v_8$） 0.0532 | 0.0229 | 0.0209 | 0.0200 |
| | | 9. 电子政务（$v_9$） 0.0686 | 0.0627 | 0.0600 |

| | | 评估路线图 | | | | | |
|---|---|---|---|---|---|---|---|
| | | 月度指标 | 月度指标＋季度指标 | | 月度指标＋季度指标＋半年度指标 | 月度指标＋季度指标＋半年度指标＋年度指标 | |
| 行政执行力 | 10. 督查督办（$v_{10}$） | 0.0372 | 0.0160 | | 0.0147 | 0.0140 | |
| | | | 11. 政风行风（$v_{11}$） | 0.0160 | 0.0147 | 0.0140 | |
| | 12. 政令检查（$v_{12}$） | 0.0372 | 0.0160 | | 0.0147 | 0.0140 | |
| | 13. 廉洁状况（$v_{13}$） | 0.1915 | 0.0823 | | 0.0752 | 0.0720 | |
| | 14. 重大事故问责（$v_{14}$） | 0.1144 | 0.0491 | | 0.0449 | 0.0430 | |
| | 15. 财经责任问责（$v_{15}$） | 0.1144 | 0.0491 | | 0.0449 | 0.0430 | |
| | 16. 行政执法（$v_{16}$） | 0.0664 | 0.0285 | | 0.0261 | 0.0250 | |
| | 17. 行政复议及诉讼（$v_{17}$） | 0.0665 | 0.0285 | | 0.0261 | 0.0250 | |
| 行政成本 | | | | | 18. 部门预算支出（$v_{18}$） | 0.0596 | 0.0570 |
| | | | | | | 19. 财政绩效检查评价（$v_{19}$） | 0.0140 |
| | | | | | | 20. 财政、财务收支的真实合法和效益（$v_{20}$） | 0.0290 |

**表7-35　绩效评估指标数据模拟**

| | 评估路线图 | | | |
|---|---|---|---|---|
| | 月度指标 | 月度指标 + 季度指标 | 月度指标 + 季度指标 + 半年度指标 | 月度指标 + 季度指标 + 半年度指标 + 年度指标 |
| 行政业绩 | | 1. 履行职责（$v_1$） | | |
| | | 2. 完成年度重要工作（$v_2$） | | |
| | | 3. 政府重大投资项目（$v_3$） | | |
| | | | 4. 改革与创新能力（$v_4$） | |
| 行政效率 | 5. 行政审批（$v_5$） | $v_5 = 0.68$ | | |
| | 6. 办理人大建议政协提案（$v_6$） | $v_6 = 0.85$ | | |
| | 7. 处理信访投诉（$v_7$） | $v_7 = 0.85$ | | |
| | 8. 效能监察（$v_8$） | $v_8 = 0.78$ | | |
| | | 9. 电子政务（$v_9$） | | |

| | 评估路线图 | | | |
|---|---|---|---|---|
| | 月度指标 | 月度指标+季度指标 | 月度指标+季度指标+半年度指标 | 月度指标+季度指标+半年度指标+年度指标 |
| 行政执行力 | 10. 督查督办（$v_{10}$）<br>$v_{10}$ = 0.90 | | | |
| | | 11. 政风行风（$v_{11}$） | | |
| | 12. 政令检查（$v_{12}$）<br>$v_{12}$ = 0.78 | | | |
| | 13. 廉洁状况（$v_{13}$）<br>$v_{13}$ = 0.56 | | | |
| | 14. 重大事故问责（$v_{14}$）<br>$v_{14}$ = 0.68 | | | |
| | 15. 财经责任问责（$v_{15}$）<br>$v_{15}$ = 0.70 | | | |
| | 16. 行政执法（$v_{16}$）<br>$v_{16}$ = 0.75 | | | |
| | 17. 行政复议及诉讼（$v_{17}$）<br>$v_{17}$ = 0.67 | | | |
| 行政成本 | | | 18. 部门预算支出（$v_{18}$） | |
| | | | 19. 财政绩效检查评价（$v_{19}$） | |
| | | | 20. 财政、财务收支的真实合法和效益（$v_{20}$） | |

【绩效指数计算公式】

$H_i = \sum \alpha_i h_i$

$= 0.1596 \times h_5 + 0.0798 \times h_6 + 0.0798 \times h_7 + 0.0532 \times h_8 + 0.0372 \times h_{10} + 0.0372 \times h_{12} + 0.1915 \times h_{13} + 0.1144 \times h_{14} + 0.1144 \times h_{15} + 0.0664 \times h_{16} + 0.0665 \times h_{17}$

根据公式，由于 $h_i = \dfrac{v_i - v_{min}}{v_{max} - v_{min}} = \dfrac{v_i - 0.4}{0.9 - 0.4} = 2（v_i - 0.4）$，所以：

$h_5 = 2（v_5 - 0.4）= 2（0.68 - 0.4）= 0.56$；

$h_6 = 2（v_6 - 0.4）= 2（0.85 - 0.4）= 0.9$；

$h_7 = 0.9$；$h_8 = 0.76$；$h_{10} = 1.0$；

$h_{12} = 0.76$；$h_{13} = 0.32$；$h_{14} = 0.56$；

$h_{15} = 0.6$；$h_{16} = 0.7$；$h_{17} = 0.54$

由此得：

$H_i = 0.1596 \times h_5 + 0.0798 \times h_6 + 0.0798 \times h_7 + 0.0532 \times h_8 + 0.0372 \times h_{10} + 0.0372 \times h_{12} + 0.1915 \times h_{13} + 0.1144 \times h_{14} + 0.1144 \times h_{15} + 0.0664 \times h_{16} + 0.0665 \times h_{17}$

$= 0.1596 \times 0.56 + 0.0798 \times 0.9 + 0.0798 \times 0.9 + 0.0532 \times 0.76 + 0.0372 \times 1.0 + 0.0372 \times 0.76 + 0.1915 \times 0.32 + 0.1144 \times 0.56 + 0.1144 \times 0.6 + 0.0664 \times 0.7 + 0.0665 \times 0.54$

$= 0.615 = 61.5\%$

4. 评估数据库及经验对比：实时评估的 $K_i$ 值的可视化

1月份，最优绩效值 $B_1 = 0.9$，当月的 $K_1 = 0.7076$，可以推导出当月的经验累积曲线，见图 7 - 1。

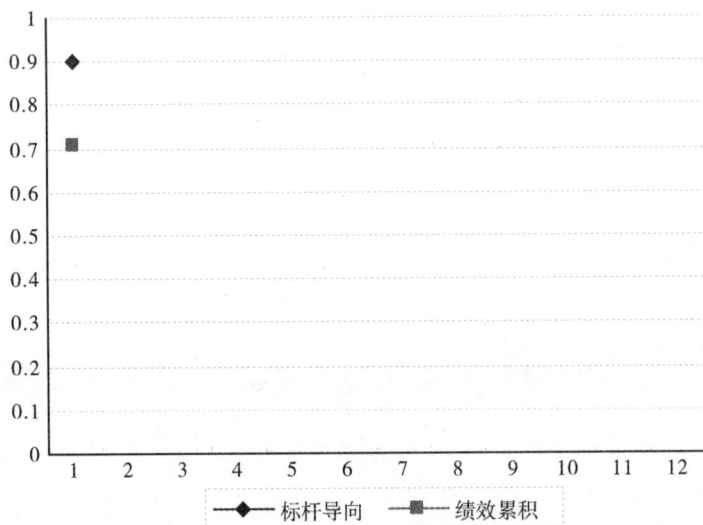

图7-1 评估期

2月份，最优绩效值累积 $B_2 = 0.9 + 0.9 \times B_1 = 0.9 + 0.9 \times 0.9 = 1.71$，当月的经验累积 $k_2 = K_2 + 0.9 \times K_1 = 0.7596 + 0.9 \times 0.7076 = 1.39644$，可以推导出经验累积曲线，见图7-2。

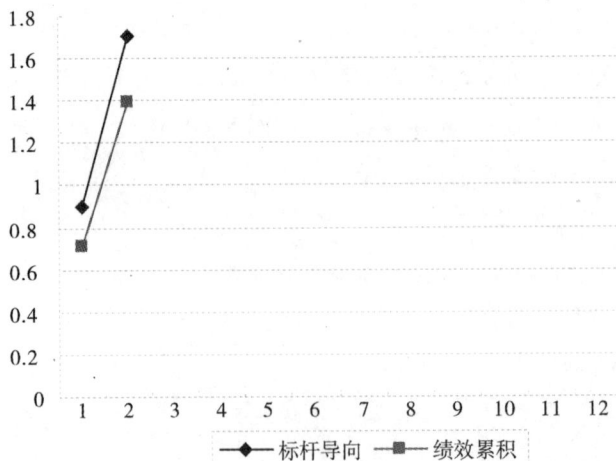

图7-2 评估期

3 月份，最优绩效值累积 $B_3 = 0.9 + 0.9 \times B_2 = 0.9 + 0.9 \times 1.71 = 2.439$，当月经验累积值 $k_3 = K_3 + 0.9 \times k_2 = 0.7528 + 0.9 \times 1.39644 = 2.009596$，可以推导出经验累积曲线，见图 7 – 3。

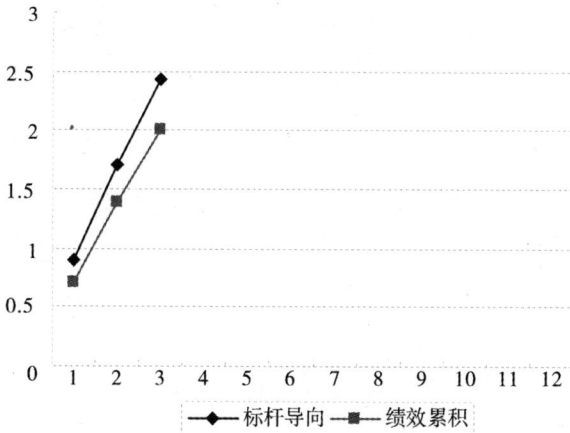

**图 7 – 3　评估期**

4 月份，最优绩效值累积 $B_4 = 0.9 + 0.9 \times B_3 = 0.9 + 0.9 \times 2.439 = 3.0951$，当月经验累积值 $k_4 = K_4 + 0.9 \times k_3 = 0.7505 + 0.9 \times 2.009596 = 2.559136$，可以推导出经验累积曲线，见图 7 – 4。

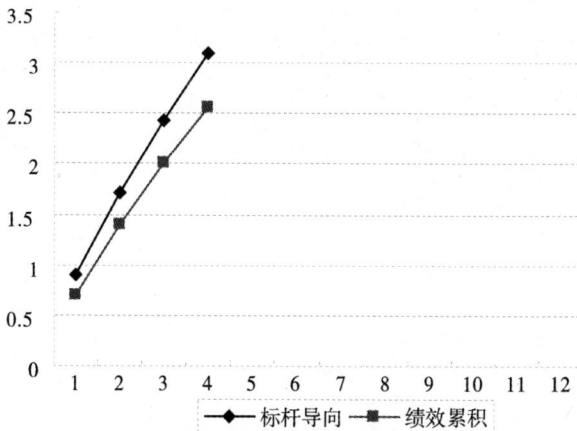

**图 7 – 4　评估期**

5 月份，最优绩效值累积 $B_5 = 0.9 + 0.9 \times B_4 = 0.9 + 0.9 \times 3.0951 =$ 3.68559，当月经验累积值 $k_5 = K_5 + 0.9 \times k_4 = 0.8026 + 0.9 \times 2.559136 =$ 3.105823，可以推导出经验累积曲线，见图 7 - 5。

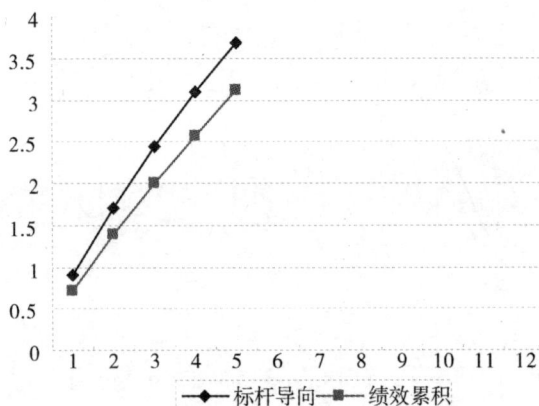

**图 7 - 5　评估期**

6 月份，最优绩效值累积 $B_6 = 0.9 + 0.9 \times B_5 = 0.9 + 0.9 \times 3.68559 =$ 4.217031，当月经验累积值 $k_6 = K_6 + 0.9 \times k_5 = 0.7558 + 0.9 \times 3.105823 =$ 3.55104，可以推导出经验累积曲线，见图 7 - 6。

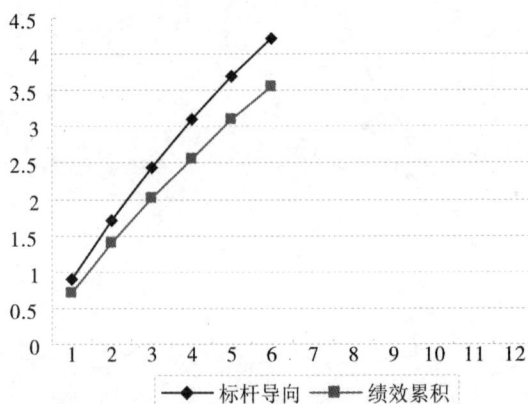

**图 7 - 6　评估期**

7 月份，最优绩效值累积 $B_7 = 0.9 + 0.9 \times B_6 = 0.9 + 0.9 \times 4.217031 = 4.695328$，当月经验累积值 $k_7 = K_7 + 0.9 \times k_6 = 0.776 + 0.9 \times 3.55104 = 3.971936$，可以推导出该月的经验累积曲线，见图 7 – 7。

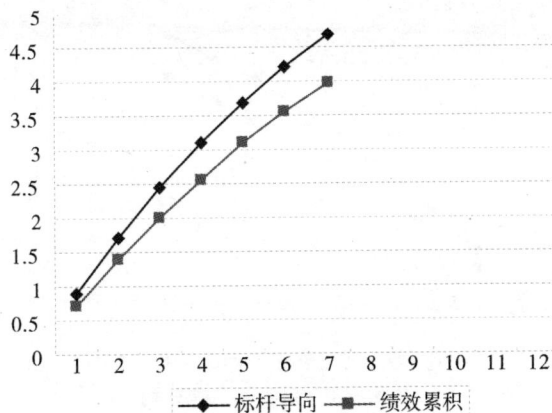

**图 7 – 7　评估期**

8 月份，最优绩效值累积 $B_8 = 0.9 + 0.9 \times B_7 = 0.9 + 0.9 \times 4.695328 = 5.125795$，当月经验累积值 $k_8 = K_8 + 0.9 \times k_7 = 0.7737 + 0.9 \times 3.971936 = 4.348443$，可以推导出该月的经验累积曲线，见图 7 – 8。

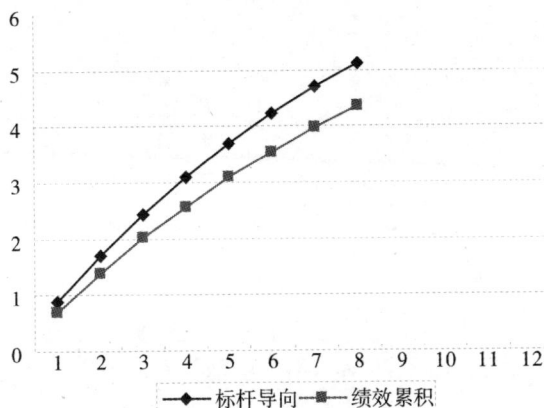

**图 7 – 8　评估期**

9 月份，最优绩效值累积 $B_9 = 0.9 + 0.9 \times B_8 = 0.9 + 0.9 \times 5.125795 = 5.513216$，当月经验累积值 $k_9 = K_9 + 0.9 \times k_8 = 0.848 + 0.9 \times 4.348443 = 4.761599$，可以推导出该月的经验累积曲线，见图 7 - 9。

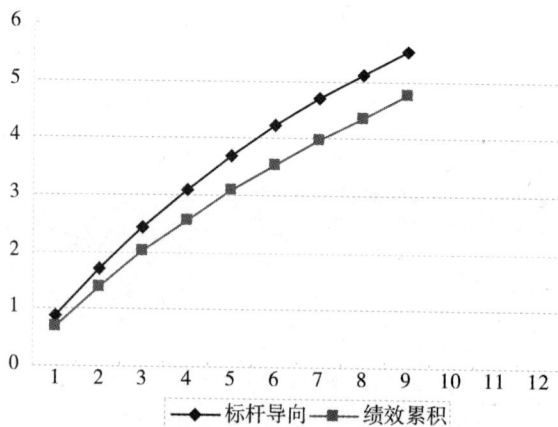

**图 7 - 9　评估期**

10 月份，最优绩效值累积 $B_{10} = 0.9 + 0.9 \times B_9 = 0.9 + 0.9 \times 5.513216 = 5.861894$，当月经验累积：$k_{10} = K_{10} + 0.9 \times k_9 = 0.8481 + 0.9 \times 4.761599 = 5.133539$，可以推导出该月的经验累积曲线，见图 7 - 10。

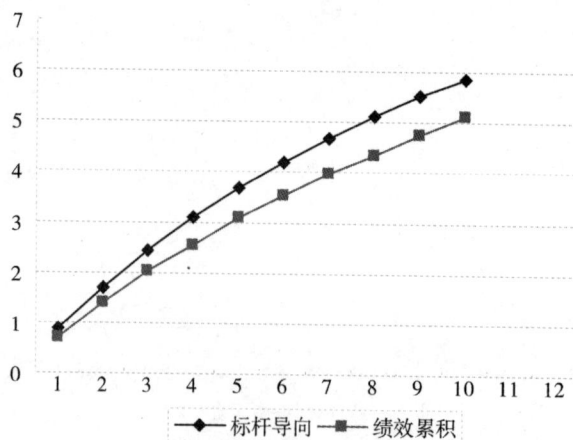

**图 7 - 10　评估期**

11 月份，最优绩效值累积 $B_{11} = 0.9 + 0.9 \times B_{10} = 0.9 + 0.9 \times 5.861894 = 6.175705$，当月经验累积值 $k_{11} = K_{11} + 0.9 \times k_{10} = 0.7786 + 0.9 \times 5.133539 = 5.398785$，可以推导出该月的经验累积曲线，见图 7－11。

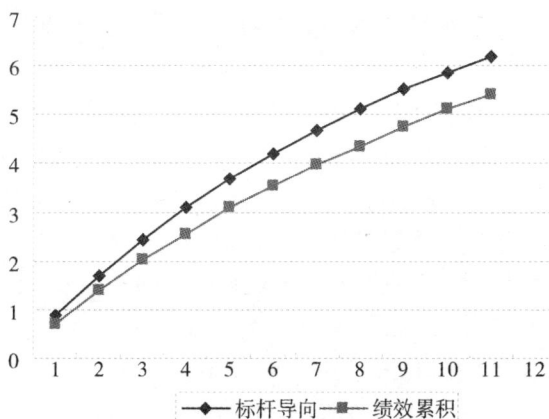

图 7－11　评估期

12 月份，最优绩效值累积 $B_{12} = 0.9 + 0.9 \times B_{11} = 0.9 + 0.9 \times 6.175705 = 6.458134$，当月经验累积值 $k_{12} = K_{12} + 0.9 \times k_{11} = 0.7681 + 0.9 \times 5.398785 = 5.627006$，可以推导出该月的经验累积曲线，见图 7－12。

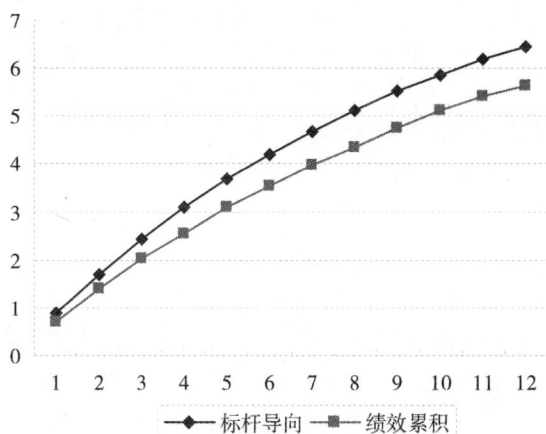

图 7－12　评估期

### 四、评估模型的机读形式

在这里，首先是要将上述原理性的模型转化成计算机语言，然后以事例性数字对模型进行直观性预演，试图对模型平台的"简单、实用"特征进行检验。

1. 累积经验曲线及"飞机"的升降

以各种图表直观显示模型评估结果，包括"飞机"的升降以及经验累积曲线的生成。其前提条件是：

（1）令绩效评估指标体系已经认定。

（2）令绩效评估指标体系赋权值已经取得，即指标权重已经获得：

月度：$\beta_{m1}$，$\beta_{m2}$，$\cdots$，$\beta_{mn}$；季度：$\beta_{q1}$，$\beta_{q2}$，$\cdots$，$\beta_{qn}$；

半年：$\beta_{h1}$，$\beta_{h2}$，$\cdots$，$\beta_{hn}$；年度：$\beta_{y1}$，$\beta_{y2}$，$\cdots$，$\beta_{yn}$；

且，$\sum \beta_{mi} + \sum \beta_{qi} + \sum \beta_{hi} + \sum \beta_{yi} = \sum \sum \beta = 1$

（3）令模型评估所用时间频度权重已经基于体系权重"归一化"，即：

月度：$a_{m1}$，$a_{m2}$，$\cdots$，$a_{mn}$

其中，$a_{mi} = \dfrac{\beta_{mi}}{(\beta_{m1} + \beta_{m2} + \cdots + \beta_{mn})} = \dfrac{\beta_{mi}}{\sum \beta_{mi}}$，$\sum a_{mi} = 1$

季度：$\beta_{q1}$，$\beta_{q2}$，$\cdots$，$\beta_{qn}$

其中，$a_{qi} = \dfrac{\beta_{qi}}{(\beta_{q1} + \beta_{q2} + \cdots + \beta_{qn})} = \dfrac{\beta_{qi}}{\sum \beta_{qi}}$，$\sum a_{qi} = 1$

半年：$\beta_{h1}$，$\beta_{h2}$，$\cdots$，$\beta_{hn}$

其中，$a_{hi} = \dfrac{\beta_{hi}}{(\beta_{h1} + \beta_{h2} + \cdots + \beta_{hn})} = \dfrac{\beta_{hi}}{\sum \beta_{hi}}$，$\sum a_{hi} = 1$

年度：$\beta_{y1}$，$\beta_{y2}$，$\cdots$，$\beta_{yn}$

其中，$a_{yi} = \dfrac{\beta_{yi}}{(\beta_{y1} + \beta_{y2} + \cdots + \beta_{yn})} = \dfrac{\beta_{yi}}{\sum \beta_{yi}}$，$\sum a_{yi} = 1$

在这样的条件下，假定××××年的绩效评估从1月开始（若从其他月份开始，令以前月份的绩效总分值 $Z_{mt} = 0$ 即可），"绩效标杆评估模型"的直观显示如下：

➪1 月份评估结果，见表 7 – 36。

**表 7 – 36　1 月份评估结果**

| 机读语言 | "飞机"和经验累积曲线 |
| --- | --- |
| 赋值：<br>$a_{m11}$，$a_{m12}$，$\cdots$，$a_{mn}$；<br>$v_{m11}$，$v_{m12}$，$\cdots$，$v_{mn}$；<br>$p_{m11}=0$；<br>结果：<br>$Z_{m1} = a_{m11}v_{m11} + \cdots + a_{mn}v_{mn}$ | 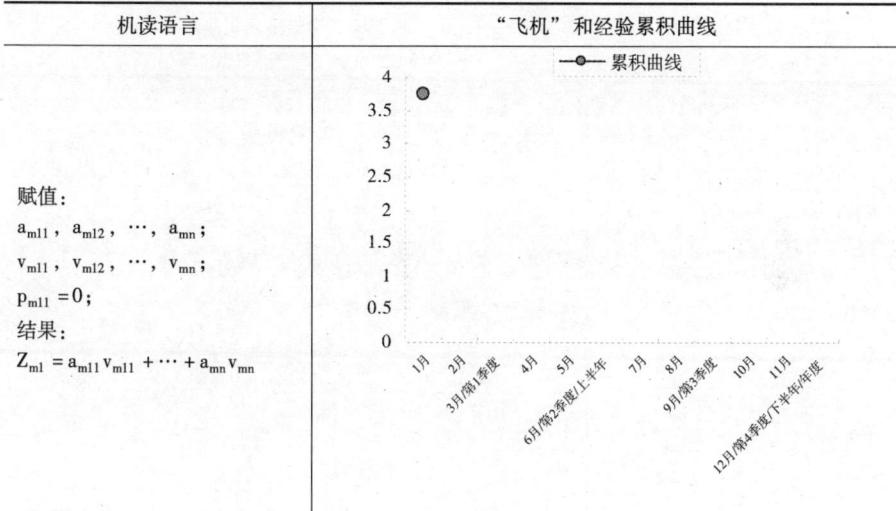 |

➪2 月份评估结果，见表 7 – 37。

**表 7 – 37　2 月份评估结果**

| 机读语言 | "飞机"和经验累积曲线 |
| --- | --- |
| 赋值：<br>$V_{m1}$；$V_{m2}$；$P_{m2}$；<br>结果：$Z_{m2} = V_{m2} + P_{m2}$ | 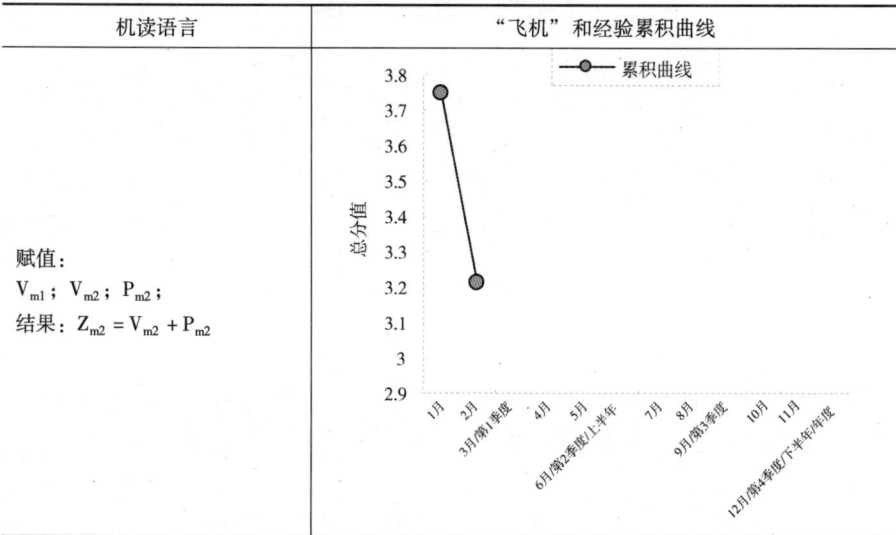 |

⇨3 月份和第一季度综合评估结果，见表 7 - 38。

表 7 - 38　3 月份和第一季度综合评估结果

| 机读语言 | "飞机"和经验累积曲线 |
|---|---|
| 赋值：<br>$V_{m2}$；$V_{m3}$；$P_{m3}$；$V_{q1}$；$P_{q1}$；<br>$Z_{m3}$；$Z_{q2}$；<br>结果：<br>$Z_{Q1} = \dfrac{1}{2} \times Z_{m3} + \dfrac{1}{2} \times Z_{q1}$ | 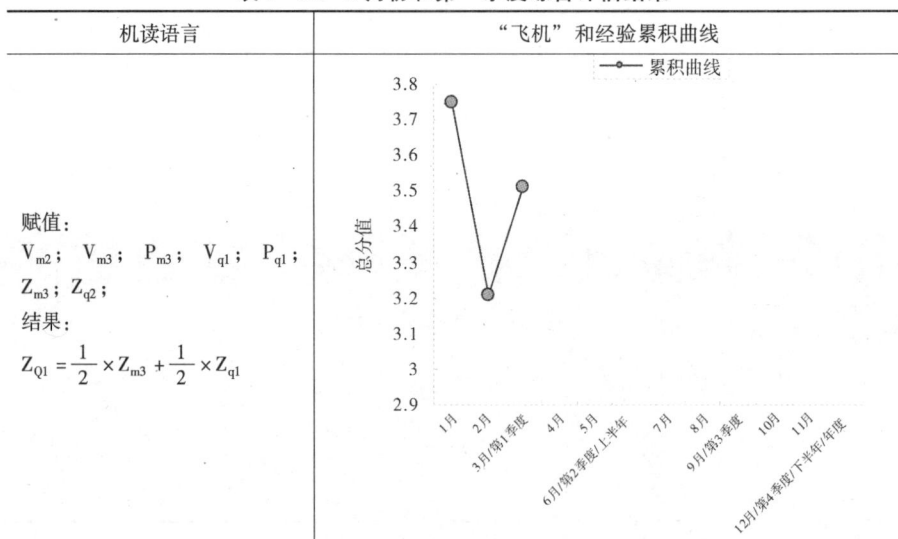 |

⇨4 月份评估结果，见表 7 - 39。

表 7 - 39　4 月份评估结果

| 机读语言 | "飞机"和经验累积曲线 |
|---|---|
| 赋值：<br>$V_{m3}$；$V_{m4}$；$P_{m4}$；<br>结果：$Z_{m4} = V_{m4} + P_{m4}$ | 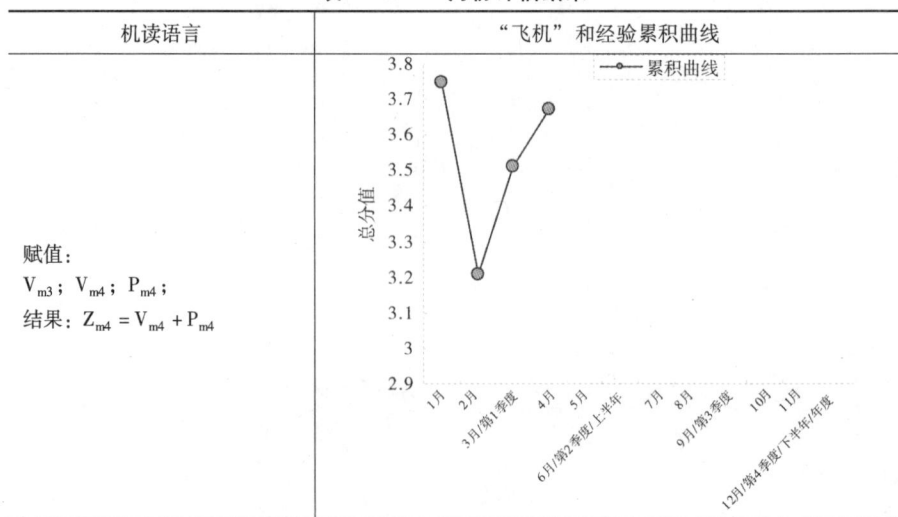 |

⇨5 月份评估结果，见表 7－40。

表 7－40 5 月份评估结果

| 机读语言 | "飞机"和经验累积曲线 |
| --- | --- |
| 赋值：<br>$V_{m4}$；$V_{m5}$；$P_{m5}$；<br>结果：$Z_{m5} = V_{m5} + P_{m5}$ | 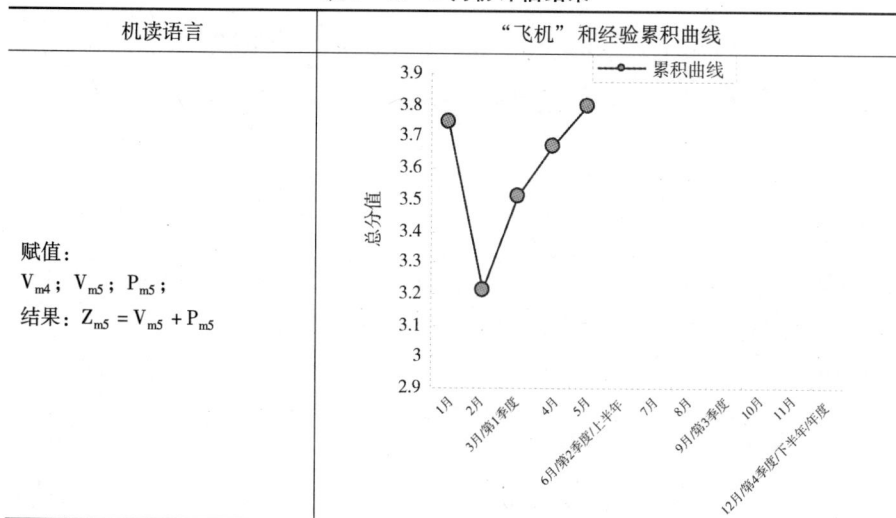 |

⇨6 月份评估结果，见表 7－41。

表 7－41 6 月份评估结果

| 机读语言 | "飞机"和经验累积曲线 |
| --- | --- |
| 赋值：<br>$V_{m5}$；$V_{m6}$；$P_{m6}$；$V_{q2}$；$P_{q2}$；<br>$Z_{q2}$；$Z_{h1}$；<br>结果：$Z_{H1} = \dfrac{1}{3} \times Z_{m6} + \dfrac{1}{3} \times Z_{q2} + \dfrac{1}{3} \times Z_{h1}$ | 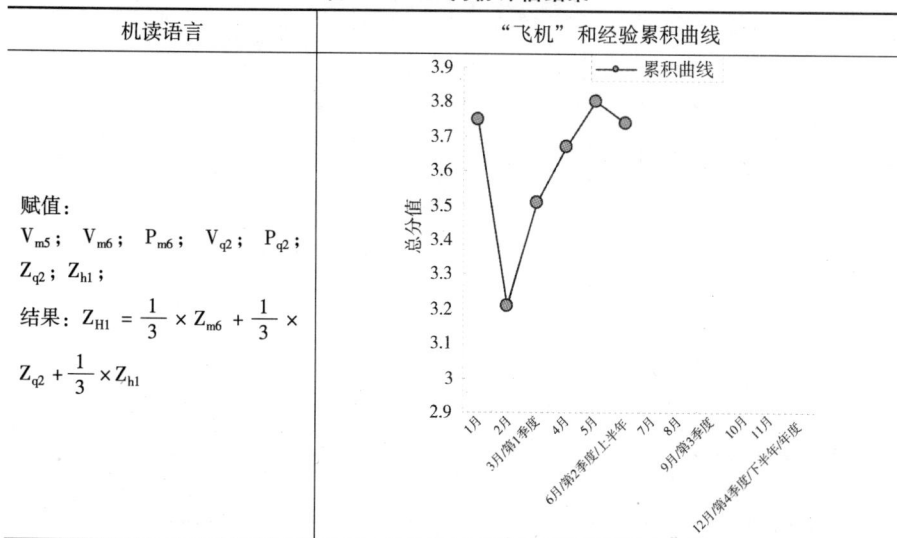 |

⇨7 月份评估结果，见表 7 - 42。

表 7 - 42　7 月份评估结果

| 机读语言 | "飞机"和经验累积曲线 |
|---|---|
| 赋值： $V_{m6}$ ; $V_{m7}$ ; $P_{m7}$ ; 结果： $Z_{m7} = V_{m7} + P_{m7}$ | 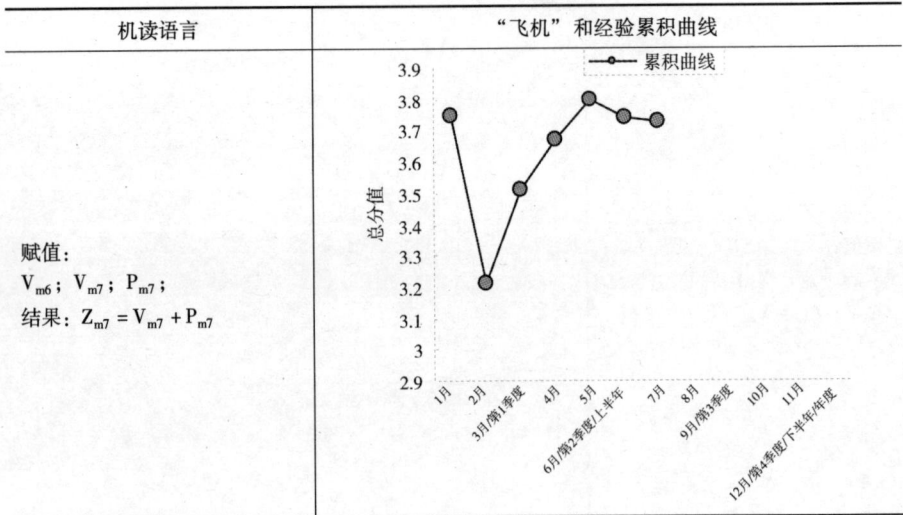 |

⇨8 月份评估结果，见表 7 - 43。

表 7 - 43　8 月份评估结果

| 机读语言 | "飞机"和经验累积曲线 |
|---|---|
| 赋值： $V_{m6}$ ; $V_{m7}$ ; $P_{m7}$ ; 结果： $Z_{m7} = V_{m7} + P_{m7}$ | 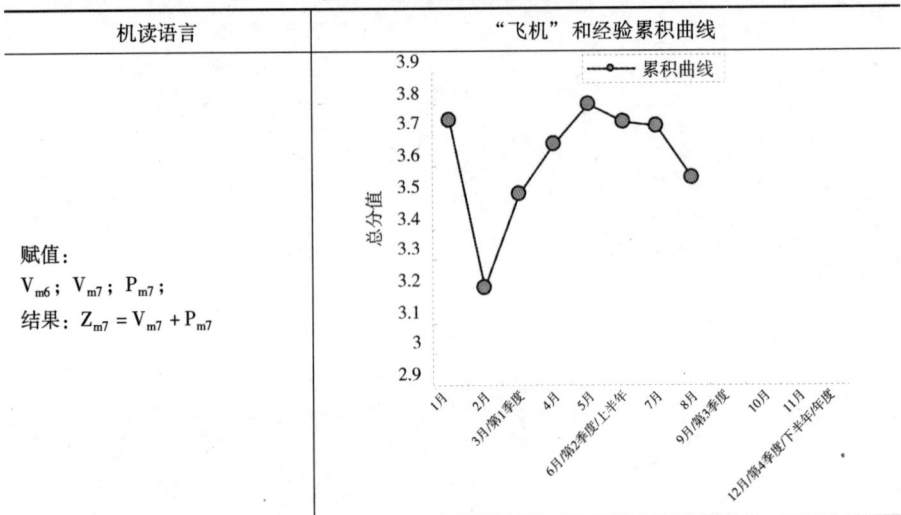 |

⇨9 月份和第三季度综合评估结果，见表 7 – 44。

表 7 – 44　9 月份和第三季度综合评估结果

| 机读语言 | "飞机"和经验累积曲线 |
| --- | --- |
| 赋值：<br>$V_{m8}$ ; $V_{m9}$ ; $P_{m9}$ ; $V_{q3}$ ; $P_{q3}$ ;<br>$Z_{m9}$ ; $Z_{q3}$ ;<br>结果：<br>$Z_{Q3} = \dfrac{1}{2} \times Z_{m9} + \dfrac{1}{2} \times Z_{q3}$ | 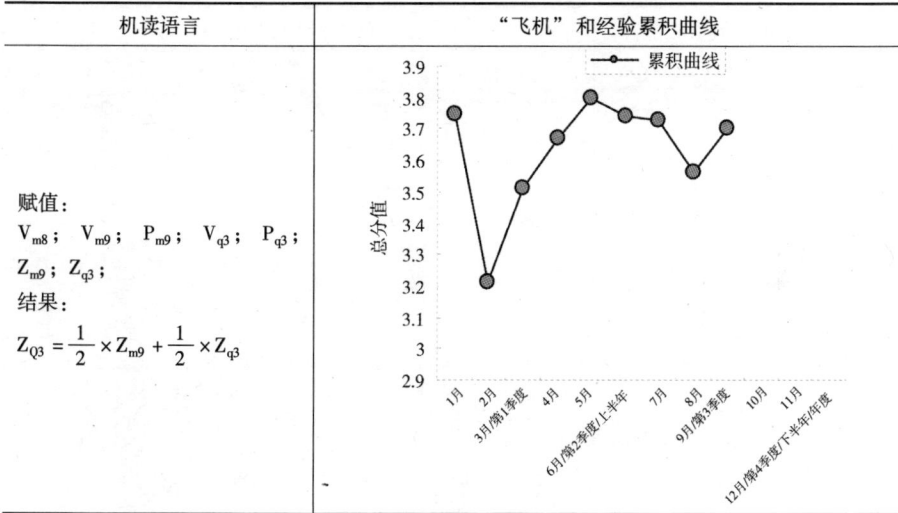 |

⇨10 月份评估结果，见表 7 – 45。

表 7 – 45　10 月份评估结果

| 机读语言 | "飞机"和经验累积曲线 |
| --- | --- |
| 赋值：<br>$V_{m10}$ ; $P_{m10}$ ;<br>结果：$Z_{m10} = V_{m10} + P_{m10}$ | 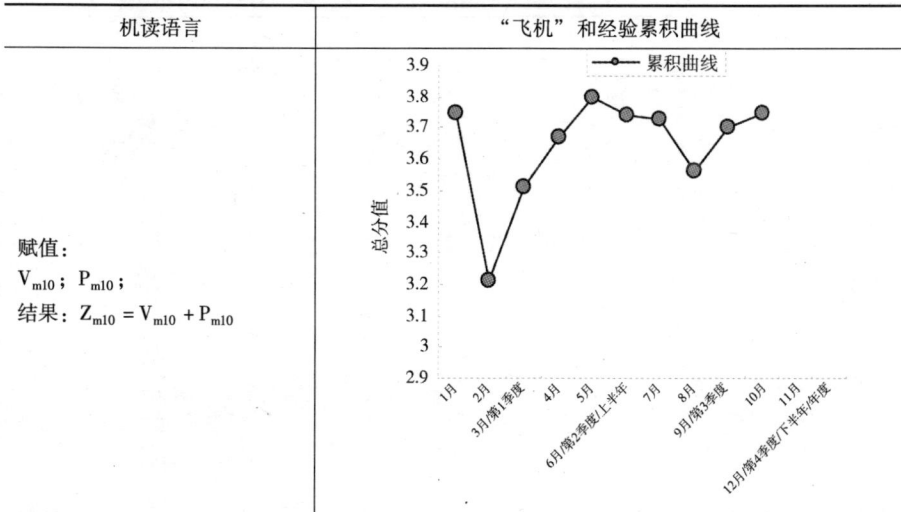 |

⇨11 月份评估结果，见表 7 – 46。

**表 7 – 46　11 月份评估结果**

| 机读语言 | "飞机"和经验累积曲线 |
|---|---|
| 赋值：<br>$V_{m11}$；$V_{m11}$；$P_{m11}$；<br>结果：$Z_{m11} = V_{m11} + P_{m11}$ | 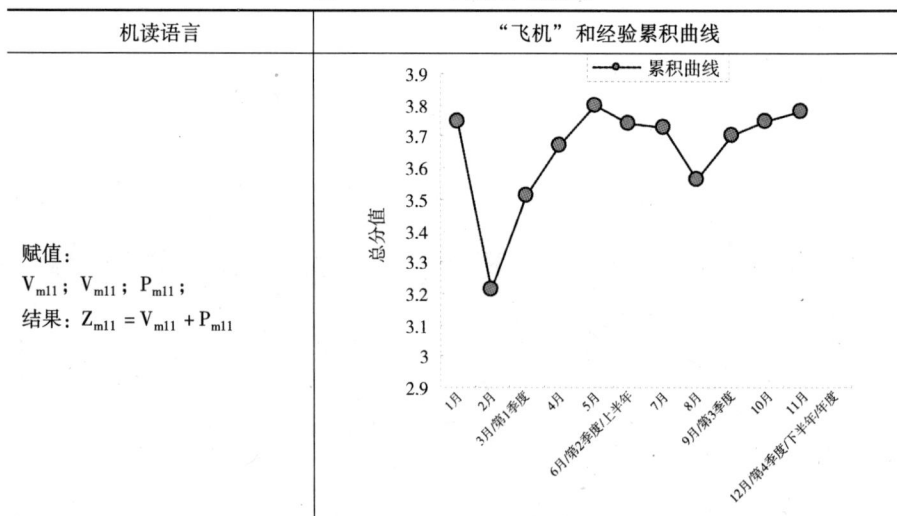 |

⇨12 月份、第四季度、下半年和年度综合评估结果，见表 7 – 47。

**表 7 – 47　12 月份、第四季度、下半年和年度综合评估结果**

| 机读语言 | "飞机"和经验累积曲线 |
|---|---|
| 赋值：<br>$V_{m11}$；$V_{m12}$；$P_{m12}$；$V_{q4}$；$Z_{m12}$；<br>$Z_{q4}$；$Z_{h2}$；$Z_{y1}$；<br>结果：<br>$Z_{H1} = \dfrac{1}{4} \times Z_{m12} + \dfrac{1}{4} \times Z_{q4} + \dfrac{1}{4}$<br>　　　$\times Z_{h2} + \dfrac{1}{4} \times Z_{y1}$ | 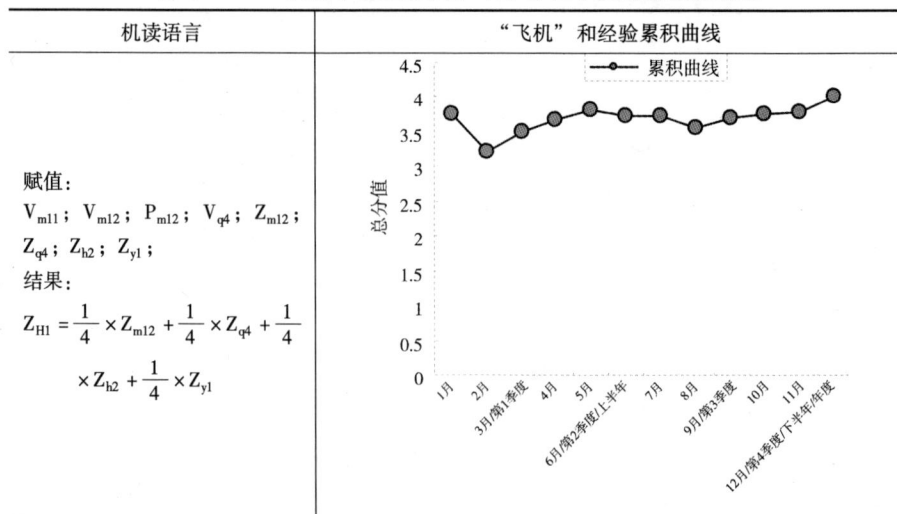 |

## 2. 计算机直接生成的趋势预估

绩效标杆评估模型平台提供了被评估单位总分值的计算和经验累积曲线的生成,同时提供了被评估单位基本分值和绩效改进现状的数值。根据绩效趋势预测模型原理,只要知道相邻两期的总分值,应用它们对已知基本分值和绩效改进现状的数值进行加权,就可以实现趋势平滑预测。

假定××××年的绩效评估从 1 月(或季度)开始(若从其他月份开始,令以前月份的绩效总分值 $Z_{mt} = 0$ 即可),且相邻月份(即 2 月)的绩效状况按照前述"绩效标杆评估模型"已经算出,则可以得到以下几个变量数据:

1 月的总分值 $Z_{m1}$、基本分值 $V_{m1}$ 和绩效改进状况 $P_{m1}$;

2 月的总分值 $Z_{m2}$、基本分值 $V_{m2}$ 和绩效改进状况 $P_{m2}$。

那么,趋势预测自动生成如下:

(1)"两期加权"绩效评估趋势预测模型:前推 1 个月度的预测。用 1 月和 2 月的总分值 $Z_{m1}$、$Z_{m2}$,基本分值 $V_{m1}$、$V_{m2}$ 自动生成 3 月份的基本分值 $\hat{V}_{m3}$ 预估,见表 7 – 48。

**表 7 – 48 "两期加权"绩效评估趋势预测模型**

| 机读语言 | 预估业绩完成可能性或绩效概率 |
| --- | --- |
| 赋值:<br>$Z_{m1}$; $Z_{m2}$; $V_{m1}$; $V_{m2}$;<br>结果:<br>$$\hat{V}_{m3} = \frac{z_{m1}}{z_{m1} + z_{m2}} \times V_{m1} + \frac{z_{m2}}{z_{m1} + z_{m2}} \times V_{m2}$$<br>赋值:$\hat{V}_{m3}$;<br>结果:$\lambda = \dfrac{\hat{V}_{m3}}{4}$ | $\lambda = \dfrac{\hat{V}_{m3}}{4}$ |

(2)"两期加权"绩效改进趋势预测模型:前推 1 个月度的预测。用 1 月和 2 月的总分值 $Z_{m1}$、$Z_{m2}$,基本分值 $P_{m1}$、$P_{m2}$ 自动生成 3 月份的绩效改进

状况 $\hat{P}_{m3}$ 预估，见表 7 - 49。

表 7 - 49    "两期加权"绩效改进趋势预测模型

| 机读语言 | 绩效改进状况 |
|---|---|
| 赋值：<br>$Z_{m1}$；$Z_{m2}$；$P_{m1}$；$P_{m2}$；<br>结果：<br><br>$$\hat{P}_{m3} = \frac{z_{m1}}{z_{m1} + z_{m2}} \times P_{m1} + \frac{z_{m2}}{z_{m1} + z_{m2}} \times P_{m2}$$ | $\hat{P}_{m3} > P_{m2}$；绩效具有改进趋势<br><br>$\hat{P}_{m3} \leqslant P_{m2}$；绩效不具有改进趋势 |

(3) 运用 2 月的总分值 $Z_{m1}$、$Z_{m2}$，基本分值 $P_{m1}$、$P_{m2}$，以及 3 月份的基本分值估计值 $\hat{P}_{m3}$、绩效改进状况估计值 $\hat{P}_{m3}$，自动生成 4 月份的基本分值 $\hat{V}_{m3}$ 预估，见表 7 - 50。

表 7 - 50    4 月份的基本分值 $\hat{V}_{m3}$ 预估

| 机读语言 | 预估业绩完成可能性或绩效概率 |
|---|---|
| 赋值：<br>$Z_{m2}$；$\hat{V}_{m3}$；$\hat{P}_{m3}$；<br>结果：<br>$\hat{Z}_{m3} = \hat{V}_{m3} + \hat{P}_{m3}$<br><br>$\hat{V}_{m4} = \frac{z_{m2}}{z_{m1} + \hat{z}_{m3}} \times V_{m2} + \frac{\hat{z}_{m3}}{z_{m1} + \hat{z}_{m3}} \times \hat{V}_{m3}$<br><br>赋值：<br>$\hat{V}_{m4}$<br><br>结果：$\lambda = \dfrac{\hat{V}_{m4}}{4}$ | $\lambda = \dfrac{\hat{V}_{m4}}{4}$ |

4 月份的绩效改进状况 $\hat{P}_{m3}$ 预估，见表 7 – 51。

**表 7 – 51　4 月份的绩效改进状况 $\hat{P}_{m3}$ 预估**

| 机读语言 | 预估业绩完成可能性或绩效概率 |
|---|---|
| 赋值：<br>$Z_{m2}$；$\hat{V}_{m3}$；$\hat{P}_{m3}$；<br>结果：<br>$\hat{Z}_{m3} = \hat{V}_{m3} + \hat{P}_{m3}$<br><br>$\hat{P}_{m4} = \dfrac{z_{m2}}{z_{m1} + \hat{z}_{m3}} \times P_{m2} + \dfrac{\hat{z}_{m3}}{z_{m1} + \hat{z}_{m3}} \times \hat{P}_{m3}$ | $\hat{P}_{m4} > P_{m3}$：绩效具有改进趋势<br>$\hat{P}_{m4} \leqslant P_{m3}$：绩效不具有改进趋势 |

（4）运用 3 月的总分值 $Z_{m1}$、$Z_{m2}$，基本分值 $P_{m1}$、$P_{m2}$，以及 4 月份的基本分值估计值 $\hat{P}_{m4}$、绩效改进状况估计值 $\hat{P}_{m4}$，可以自动生成 5 月份的基本分值估计值 $\hat{P}_{m5}$、绩效改进状况估计值 $\hat{P}_{m5}$。其他月份依次类推。

（5）季度指标绩效预估的方法与上述方法基本类同，在此不再赘述。

3. 计算机直接生成的纠偏建议

以现有的对职能局的绩效评估体系指标为例，按照报送频度分类的评估项指标构成包括：月度指标，11 项；季度指标，9 项；半年度指标，2 项；年度指标，2 项。

根据前文，如果对现有打分标准"优、良、中、差"分别赋予分值 4、3、2、1，则指标分值的最大值为 4。以 4 为基准，可以建立绩效改进自动生成比照区间。

令指标 $V_i$ 的基本分值为 $v_i$，则该指标与标杆值 4 的比率为 $\dfrac{v_i}{4}$，这个比率的绩效改进自动生成建议来源于以下比对区间：

$\dfrac{v_i}{4}$ 位于（0.9，1）中：指标业绩优秀，继续努力；

$\dfrac{v_i}{4}$ 位于（0.8，0.9）中：指标业绩良好，有待改进；

$\dfrac{v_i}{4}$位于（0.6，0.8）中：指标业绩一般，急需改进；

$\dfrac{v_i}{4}$位于（0，0.6）中：指标业绩差，整顿。

根据"绩效标杆评估模型"和"绩效趋势预测模型"，被评估单位每一个月度（季度、半年、年度）不仅有绩效评估结果，同时生成绩效趋势预估。实际上，具有纠错纠偏功能的"标杆—雷达图"也同时自动生成。

（1）月度指标的"标杆—雷达图"。令评估期×××年××月的月度指标值为基本分值 $v_i$，标杆值赋值 4，则该月度"标杆—雷达图"见图7–13。

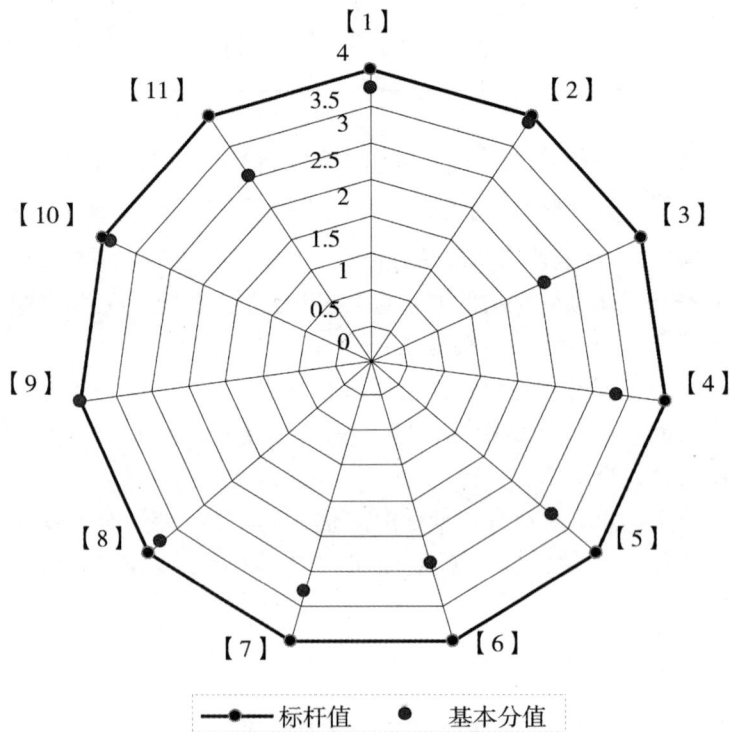

图7–13　标杆—雷达图

【月度指标】纠错纠偏和绩效改进建议，见表7-52。

表7-52　改进建议表

| 指标项 | 任务完成率（%） | 比对区间 | 绩效改进建议 |
|---|---|---|---|
| 【1】XXX | 93.8 | （90%，100%） | 业绩优秀，继续努力 |
| 【2】XX | 97.5 | （90%，100%） | 业绩优秀，继续努力 |
| 【3】XXXX | 64.0 | （60%，80%） | 业绩一般，急需改进 |
| 【4】XX | 83.0 | （80%，90%） | 业绩良好，有待改进 |
| 【5】XXXX | 80.3 | （80%，90%） | 业绩良好，有待改进 |
| 【6】XXX | 72.3 | （60%，80%） | 业绩一般，急需改进 |
| 【7】XX | 82.0 | （80%，90%） | 业绩良好，有待改进 |
| 【8】XXX | 94.5 | （90%，100%） | 业绩优秀，继续努力 |
| 【9】XXXX | 100.0 | （90%，100%） | 业绩优秀，继续努力 |
| 【10】XXXX | 97.3 | （90%，100%） | 业绩优秀，继续努力 |
| 【11】XX | 75.5 | （60%，80%） | 业绩一般，急需改进 |

注：由11项指标的"标杆值4"组成了一个外环，基本分值组成了一个内环，内环点向标杆—雷达图中心点0越靠近，说明距离标杆值4越远，因此业绩状况越差。

（2）季度指标的"标杆—雷达图"。令评估期××××年××季度指标值为基本分值 $v_i$，标杆值赋值4，则该季度指标的"标杆—雷达图"如图7-14所示。

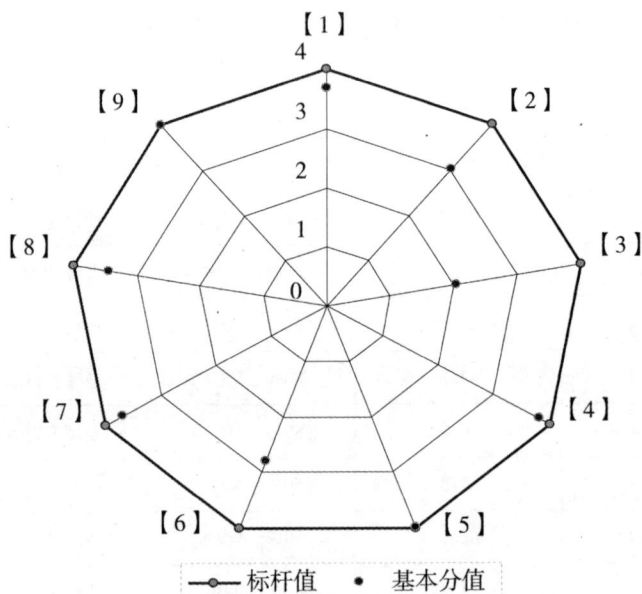

图7-14 标杆—雷达图

【季度指标】纠错纠偏和绩效改进建议，见表7-53。

表7-53 改进建议表

| 指标项 | 任务完成率（%） | 比对区间 | 绩效改进建议 |
|---|---|---|---|
| 【1】XXX | 92.3 | （90%，100%） | 业绩优秀，继续努力 |
| 【2】XX | 75.3 | （60%，80%） | 业绩一般，急需改进 |
| 【3】XXXX | 51.0 | （0，60%） | 业绩差，整顿 |
| 【4】XX | 94.8 | （90%，100%） | 业绩优秀，继续努力 |
| 【5】X | 99.8 | （90%，100%） | 业绩优秀，继续努力 |
| 【6】XXX | 69.5 | （60%，80%） | 业绩一般，急需改进 |
| 【7】XX | 92.0 | （90%，100%） | 业绩优秀，继续努力 |
| 【8】XXX | 86.5 | （80%，90%） | 业绩良好，有待改进 |
| 【9】XXXX | 100.0 | （90%，100%） | 业绩优秀，继续努力 |

注：由11项指标的"标杆值4"组成了一个外环，基本分值组成了一个内环，内环点向标杆—雷达图中心点0越靠近，说明距离标杆值4越远，因此业绩状况越差。

（3）半年及年度指标的"标杆—雷达图"。采用同样的方法，可以得出半年与年度指标的"标杆—雷达图"及其绩效改进建议。

4. 模型的特点

从以上分析可知，"绩效杠杆评估模型"和"绩效趋势预测模型"平台在应用于政府绩效评估时具有简单、实用的特点。其主要表现在以下几个方面：

（1）过程自动化的绩效评估。由于各项评估指标的权重已经确定，政府绩效评估及绩效预测均可通过计算机进行，提高了评估全过程的自动化水平。

（2）计算机程序赋值的简单性。由于模型可计算，各项变量也经过提炼，技术员只需要对少数变量进行编程。

（3）评估结果的直观性。无论是绩效评估结果，还是绩效预测和改进建议的生成，均可用图表形式或简单文字描述自动生成。

## 五、模型的稳定性检验

绩效评估应着重于促进政府绩效潜力的持续挖掘，而不是绩效评估本身。这在绩效评估实际工作中具体表现为：①注重过程的评估，即动态评估；②具有预期预估功能；③及时纠偏纠错；④最终推动绩效的持续改进。而模型的运用也应体现如下一些原则要求：①简单，即具有清晰的评估技术路线；②科学，即具备科学的数据计算逻辑；③实用，即能够有效提炼和运用现有数据。在这里，我们仅以经验累积曲线和标杆雷达图为例进行演示，目的是验证模型系统的稳定性。至于其他方面的运用，原理也与此类似。

假设单位 j（如"工商局"或"龙岗区"）的基本层指标 V（如"行政业绩"或"市场监管"）下共有 i 个主干层指标。在原始数据 $x_{ij}$（代表 j 单位的 i 指标的数值）随时间陆续上报后，按下列步骤进行操作，逐步完成整个评估过程。

首先对原始数据进行标准化。根据建模需要且不失一般性，将所有指标的数值（即被评估单位在该项目上的"得分"）都纳入区间 [0.4, 0.9]。也就是说，经过标准化以后，所有被评估单位在所有指标上的"得分"最低不会低于 0.4，最高不会超过 0.9。具体而言，标准化过程分定性和定量两类指标实施：

（1）定性指标。定性指标划分为优、良、中、差四个等级，将区间 $[0.4, 0.9]$ 等分，则相应的赋值为优（0.9）、良（0.733）、中（0.567）、差（0.4），假设标准化后的指标值为 $v_{ij}$，显然有 $0.4 \leq v_{ij} \leq 0.9$。

（2）定量指标。假设在所有被评估单位中 $x_{ij}$ 的最大值为 $\max\limits_{j}\{x_{ij}\}$，最小值为 $\min\limits_{j}\{x_{ij}\}$。假设 $x_{ij}$ 的理论下限和理论上限分别为 a 和 b，且 a、b 由下面两式确定：

$$a = \min\limits_{j}\{x_{ij}\} - 0.8 \times [\max\limits_{j}\{x_{ij}\} - \min\limits_{j}\{x_{ij}\}]$$
$$b = \max\limits_{j}\{x_{ij}\} + 0.2 \times [\max\limits_{j}\{x_{ij}\} - \min\limits_{j}\{x_{ij}\}]$$

显然，$b - a = 2 \times [\max\limits_{j}\{x_{ij}\} - \min\limits_{j}\{x_{ij}\}]$，各变量在数轴上的关系如下：

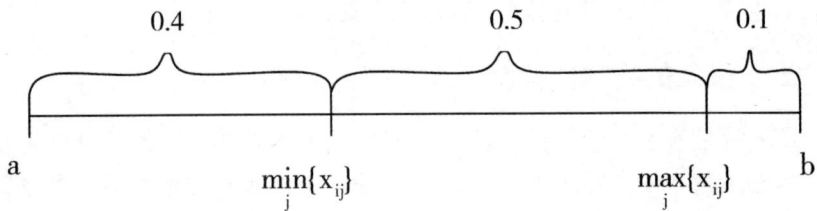

那么，$x_{ij}$ 通过下式标准化为 $v_{ij}$：

$$v_{ij} = \frac{(x_{ij} - a)}{(b - a)}。$$

显然，当 $x_{ij} = \min\limits_{j}\{x_{ij}\}$ 时，$v_{ij} = 0.4$；当 $x_{ij} = \max\limits_{j}\{x_{ij}\}$ 时，$v_{ij} = 0.9$，则有 $0.4 \leq v_{ij} \leq 0.9$。为避免由于各被评估单位原始数据相差很小而造成评估结果的巨大差距，原始数据要根据实际情况进行取整操作。

接下来，要对经验累积曲线进行设定和计算。经过标准化，得到 j 单位 i 指标的标准化数值 $v_{ij}$，且对所有 $v_{ij}$，有 $0.4 \leq v_{ij} \leq 0.9$。为了在推导和计算经验累积曲线的过程中显得更加方便和清晰，我们增加了时间下标 t，但有时候会省略代表被评估单位的下标 j，如 $v_{it}$ 表示在 t 期某单位的 i 指标的标准化数值。

（1）指标加权。假设各指标的相应权重为 $a_i$，则该基本层在 t 期的"总得分"为 $V_t = \sum_i a_i v_{it}$。

（2）"奖惩分"。假设 P 为"奖惩分"，α 为校正参数，则该基本层在 t 期的"奖惩分"为 $P_t = \alpha (V_t - V_{t-1})$。"奖惩分"有两层含义：一是对绩效改进的被评估单位给予一定的奖励，而对绩效恶化的被评估单位给予一定的惩罚；二是放大经验累积曲线对标杆导引线的趋近和偏离，使得评估者能够更直观地观察被评估单位的绩效变化。校正参数 α 的取值将在后面讨论。

（3）标杆导引线。由 $0.4 \leqslant v_{it} \leqslant 0.9$ 可知 $0.4 \leqslant V_t \leqslant 0.9$，即"总得分"的最小值为 0.4，最大值为 0.9，将 0.9 立为标杆。如果在 t 期被评估单位 j 在该基本层上的"总得分" $V_{jt} = 0.9$，那么在 t 期该单位在该基本层下的所有主干层的"得分"也一定都是 0.9，即有 $\forall i, v_{ij} = 0.9$。也就是说，在 t 期该单位在该项评估的所有子项中都是第一，即 $\forall i, x_{ij} = \max_j \{x_{ij}\}$。因此，一个基本层的标杆就是在该基本层对应的所有主干层的评估中都位居第一的单位，标杆导引线就以各期标杆单位的经验累积为主，再加入一个适应"奖惩分"机制的校正参数构成。假设每期标杆单位的经验累积值为 $N_t$，则：

$$N_t = \sum_{n=1}^{t} 0.9\beta^{n-1}, \quad 0 < \beta < 1$$

显然 $N_1 = 0.9$，$N_2 = 0.9 + 0.9\beta$，$N_3 = 0.9 + 0.9\beta + 0.9\beta^2$，……，可见，经验累积值是当期"得分"和前期"得分"的加权和，离当期越远的时期权数越小，表明从评估者当下的视角来看，离现期越远的绩效越不重要。β 可以称作经验累积因子，其取值在 0 和 1 之间，评估者可以根据实际情况设定，建议取值为 0.8~0.9（这样，1 月份的"得分"对 12 月份经验累积值的权数在 0.08~0.31）。由于动态奖惩机制的存在，实际经验累积值有可能会超出静态标杆，因此需要引入一个校正参数 γ。假设 M 为目标导引值，则整个标杆导引线由下式确定：

$$M_t = \gamma + N_t = \gamma + \sum_{n=1}^{t} 0.9\beta^{n-1}$$

因为 $V_t - V_{t-1}$ 的最大值为 0.5，所以"奖惩分"P 的最大值为 0.5α。为了适应奖惩机制，必须有 $0.5\alpha \leqslant \gamma$。为了使 $M_1 = 1$，取 $\gamma = 0.1$；为了使奖惩机制的效应最大，α 取最大值 $\alpha = 0.2$。

（4）经验累积曲线。根据前面的定义，经验累积曲线可以由下式确定

（其中 Z 为经验累积值）：

$$Z_t = \sum_{n=1}^{t} V_t \beta^{t-1}$$

为了使评估者能够更直观地观察被评估单位的当期绩效变化，对上式进行调整后形成当期经验累积曲线（可以称上式为历史经验累积曲线），由下式确定（其中 $\hat{Z}$ 为当期经验累积值）：

$$\hat{Z}_t = V_t + \beta N_{t-1} + P_t$$

$\hat{Z}$ 由三项构成，即本期"得分"、上期标杆经验累积值和经验累积因子的乘积以及当期"奖惩分"。

然后，可以绘制经验累积曲线图。经过上述步骤，可以根据以上公式分别绘制出标杆导引线、历史经验累积曲线和当期经验累积曲线，即：

（1）标杆导引线：$M_t = 0.1 + \sum_{n=1}^{t} 0.9 \beta^{n-1}$。

（2）历史经验累积曲线：$Z_t = \sum_{n=1}^{t} V_t \beta^{t-1}$。

（3）当期经验累积曲线：$\hat{Z}_t = 1.2 V_t + \beta N_{t-1} - 0.2 V_{t-1}$，$\hat{Z}_1 = Z_1 = V_1$。

下面是根据八组 $V_t$ 值进行的数据模拟，前三组和后两组是极端数据，剩下的中间三组是用随机数发生器产生的随机数据，见表 7 - 54。经验累积因子 $\beta$ 取 0.9。

表 7 - 54　模拟数据列表（$V_t$）

| 月　份 | 1 | 2 | 3 | 4 | 5 | 6 | 7 | 8 | 9 | 10 | 11 | 12 |
|---|---|---|---|---|---|---|---|---|---|---|---|---|
| 模拟一 | 0.4 | 0.9 | 0.4 | 0.9 | 0.4 | 0.9 | 0.4 | 0.9 | 0.4 | 0.9 | 0.4 | 0.9 |
| 模拟二 | 0.7 | 0.7 | 0.7 | 0.7 | 0.7 | 0.7 | 0.7 | 0.7 | 0.7 | 0.7 | 0.7 | 0.7 |
| 模拟三 | 0.9 | 0.9 | 0.9 | 0.9 | 0.9 | 0.9 | 0.9 | 0.9 | 0.9 | 0.9 | 0.9 | 0.9 |
| 模拟四 | 0.43 | 0.43 | 0.76 | 0.68 | 0.76 | 0.66 | 0.5 | 0.82 | 0.59 | 0.54 | 0.88 | 0.53 |
| 模拟五 | 0.5 | 0.76 | 0.55 | 0.66 | 0.62 | 0.51 | 0.68 | 0.72 | 0.56 | 0.69 | 0.68 | 0.54 |
| 模拟六 | 0.64 | 0.59 | 0.45 | 0.41 | 0.68 | 0.72 | 0.73 | 0.58 | 0.45 | 0.74 | 0.42 | 0.75 |
| 模拟七 | 0.4 | 0.45 | 0.5 | 0.55 | 0.6 | 0.65 | 0.7 | 0.75 | 0.8 | 0.85 | 0.88 | 0.9 |
| 模拟八 | 0.9 | 0.88 | 0.85 | 0.8 | 0.75 | 0.7 | 0.65 | 0.6 | 0.55 | 0.5 | 0.45 | 0.4 |

模拟结果的图示如图 7-15 至图 7-22 所示。

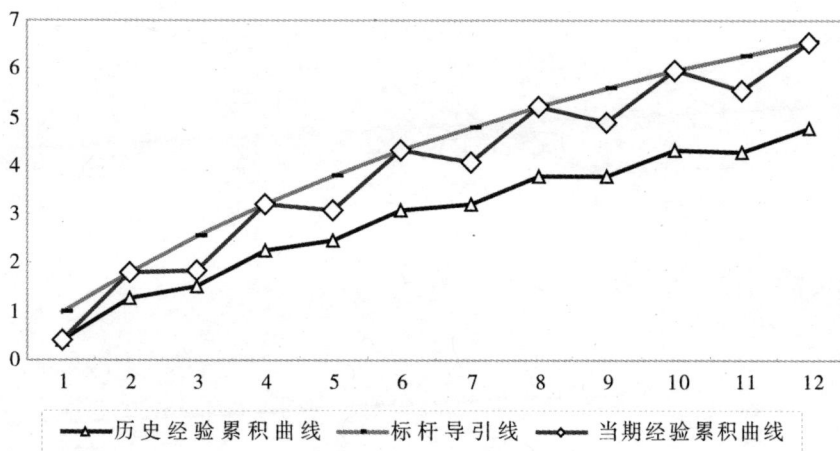

**图 7-15　数据模拟一**

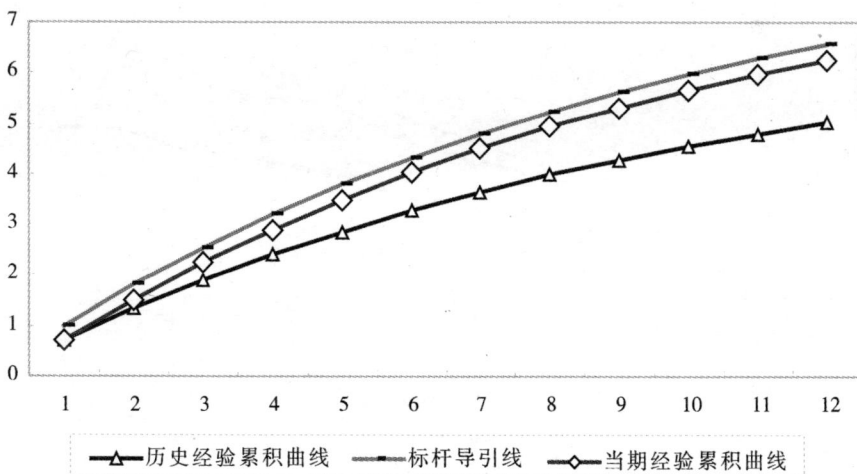

**图 7-16　数据模拟二**

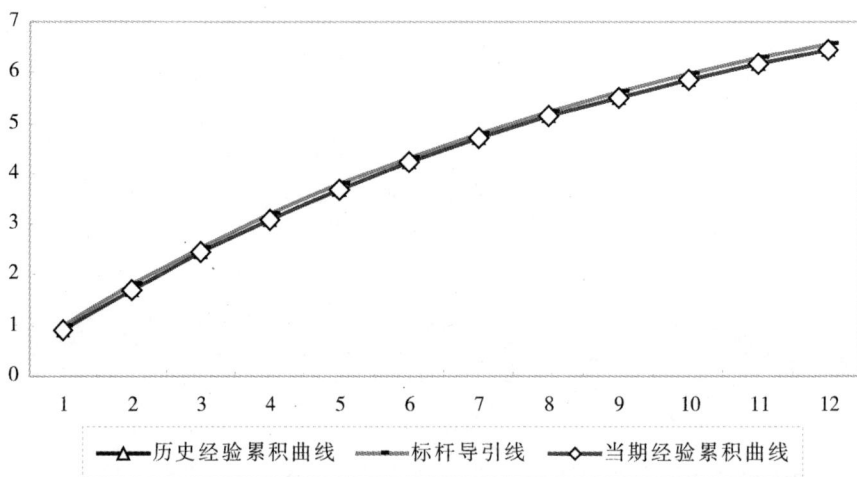

图 7 - 17 数据模拟三

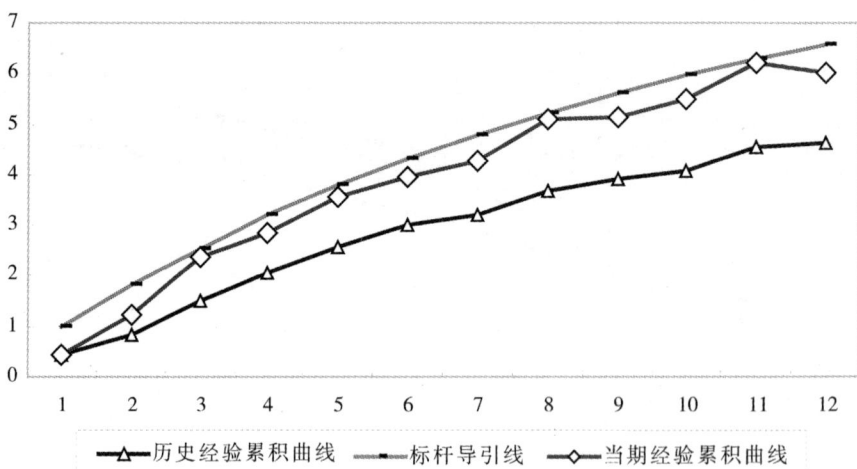

图 7 - 18 数据模拟四

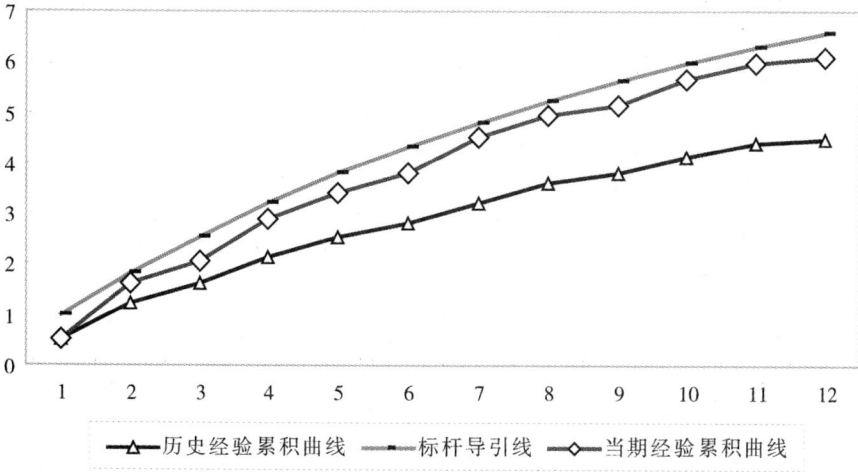

图 7-19 数据模拟五

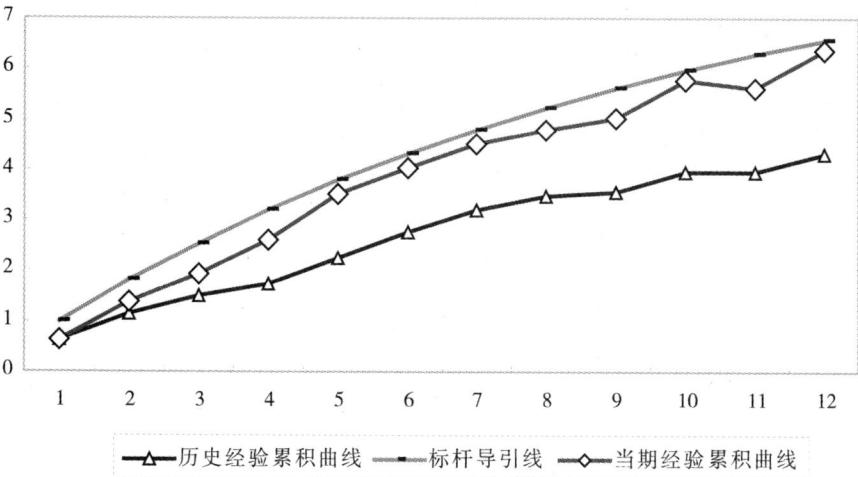

图 7-20 数据模拟六

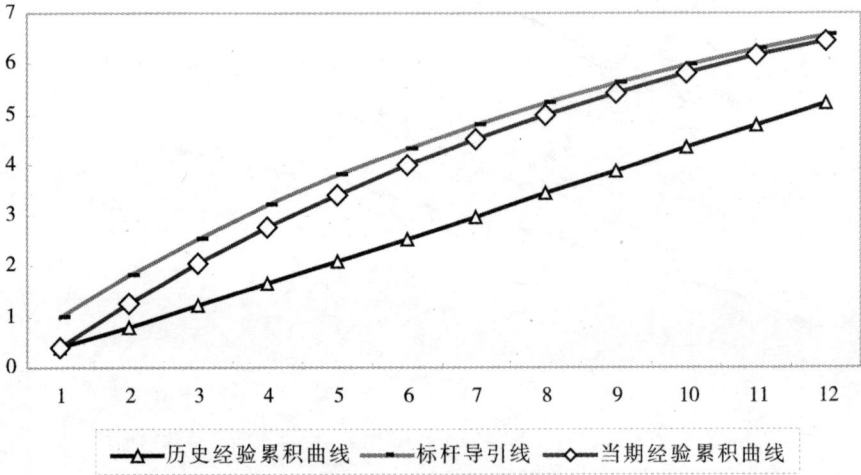

图7-21　数据模拟七

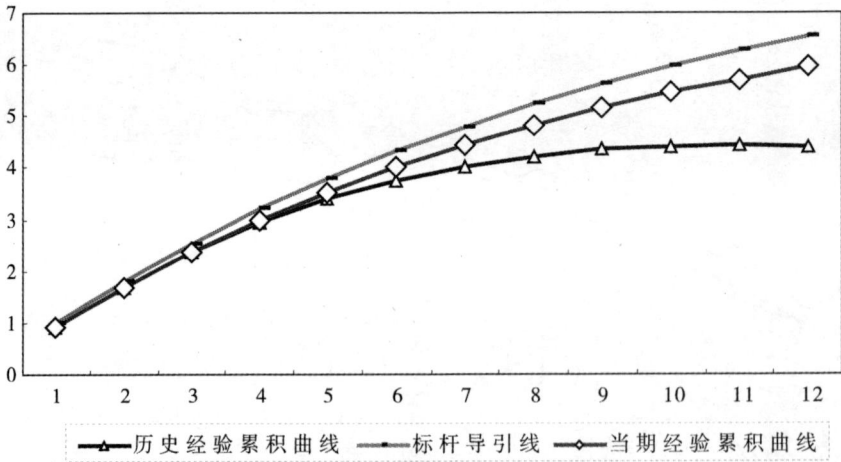

图7-22　数据模拟八

最后，绘制标杆—雷达图，见图7-23。标杆—雷达图的绘制可以直接采用经过标准化以后的数据 $v_{ij}$。下面列举了九个单位在 $v_{ij}$ 上的"得分"（ $i=8$ ），并且绘制了相应的标杆—雷达图。演示数据的前四列是利用随机数据发生器产生的随机数据，后五列是极端数据，见表7-55。

表7-55  演示数据列表

| 单位 | 1 | 2 | 3 | 4 | 5 | 6 | 7 | 8 | 9 |
|------|-----|-----|-----|-----|-----|-----|-----|-----|-----|
| V1 | 0.656 | 0.737 | 0.477 | 0.445 | 0.9 | 0.65 | 0.4 | 0.4 | 0.9 |
| V2 | 0.554 | 0.836 | 0.693 | 0.864 | 0.9 | 0.65 | 0.4 | 0.47 | 0.82 |
| V3 | 0.468 | 0.625 | 0.67 | 0.706 | 0.9 | 0.65 | 0.4 | 0.54 | 0.75 |
| V4 | 0.853 | 0.68 | 0.874 | 0.814 | 0.9 | 0.65 | 0.4 | 0.61 | 0.68 |
| V5 | 0.721 | 0.459 | 0.559 | 0.534 | 0.9 | 0.65 | 0.4 | 0.68 | 0.61 |
| V6 | 0.589 | 0.4 | 0.76 | 0.653 | 0.9 | 0.65 | 0.4 | 0.75 | 0.54 |
| V7 | 0.698 | 0.642 | 0.699 | 0.481 | 0.9 | 0.65 | 0.4 | 0.82 | 0.47 |
| V8 | 0.603 | 0.757 | 0.586 | 0.625 | 0.9 | 0.65 | 0.4 | 0.9 | 0.4 |

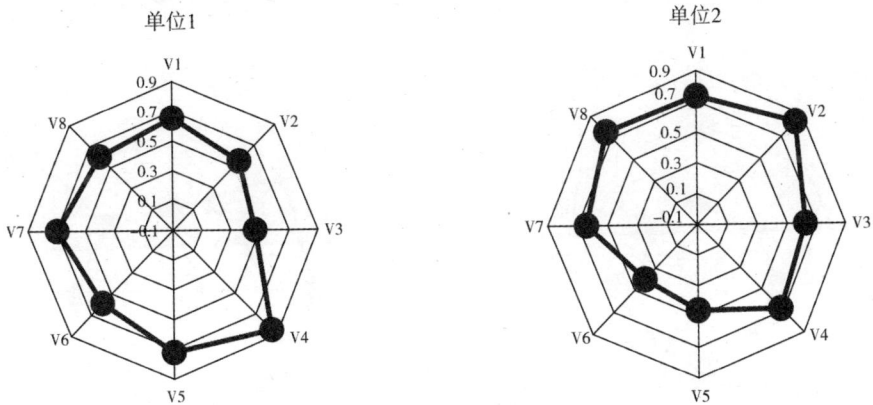

图7-23  标杆—雷达图

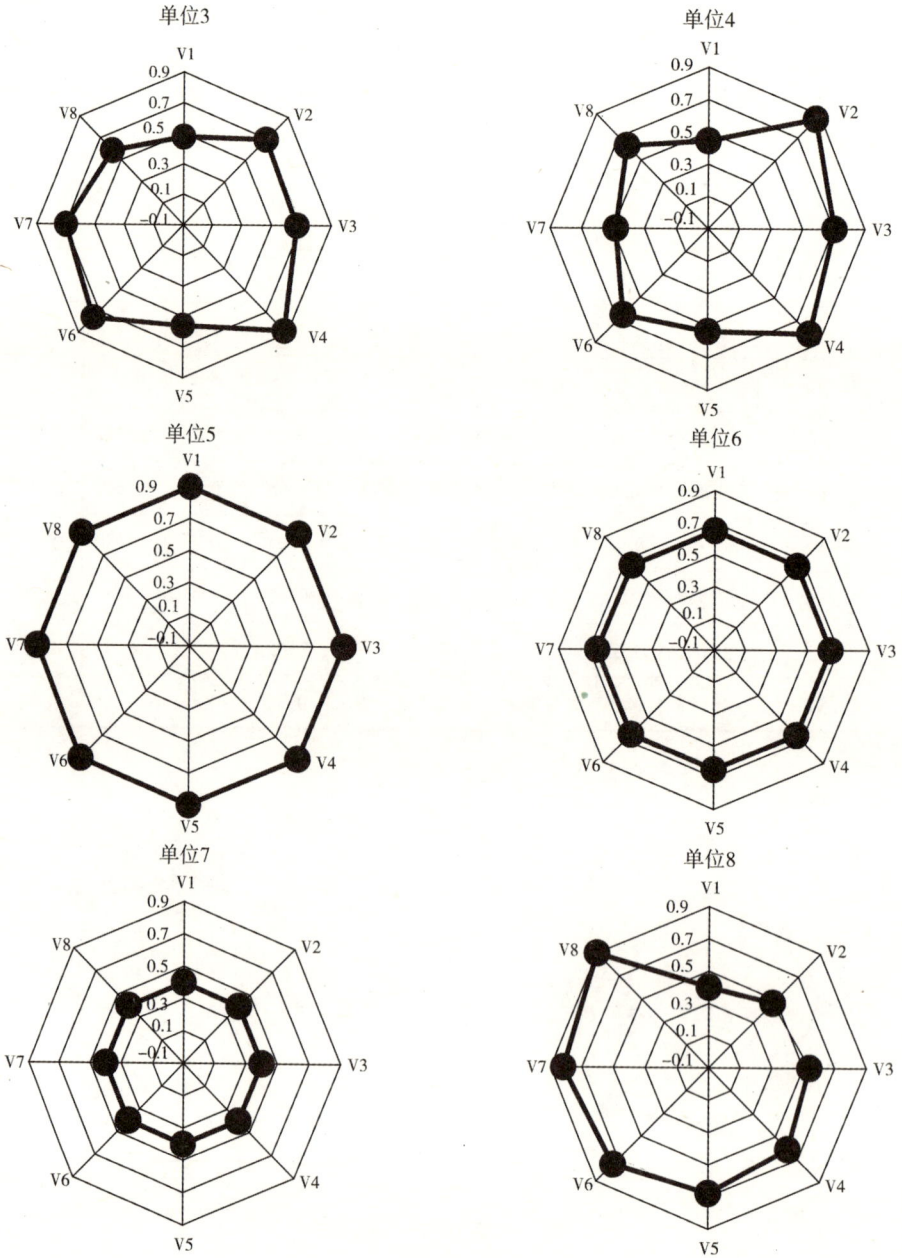

图 7 - 23　标杆—雷达图（续）

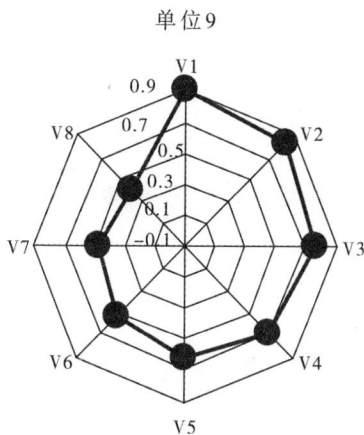

图 7 – 23 标杆—雷达图（续）

# 第三节 政府绩效评估信息系统在深圳的应用

深圳市从 2006 年开始建设"深圳市政府绩效评估系统"基础平台，并于 2007 年实施政府绩效管理试点工作且导入"政府绩效评估模型"，试图建立一个科学、简单、实用的政府绩效电子评估系统。

## 一、信息系统的建设原则

为确保系统建设的顺利进行和建成后稳定运行，建设深圳市政府绩效电子评估系统应坚持以下几个原则：

### 1. 规范性原则

深圳市政府绩效电子评估系统是一项跨部门、多功能的全市性电子政务信息平台建设项目，因此必须强调其建设的规范性和标准化。如果有国际标准或国家标准或技术规范，则应根据情况予以采纳和选用；没有标准或规范的，则应在进行详细设计前，制订在用户单位之间统一使用的规范和格式，以保证数据能够交流；在制订数据规格标准时，应使用规范或国际通行的程序和方法；对于自行制定的规范，在一定的范围内予以公开，并在适当的时候考虑上升成为公认的标准和规范。

### 2. 安全性原则

深圳市政府绩效电子评估系统运行在政府外网上，不同部门的业务系统互联，其安全性问题应该引起足够的重视。首先，该系统必须采用有效的网络安全手段，包括使用防火墙和反病毒等技术，保证运行的网络平台安全；其次，在数据的传输过程中，要对数据进行加密，保证用户数据和程序的安全。必要时，在全市统一的安全保障平台建成之后，可以利用它来提升该系统的安全性。

### 3. 先进性原则

由于深圳市政府绩效电子评估系统是一个复杂的、综合的系统，需要与全市不同架构、不同开发语言的系统进行互联，所以需要保证系统的先进性。系统的先进性包括三个方面的内容：一是设计的先进性，系统的体系结构既要考虑使用当前的最新技术，也要能够为将来的用户、技术和需求的发展留下空间和接口，因此系统要具有模块化的结构，并具有灵活的接口；二是技术的先进性，应该采用目前比较前沿的网络、操作系统、数据库和软件应用技术；三是管理模式的先进性，本系统是一个跨部门的系统，各个部门虽在行政上不存在隶属关系，但在管理流程上却相互作用和制约，应该探索出一条如何进行系统的开发、运行和管理的先进模式。

### 4. 可操作性原则

深圳市政府绩效电子评估系统的使用用户涉及不同的政府部门及其公务员。因此，用户的多样性及层次的多元化，决定了该系统应该具有非常强的可操作性，在软件设计上充分考虑实用性和可操作性，强化操作功能设计，实现屏幕最大化使用，操作最小化设定。

## 二、信息系统的总体建设方案

### 1. 总体功能架构

深圳市政府绩效电子评估系统导入了前述的政府绩效评估模型，并据此开发建设四个子系统，即实时评估子系统、纠偏纠错子系统、预期预估子系统、绩效指数发布子系统，其目的是充分利用绩效评估指标数据，建立科学的、系统的政府绩效评估和决策支持平台。该系统的总体功能架构如图 7-24 所示。

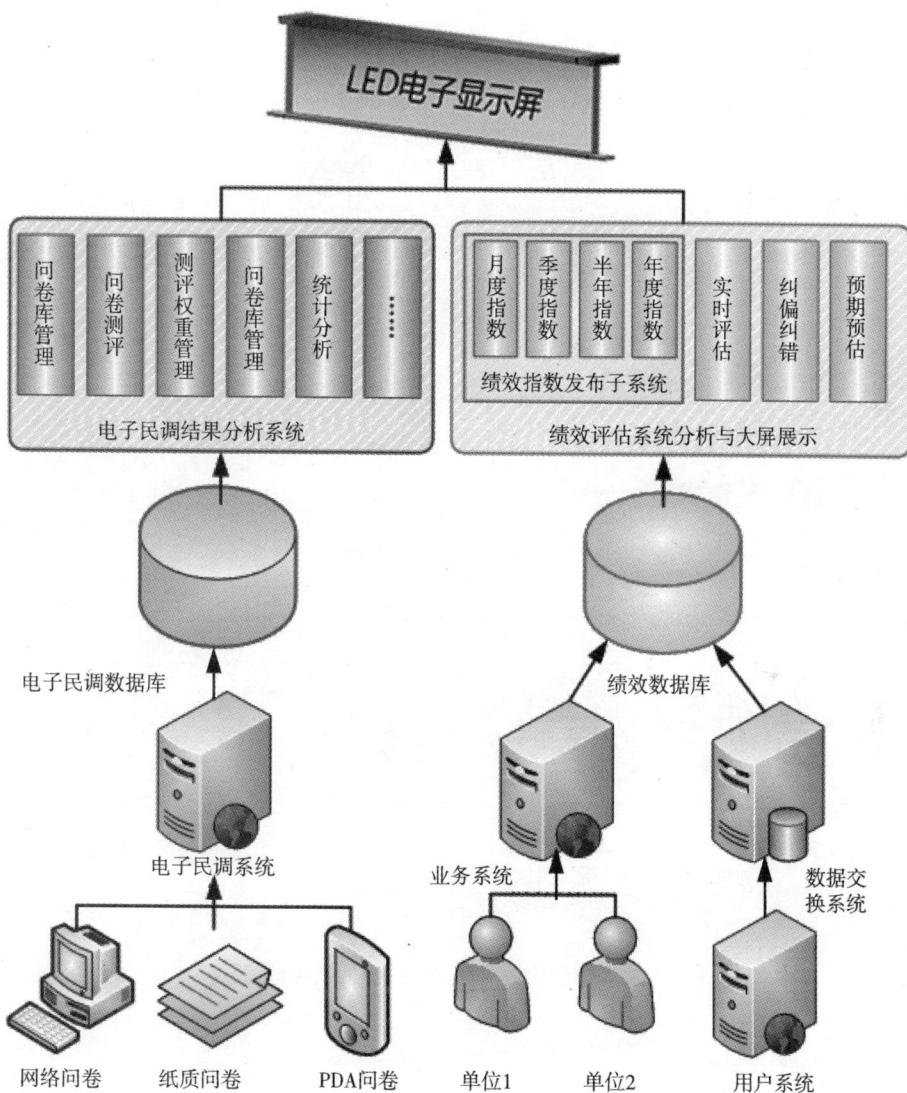

**图7-24　深圳市政府绩效电子评估系统总体功能架构**

## 2. 数据流分析

深圳市政府绩效评估系统的数据流如图7-25所示。

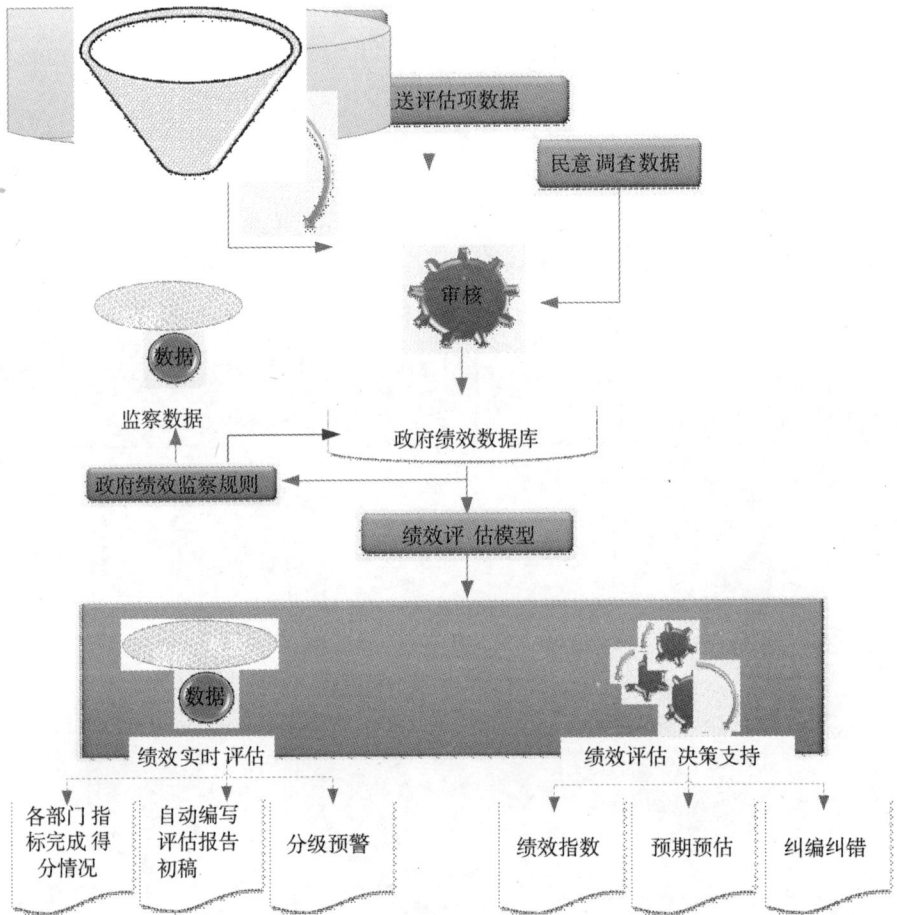

**图 7 – 25  深圳市政府绩效电子评估系统数据流**

3. 技术架构

深圳市政府绩效电子评估系统是基于统一的应用软件平台来建设的。它基于 J2EE 应用平台，采用 Java、EJB、Servlet、JSP、XML 等 Java2 技术以及组件技术、数据库技术，运用多层 B/S 应用结构体系，使整个应用系统建立在统一的平台上，充分体现了系统的先进性、可扩展性、可移植性等。

系统基础平台：指为应用系统提供底层支持的部分，包括网络（内部网、政府专网和互联网）、硬件平台（服务器、存储备份设备等）、操作系

统（Windows/Linux 等）、数据库管理系统。这些部分是应用系统运行的
基础。

J2EE 平台：Java 技术由于其跨平台特性、面向对象特性、安全特性等，
将数据库访问、企业级 Java 组件、命名和目录服务、动态页面生成、XML、
事务服务等有机地集成在一起，并且提供集群等高级特性，使之特别适合
构建复杂的大型应用，并保证系统具有很好的可扩展性。深圳市政府绩效
电子评估系统完全采用 MVC + DAO（Model + View + Control + DAO）应用设
计模式，使层与层之间相对松耦合，具有良好的扩展性和稳定性。其应用
设计结构如图 7 - 26 所示。

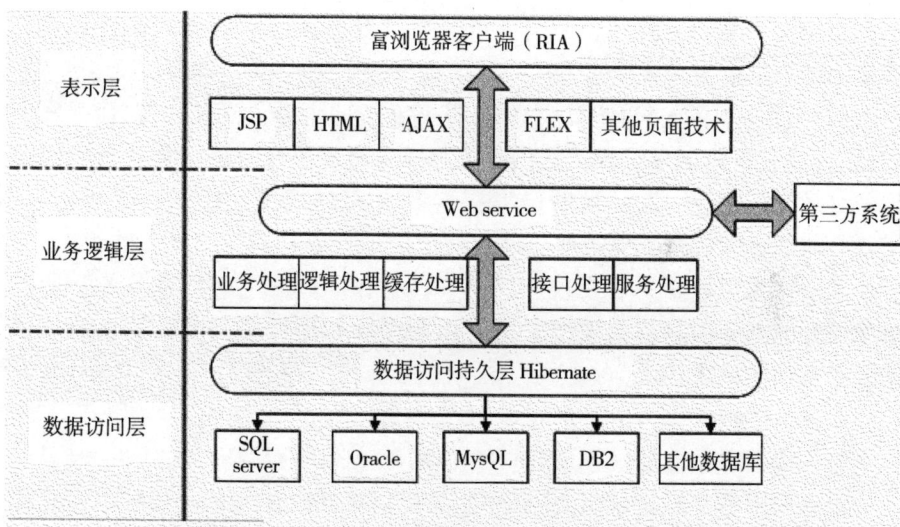

**图 7 - 26　深圳市政府绩效电子评估系统技术架构**

4. 主要技术

（1）基于面向对象的分析和设计。在面向对象的分析中，对象是用问
题域来标志和描述的，而在面向对象的设计中，它们转变成逻辑软件对象，
这些对象最终将用面向对象的编程语言来实现。通过面向对象的分析和设
计，可以封装对象（或对象组）的某些方面，以简化复杂业务场景的分析。
为了降低复杂性，也可以抽象对象的某些特征，这样就可以只捕获重要或
本质的方面。

　　基于组件的设计并不是一种新技术。它是从对象范例中自然发展而来的。在面向对象的分析和设计的早期，细粒度的对象被标榜为提供"重用"的机制，但是这样的对象的粒度级别太低了，没有适当的标准可以用来使重用广泛应用于实践之中。在应用程序开发和系统集成中，粗粒度组件越来越成为重用的目标。这些粗粒度对象通过内聚一些更细粒度的对象来提供定义良好的功能。通过这种方式，还可以将打包的解决方案套件封装成这样的"组件"。

　　一旦组织在更高层次上实现了基于完全独立的功能组件的完备体系结构，就可以将支持企业的应用程序划分成一组粒度越来越大的组件。可以将组件看作打包、管理和公开服务的机制。它们可以共同使用一组技术：实现企业级用况的大粒度企业组件可以通过更新的面向对象的软件开发与遗留系统相结合来实现。

　　（2）面向服务的设计。在"基于组件的企业系统开发"中涉及了服务的概念，"它是将组件描述成提供相关服务的物理黑盒封装的可执行代码单元。它的服务只能通过一致的已发布接口（它包括交互标准）进行访问。组件必须能够连接到其他组件（通过通信接口）以构成一个更大的组"。服务通常实现为粗粒度的可发现软件实体，它作为单个实例存在，并且通过松散耦合的基于消息通信模型来与应用程序和其他服务交互。下面是一些与服务有关的概念：

　　服务：逻辑实体，由一个或多个已发布接口定义的契约。

　　服务提供者：实现服务规范软件实体。

　　服务使用者（或请求者）：调用服务提供者的软件实体。传统上，它称为"客户端"。服务使用者可以是终端用户应用程序或另一个服务。

　　服务定位器：一种特殊类型的服务提供者，它作为一个注册中心，允许查找服务提供者接口和服务位置。

　　服务代理：一种特殊类型的服务提供者，它可以将服务请求传送到一个或多个其他的服务提供者。

　　（3）基于接口的设计。在组件和服务开发中，都需要进行接口设计，这样软件实体就可以实现和公开其定义的关键部分。因此，在基于组件和面向服务的系统中，"接口"的概念对于成功的设计非常关键。下面是一些与接口有关的重要定义：

　　接口：定义一组公共方法签名，它按照逻辑分组但是没有提供实现。

接口定义服务的请求者和提供者之间的契约，接口的任何实现都必须提供所有的方法。

已发布接口：一种可唯一识别和可访问的接口，客户端可以通过注册中心来发现它。

公共接口：一种可访问的接口，可供客户端使用，但是它没有发布，因而需要关于客户端部分的静态知识。

双接口：通常是成对开发的接口，这样，一个接口就依赖于另一个接口。例如，客户端必须实现一个接口来调用请求者，因为该客户端接口提供了某些回调机制。

（4）采用分层应用程序体系结构。面向对象的技术和语言是实现组件的极好方式。虽然组件是实现服务的最好方法，但是好的基于组件的应用程序未必就构成好的面向服务的应用程序。一旦理解了服务在应用程序体系结构中所起的作用，组件开发人员就很有可能会利用现有的组件。进行这种转变的关键是认识到面向服务的方法意味着附加的应用程序体系结构层，即分为服务、组件、对象三个层级（见图7-27）。为称呼系统的这一部分而创造的术语是"应用程序边界"，它反映了服务是公开系统的外部视图的极好方法的事实（通过内部重用并结合使用传统组件设计）。面向服务的体系结构提供了一种方法，通过这种方法，可以构建分布式系统来将应用程序功能作为服务提供给终端用户应用程序或其他服务。其组成元素可以分成功能元素和服务质量元素。

（5）应用服务器技术。基于Web的三层结构设计层次清晰，客户端使用简单、维护方便，它以标准的TCP/IP网络为平台，可很好地与网络开发语言如Java等有效集成，使异种资源的结合变得容易。

考虑到其业务需求的特点以及Web技术的飞速发展，深圳市政府绩效评估系统采用这种三层应用体系结构进行开发。

（6）J2EE开发技术。J2EE是一个由SUN微系统公司提出的工业标准，其体系构造的基础是Java语言。Java最大的特点是只用编程者写一次代码，就能运行在其他的平台上，因此基于J2EE架构开发程序的跨平台移植性非常好。

J2EE应用程序是一组企业应用程序，由许多必要的服务程序集成，如事务处理服务程序、安全服务程序等。如果采用基于J2EE的体系结构进行开发，信息化公共平台可分为四层（详见图7-28）：

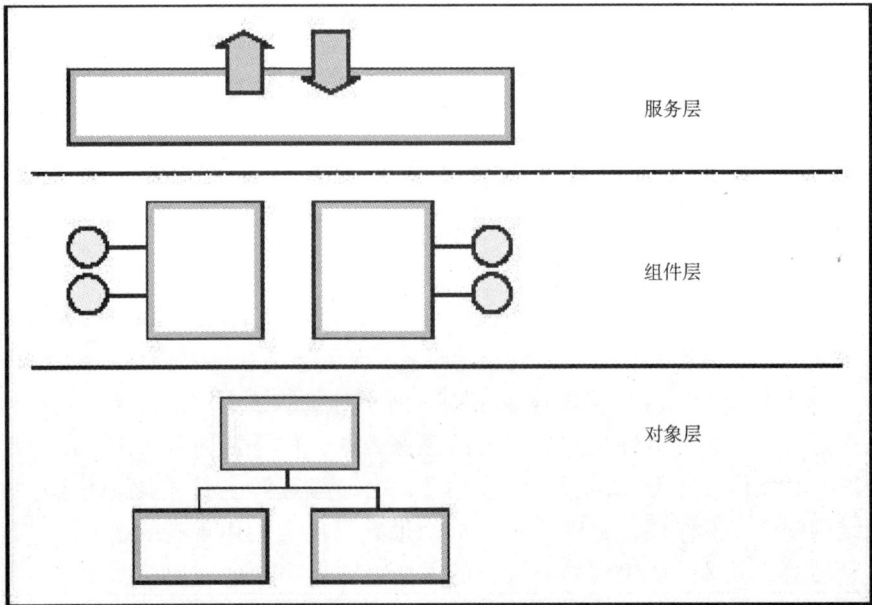

图 7 - 27　应用程序体系结构

客户端：采用 Web 浏览器使用本系统。

表现层：处理页面显示，也可用 JSP 和 Servlet 调用后台数据实现访问功能。

应用层：采用 EJB 技术实现分布式的组件应用程序，实现事务打包进行后台业务数据的访问，可以访问平台系统数据，也可以访问其他业务系统数据。

数据层：用来存放各种类型数据，数据涵盖的范围非常广泛，各种多媒体文件和关系型业务数据都可以存放在不同的数据库中。

（7）Web Service。Web Services 是独立的、模块化的应用，它描述了操作集合的接口，可以通过标准的 XML 消息机制在网络中进行存取，能够通过互联网来描述、发布、定位以及调用。在 Web Service 的体系架构中包括三个角色：服务提供者（Service Provider）、服务请求者（Service Request-or）、服务注册器（Service Registry）。角色间主要有三个操作：发布（Publish）、查找（Find）、绑定（Bind）。在这个领域中最重要的标准有 UDDI（Universal Description，Discovery，and Integration）、SOAP（Simple Object Ac-

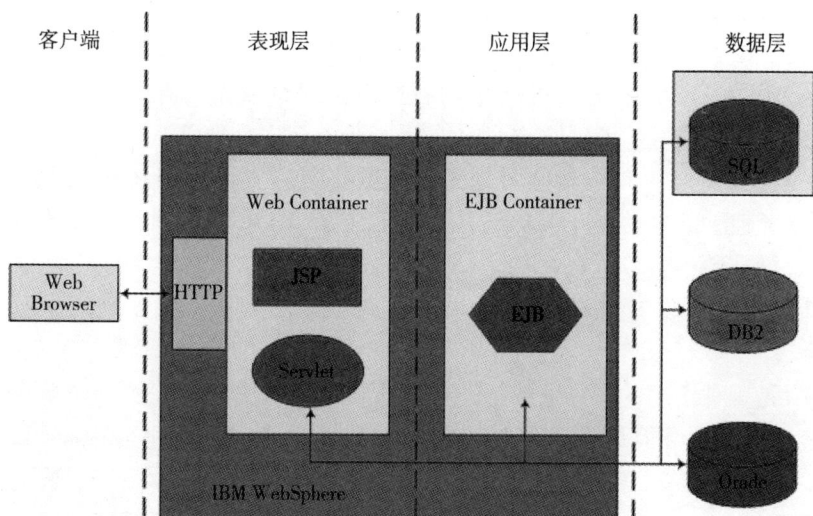

**图 7-28 信息化公共平台层级图**

cess Protocol）和 WSDL（Web Services Description Language）。其中，UDDI 用于注册和发现 Web Services，SOAP 用于 Web Services 之间的通讯，以及配合 WSDL 来描述 Web Services 接口。Web Services 的一个重要之处在于实现平台的细节和业务调用程序无关，可以用其申明的 API 和调用机制（网络、数据编码模式等）进行访问，Web 服务器不必关心使用它的是哪类客户，这种方式使得 Web Service 可以形成松散耦合的组件系统。

（8）XML 技术。Internet 提供了全球范围的网络互联与通信功能，Web 技术的发展更是一日千里，其丰富的信息资源给人们的学习和生活带来了极大的便利。特别是应运而生的 HTML（超文档置标语言），以简单易学、灵活通用的特性，使人们发布、检索、交流信息都变得非常简单，从而使 Web 成了最大的环球信息资源库。然而，电子商务、电子出版、远程教育等基于 Web 的新兴领域的全面兴起使得传统的 Web 资源更加复杂化、多样化，数据量的日趋庞大对网络的传输能力也提出更高的要求。同时，人们对 Web 服务功能的需求也达到更高的标准，如用户需要对 Web 进行智能化的语义搜索和对数据按照不同的需求进行多样化显示等个性化服务；公司和企业要为客户创建和分发大量有价值的文件信息，以降低生产成本，以及对不同平台、不同格式的数据源进行数据集成和数据转化等，这些需求越来越广泛和迫切。

传统的 HTML 由于自身特点的限制，不能有效地解决上述问题：作为一种简单的表示性语言，它只能显示内容而无法表达数据内容，而这一点恰恰是电子商务、智能搜索引擎所必需的。另外，HTML 语言不能描述矢量图形、数学公式、化学符号等特殊对象，在数据显示方面的描述能力也不尽如人意。最重要的是：HTML 只是 SGML（Standard Generalized Markup Language，标准通用置标语言）的一个实例化的子集，可扩展性差，用户根本不能自定义有意义的置标供他人使用。这一切都成为 Web 技术进一步发展的障碍。

SGML 是一种通用的文件结构描述置标语言，为语法置标提供了异常强大的工具，同时具有极好的扩展性，因此在数据分类和索引中非常有用。但 SGML 复杂度太高，不适合网络的日常应用，加上其开发成本高、不被主流浏览器所支持等，所以 SGML 在 Web 上的推广受到阻碍。在这种情况下，开发一种兼具 SGML 的强大功能、可扩展性以及 HTML 的简单性的语言势在必行，由此诞生了 XML（eXtensible Markup Language，可扩展置标语言）语言。

XML 是由 W3C 于 1998 年 2 月发布的一种标准。它同样是 SGML 的一个简化子集，但它将 SGML 的丰富功能与 HTML 的易用性结合到 Web 的应用中，以一种开放的自我描述方式定义了数据结构，在描述数据内容的同时能突出对结构的描述，从而体现出数据之间的关系。这样所组织的数据对于应用程序和用户都是友好的、可操作的。

（9）Struts 技术。Struts 框架成功地实现了 MVC 模式，并且成为了用 Java 创建 Web 应用的一个最流行的框架工具。Struts 所实现的 MVC 模式给 Web 应用带来了良好的层次划分，人们利用 Struts 开发 MVC 系统时可以大大加快开发的速度，提高软件质量，并可提高软件的可扩展性和可伸缩性。

除此之外，Struts 的优点还集中体现在两个方面，即 Taglib 和页面导航。Taglib 是 Struts 的标记库，灵活动用，能大大提高开发效率。另外，就目前国内的 JSP 开发者而言，除了使用 JSP 自带的常用标记外，很少开发自己的标记，或许 Struts 是一个很好的起点。

页面导航可以使系统的脉络更加清晰。通过一个配置文件，即可把握整个系统各部分之间的联系，这对于后期的维护有着莫大的好处。尤其是当另一批开发者接手这个项目时，这种优势体现得更加明显。

Struts 框架主要类文件及功能划分如下：①Form 类文件，用于从 JSP 页面获取数据，对数据进行完整性和合法性检验，或将后端获取的数据传到表现层，更新页面；②Action 类文件，处理前端的请求分发，从 Form 类获取数据，不作任何数据处理，将数据传送到业务层进行处理，或从业务层获取查询结果，传送到表现层。

（10）Spring 框架技术。Spring 框架是一个分层架构，由 7 个定义良好的模块组成。Spring 模块构建在核心容器之上，核心容器定义了创建、配置和管理 bean 的方式，如图 7 – 29 所示。

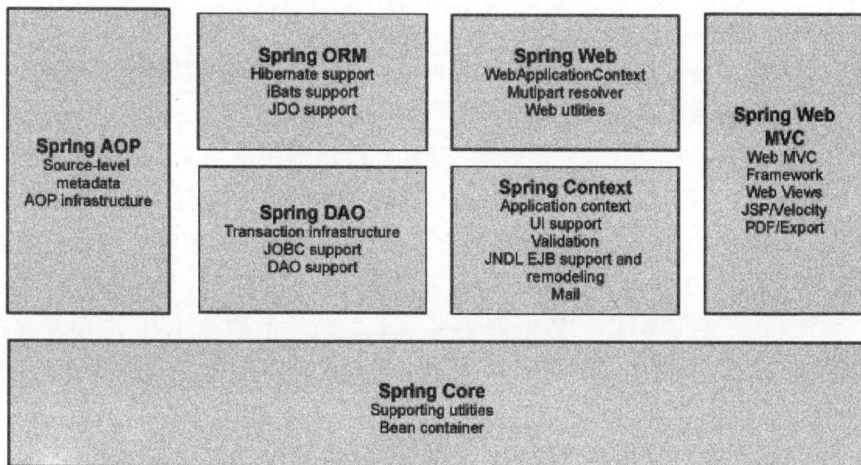

**图 7 – 29　Spring 框架的 7 个模块**

组成 Spring 框架的每个模块（或组件）都可以单独存在，或者与其他一个或多个模块联合实现。每个模块的功能如下：

①Spring Core。Spring Core 是指核心容器，它提供 Spring 框架的基本功能。核心容器的主要组件是 BeanFactory，它是工厂模式的实现。BeanFactory 使用控制反转（IOC）模式将应用程序的配置和依赖性规范与实际的应用程序代码分开。

②Spring Context。Spring Context 是一个配置文件，向 Spring 框架提供上下文信息。Spring Context 包括企业服务，如 JNDI、EJB、电子邮件、国际化、校验和调度功能。

③Spring AOP。通过配置管理特性，Spring AOP 模块直接将面向方面的编程功能集成到了 Spring 框架中。所以，可以很容易地使 Spring 框架管理的任何对象支持 AOP。Spring AOP 模块为基于 Spring 的应用程序中的对象提供了事务管理服务。通过使用 Spring AOP，不用依赖 EJB 组件，即可将声明性事务管理集成到应用程序中。

④Spring DAO。JDBC DAO 抽象层提供了有意义的异常层次结构，可用该结构来管理异常处理和不同数据库供应商抛出的错误消息。异常层次结构简化了错误处理，并且极大地降低了需要编写的异常代码数量（如打开和关闭连接）。Spring DAO 的面向 JDBC 的异常遵从通用的 DAO 异常层次结构。

⑤Spring ORM。Spring 框架插入了若干个 ORM 框架，从而提供了 ORM 的对象关系工具，其中包括 JDO、Hibernate 和 iBatis SQL Map。所有这些都遵从 Spring 的通用事务和 DAO 异常层次结构。

⑥Spring Web。Web 上下文模块建立在应用程序上下文模块之上，为基于 Web 的应用程序提供上下文。所以，Spring 框架支持与 Jakarta Struts 的集成。Web 模块还简化了处理多部分请求以及将请求参数绑定到域对象的工作。

⑦Spring Web MVC。MVC 框架是一个全功能的构建 Web 应用程序的 MVC 实现。通过策略接口，MVC 框架可变成高度可配置的。它容纳了大量视图技术，其中包括 JSP、Velocity、Tiles、iText 和 POI。

Spring 框架的功能可以用在任何 J2EE 服务器中，其大多数功能也适用于不受管理的环境。Spring 的核心要点是：支持不绑定到特定 J2EE 服务的可重用业务和数据访问对象。毫无疑问，这样的对象可以在不同 J2EE 环境（Web 或 EJB）、独立应用程序、测试环境之间重用。

在这里，对 Spring 的 IOC 和 AOP 进行重点介绍。IOC 是指控制反转模式，也称为依赖性介入，其基本概念是：不创建对象，只描述创建方式。在代码中不直接与对象和服务连接，但在配置文件中描述哪一个组件需要哪一项服务；容器（在 Spring 框架中是 IOC 容器）负责将这些联系在一起。在典型的 IOC 场景中，容器创建了所有对象，并设置必要的属性将它们连接在一起，决定在什么时间调用创建对象的方法。IOC 的实现模式主要有三种类型：第一种类型是服务需要实现专门的接口，通过接口，由对象提供这些服务，可以从对象查询依赖性（如需要的附加服务）；第二种类型是通过 JavaBean 的属性（如 setter 方法）分配依赖性；第三种类型是依赖性以构造函数的形式提供，而不以 JavaBean 属性的形式公开。Spring 框架的 IOC 容器采用第二种类型或第三种类型来实现。AOP 即面向方面的编程，它是一种编程技术，允许程序员对横切关注点或横切典型的职责分界线的行为（如日志和事务管理）进行模块化。AOP 的核心构造是方面，它将那些影响多个类的行为封装到可重用的模块中。

　　AOP 和 IOC 是补充性的技术，它们都运用模块化方式解决企业应用程序开发中的复杂问题。在典型的面向对象开发方式中，可能要将日志记录语句放在所有方法和 Java 类中才能实现日志功能。在 AOP 方式中，可以反过来将日志服务模块化，并以声明的方式将它们应用到需要日志的组件上。当然，优势就是 Java 类不需要知道日志服务的存在，也不需要考虑相关的代码。所以，用 Spring AOP 编写的应用程序代码是松散耦合的。AOP 的功能完全集成到了 Spring 事务管理、日志和其他各种特性的上下文中。

　　Spring 设计的核心是 org. springframework. beans 包，它的设计目标是与 JavaBean 组件一起使用。这个包通常不是由用户直接使用，而是由服务器将其用作其他多数功能的底层中介。下一个最高级抽象是 BeanFactory 接口，它是工厂设计模式的实现，允许通过名称创建和检索对象。BeanFactory 也可以管理对象之间的关系。

　　（11）Flex 富客户端技术。Internet 已经日益成为应用程序开发的默认平台。用户对应用程序复杂性要求日增，但现在的 Web 应用程序在完成复杂应用方面却始终跟不上步伐。用户与今天中等复杂程度的 Web 应用程序交互时，其体验并不能令人满意。Web 模型是基于页面的模型，缺少客户端智能机制。而且，它几乎无法完成复杂的用户交互（如传统的 C/S 应用程序和桌面应用程序中的用户交互）。这样的技术使得 Web 应用程序难以使用，支持成本高，并且在很多方面无法发挥效应。

　　为了提高用户体验，出现了一种新类型的 Internet 应用程序，那就是 Rich Internet Applications（RIA）。这些应用程序结合了桌面应用程序的反应快、交互性强的优点与 Web 应用程序的传播范围广及容易传播的特性。RIA 简化并改进了 Web 应用程序的用户交互。这样，用户开发的应用程序可以提供更丰富、更具有交互性和响应性的用户体验。Flex 应用程序处理最适合在客户端运行，如字段校验、数据格式、分类、过滤、工具提示、合成视频、行为及效果等。Flex 可使开发人员更好地交付应用程序，进而使用户可以迅速反应、在不同状态与显示间流畅过渡，并提供毫无中断的连续的工作流。

传统的 Web 开发在表现层次受到非常大的约束，虽然近几年有 AJAX 技术来解决这些问题，但随着 Web 应用的日趋复杂和丰富，AJAX 在表现层已显勉强。Flex 技术不仅轻松解决了所有表现层的技术问题，让客户感受前所未有的 Web 应用体验。更主要的是，基与 Flash AS3.0 的纯面向对象和组件的构架，让 B/S 结构表现层的开发层次分明，结构完整协调，在提供强大华丽表现的同时，大大地节约了维护成本。

Flex 具有以下特点：

1）增强用户体验。富互联网应用程序的用户体验包括丰富的图形界面、图表、进度表以及强大的交互性和实现性。

2）新增 Adobe AIR 应用程序。AIR 技术使得富互联网应用程序开始桌面化，允许应用程序访问本地资源，如读写文件流，操作本地的 SQL 数据库。

3）增强与后台服务器的交互。Flex 3 可通过 PHP、LiveCycle Data Services、ColdFusion 和 Asp. Net 等技术与后台服务器交互。

4）可集成 HTML、JavaScript 和 Ajax。Flex 3 中新增 HTML 组件，该组件允许应用程序访问 HTML 页面。这样，Flex 3 就可集成 HTML、JavaScript 和 Ajax 等 Web 开发技术，从而开发出更加丰富的网络应用程序。

5）完善的开发环境。Flex Buider 是开发 Flex 应用程序的利器，由 Eclipse 团队开发，开发环境界面与 Eclipse 相似。

6）标准的架构。Flex 3.0 使用 MXML 标记语言和 ActionScript 3.0 语言，两者都是标准化的语言。

7）通用的配置环境。Flex 应用程序在 Flash Player 9 下执行。Flash Player 具有跨平台性，可运行于 Windows 系统、Mac 系统、Linux 系统。目前，全球 98% 的电脑中都安装了 Flash Player。Flex 数据服务是 Flex 的服务器端组件，必须安装在 Java2 企业级版本（J2EE）服务器中。FDS 由 4 个组件组成，包括 Flex 消息服务（Flex Messaging Services，FMS）、发布—订阅消息（Publish-Subscribe messaging）、数据推送（Data push）、RPC 服务。利用 FDS 中包括的这些组件，能够实现一系列强大的服务器数据管理功能，使开发人员能够快速实现数据密集型 Flex 应用程序。

如图 7-30 所示，FDS 部署为标准 Web J2EE 应用程序，其基于强大的

图 7 – 30　FDS 结构

消息体系结构，与现有的基于标准的中间设备相集成，提供客户和服务器之间的数据自动同步服务，增强对实时数据推送和发布/订阅消息的支持，并实现应用程序的协作和偶尔连接。总之，Flex 已经在互联网应用中占有举足轻重的地位，凭借其自身的优点，成为互联网应用开发中的主流技术。

（12）Extjs 富客户端技术。Extjs 可以用来开发 RIA，即富客户端的 AJAX 应用，它是一个用 javascript 写的、主要用于创建前端用户界面的、与后台技术无关的前端 ajax 框架。因此，可以将 Extjs 用在 . Net、Java、Php 等各种语言开发的应用中。Extjs 最开始基于 YUI 技术，由开发人员 JackSlocum 开发。它通过参考 JavaSwing 等机制来组织可视化组件，无论从 UI 界面上 CSS 样式的应用，到数据解析上的异常处理，都可算是一款不可多得的 JavaScript 客户端技术的精品。

Ext 的 UI 组件模型和开发理念脱胎成形于 Yahoo 组件库 YUI 和 Java 平台上 Swing 两者，并为开发者屏蔽了大量跨浏览器方面的处理。相对来说，Ext 要比开发者直接针对 DOM、W3C 对象模型开发 UI 组件轻松。

由于其良好的组件封装和优秀的设计思路，使得使用 Extjs 开发具有和 Flex 开发一样的优势，并且它很好地解决了在利用 Javascript 开发过程中出现的开发瓶颈、维护难的问题。

（13）关于 JDO 数据存储方案。在深圳市政府绩效评估系统的建设技术框架中，采用了 JDO 技术以实现对持久的数据进行管理，这是因为 JDO 相对于 EntityBean 和 JDBC 来说，可以提供如下一些独特的优点：

①编码简单。JDO 体系结构向开发人员隐藏了低级别的持久性细节，从而使他们专注于从业务过程的角度管理对象，不至于陷入数据持久性逻辑的琐碎细节中。

②提高生产力。JDO 程序员能完全在面向对象的范例内操作。这通常会使开发更简洁、更平滑且更不易出错，因为程序员不用在关系的思想体系和面向对象的思想体系之间频繁地转换。

③面向对象的持久性。JDO 的面向对象本质不仅提高了开发人员的生产力，而且考虑到比关系持久性所提供的还要丰富的持久性机制。JDO 并不仅仅使 Java 对象持久，它还透明地处理整个相关对象图的持久性。因此，当实例被持久存储时，它所维护的对其他对象实例的任何内部引用也都被持久存储（除非它们已被声明为瞬态）。JDO 还存储类型层次结构的完整信息，并能根据类型（父类和接口）实现请求，而不是只了解持久实例的特定局部类型。

④提供到任何数据底层的存储功能，如关系数据库（RDBMS）、文件、XML 以及对象数据库（ODBMS）等。

## 三、数据挖掘技术

数据挖掘（Data Mining）就是从大量的、不完全的、有噪声的、模糊的、随机的实际应用数据中，提取隐含在其中的、人们事先不知道的，但又是潜在有用的信息和知识的过程。数据挖掘是一个从数据中提取模式的过程，是一个受多个学科影响的交叉领域，是一门涉及面很广的交叉学科，包括机器学习、数理统计、神经网络、数据库、模式识别、粗糙集、模糊数学等相关技术。数据挖掘反复使用多种算法从观测数据中确定模式或合理模型，是一种决策支持过程。它通过预测客户的行为，帮助决策者调整市场策略，减少风险，作出正确的决策。由于传统的事物型工具（如查询工具、报表工具）无法回答事先未定义的综合性问题或跨部门/机构的问题，因此其用户必须清楚地了解问题的目的。**数据挖掘则可回答事先未加定义的综合性问题或跨部门/机构的问题，挖掘潜在的模式并预测未来的趋势**，所以其用户不必提出确切的问题，而且模糊问题更有利于发现未知的事实。

1. 数据挖掘的主要方法

数据挖掘有很多种方法，目前应用比较广泛的主要有以下几种：

（1）关联规则（Association Rule）。在数据挖掘领域中，关联规则应用最为广泛，是重要的研究方向。所谓关联规则，是指表示数据库中一组对象之间某种关联关系的规则。一般来讲，可以用多个参数来描述一个关联规则的属性，常用的有可信度、支持度、兴趣度、期望可信度、作用度。

（2）离群数据（Outlier）。离群数据就是明显偏离其他数据、不满足数据的一般模式或行为、与存在的其他数据不一致的数据。数据挖掘的大部分研究忽视了离群数据的存在和意义，现有的方法往往研究如何减少离群数据对正常数据的影响或仅仅将其当作噪音来对待。这些离群数据可能来源于计算机录入错误、人为错误等，也可能就是数据的真实反映。

（3）基于案例的推理（Case – Based Reasoning，CBR）。基于案例的推理来源于人类的认知心理活动，它属于类比推理方法。其基本思想是基于人们在问题求解中习惯于过去处理类似问题的经验和获取的知识，再针对新旧情况的差异作相应的调整，从而得到新问题的解并形成新的案例。现今，CBR 的应用越来越受到人们的重视，在许多领域，如气象、环保、地震、农业、医疗、商业、CAD 等都有较好的推广前景。此外，CBR 也可用在计算机软硬件的生产中，如软件及硬件的故障检测。CBR 方法尤其在不易总结出专家知识的领域中应用越来越普遍，也越来越深入。

（4）支持向量机（Support Vector Machine，SVM）。支持向量机是近几年发展起来的新型通用的知识发现方法，在分类方面具有良好的性能。SVM建立在计算学习理论的结构风险最小化原则之上，其主要思想是针对两类分类问题在高位空间中寻找一个超平面作为两类的分割，以保证最小的分类错误率。

2. 数据挖掘工具的分类

一般来讲，数据挖掘工具根据其适用的范围分为两类：专用数据挖掘工具和通用数据挖掘工具。专用数据挖掘工具是针对某个特定领域的问题提供解决方案，在涉及算法的时候充分考虑了数据、需求的特殊性，并作了优化；通用数据挖掘工具不区分具体数据的含义，采用通用的挖掘算法，处理常见的数据类型。

3. 数据挖掘工具的选择

数据挖掘是一个过程，只有将数据挖掘工具提供的技术和实施经验与企业的业务逻辑和需求紧密结合，并在实施的过程中不断地磨合，才能取得成功。因此，在选择数据挖掘工具的时候，要全面考虑多方面的因素，其中主要包括以下几点：

（1）数据挖掘的功能和方法，即是否可以完成各种数据挖掘的任务，如关联分析、分类分析、序列分析、回归分析、聚类分析、自动预测等。我们知道数据挖掘的过程一般包括数据抽样、数据描述和预处理、数据变换、模型的建立、模型评估和发布等，因此一个好的数据挖掘工具应该能够为每个步骤提供相应的功能集。此外，数据挖掘工具还应该能够方便地导出挖掘的模型，从而在以后的应用中使用该模型。

（2）数据挖掘工具的可伸缩性，即解决复杂问题的能力。一个好的数据挖掘工具应该可以处理尽可能大的数据量，可以处理尽可能多的数据类型，可以尽可能高地提高处理的效率，尽可能使处理的结果有效。如果在数据量和挖掘维数增加的情况下，挖掘的时间呈线性增长，那么可以认为该挖掘工具的伸缩性较好。

（3）操作的简易性。一个好的数据挖掘工具应该为用户提供友好的可视化操作界面和图形化报表工具，在进行数据挖掘的过程中应该尽可能提高自动化运行程度，总之是面向广大用户的而不是熟练的专业人员。

（4）数据挖掘工具的可视化。这包括源数据的可视化、挖掘模型的可视化、挖掘过程的可视化、挖掘结果的可视化，可视化的程度、质量和交互的灵活性都将影响到数据挖掘系统的使用和解释能力。毕竟人们接受的外界信息的80%是通过视觉获得的，因此数据挖掘工具的可视化能力就相当重要了。

（5）数据挖掘工具的开放性。也就是说，数据挖掘工具与数据库的结合能力。一个好的数据挖掘工具应该可以连接尽可能多的数据库管理系统和其他的数据资源，应当尽可能地与其他工具进行集成。尽管数据挖掘并不要求一定要在数据库或数据仓库之上进行，但数据挖掘的数据采集、数据清洗、数据变换等将耗费巨大的时间和资源，因此数据挖掘工具必须要与数据库紧密结合，减少数据转换的时间，充分利用整个的数据和数据仓库的处理能力，在数据仓库内直接进行数据挖掘，而且开发模型，测试模型，部署模型都要充分利用数据仓库的处理能力，另外多个数据挖掘项目可以同时进行。

4. 数据挖掘在系统中的运用

数据是绩效信息的载体。深圳市政府绩效评估系统以各类指标数据为核心，充分挖掘绩效数据是解释和分析政府绩效工作情况的有效途径。该系统中充分利用了多种有效的数据挖掘方式来解析绩效工作情况。

（1）横向的高低比较。以 6 区 16 局为根本，引入其他城市或区县的绩效数据，实现横向比较。

（2）纵向的走势分析。

（3）趋势分析及绩效预估。

（4）核心分析。

## 四、深圳市政府绩效电子评估系统介绍

深圳市政府绩效电子评估系统是一个综合性的电子信息化平台，它将信息网络技术融合到政府绩效评估领域，具有实时评估、纠偏纠错、预期预估以及指数发布等功能。该系统可以实时、动态地发布月份、季度、半年或年度的政府绩效评估报告，其间又涵盖了对被评估单位的整体评估结果、各层级指标的分析（纠偏纠错）、全年绩效情况的走势（预期预估）、横向绩效情况的比较等内容。按照功能划分，该系统包括实时评估子系统、纠偏纠错子系统、预期预估子系统以及指数发布子系统四个子系统。

1. 实时评估子系统

上文已经提到，深圳市政府绩效电子评估系统中创造性地提出数据归一标准化、指标权重动态赋值的两个评估理念。为体现这两个数据处理的基本理念，该系统建立了数据标准化平台和权重标准化平台。评估指标的原始数据由数据采集与报送责任单位通过网络报送到深圳市政府绩效评估系统，然后经过数据标准化平台和权重标准化平台计算处理，接着进入实时评估子系统，由该系统对最新的评估数据进行即时和全面的处理和展示。电子大屏幕上显示的内容不仅包含了所有绩效评估指标的相关内容，而且在展现方法上采用了层层递进的分析方式，既便于上级领导和绩效评估主管单位及时发现问题，加强督查督促，推动工作改进，又便于被评估单位全面准确地了解自身的工作绩效，增强工作主动性，提高行政效能。

（1）技术原理。首先，由实时评估子系统根据"政府绩效评估模型"原理确定的深圳市政府绩效指标体系及其评估标准和相关规则，对各指标数据采集报送责任单位通过网络报送的原始数据进行计算处理，并根据各个评估指标的评估周期动态地给出分值及划分区域（即根据所得分值判定某一绩效评估指标具体处在红、黄、蓝、绿四色区域中的位置）。然后，由权重标准化平台进行二次处理，计算绩效评估指标对应的上一层级指标的所得分值及所在区域。依此类推，最终可以得到某一被评估单位的具体分值和所在区域。全部的绩效评估结果计算出来后，即可通过实时评估子系统在电子大屏幕上直观、实时、动态地展示，从而为用了解情况、查找原因、改进绩效提供极为便利的条件。

（2）实现方案。对政府绩效进行实时评估的过程是一个由具体绩效指标到整体绩效情况的逐层向上推演的过程；在实时评估子系统中进行结果展示的过程却正好相反，它是从整体绩效情况到具体绩效指标的逐层分解。与此同时，为了强调绩效评估的管理功能而不仅仅是考核功能，弱化对被评估单位的绩效状况进行打分排名，而是将绩效评估结果在实时评估子系统中按照绿、蓝、黄、红四色等级区域划分为四个等次。绿色区域表示绩效结果为"优秀"，各项工作表现突出；蓝色区域表示绩效结果为"良好"，工作中存在少量问题，但可以自我整改和完善，属于正常范围；黄色区域表示绩效结果为"一般"，工作中存在较多的问题或经过多次整改效果仍不明显，属于预警区域；红色区域表示绩效结果为"较差"，工作中存在严重问题，属于危险区域。

（3）功能应用。深圳市政府绩效指标体系分为三个层级，即基本层指标（一级指标）、主干层指标（二级指标）、末梢层指标（三级指标）。从三级指标逐层往上汇总计算，可以分别计算出二级指标、一级指标的综合得分与绩效等级，以及各被评估单位的整体绩效得分与绩效等级。

实时评估子系统的展示采用从单位整体绩效情况到具体绩效指标等级的逐层分解方式。在实时评估子系统的展示中，一般用飞机飞行的高度来代表被评估单位的绩效优劣状况：飞机从高到低分别表示被评估单位的绩效为优秀、良好、一般、较差，其对应的色等区域依次为绿区、蓝区、黄区、红区，飞机飞行的位置越高，表示其所代表的被评估单位的绩效越好；反之亦然。点击进入实时评估子系统的展示图，首先看到的是一架架代表不同被评估单位的飞机，飞机飞行的高度各不相同，表示各被评估单位整体绩效得分高低各异。图 7 - 31 是 2010 年第三季度深圳市 6 个区政府的整体绩效展示图，其所表示的含义为：在第三季度末这一时点上，虽然 6 个区政府的整体绩效都位于绿区（优秀），但它们之间的绩效情况还是存在差异，其中盐田区的整体绩效在 6 个区政府中最好（代表盐田区政府绩效状况的飞机飞行位置最高），分值为 95.58 分；罗湖区政府的整体绩效最差（代表罗湖区政府绩效状况的飞机飞行位置最低），分值为 92.08 分；其余四个区政府的绩效从高到低分别为福田区、宝安区、南山区、龙岗区，它们的分值依次为 95.26 分、93.18 分、92.35 分、92.20 分。

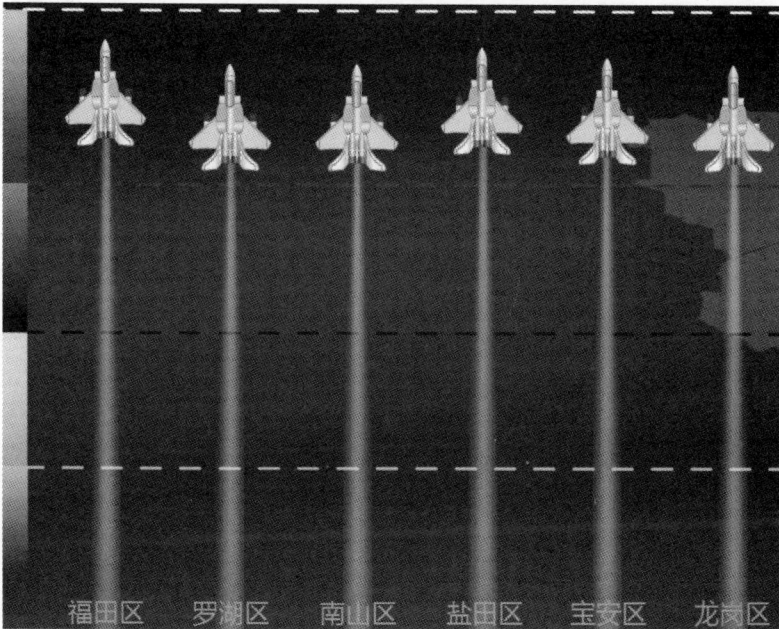

**图 7 - 31  2010 年第三季度深圳市区政府整体绩效情况**

在展示了全部被评估单位的整体绩效情况之后，即可通过实时评估子系统逐一展示某一个被评估单位的具体指标得分情况，展示的顺序是从一级指标（基本层指标）到二级指标（主干层指标）再到三级指标（末梢层指标）逐层推演。图 7 - 32 至图 7 - 34 分别展示了截至 2010 年 9 月底福田区政府的一级指标、二级指标、三级指标的绩效等级区域分布情况。

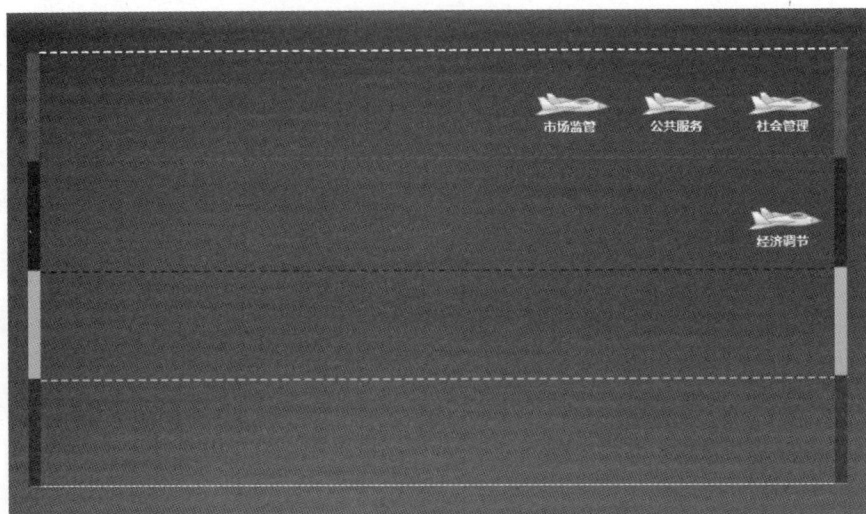

图 7 - 32 2010 年 9 月福田区政府一级指标绩效等级区域分布

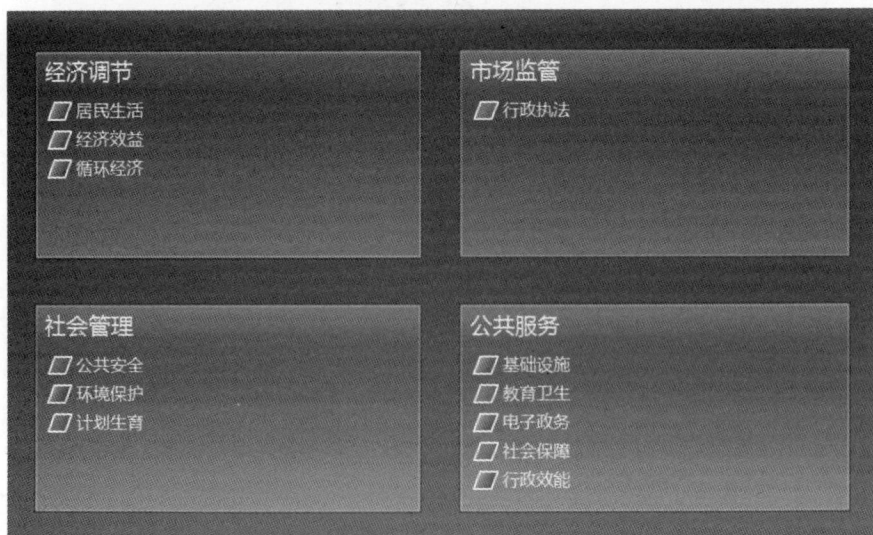

图 7 - 33 2010 年 9 月福田区政府二级指标绩效等级区域分布

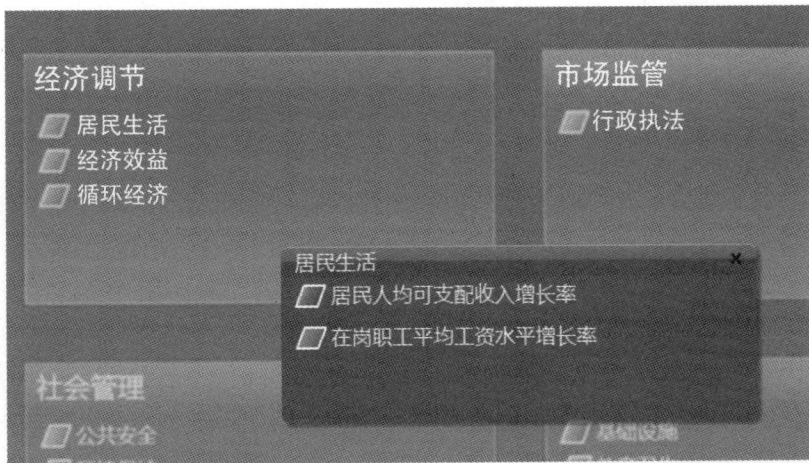

**图7-34　2010年9月福田区政府三级指标绩效等级区域分布**

**2. 纠偏纠错子系统**

（1）技术原理。纠偏纠错子系统的核心是雷达图分析法，也称综合财务比率分析图法或戴布拉图。雷达图分析法被广泛应用于财务管理和财务分析的各方面，图7-35就是利用该方法对某公司财务能力的五性进行分析的结果。

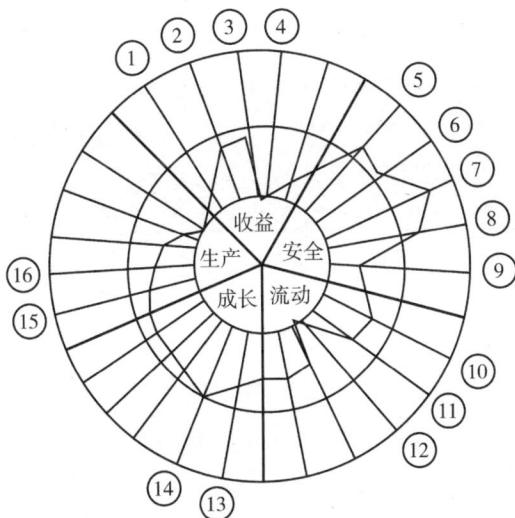

**图7-35　财务分析雷达图**

所谓财务能力的五性，是指收益性、安全性、流动性、成长性和生产性。收益性通常用资产报酬率、所有者权益报酬率、销售利润率和成本费用率等指标来表示；安全性一般用流动比率、速动比率、资产负债率、所有者权益比率、利息保障倍数等指标来表示；流动性一般用总资产周转率、应收账款周转率、存货周转率等指标来表示；成长性一般用销售收入增长率、产值增长率等指标来表示；生产性则常用人均工资、人均销售收入等指标来表示。

从图7-35中可以看出，当指标值位于标准线以内时，说明该指标低于同行业水平，需要加以改进；若接近最小圆圈或者处于其内，说明该指标处于极差的状态，是公司经营的危险标志；若处于标准线外侧，说明该指标处于较理想的状态，是公司的优势所在。

纠偏纠错是建立在实时评估基础之上的。在实时评估模块中，深圳市政府绩效评估系统已经由数据标准化平台、指标标准化平台计算得出一套标准化评估结果，如下列公式所示：

$$\begin{cases} K_t = V_t + P_t \\ V_t = \alpha_1 v_1 + \alpha_2 v_2 + \cdots + \alpha_n v_n = \sum_{i=1}^{n} \alpha_i v_i \\ P_t = \left( \dfrac{V_t}{V_{t-1}} - 1 \right) \times \dfrac{(V_t + V_{t-1})}{2} = 0.2(V_t - V_{t-1}) \\ \overline{K_t} = 1 \end{cases}$$

其中，$V_t$ 为计算得出的标准化结果，且 $V_t \in [0.4, 0.9]$，即所有经过标准化处理的数据都被归一到 $[0.4, 0.9]$，而纠偏纠错模块的实现就是建立在这些被标准化的数据基础之上的，系统规定：

$V_i$ 位于 $(0.775, 0.9)$ 中，指标业绩优秀，继续努力；

$V_i$ 位于 $(0.65, 0.775)$ 中，指标业绩良好，有待改进；

$V_i$ 位于 $(0.525, 0.65)$ 中，指标业绩一般，急需改进；

$V_i$ 位于 $(0.4, 0.525)$ 中，指标业绩差，整顿。

综上可知，纠偏纠错模块与其他模块的不同点在于，它不是评估技术的创新，也不是绩效理论的创新，而是评估方式的创新，即在既有的评估结果和数据的基础上，采用有效的评估方式来深度分析数据，详尽地剖析数据所隐含的深层次内容，最大限度地利用已统计数据来体现更多有价值的内容。实时评估模块是纠偏纠错模块的基础，两者相结合，能够及时、有效地在绩效评估过程中进行纠偏、发现问题，从而督促绩效工作在过程中持续地、有的放矢地改进。

（2）实现方案。纠偏纠错子系统采用雷达图分析法对政府绩效评估结果进行详细剖析，利用财务分析工具来发现和解决政府工作中遇到的问题。利用雷达图分析法，纠偏纠错子系统主要进行以下三个方面的工作：①综合分析和评价政府工作的绩效现状及结果；②发现政府工作中的有利因素和不利因素；③面向被评估对象，在日常的绩效管理中也可以用来分析被评估单位各项工作的绩效状况和努力方向。

（3）功能应用。纠偏纠错子系统在借鉴财务分析的雷达图原理的基础上，根据系统自身的需求进行了部分改动，使雷达图看起来更加直观和友好，同时借助数据库技术，可以实时、动态地反映绩效现状及存在的差距。

图7-36为深圳市六个区政府的绩效雷达图，其效果更加接近真实情况。当数据库中有数据更新的时候，纠偏纠错子系统可以实时地将最新结果显示出来。此外，在雷达图中增加了实时扫描功能，当扫描束扫描到某一点时就会动态地读出该点所表示的数据，并将数据值显示在右下角的显示器中。

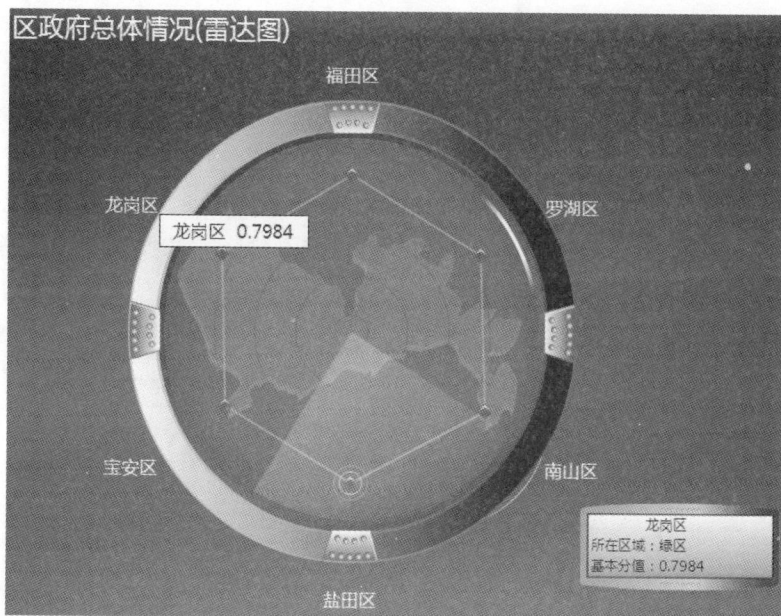

**图7-36　深圳市六个区政府绩效雷达图**

在对展示技术进行改进的基础上，纠偏纠错子系统也在分析逻辑上进行了全方位的整合，主要体现在以下四个方面：

第一，追溯纠偏纠错。纠偏纠错子系统对被评估单位的追溯纠偏采用层层递进的方式，即对数据的计算和展示采取从总体指标到具体指标的分析方法，也可称为"剥皮法"。采用这种方法，既便于从整体上了解工作的绩效情况，也便于有效地逐层分析工作中存在的一些问题，如图 7 – 37 所示。

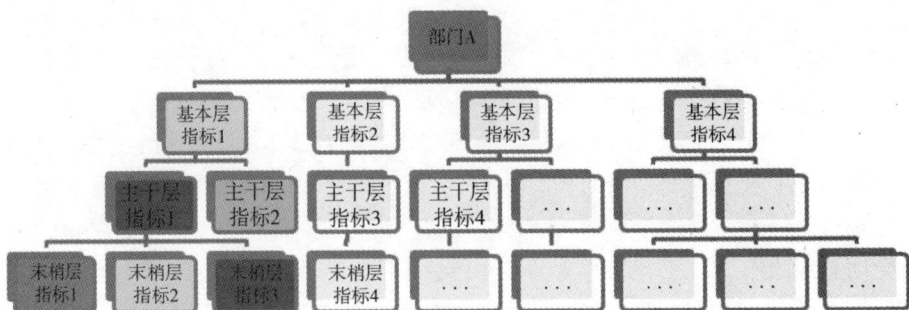

图 7 –37 逐层分析法示意图

在图 7 –37 中，对于某一部门 A 来说，假如系统显示其部门的整体绩效处于蓝区，表示该部门的整体绩效仅为"良好"。为找出其原因，可以通过逐层地分析下一级指标。在基本层指标的雷达图显示中，可以发现基本层指标 1 处于黄区（"一般"）；再对其进行深入分析，又发现基本层指标 1 项下的主干层指标 1 处于红区（"较差"）。依次逐层递进，在末梢层指标的雷达图显示中，又可以发现末梢层指标 2 和指标 3 分别处于黄区（"一般"）和红区（"较差"）。由此，采用层层递进推演的方法即可有效地查找出该部门的整体绩效处于蓝区的原因及其影响因素。

第二，横向纠偏纠错。所谓横向纠偏纠错，是指在不同的被评估单位之间进行比较，以发现差距，分析原因，研究制定绩效改进对策，推动本单位整体绩效持续提高。由图 7 –38 可以清楚地看出，在同一时点上，深圳市政府 16 个职能局的整体绩效存在优劣差异（离圆心越近，绩效越差；反之，则绩效越好）。通过比较，可以发现哪些部门的整体绩效比较优秀，哪些部门的整体绩效存在差距。对于整体绩效出现异常的部门，又可以利用追溯纠偏纠错继续分析更深层次的问题和原因。

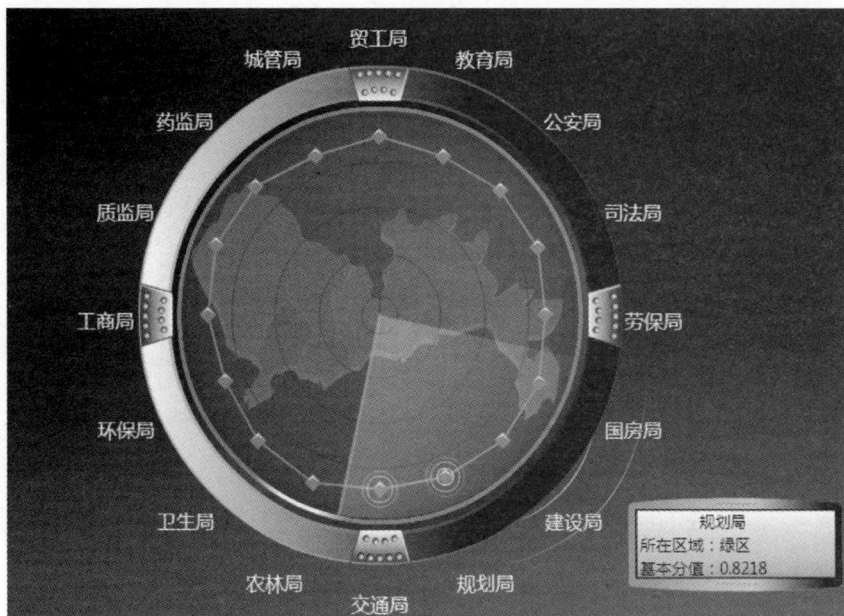

**图 7 - 38  深圳市政府部分职能部门的整体绩效图**

第三，纵向纠偏纠错。对绩效评估结果进行纵向比较，可以了解同一部门乃至其某一方面的工作在不同时期的情况，并从中找出规律和发现问题，及时采取纠偏纠错措施。

以图 7 - 39 为例，该图反映了 2012 年上半年深圳市福田区的整体绩效情况。通过纵向比较，可以发现福田区在 1 ~ 6 月中哪些月份的绩效较好，哪些月份的绩效较差。对绩效出现异常的月份，又可以通过追溯纠偏纠错继续分析更深层次的问题和原因，及时总结经验，扬长避短，持续改进绩效。

第四，绩效自动诊断。在对某个被评估单位或某一层指标的纠偏纠错过程中，纠偏纠错子系统还可以自动对该单位或该指标进行绩效诊断，并显示诊断结果。例如，图 7 - 40 显示的就是对深圳市龙岗区政府的"公共服务"这个基本层指标及其项下"行政效能"这个主干层指标的自动诊断结果。

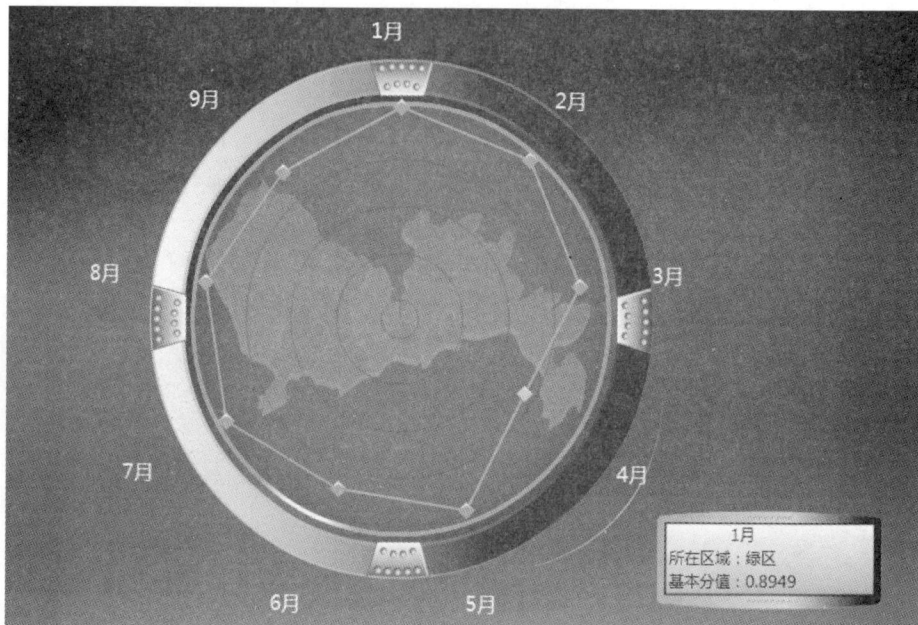

图 7 − 39  2012 年上半年福田区绩效情况

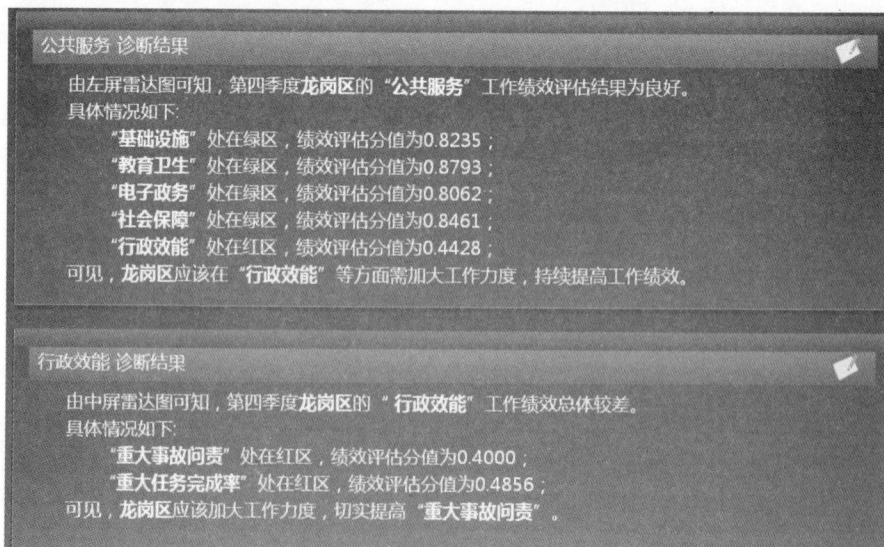

图 7 − 40  龙岗区政府绩效自动诊断结果（"公共服务"指标）

此外，在纠偏纠错子系统自动给出诊断结果后，还可以根据实际调查情况，对诊断结果进行繁简程度不一的修改，并将修改后的结果保存归档，如图 7-41 所示。

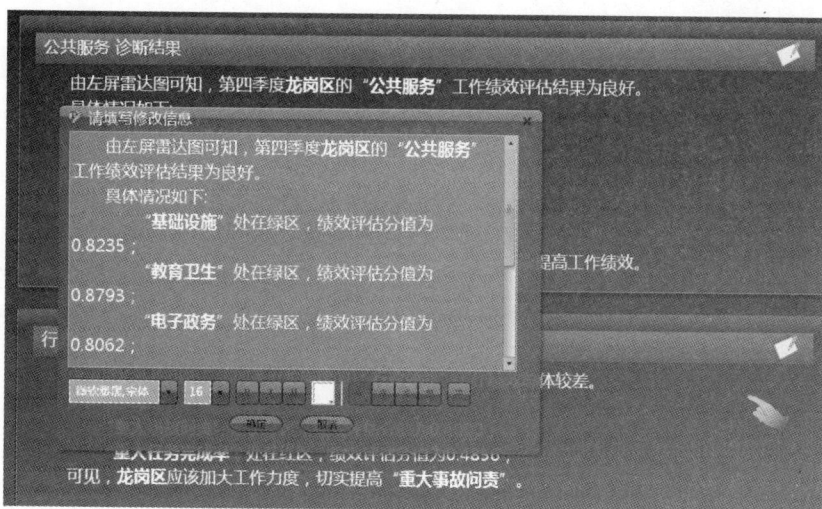

图 7-41 政府绩效自动诊断结果修改示意图

3. 预期预估子系统

（1）技术原理。预期预估的主要技术特点是：通过运用统计学上的"窗口滑动"技术，将标杆导引变量纳入预估视野。政府绩效评估模型对指标 $V_i$ 的标准评估分区如图 7-42 所示。

在对绩效评估指标进行分区后，可以分以下两个步骤来实现对绩效评估结果的预期预估功能：

①进行简单外推，主要运用公式 $\hat{V}_{t+2} = \dfrac{z_t}{z_t + z_{t+1}} \times V_t + \dfrac{z_{t+1}}{z_t + z_{t+1}} \times V_{t+1}$ 来推算。在上式中，某一评估指标前两期的总分值分别为 $Z_t$、$Z_{t+1}$，基本分值依次为 $V_t$、$V_{t+1}$。其中，总分值为加进奖惩机制后的实时评估数值，即飞机的位置；基本分值为根据指标报送数据标准化后的数值，与标杆—雷达图制作中所用相应数值完全一样。

②应用当外推值落在不同区域的预估公式。为了体现对评估的绩效改善促进功能，前面的政府绩效评估模型中提出了绩效改进牵引力的概念，

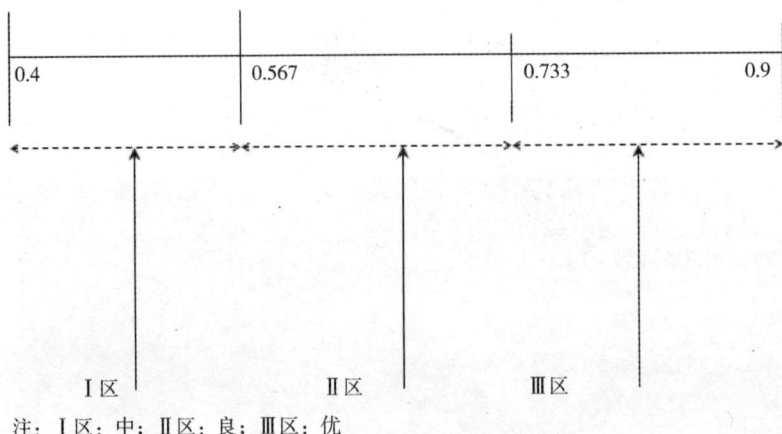

| 0.4 | 0.567 | 0.733 | 0.9 |

Ⅰ区　　　　　　　Ⅱ区　　　　　　Ⅲ区

注：Ⅰ区：中；Ⅱ区：良；Ⅲ区：优

**图7－42　绩效评估指标分区示意图**

以促使预期预估子系统能够最大限度地挖掘被评估单位的绩效潜力。例如，当 $\hat{V} = \bar{v}$ 落在区间（0.4，0.567）时，其定义如下：

$$F_{I\to II} = \alpha \times (0.650 - \bar{v}) = \frac{0.65 - \bar{v}}{0.9 - \bar{v}} \times (0.650 - \bar{v}),$$

而带有导引线的外推预期公式为：

$$P = \bar{v} + F_{I\to II} = \bar{v} + \alpha \times (0.65 - \bar{v}) = \bar{v} + \frac{0.65 - \bar{v}}{0.9 - \bar{v}} \times (0.65 - \bar{v})。$$

于是，在当 $\hat{V} = \bar{v}$ 落在不同的区间便形成了不同的外推预期公式：

$$\begin{cases} P_1 = \bar{v} + F_{I\to II} = \bar{v} + \alpha \times (0.65 - \bar{v}) = \bar{v} + \frac{0.65 - \bar{v}}{0.9 - \bar{v}} \times (0.650 - \bar{v}) \cdots \\ \quad \text{当 } \hat{V} = \bar{v} \in (0.4,\ 0.567) \\ P_2 = \bar{v} + F_{II\to III} = \bar{v} + \alpha \times (0.817 - \bar{v}) = \bar{v} + \frac{0.817 - \bar{v}}{0.9 - \bar{v}} \times (0.817 - \bar{v}) \cdots \\ \quad \text{当 } \hat{V} = \bar{v} \in (0.567,\ 0.733) \\ \text{当 } \hat{V} = \bar{v} \in (0.733,\ 0.9) \text{ 时，标杆导引的区间滑动消失，} \bar{v} \text{本身就是预估值。} \end{cases}$$

（2）实现方案。预期预估不是纯粹的趋势外推，预估数值体现的是绩效潜力挖掘的导向性。对绩效评估结果进行预估，不仅仅是要告知被评估单位未来可能发生什么（如绩效变化趋势可能恶化），而是要告诉被评估单位应该朝什么样的预期方向努力或努力的"程度"。预期预估子系统的这种功能与纠偏纠错子系统的功能互为补充：纠偏纠错子系统的功能是发现和查找政府工作中出现的问题及其原因，而预期预估子系统的功能是为了揭示政府工作应该努力的方向以及工作绩效需要提高到的程度。

预期预估子系统的功能主要体现在：

①利用标杆牵引政府工作朝着最优的目标发展。

②通过预期预估功能对政府工作提出一个发展目标，并推算为实现这一目标相关政府单位应付出多大的努力。

③相关政府单位通过比较可以发现实际工作中存在的差距，从而更清楚地了解自身的工作现状以及需要提升的空间。

（3）功能应用。在深圳市政府绩效电子评估与管理系统中，预期预估的实现结合了标杆牵引线、当期经验累积曲线以及历史经验累积曲线，实现了以牵引线为标杆，当期、历史经验累积曲线与预期预估曲线三线结合多维度阐述历史工作情况、当前工作情况和对工作预期的整体趋势。

其中，标杆牵引线、历史经验累积曲线和当期经验累积曲线，采用以下公式，由数据库系统根据模型中得出的标准化数据自动生成：

$$N_t = 0.1 + \sum_{n=1}^{t} 0.9 \times 0.9^{t-n} \tag{1}$$

$$Z_t = \sum_{n=1}^{t} V_t \times 0.9^{t-1} \tag{2}$$

$$\hat{Z}_t = V_t + \beta N_{t-1} + P_t \tag{3}$$

在上述公式中：式（1）可以推导出标杆牵引线；式（2）为历史经验累积曲线；式（3）为当期经验累积曲线。在此基础之上，预期预估子系统引入了预期预估经验累积曲线，即利用预期预估值替换当期经验累积曲线中的当期绩效评估标准化值，从而形成一条代表绩效预期工作趋势的曲线，如图 7-43 所示。该图非常直观地显示了标杆牵引线、当期经验累积曲线和预期预估线之间的走势（三条曲线分别用绿色曲线、蓝色曲线和黄色曲线表示）。其中，当期经验累积曲线与预期预估曲线之间的拟合度高，表明绩效系统很好地发挥了对绩效工作潜力的挖掘作用，同时也很好地指出了绩效工作的走向问题。

在图 7-43 的基础上，预期预估子系统还可以直观地展示预期预估值产生的过程，如图 7-44 所示。在图 7-44 中，左边和右边的绿球分别为第 1 期和第 2 期的实际评估结果，中间的绿球是根据第 1 期和第 2 期的评估结果外推得到的预期预估值。在预期预估曲线中利用此预期预估值替换当期实

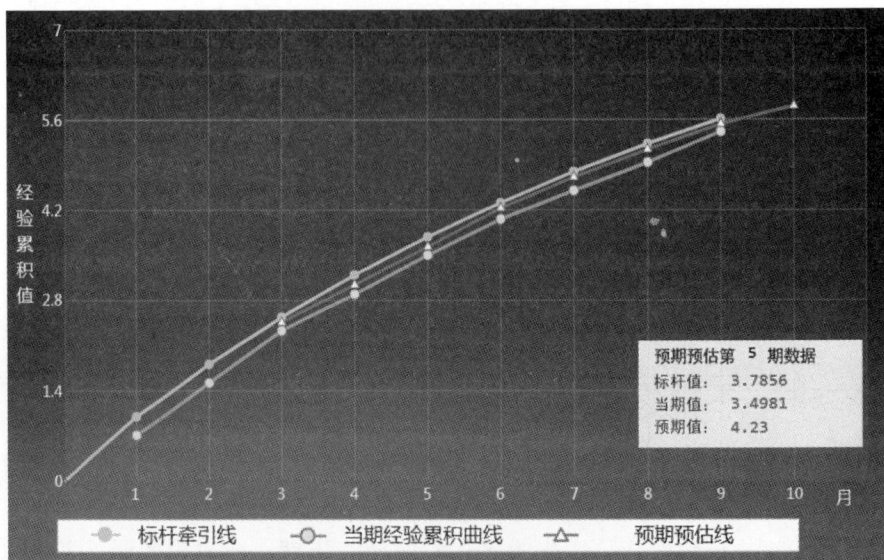

图7-43 2012年罗湖区预期预估曲线图

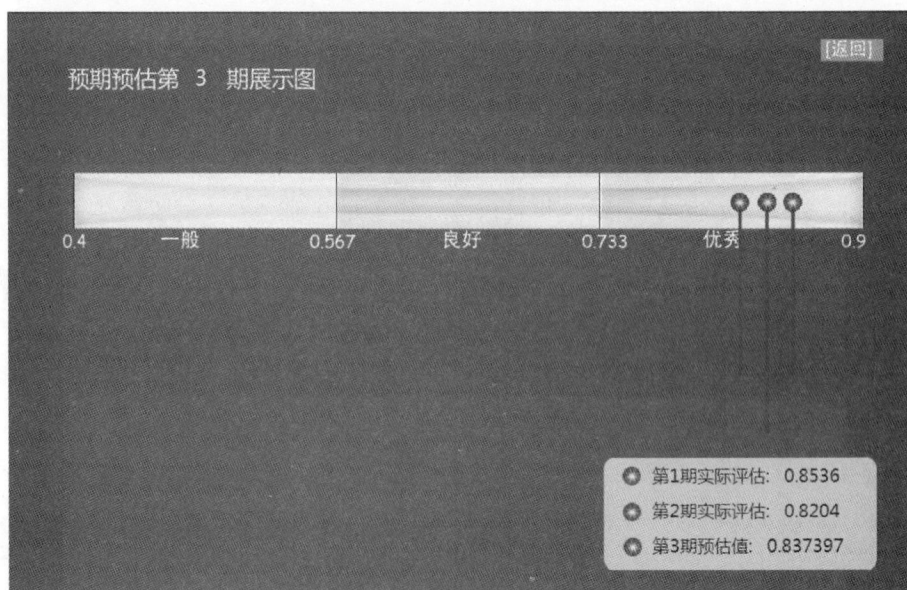

图7-44 预期预估值推导过程

际评估值即可得到预期预估曲线图，这样预期预估外推法与经验累积曲线得到了有机的结合。

①单位整体绩效预估。单位整体绩效预估是指根据前期评估结果与本期评估结果，通过"窗口滑动"技术合理预估下一期的评估结果，并通过电子大屏幕直观地展示出来，见图7-45。

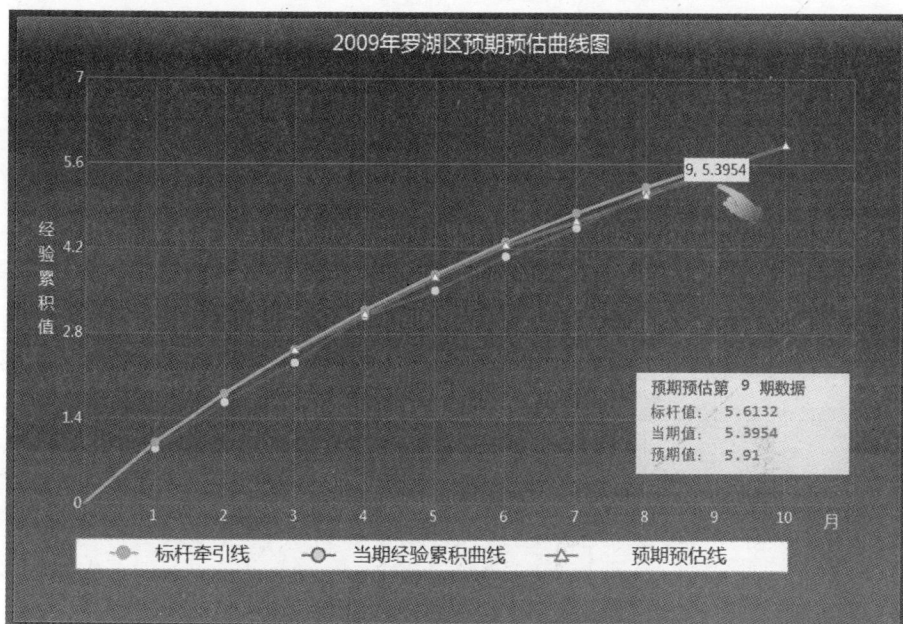

图7-45 单位整体绩效预估结果示意图

②单项指标绩效预估。在预期预估子系统中，还可以采用"窗口滑动"技术对某一被评估单位的每一个单项指标的绩效情况进行预估，并将结果直观地展示在电子大屏幕上，如图7-46所示。

③预期预估结果报告。对于某一被评单位的整体绩效或某一单项指标绩效进行预期预估的结果，均可以由预期预估子系统自动给出结果报告，进而为相关主体进行决策提供有力的参考依据，如图7-47所示。

④预期预估结果编辑。在预期预估子系统自动给出预期预估结果报告后，还可以根据实际调研分析情况，对原有的结果进行合理修订，并将之保存归档，如图7-48所示。

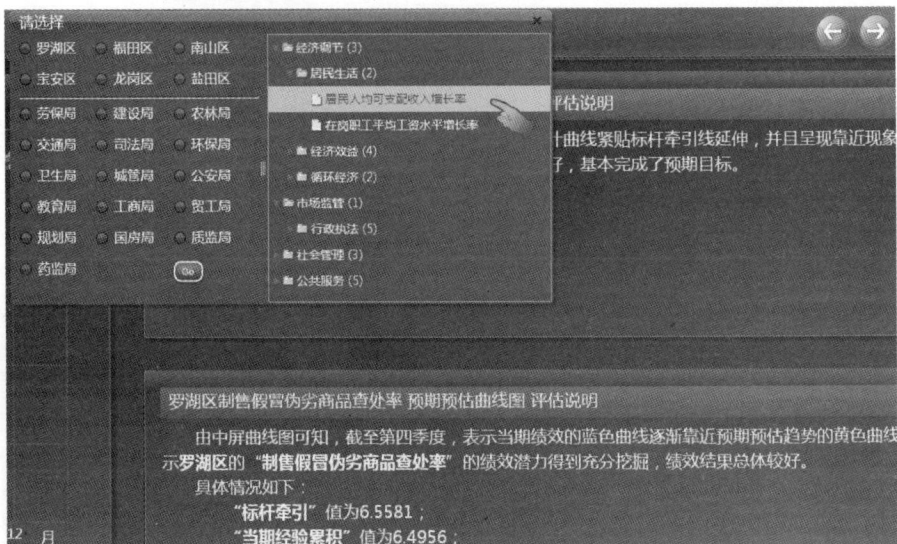

图7－46　单项指标绩效预估结果示意图

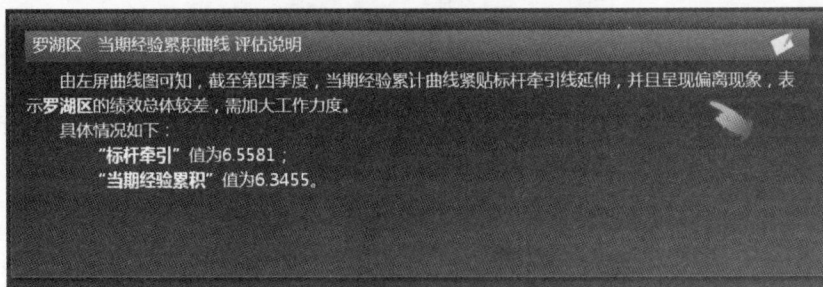

图7－47　预期预估结果报告示意图

4. 绩效指数子系统

（1）绩效指数概述。绩效指数是一个概念化和综合性的指标，绩效指数建立的目的是对绩效模型的测算数据作进一步的提炼和加工，以便得到各个被评估单位绩效状况的最简单、直观的印象，即由一个数据高度概括一个部门的绩效工作整体情况。

（2）技术原理。在深圳市绩效电子评估与管理系统中，选用乘法绩效指数计算方法来计算政府绩效指数，其计算公式为：

$$H_i = h_1 \times h_2 \times h_3 \times h_4$$

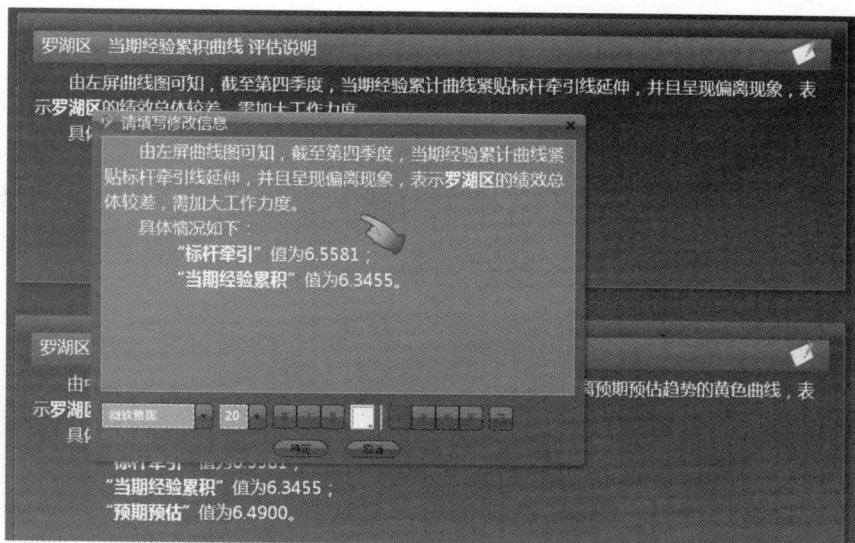

**图7-48 预期预估结果修订示意图**

其中，$h_i$ 的计算方法为：$h_i = \dfrac{V_i - V_{min}}{V_{max} - V_{min}} = \dfrac{V_i - 0.4}{0.9 - 0.4} = 2 \ (V_i - 0.4)$。

在上式中，$V_i$ 为基本层指标当期标准化得分；$V_{min}$ 为理论最小得分，取 0.4；$V_{max}$ 为理论最大得分，取 0.9。

根据各个基本层指标得到的基本层分项指数 $h_i$ 相乘便得到了该部门的综合绩效指数。综合绩效指数值越大，表明该部门的各项工作综合绩效情况状况越优秀；反之亦然。

（3）功能应用。根据各项绩效评估指标权重的变换周期，绩效指数子系统对绩效指数的生成周期也相应作了调整。调整变换周期如表7-56所示。

**表7-56 权重、指数变换对照表**

| 权重变换周期 | 指数生成周期 | 说明 |
|---|---|---|
| 月度 | 生成月度绩效指数 | 含1，2，4，5，7，8，10，11月 |
| 季度 | 生成季度绩效指数 | 含3，9月 |
| 半年 | 生成半年度绩效指数 | 含6月 |
| 全年 | 生成全年度绩效指数 | 含12月 |

根据用户的不同需求，绩效指数子系统在评估指标数据能够及时、准确报送的前提下，可以分别生成对应的绩效指数结果。此外，该系统还可以对不同周期的绩效指数进行部门间的横向比较和部门内的纵向比较。

横向比较主要对不同被评估单位进行分析，直观地展示各单位之间在同一时期内工作绩效的差异，以便发现问题、查找原因和寻求对策。单位间横向比较直观展示如图7-49所示。

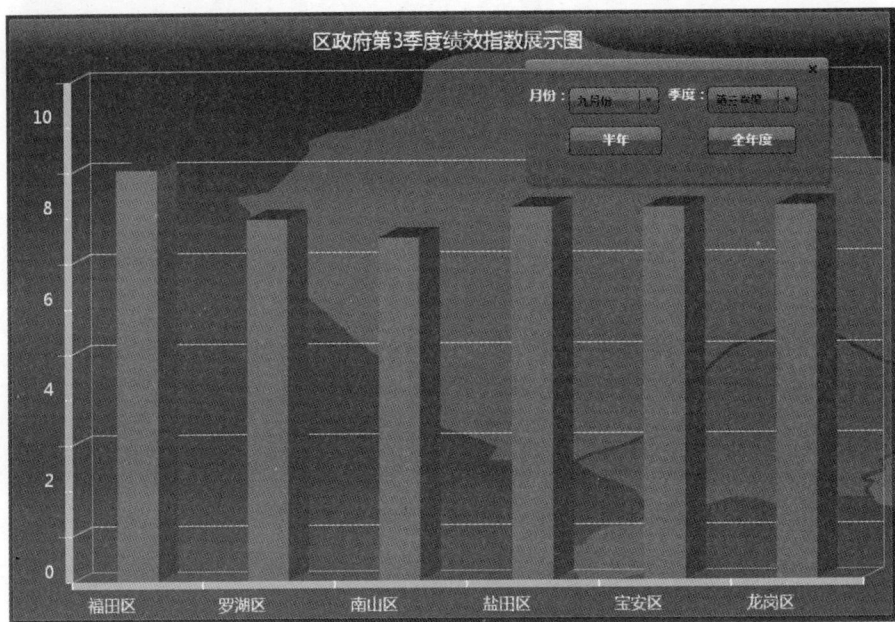

图7-49　绩效指数横向比较示意图

纵向比较主要对同一被评估单位不同时间段之间的工作绩效情况进行分析，直观地展示该单位在不同时间段的工作绩效的差异，以便发现问题、查找原因和寻求对策。同一单位不同时间段之间的工作绩效纵向比较直观展示如图7-50所示。

5. 展示子系统

（1）概述。深圳市政府绩效电子评估系统的展示子系统分为实时评估、纠偏纠错、预期预估、绩效指数和技术平台五个子模块，分别展示前面所述的四个子系统以及技术平台如图7-51所示。实时评估、纠偏纠错、预期

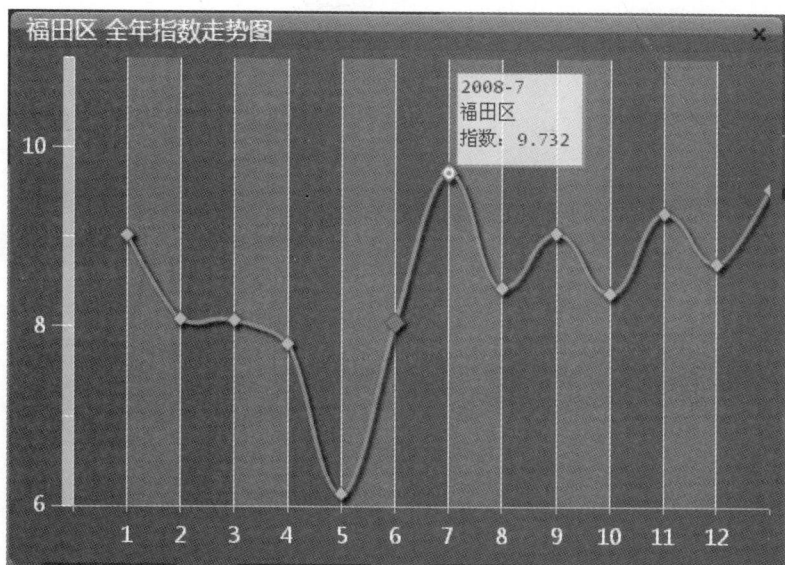

图7-50　单位整体绩效预估结果示意图

预估、绩效指数四个子模块直接反映政府绩效评估的过程和内容，其中又以实时评估子模块为主体，分别展示其他子模块，子模块间互为逻辑、相互印证、浑然一体，形成拉网式的、全面的、详尽的政府绩效评估过程和结果的展示平台。在此基础上，技术平台子模块又对深圳市政府绩效评估系统建设的基本原理和架构进行了提纲挈领式的介绍。可以说，深圳市政府绩效电子评估系统的展示子系统以直观、实时、动态、便捷的形式，全方位、立体式地展现了深圳市政府绩效评估工作的全过程及其结果。

下文将对深圳市政府绩效电子评估系统的展示子系统各个模块之间的关系作进一步的描述和分析。

（2）实时评估展示子模块。实时评估向用户展示的是绩效评估工作中最"原生态"的评估结果。所谓原生态，是指绩效评估指标数据按照相关标准和规则的要求经由数据标准化平台产生的绩效评估结果，没有作任何其他的分析或者处理。它的目的是给用户一个直观的印象，使用户形象、具体地了解到哪些工作是处于绿、蓝区，是比较优秀的；哪些工作是处于黄、红区，是有问题或者需要及时改进的。尽管如此，这个子模块仍然不能展示以下问题：一是针对某一具体指标，如何能够更加清楚地了解到在

图 7 – 51　深圳市政府绩效评估系统的展示子系统

其下级指标中是哪些指标的评估结果不理想，导致了该具体指标的整体评估情况较差；二是被评估部门了解了评估结果不理想的那些指标，却不能更清楚地知道这些指标出现的问题究竟有多严重，而这些问题需要依靠纠偏纠错模块作进一步的展示和说明。

（3）纠偏纠错展示子模块。纠偏纠错的目的就是要发现绩效工作中出现的问题，并且通过雷达图分析法清楚地知道这些问题严重性。由此，通过雷达图表现出来的纠偏纠错展示子模块就能够很好地解决实时评估展示子模块所不能解决的两个问题。换言之，通过纠偏纠错展示子模块进行深入挖掘，可以了解到哪些具体指标所表现的工作绩效较差导致了整体绩效较差，以及这些具体指标所表现的工作绩效较差的严重程度。更进一步，纠偏纠错展示子模块仍不能解决上下对工作绩效的前瞻性预期预估问题：一是被评估部门了解了每一个指标的具体情况，也发现了问题，但不能对下一阶段本部门工作的绩效情况进行合理的预期预估，以便尽早采取措施，提前应对困难；二是即使被评估部门发现问题之所在，并且了解到了问题的严重程度，但仍然难以预知在采取整改措施后相关工作的绩效将有多大程度的改善，也就是说，本部门的工作将取得怎样的进步或者能够提升的空间有多大。在这种情况下，就需要通过预期预估展示子模块来解决了。

（4）预期预估展示子模块。预期预估能够实现对部门、对指标的下一阶段工作情况的预测。它对部门的工作起到了导向作用，能够充分发挥部门的绩效工作潜力。

当被评估部门了解了以上情况,基本上就对本部门的绩效工作情况有了详细的了解。然而,若被评估部门还想要了解系统对部门的整体评价,以及本部门绩效工作的历史情况比较,这就需要用到绩效指数展示子模块。

(5)绩效指数展示模块。绩效指数是对一个部门绩效工作的整体评价,它展示了当前各个部门之间的横向指数比较情况,同时也展示了某一部门纵向的历史指数比较情况。至此,再回到系统的实时评估模块,被评估部门将会对此模块中展示的评估结果有一个更加深刻的认识。

## 五、深圳市政府绩效电子评估系统的安全设计

深圳市政府绩效电子评估系统的安全设计的内容主要包括网络层安全方案、应用层安全方案、数据安全及容错方案和病毒防范方案等。为降低建设成本,提高设施的利用效率,该系统的安全将充分利用市政府机房现有的基础设施。

### 1. 网络层安全方案

深圳市政府绩效评估系统在网络层采用了防火墙技术。由于该系统对于数据的实时性要求较高,数据的传输量也较大,因此对于网络的性能有很高的要求。该系统除了利用市政府中心机房统一的防火墙之外,还在自己的服务器群单独放置一台防火墙,这样就可以单独定义满足本系统安全需求的策略,在网络安全方面实现双重保护。

### 2. 应用层安全方案

在应用层上,深圳市政府绩效评估系统主要采用了严格的身份认证、不同粒度的访问控制、数据完整性、保密性和非否认性检测以及安全审计记录等技术。其中,身份认证可以支持基于对称密钥的 Kerberos V5 和基于公钥的 X.509 证书等各种身份认证技术。不同粒度的访问控制根据不同网络应用提供文件、页面或端口级的访问控制。在数据完整性、保密性和非否认性检测方面,采用高强度加密算法、数字签名、时间戳和会话密钥等技术。应用层安全方案的一个突出优点是除了能进行入侵检测和漏洞扫描外,还能无缝地集成到第三方应用系统的安全机制中,做到统一管理。

### 3. 数据安全及容错方案

对于用户来说,最珍贵的往往不是计算机上的硬件设备,而是存储在存储介质中的数据信息。因此,对于一个信息管理系统来说,数据备份和容错方案是必不可少的。深圳市政府绩效评估系统的数据备份采用软、硬

结合的全面解决方案，包括备份管理软件（利用市民中心机房统一备份系统）和存储区域网络（本系统单独建立网络存储设施）在内的各种技术，具有可靠性高、速度快、性能价格比高等特点。先进的系统体系结构，使其可以支持包括 SAN 在内的各种网络备份技术，支持各种主流计算机操作系统、各种操作系统文件、各种主流数据库系统，支持非结构化数据（如 Lotus Notes）的数据备份、系统在线数据备份以及完全、增量和差分等各种备份策略。在备份过程中，也支持各种数据校验技术。

在容错方面，该解决方案可以进行实时监控，能自动后援切换，支持双机热备份和双机互相备援等各种规划方式，具有伸缩能力强、对现有系统影响小、管理简单方便等特点。

4. 病毒防范方案

针对 Internet 上病毒肆虐，信息系统每天都面临攻击的风险，深圳市政府绩效评估系统充分利用市政府中心机房的病毒防范方案，其技术特点是企业级网络防毒，病毒库网络自动更新，管理简单而有效。

# 第八章 深圳市政府绩效
## 评估结果运用的演进

政府绩效评估是政府绩效管理的核心环节，但评估本身不是目的，通过绩效评估促使政府更高效地履行职责并推进行政管理创新才是根本目的。因此，绩效评估结果的运用是绩效评估与管理的必然延伸。运用评估结果的一个前提是，该评估结果必须客观公正，具有公信力和权威性。所以，首先要不断改进绩效评估方法，以便得出尽可能客观公正的绩效评估结果。

# 第一节　政府绩效评估方法的不断改进

## 一、政府绩效评估方法的划分与运用

根据绩效评估主体的立场不同，政府绩效评估方法可以划分为客观评估和主观评估两种类型。深圳市在推行政府绩效管理的过程中，一直研究探索改进绩效评估方法，以使评估结果更加具有公信力和权威性。

### 1. 客观评估

所谓客观评估，是指根据每年初确定的绩效评估指标体系（包括指标内容及其权重、计分标准、计算规则、指标数据采集与报送规则等），由相关责任单位指定专人负责采集并报送评估指标数据，然后由深圳市绩效办借助深圳市政府绩效电子评估系统处理、计算绩效评估结果，综合完成绩效评估的工作方法。由于这种方法的工作原则、标准、程序都是事先确定好的，具体的操作都是计算机自动处理的，在减少人力投入的同时又极大地降低了人为因素的干扰，故称之为客观评估，其结果也比较客观、公正、可信。

深圳市政府绩效评估系统采用信息化技术，在工作程序上进行了创新，在运作上体现了信息化工具的实践优势。首先是指标评估数据的采集与报送。在选定绩效评估指标的同时借助电子系统确定指标的评估标准、计分规则以及指标数据的采集与报送办法，相关责任单位、责任人、采集报送的内容与途径、时间要求等都在电子系统中列表显示，清晰明确。根据要求，各数据采集和报送责任单位应按时按质通过计算机网络向电子系统报送数据，快速而便捷。与此同时，系统还设置了程序，自动对报送的数据进行甄别、筛选和修正，以真实反映绩效指标的完成情况。其次是评估指标数据的计算处理。电子系统内置了绩效分析与评估软件，可以对各类指标数据自动进行计算处理，分析和诊断绩效指标的完成情况，及时警示已经发生或可能发生的问题，预测绩效发展趋势，并自动生成绩效评估结果和绩效改进建议。最后是绩效数据经过计算机程序计算处理后的结果可以通过电子系统的大屏幕或任何联网的计算机直观地展示出来。这样，电子系统的使用者就能以最直接、最简便的方式从不同的角度了解到绩效工作的各种信息与结果，并分析探究其原因，从而为各级领导决策提供直观、简单、便捷的参考形式。

深圳市运用电子评估系统进行客观评估，具有一些比较明显的特点：一是实时评估，动态跟进。电子系统实现了动态跟踪、过程评估、及时预警、强力督导、推动执行的工作要求，全部工作实时推进，相关问题动态反馈，促进了政府持续改进服务和提高工作绩效。二是程序严谨，计算精确。通过建立数据采集报送与更新制度，确保了数据的及时性、真实性和完整性。整个工作过程都经由电子系统自动完成，基本上排除了人为的、感情的因素，从根本上确保了评估结果的刚性和权威性。三是直观展示，简易便捷。电子系统专门提供了直观的图形化平台，简明扼要地展现绩效评估工作方案、各级各项指标的完成情况、各单位的绩效工作情况、实际工作与标杆的比较、绩效发展变化趋势等内容，如此既便于系统的使用者了解政府绩效状况，又为他们发现问题、分析原因、研究对策、改进工作提供了便利条件。

2. 主观评估

主观评估主要是测量被调查对象对政府工作的满意程度。深圳市借鉴市场营销学中的顾客满意度调查方法，采取相似性原则，将政府行政工作和服务中各个变量的本质抽象成一个系统，用以测度被调查对象对政府工作的评价。具体而言，主观评估就是通过问卷调查、座谈交流、现场采访等形式开展的。因其结果受到问卷设计、评估对象范围的选择、评估对象的即时心态以及调查方法等多种主观因素的影响，故称之为主观评估。主观评估又可分为公众满意度调查和市领导评价。市领导评价的方式是通过设计调查问卷，然后给副市长以上的市领导发放问卷，征求意见，得出他们对各被评估单位的评价及分数。从目前情况看，主观评估是深圳市政府绩效评估与管理工作的重要组成部分，如果用分数比重来衡量的话，大约占据30%的权重，因此对整个绩效评估工作的影响较大。

每到年中，深圳市都会组织相关部门精心设计主观评估工作方案，通过反复征求意见并经市绩效委审查同意后，于年末按照依法独立调查的原则组织开展工作。主观评估工作严格遵循以下原则：一是公开、公正、透明原则。主观评估工作从方案制订、调查组织、填表、调查数据处理、调查结果使用等全过程公开、透明，并邀请公证机构进行公证监督，确保各项工作公开，调查过程公正，调查结果公平合理。二是依法独立调查原则。工作方案经征求意见和审定后，各项工作将依法独立进行，不受任何单位、个人的干扰，确保被调查对象对被调查单位公正、客观地进行评价，确保调查结果客观、真实。三是被评估单位参与原则。为了确保该评价更客观、真实，不仅调查方案的制订要广泛听取被评估单位的意见，而且让每一个被评估单位通过推荐人员实际参与评估工作。四是广泛代表性原则。绩效公众满意度调查旨在了解被调查对象的意见，因此这些对象应具有广泛代表性，使调查结果能真正反映各方面意见。

## 二、政府绩效评估方法的优化

### 1. 社会公众满意度调查方法的优化

由于评估方法对评估结果的影响较大，因此不断优化评估方法也是改善政府绩效管理工作的重点。深圳市政府绩效评估方法的优化包括对客观评估方法和主观评估方法的改进。关于客观评估方法的优化，主要是从指标体系的设计与构建方面进行改进，这在第六章中已有详细介绍，此处就不再赘述。

至于主观评估方法，从社会公众满意度调查来看，一般委托第三方机构进行，通过实地调研、察访核验、问卷调查、网上调查，以及与人大代表、政协委员、特邀监察员和社会公众、服务对象访谈等多种方式进行。2007～2010年，深圳市以问卷调查方式开展政府绩效外部评议，调查对象为在深圳居住半年以上的市民，调查方法采取设置调查点进行街头拦截填写问卷。整个过程需经过方案问卷设计、宣传发动、物料准备、调查员选聘、业务培训、程序编制、现场登记、巡回检查、审核编码、抽查回访、数据处理以及数据分析评估总结等阶段。但这种方式的不足在于调查问题的设计不够细化，没有细分被调查对象的个体差异，调查结果的客观公正性难以保障，同时各单位也对这一调查方式提出许多意见和建议。

从2011年开始，深圳市对政府绩效外部评议的开展方式进行了较大的改进和完善：在组织方式上，由独立机构深圳大学调查机构开展调查，引入公证机构全程监督。在调查方式上，采取大评议团制与办事大厅随机调查相结合，增强调查对象的广泛性和代表性。大评议团样本库共包含党代表、人大代表、政协委员、政风监测点代表、被评估单位公务员代表、被评估单位特定服务对象代表六个层面。评议团样本库共9360人，每个单位调查样本量820多个。考虑到各单位的差异性，调查中将被评估单位分为三类，每类单位采取不同的取样比例。在调查内容上，包括对"总体工作满意度的评价、办事效率的评价、工作质量的评价、廉洁状况的评价、政府工作改进程度的评价"五个问题，较为完整。

2. 2012年度深圳市政府绩效公众满意度调查方案

为做好政府绩效的社会公众满意度调查工作，深圳市每年都要对调查方案进行研究和修订，以适应日益规范、科学、严谨的绩效管理工作需要。在2012年开展政府绩效公众满意度调查之前，深圳市有关部门花费大半年的时间研究制订了该年度的调查方案，主要内容如下：

（1）被调查单位的类型划分。为客观、真实地反映被调查单位的绩效情况，根据其职责及特性将其划分为三种类型：第一类（10个）为各区政府（新区管委会），具体包括福田区、罗湖区、南山区、盐田区、宝安区、龙岗区、光明新区、坪山新区、龙华新区、大鹏新区；第二类（24个）为主要对外提供公共管理和服务的部门，包括市发展改革委、市经信委、市科创委、市财政委、市规划国土委、市人居环境委、市交通运输委、市卫生人口计生委、市教育局、市公安局、市民政局、市司法局、市人力资源保障局、市文体旅游局、市住房建设局、市水务局、市地税局、市市场监管局、市药品监督管理局、市城管局、市气象局、市国资委、市口岸办、市台办；第三类（9 个）为主要在政府内部进行协调管理的部门，包括市政府办公厅、市监察局、市审计局、市统计局、市法制办、市外办、市应急办、市金融办、市建筑工务署。

（2）调查样本构成及样本量。调查采用大评议团制，即以大评议团为样本框，调查对象从大评议团中按比例抽样。大评议团由 10160 人组成，其构成来源及人数分别为：①党代会代表 100 人，由市委组织部推荐；②人大代表 100 人，由市人大常委会办公厅推荐；③政协委员 100 人，由市政协办公厅推荐；④市政风监测点代表 40 人，由市纠风办推荐；⑤各被调查单位工作人员代表 20 人，共计 820 人，由被调查单位自行推荐；⑥市民代表 800 人，由市民中心服务大厅随机选出；⑦各被调查单位服务对象代表 200 人，共计 8200 人，由被调查单位调查推荐。其中，①～⑥类评议代表须对全部被调查单位进行评议，第⑦类评议代表只对所推荐单位进行评议。

（3）抽样比例及调查样本。对大评议团构成来源的前五类人员的抽样比例均为 50%，对第⑥、⑦类人员的抽样比例为 25%。如某个被调查单位的在职工作人员不足 20 人，可以根据本单位实有人数推荐，在抽样时通过提高该单位的抽样比例，使该单位仍有 10 人实际参与评议。

此外，为了确保各类调查对象对调查问卷的参与率，避免由于客观原因导致无法联系到被抽中的调查对象的情况，特需在上述七类按固定比例随机抽选后的所余人员中再随机抽选出一定比例的候补调查对象。具体比例为：第①、②、③、⑦类人员的候补调查对象抽样比例均为 20%；第④、⑤类人员的候补调查对象抽样比例均为 10%；第⑥类人员的候补调查对象抽样比例为 50%。

（4）权重及计分方法。上述①～⑦类人员调查分值占总分权重为 85%，各被调查单位推荐的服务对象代表调查分值占总分权重为 15%。

为了确保公平、合理，针对每个被调查单位的调查问卷均设计 6 个问题，分别是：a 对总体绩效的评价；b 对办事效率和服务态度的评价；c 对服务水平和工作质量的评价；d 对廉洁情况的评价；e 对过去一年工作改进情况的评价；f 最希望改进的职责事项（主要根据"三定"方案列出选项）。但规定只对前五个问题计算分数，第六个问题不计算分数。

调查结果统一使用百分制；对计分的每个问题均有 5 个答案：满意；较满意；一般；不太满意；很不满意。每个答案对应分值为：满意 = 90 分；较满意 = 80 分；一般 = 70 分；不太满意 = 60 分；很不满意 = 40 分。此外，还规定五个参与计分问题的权重依次为：30%、15%、15%、20%、20%。被调查单位推荐服务对象代表所作评议单独计分，具体计分办法同上，分值计算所占权重为15%。

（5）评议团构成人员的推荐与要求。首先是对评议团构成人员规定如下基本要求：推荐参与评议的党代会代表、人大代表、政协委员可以是市级和区级党代会代表、人大代表、政协委员，但不能是政府机关工作人员（保证有更多的其他阶层的人员参与评议）；被调查单位推荐本单位参加评议团的人员须符合两个条件，即在深圳工作或居住2年以上（含2年），是本单位公务员或在编事业单位工作人员（各区可以是直属机构公务员）。

其次是对被调查单位推荐服务对象规定如下要求：①被调查单位推荐的服务对象为居民代表、企业代表及机关事业单位工作人员代表（非本机关工作人员）等特定的服务对象代表。第一类单位（即各区）的服务对象，原则上40%为居民代表，60%为企业代表；第二类单位的服务对象，原则上机关事业单位工作人员代表不超过40%，其余为居民代表、企业代表或特定服务对象代表；第三类单位的服务对象，原则上机关事业单位工作人员代表不超过60%，其余为居民代表、企业代表或其他特定服务对象代表。各被评估单位要根据自身业务实际确定服务对象的类别、比例和具体人员，并送市统计局、市绩效办备案。②居民代表不应为公职人员及其家属。③服务对象的其他要求：在深圳工作或居住2年以上（含2年）。④服务对象代表三年更换一次，更换的比例和人数由被评估单位自行决定和呈报。

最后是对推荐单位进行一些基本要求：推荐单位对所推荐人员负责，并确保所推荐人员信息客观、真实；推荐单位填写被推荐人情况表，主要内容包括身份类别、姓名、工作单位、职务，以及在深圳工作（居住）时间、联系电话（手机）等；各推荐单位要严格按规定和要求推荐机关工作人员代表及服务对象代表，并将以上参加评议的推荐人员在本单位进行公示。

在这个基础上，深圳市专门建立了评议团组成人员数据库，数据库三年重新更换，每年可个别调整。更换、调整人员仍由原推荐单位推荐。

（6）调查工作的组织。深圳市对开展政府绩效的社会公众满意度调查作了严密的组织。一是制订调查工作规程，具体要求：①党代会代表、人大代表、政协委员、市政风监测点代表、市民代表、服务对象代表通过电话调查、上门访问、邮寄调查表方式进行调查。调查表需要邮寄或送达的，由独立调查机构统一寄达或送达。党代会代表、人大代表、政协委员、市政风监测点代表、市民代表、服务对象代表完成调查问卷后，可以将调查表邮寄到市统计局，也可通知调查机构上门收取。②被调查单位工作人员代表原则上采取现场集中评议办法，在各被调查单位进行调查。③所有调查问卷均不记名。④允许评议人员对不熟悉的单位不予评议。⑤现场评议的调查问卷由评议人员直接投到封闭的投票箱，在市统计局、市绩效办、独立调查机构及公证机构的见证之下，集中开箱取表。⑥评议人员独立填表，现场不能讨论、交换意见，评议不受干扰。

二是对调查工作作了严格的规定：①除被调查单位工作人员代表须在统一安排的时间及地点进行评议外，其他评议人员原则上通过电话调查、上门访问或邮寄调查表等方式进行调查。②每个被评议单位均设立一个评议点，安排被调查单位工作人员代表集中评议。无特殊原因不能在规定时间、地点参加评议的人员，视为弃权。被调查单位工作人员代表在领取调查问卷后因特殊情况不在现场评议的，也应于规定时间及地点交表。③被调查单位工作人员代表须携带身份证或工作证，入场签名，核对身份。④被抽中人员因故不能参加时，由现场调查人员依备选人员顺序安排备选人员作为调查对象。

三是对调查现场管理做了严格的规定：独立调查机构负责现场评议工作的组织，包括签到、验证、发表、宣读评议须知等；各区、市属各单位负责本单位的会场管理，包括提供会议室、进行必要的会场布置。

（7）数据处理规定。为确保调查数据处理过程公开、透明作了如下规定：①现场评议人员将调查表直接投入投票箱，调查表不经其他任何个人之手；②调查表在公证机构及市统计局、市绩效办、独立调查机构共同监督下开箱、盖章；③经盖章确认的调查表由独立机构编序造册，登记备案后再录入。

对独立第三方进行数据录入、处理，又有如下规定：①独立第三方对审定、编码的有效调查表进行数据录入、处理；②独立第三方必须进行录入审核、校对，确保准确录入；③市统计局负责数据录入的质量抽查。

（8）质量控制及监督。为严格控制调查质量，深圳市还规定：①调查过程及数据处理接受公证机构的监督，具体包括抽样工作、调查表开箱及调查问卷开封工作；②市统计局确保调查过程严格按方案的规定和要求进行操作，对违规人员追究责任；③独立调查机构必须制定调查人员工作指引，并报市统计局审定，使调查、编码、数据处理等各项工作按统一的工作规程、标准进行；④对调查的主要工作内容及主要过程拍照、录像以供备案备查；⑤整个调查工作接受各区、各单位的质询、监督及结果核查，允许每一个单位查校本单位的原始调查表和调查结果。

# 第二节　深圳市绩效评估结果的运用

绩效评估结果的运用既是绩效评估的延续，也是绩效评估的目的所在。但它又是一把"双刃剑"，用好了可以为单位带来活力和激情，成为不断提升工作绩效的助推剂；运用不恰当则可能挫伤工作积极性，甚至引发矛盾。

## 一、对绩效评估结果运用的理解

绩效评估结果运用既是绩效评估工作的重要环节，又是绩效评估工作成果的重要体现。进行政府绩效评估只是一种政府管理的手段，其目的是使政府自身和利益相关者更全面地了解政府职能的履行情况及其存在的问题，总结经验、吸取教训，并科学地规划未来的行动，不断地改进绩效。因此，没有评估结果的应用，政府绩效管理就不可能实现其目标。从这个意义上看，也可将政府绩效评估结果的激励看作市场信息起到的作用。在没有开展绩效管理工作之前，政府之间对绩效的差异缺乏了解，信息的缺失导致欠缺对激励的追求，谁都有可能认为自己是最好的，从而欠缺对整体绩效改进的动力。绩效评估结果就像价格信息一样，向各级政府传递政府绩效差异的信息。

此外，有比较就会有压力，向社会公开评估结果更加剧了这种体验。奥斯本和盖布勒在《改革政府》一书中提出：测量能推动工作；若不测定效果，就不能辨别成功还是失败；看不到成功就不能给予奖励；不能奖励，就有可能是在奖励失败；看不到成功，就不能从中学习；看不到失败，就不能纠正失败；展示成果，能赢得管理公众支持。与绩效联系在一起的奖惩机制将会加大对政府工作人员的激励，考核评价为奖优罚劣、奖勤罚懒提供直接依据，符合科学发展观的要求。

## 二、绩效评估结果运用的渐次推进

虽然绩效评估结果运用的重要性是显而易见的，但在实际工作中如何科学地进行却是一个难点。在2011年以前，深圳市政府绩效评估结果运用主要是分季度、半年、年度定期评估汇总，并编制绩效评估报告。季度和半年报告均采用工作简报的形式，呈报有关领导并印发给相关单位；年度报告除了编印成工作简报，还要在市绩效委全体会议上通报。为避免各单位过于关注评估分数，而疏于实际工作的改进，总评估结果弱化排名，在公布时采用优、良、中、差四个等级（在电子系统的展示上，依次对应绿、蓝、黄、红四色等级）的形式。对于具体的工作或问题，另行采用书面或会议的形式进行沟通交流，督促工作改进。对于绩效评估结果的各种困惑或质疑，市绩效办敞开回答，通常会利用电子系统这个简洁直观的工具为相关单位展示、解析各类数据结果，追根溯源、清楚明了地剖析问题，查找原因，推动整改。这种评估结果的运用方式比较单一，主要是通过将结果在一定范围内的通报而发挥激励或督促作用。

在前面几年工作的基础上，从2011年开始，深圳市运用绩效评估结果适当地增加了刚性和强度。根据《深圳市政府绩效评估与管理结果运用规则》的规定，将评估结果与政策调校、人事考核、行政奖惩结合起来。具体措施包括：一是向市委常委会和市政府常务会报告。评估结果每半年向市政府常务会报告，每年向市委常委会报告，目的是促进查找不足、改进工作。二是与公务员年度考核挂钩。对年度评估结果优秀的，年度考核"优秀"人数比例由15%提高到18%；良好的，由15%提高到16%；结果差的，降低其所在单位的年度考核"优秀"人数比例。2011年，绩效得分90分为"优秀"，80~90分为"良好"，60~80分为"一般"，60分以下为"较差"。三是与市管班子年度考核相衔接。绩效评估结果作为各区政府（含新区管委会）、市政府各部门班子年度考核实绩的组成部分。四是作为干部使用的参考。将绩效评估结果通报市委委员和市委组织部，作为考核干部实绩、提拔任用干部的重要组成部分。

# 第九章 深圳市 2010 年度
## 政府绩效评估报告

随着社会主义市场经济体制的逐步完善，随着经济从政府主导型向市场主导型转变，政府的角色定位也要从全能型政府向公共服务型政府转变，政府真正履行经济调节、市场监管、社会管理和公共服务职能，特别要强化其中的公共服务职能。[①] 从 2007 年开始，深圳市政府启动了政府绩效管理工作，根据政府职能转变的要求和特点，在绩效评估与管理内容上更加突出公共服务和社会管理的重要性。下面，以深圳市 2010 年度政府绩效评估报告为例说明深圳市政府近年来的政府绩效评估与管理工作情况。

## 第一节 总体评估结果

2010 年是深圳市政府在全市 32 个市属部门和 8 个区政府（含 2 个新区管委会）全面推行政府绩效评估与管理工作的第一年，也是市委市政府部署推进转变经济发展方式以及特区一体化、发展新兴产业和支出产业的关键一年。本年度的政府绩效评估结果与特点如下：

### 一、年度总体评估结果相比 2009 年度有较大进步

2010 年度评估结果显示，全市 8 个区（功能区）绩效得分均值为 91.97 分（其中 7 个区得分在 90 分以上），属于"优秀"，比 2009 年度得分均值（86.59 分）高 5.38 分，为两年度平均值的 6.03%；32 个市政府工作部门

---

[①] 张卓元：《张卓元经济文选》，中国时代经济出版社 2009 年版，第 150～151 页。

绩效得分全部为优秀，均值达 94.28 分。以简单平均值计算，2010 年度全市政府绩效得分为 93.13 分，其中政府工作部门评估结果优于区（功能区）政府。同时，各被评单位表现存在差距。40 个被评估政府单位中，市药品监管局以 96.39 分居于首位，坪山新区以 88.78 分排名末位，两者之差为 7.61 分，为均值的 8.17%。相比而言，32 个政府工作部门评估结果的极差小于 8 个区（功能区）政府。

## 二、在区政府评估结果中福田区居首

2010 年度区级政府评估结果为：福田区 96.13 分，盐田区 94.91 分，宝安区 92.82 分，光明新区 91.8 分，罗湖区 90.71 分，南山区 90.47 分，龙岗区 90.36 分，坪山新区 88.78 分，其中福田区得分居全市首位。8 个功能区得分均值为 91.97 分，最高分与最低分相差 7.35 分，较 2009 年度有所扩大。图 9-1 显示了 2009 年度与 2010 年度深圳市区（功能区）政府绩效评估结果。

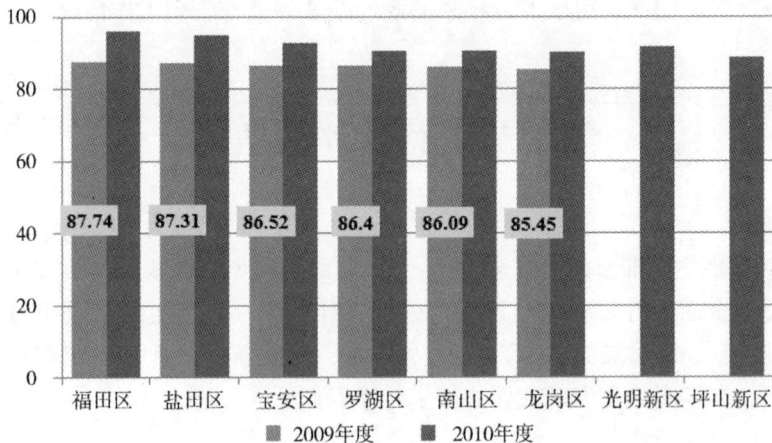

图 9-1  2009 年度与 2010 年度深圳市区（功能区）政府绩效评估结果

通过历史比较，参与 2009 年度及 2010 年度绩效评估的有个 6 区（福田、盐田、宝安、罗湖、南山、龙岗），各区 2010 年度的得分与 2009 年度相比均有所提高，但排名保持不变，其中进步最大的是福田区，分数较 2009 年度高出 8.39 分。

### 三、在市政府工作部门评估结果中市药品监管局居首

2010 年度深圳市政府工作部门评估结果为：市药品监管局得分 96.39
分，居全市所有参评部门首位；市政府办公厅得分 95.65 分、市国资局得分
95.53 分，分别位列第二、第三；市金融办得分 91.53 分，排在末位。32 个
市属部门平均得分为 94.28 分，最高分与最低分相差 4.86 分，但评估结果
均为"优秀"，得分较 2009 年度提升较大，且部门之间差距有所减小。进
一步，32 个部门按委、局、办分为三类，年度绩效得分十分接近，其中委
类部门有 7 个，平均得分为 94.08 分；局类部门有 18 个，平均得分为 94.49
分；办类部门有 7 个，平均得分为 93.95 分。按委、局、办三类分别排序得
分最高与最低的部门评估结果如表 9 – 1 所示。

表 9 – 1 按委、局、办三类排序得分最高与最低的部门评估结果

| 部门类别 | 首位 | | 末位 | |
|---|---|---|---|---|
| | 部门 | 得分 | 部门 | 得分 |
| 委 | 市国资局 | 95.53 | 市科工贸信委 | 92.03 |
| 局 | 市药品监管局 | 96.39 | 市司法局 | 92.67 |
| 办 | 市政府办公厅 | 95.65 | 市金融办 | 91.53 |

### 四、公众满意度与环境保护绩效评价明显偏低

评估结果按不同的数据来源，可分为内部电子系统评价（65%）、领导
评价（5%）、社会公众满意度调查（25%）及电子民调系统测评（5%），
4 个维度得分均值如图 9 – 2 所示。由图可知，区政府与市政府工作部门评
估结果在数据来源上呈现一致性，公众满意度评分明显偏低。此外，从指
标维度评分结果来看，衡量区（功能区）政府绩效的 11 项二级指标中，平
均得分最低的为环境保护（82.69 分），其与平均得分最高的服务保障
（86.66 分）相差 12.49 分；低碳经济平均得分 79.95 分，与最高的服务保
障相差 6.71 分，两者为影响总体绩效的"短板"。在三级指标方面，环境
保护及低碳经济所对应的河流平均综合污染指数（76.88 分）、城市污水集
中处理率（79.70 分）、万元 GDP 水耗下降率（84.79 分）及工业用水重复
利用率（86.88 分）等若干具体指标的平均得分均排在末位。很显然，公众

满意度与环境保护绩效的评估结果凸显了深圳社会经济发展与转型过程中的主要问题，体现了政府绩效评价的功能。或者说，更加注重社会公众反馈，提升公众满意度，以及加快转变经济发展方式，保护生态环境，实现可持续发展，提高公众幸福感，走"质量深圳"的道路，是政府绩效改善的基本方向。

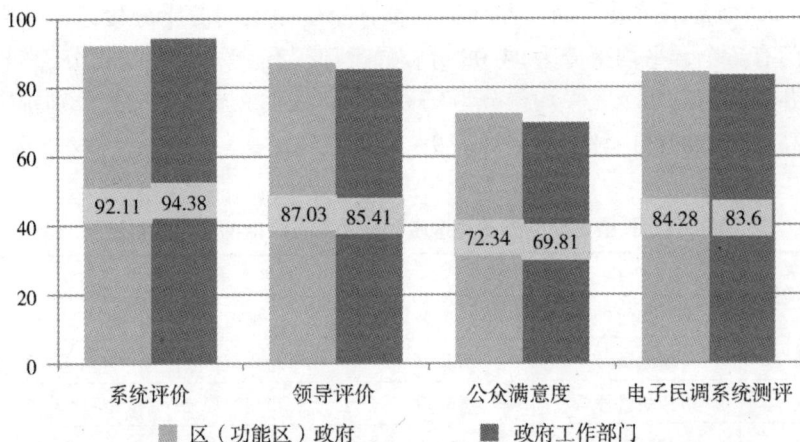

图9-2 区（功能区）政府与市属部门4个维度得分均值

### 五、年度评估结果明显优于季度结果

年度评估体现结果导向，季度评估旨在过程控制。评估结果表明，全部40个被评估单位中，年度与第四季度得分普遍较高，二季度与三季度得分相对较低，以8个区为例，二季度有1个区（光明新区）、三季度有2个区（罗湖区、南山区）得分在80分以下。同时，二季度与三季度得分曲线起伏较大，而年度得分曲线则较为平缓，绩效得分属于"优秀"的区，前三季度各占25%，第四季度上升为75%，年度达到87.5%，说明被评估单位更加重视年末的绩效改善，也反映政府绩效评价的结果导向与过程控制的统一功能存在改善空间。

# 第二节 区政府评价结果

## 一、年度与季度评估结果及历史比较

过程控制与结果导向是深圳市政府绩效评估的基本特色，在具体操作上，则是实现季度评估与年度评估相结合。依据技术方案，可获得全市 8 个区政府（新区管委会）2010 年 4 个季度及全年绩效评估结果，如表 9 - 2 所示。

表 9 - 2　2010 年度深圳市区政府绩效季度及年度评价结果

| 区或功能区 | 第一季度 | | 第二季度 | | 第三季度 | | 第四季度 | | 全年 | |
|---|---|---|---|---|---|---|---|---|---|---|
| | 得分 | 排名 | 得分 | 排名 | 得分 | 排名 | 得分 | 排名 | 得分 | 排名 |
| 福田区 | 89.13 | 3 | 87.39 | 5 | 94.19 | 2 | 95.52 | 1 | 96.13 | 1 |
| 盐田区 | 90.85 | 2 | 92.19 | 1 | 94.93 | 1 | 93.96 | 3 | 94.91 | 2 |
| 宝安区 | 86.47 | 4 | 87.76 | 4 | 88.91 | 3 | 91.52 | 4 | 92.62 | 3 |
| 光明新区 | 86.27 | 6 | 74.73 | 8 | 87.26 | 4 | 94.11 | 2 | 91.80 | 4 |
| 罗湖区 | 85.34 | 8 | 83.61 | 7 | 74.21 | 8 | 85.69 | 7 | 90.71 | 5 |
| 南山区 | 86.39 | 5 | 88.43 | 3 | 79.36 | 7 | 90.04 | 6 | 90.47 | 6 |
| 龙岗区 | 85.58 | 7 | 87.38 | 6 | 84.98 | 5 | 91.00 | 5 | 90.36 | 7 |
| 坪山新区 | 91.82 | 1 | 90.61 | 2 | 83.32 | 6 | 84.94 | 8 | 88.78 | 8 |
| 均值 | 87.73 | — | 86.51 | — | 85.90 | — | 90.85 | — | 91.97 | — |

由表 9 - 2 可知，全市年度评估绩效得分均值为 91.97 分，属于"优秀"。各区政府（新区管委会）年度与季度得分均值都处于"良好"区间，并且差别不大。同时，年度"优秀"者占 87.5%，季度"优秀"者占 37.5%，除第三季度外，所有季度与年度评估结果均为"良好"及以上，总体上，年度评估结果高于季度评估结果。比较季度评估结果，第四季度得分普遍较高，第二季度与第三季度得分相对较低，且离散性较强。

表 9 - 3 为季度与年度得分的极端值情况，由该表可知，不同时段各区

得分的标准差较小（第三季度最大，为 7.05 分）。从得分区间与排名来看，属"优秀"的区，第一季度有 2 个区（坪山新区、盐田区），第二季度有 2 个区（盐田区、坪山新区），第三季度有 2 个区（盐田区、福田区），第四季度有 6 个区（福田区、光明新区、盐田区、宝安区、龙岗区和南山区），第四季度明显多于其他 3 个季度。

表 9 - 3  2010 年深圳市区级政府绩效季度与年度得分特点

| 统计量 | 第一季度 | 第二季度 | 第三季度 | 第四季度 | 全年 |
|---|---|---|---|---|---|
| 平均值/分 | 87.73 | 86.51 | 85.90 | 90.85 | 91.97 |
| 最大值/分 | 91.82 | 92.19 | 94.93 | 95.52 | 96.13 |
| 最小值/分 | 85.34 | 74.73 | 74.21 | 84.94 | 88.78 |
| 标准差/分 | 2.51 | 5.39 | 7.05 | 3.87 | 2.48 |
| 优秀率/% | 25.0 | 25.0 | 25.0 | 75.0 | 87.5 |

从表 9 - 4 中可以看出，与 2009 年度比较，2010 年度绩效得分有较大提高。全市均值 2009 年为 86.66 分，2010 年为 91.97 分，差值 5.31 分（坪山新区与光明新区 2009 年未参加评估，亦存在其他技术性因素），上升了 5.8%，各区呈现相同的变化趋势，其中福田区提高最大，达 8.39 分，上升幅度为 9.6%。

表 9 - 4  2010 年与 2009 年深圳市区政府年度绩效得分比较

单位：分

| | 罗湖区 | 福田区 | 南山区 | 盐田区 | 宝安区 | 龙岗区 | 均值 |
|---|---|---|---|---|---|---|---|
| 2010 年 | 90.71 | 96.13 | 90.47 | 94.91 | 92.62 | 90.36 | 91.97 |
| 2009 年 | 86.40 | 87.74 | 86.09 | 87.31 | 86.52 | 85.45 | 86.66 |

## 二、按数据来源的评估结果及比较

总体评估结果由不同的数据源指标合成，根据评估方案，这些数据渠道包括内部电子系统评价（65%）、领导评价（5%）、社会公众满意度调查（25%）及电子民调系统测评（5%）。以此为变量，各区政府（功能区）绩效年度得分如表 9 - 5 所示（统一换算为 100 分制，综合得分为 4 项加权平均分）。

**表 9 – 5　2010 年度不同数据来源的深圳市区政府（新区管委会）绩效得分**

单位：分

| 单位 | 内部电子系统评价 | 领导评价 | 社会公众满意度调查 | 电子民调系统测评 | 综合评分 | 综合排名 |
|------|------|------|------|------|------|------|
| 福田区 | 96.13 | 86.60 | 73.02 | 84.17 | 89.28 | 1 |
| 盐田区 | 95.16 | 86.60 | 73.47 | 87.23 | 88.91 | 2 |
| 宝安区 | 92.62 | 86.60 | 71.93 | 90.10 | 87.02 | 3 |
| 罗湖区 | 90.71 | 90.00 | 75.26 | 84.44 | 86.50 | 4 |
| 光明新区 | 91.80 | 86.60 | 70.97 | 81.42 | 85.81 | 5 |
| 坪山新区 | 88.78 | 86.60 | 75.03 | 87.50 | 85.18 | 6 |
| 龙岗区 | 90.61 | 86.60 | 70.81 | 77.50 | 84.81 | 7 |
| 南山区 | 91.07 | 86.60 | 68.24 | 81.86 | 84.68 | 8 |
| 均值 | 92.11 | 87.03 | 70.81 | 84.28 | 91.97 | — |

由表 9 – 5 可以看出，不同数据来源的评价结果差异明显：内部电子系统评价 8 区得分均值为 92.11 分，领导评价得分均值为 87.03 分，社会公众满意度调查得分均值为 70.81 分，电子民调系统测评得分均值为 84.28 分。进一步，比较各区的得分值，内部电子系统评价得分最高的为福田区（96.13 分），最低的为坪山新区（88.78 分），8 个区中有 7 个区得分为"优秀"；领导评价得分最高的为罗湖区（90.00 分），是该项评价唯一达到优秀的单位，其余各区分数基本一致；社会公众满意度调查得分普遍较低，其中最高的为罗湖区（75.26 分），最低的为南山区（68.24 分）；电子民调系统测评得分最高的为宝安区（90.10 分），是该项评价中唯一达到优秀的单位，得分最低的为龙岗区（77.50 分）。具体情况如图 9 – 3 所示。

### 三、按指标结构的评估结果及比较

根据技术方案，区政府绩效评估指标体系中，不同数据源衔接层级不同的指标结构，其中内部电子系统评价结构较为复杂，由 4 项一级指标、11 项二级指标和 32 项三级指标所组成，按不同层级指标结构的评估结果如下。

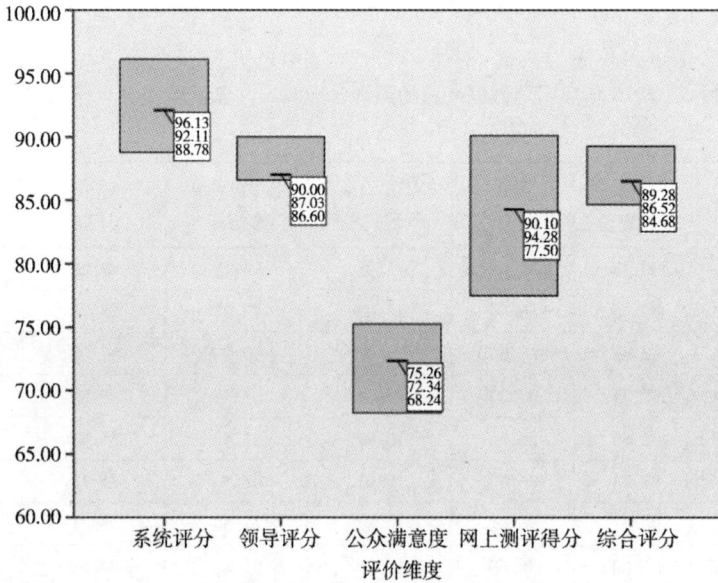

图 9-3　2010 年度深圳市区级政府绩效不同维度评分情况

1. 一级指标

8 个区政府（含新区管委会）4 项一级指标评价得分如表 9-6 所示。由表可知，从指标维度，得分均值最高的为公共服务，最低的为经济调节；得分差异性最大的为市场监管，最小的为公共服务。

表 9-6　2010 年度深圳市区级政府绩效一级指标得分（100 分制）

单位：分

| 一级指标 | 罗湖区 | 福田区 | 南山区 | 盐田区 | 宝安区 | 龙岗区 | 光明新区 | 坪山新区 |
|---|---|---|---|---|---|---|---|---|
| 公共服务 | 90.01 | 98.07 | 91.38 | 96.92 | 95.99 | 93.80 | 96.87 | 90.09 |
| 社会管理 | 94.92 | 95.45 | 90.86 | 93.31 | 89.86 | 86.53 | 82.34 | 86.90 |
| 经济调节 | 93.60 | 92.39 | 90.00 | 91.44 | 90.57 | 86.62 | 93.77 | 78.94 |
| 市场监管 | 78.69 | 92.16 | 91.22 | 95.68 | 86.13 | 90.84 | 92.88 | 97.72 |

2. 二级指标

8 个区政府（含新区管委会）的 11 项二级指标绩效评价得分如表 9-7

所示。其中，福田区有 5 项、南山区与坪山新区各有 2 项、罗湖区和盐田区分别有 1 项得分为全市最高。总的来看，各区平均得分最高的为服务保障，其次为社会事业，平均得分最低的为环境保护。

表 9-7　2010 年度深圳市区级政府绩效二级指标得分（100 分制）

单位：分

| 指标名称 | 罗湖区 | 福田区 | 南山区 | 盐田区 | 宝安区 | 龙岗区 | 光明新区 | 坪山新区 |
|---|---|---|---|---|---|---|---|---|
| 1. 重点工作 | 83.51 | 99.66 | 89.59 | 97.61 | 98.04 | 97.75 | 97.84 | 83.75 |
| 2. 改革创新 | 90.00 | 85.00 | 92.00 | 85.00 | 90.00 | 85.00 | 85.00 | 85.00 |
| 3. 社会事业 | 93.12 | 97.04 | 98.09 | 97.29 | 94.20 | 91.66 | 95.66 | 98.52 |
| 4. 服务保障 | 99.40 | 99.93 | 92.32 | 99.47 | 95.09 | 90.92 | 99.37 | 99.47 |
| 5. 公共安全 | 100.00 | 100.00 | 90.00 | 90.00 | 90.00 | 90.00 | 90.00 | 90.00 |
| 6. 环境保护 | 89.41 | 91.02 | 82.73 | 89.74 | 85.89 | 75.00 | 63.32 | 84.43 |
| 7. 城市管理 | 96.10 | 95.53 | 93.58 | 98.32 | 88.86 | 85.58 | 80.01 | 81.12 |
| 8. 依法行政 | 93.75 | 95.25 | 94.19 | 92.19 | 94.00 | 93.75 | 93.75 | 93.63 |
| 9. 经济效益 | 83.00 | 95.16 | 100.00 | 94.19 | 91.25 | 85.00 | 100.00 | 99.69 |
| 10. 低碳经济 | 96.25 | 91.69 | 87.50 | 90.75 | 90.40 | 87.03 | 92.21 | 73.75 |
| 11. 行政执法 | 78.68 | 92.16 | 91.22 | 95.68 | 86.13 | 90.84 | 92.89 | 97.71 |

**3. 三级指标**

三级指标为具体可操作性指标，指标得分构成绩效评分的基本单元，亦是政府绩效分析的起点，因为从根本上说，三级指标绩效评分决定二级及一级指标评分。2010 年度深圳市区级政府（含新区管委会）绩效评估中的三级指标得分如表 9-8 所示。

表 9-8　2010 年度深圳市区级政府绩效三级指标得分（100 分制）

单位：分

| 指标名称 | 罗湖区 | 福田区 | 南山区 | 盐田区 | 宝安区 | 龙岗区 | 光明新区 | 坪山新区 |
|---|---|---|---|---|---|---|---|---|
| 1. 公共服务白皮书 | 82.50 | 100.00 | 87.18 | 100.00 | 100.00 | 100.00 | 100.00 | 85.08 |
| 2. 政府投资项目（A 类）完成率 | 85.00 | 100.00 | 100.00 | 85.00 | 85.00 | ·85.00 | 85.00 | 70.00 |

续表

| 指标名称 | 罗湖区 | 福田区 | 南山区 | 盐田区 | 宝安区 | 龙岗区 | 光明新区 | 坪山新区 |
|---|---|---|---|---|---|---|---|---|
| 3. 临时性专项工作 | 91.40 | 95.80 | 98.00 | 92.60 | 98.00 | 94.40 | 95.50 | 91.10 |
| 4. 重大改革及工作创新 | 90.00 | 85.00 | 92.00 | 85.00 | 90.00 | 85.00 | 85.00 | 85.00 |
| 5. 财政性教科文卫体人均支出水平 | 90.63 | 100.00 | 97.71 | 94.58 | 96.88 | 92.50 | 99.58 | 99.17 |
| 6. 社会保障和就业人均支出水平 | 95.61 | 94.08 | 98.47 | 100.00 | 91.53 | 90.82 | 91.73 | 97.86 |
| 7. 政府信息网上公开 | 95.17 | 99.40 | 96.09 | 95.75 | 97.98 | 93.60 | 94.97 | 95.79 |
| 8. 政府督查事项 | 100.00 | 100.00 | 85.00 | 100.00 | 85.00 | 85.00 | 100.00 | 100.00 |
| 9. 廉政状况 | 100.00 | 100.00 | 100.00 | 100.00 | 94.10 | 82.50 | 100.00 | 100.00 |
| 10. 公共安全责任事故问责 | 100.00 | 100.00 | 82.50 | 100.00 | 100.00 | 100.00 | 100.00 | 100.00 |
| 11. 其他问责 | 100.00 | 100.00 | 100.00 | 100.00 | 100.00 | 100.00 | 100.00 | 100.00 |
| 12. 刑事警情报警发生率 | 100.00 | 100.00 | 100.00 | 100.00 | 100.00 | 100.00 | 100.00 | 100.00 |
| 13. 各类安全生产事故死亡人数指标控制 | 100.00 | 100.00 | 85.00 | 85.00 | 85.00 | 85.00 | 85.00 | 85.00 |
| 14. 财政性环保投入支出水平 | 96.25 | 91.10 | 91.23 | 87.00 | 91.01 | 90.70 | 100.00 | 85.00 |
| 15. 城市污水集中处理率 | 87.00 | 87.00 | 87.00 | 87.25 | 81.67 | 84.33 | 40.00 | 83.33 |
| 16. 河流平均综合污染指数 | 85.00 | 95.00 | 70.00 | 95.00 | 85.00 | 50.00 | 50.00 | 85.00 |
| 17. 城市市容环境卫生状况 | 92.10 | 87.34 | 91.26 | 94.52 | 94.75 | 92.37 | 91.43 | 85.72 |
| 18. 水行政违法事件处理率 | 100.00 | 100.00 | 100.00 | 100.00 | 100.00 | 100.00 | 100.00 | 100.00 |

续表

| 指标名称 | 罗湖区 | 福田区 | 南山区 | 盐田区 | 宝安区 | 龙岗区 | 光明新区 | 坪山新区 |
|---|---|---|---|---|---|---|---|---|
| 19. 政府储备土地移交率 | 97.08 | 97.08 | 97.08 | 97.08 | 86.00 | 50.54 | 40.00 | 51.45 |
| 20. 分区域人口调控计划完成率 | 100.00 | 100.00 | 85.00 | 100.00 | 70.00 | 85.00 | 70.00 | 70.00 |
| 21. 流动人口政策外生育率 | 91.29 | 93.24 | 94.54 | 100.00 | 93.54 | 100.00 | 98.63 | 98.45 |
| 22. 法治政府建设 | 94.00 | 96.00 | 94.00 | 92.00 | 94.00 | 94.00 | 94.00 | 94.00 |
| 23. 信访投诉处理 | 93.00 | 93.00 | 94.75 | 92.75 | 94.00 | 93.00 | 93.00 | 92.50 |
| 24. 每平方公里GDP产出增长率 | 83.00 | 95.16 | 100.00 | 94.19 | 91.25 | 85.00 | 100.00 | 99.69 |
| 25. 万元GDP能耗下降率 | 100.00 | 100.00 | 100.00 | 100.00 | 100.00 | 100.00 | 100.00 | 100.00 |
| 26. 万元GDP水耗下降率 | 100.00 | 96.77 | 80.00 | 78.00 | 91.61 | 93.12 | 98.82 | 40.00 |
| 27. 工业固体废物综合利用率 | 100.00 | 100.00 | 85.00 | 100.00 | 100.00 | 100.00 | 100.00 | 100.00 |
| 28. 工业用水重复利用率 | 100.00 | 85.00 | 100.00 | 100.00 | 85.00 | 70.00 | 85.00 | 70.00 |
| 29. 违法建筑纠正率 | 40.00 | 80.00 | 82.00 | 88.00 | 64.00 | 80.00 | 84.00 | 100.00 |
| 30. 无证无照发生率 | 97.90 | 99.83 | 92.90 | 100.00 | 96.50 | 97.75 | 97.50 | 96.00 |
| 31. 食品安全事故 | 92.50 | 96.25 | 93.75 | 100.00 | 96.25 | 93.75 | 96.25 | 100.00 |
| 32. 药品安全抽样合格率 | 94.07 | 94.80 | 100.00 | 96.42 | 93.68 | 93.82 | 95.93 | 94.56 |

由表9-8可以看出，三级指标绩效评估结果显示出以下几个特点：

（1）指标得分普遍较高，以100分制，评估结果大都处于优良区间。区政府绩效评估共有32项三级指标，在8个区全部256项得分中，只有12项得分评分在80分以下，并且相对集中在少数几个指标少数几个区中；相当部分指标甚至获得满分评价。其原因既与各区表现有关，更与评价理念与技术体系有关。

（2）指标得分之间的差别不大，评分呈现等级性特点，各区各指标得分在较大程度上趋同。图9-4中标准差分析显示，除4项得分全为满分的指标以外，各区得分离散程度较小的指标还有政府信息网上公开、法治政府建设、信访投诉处理三项指标，这也从结构性角度反映了全市区政府绩效水平趋于一致的现实状况；反过来说，评价未能有效识别被评估单位的绩效差距。

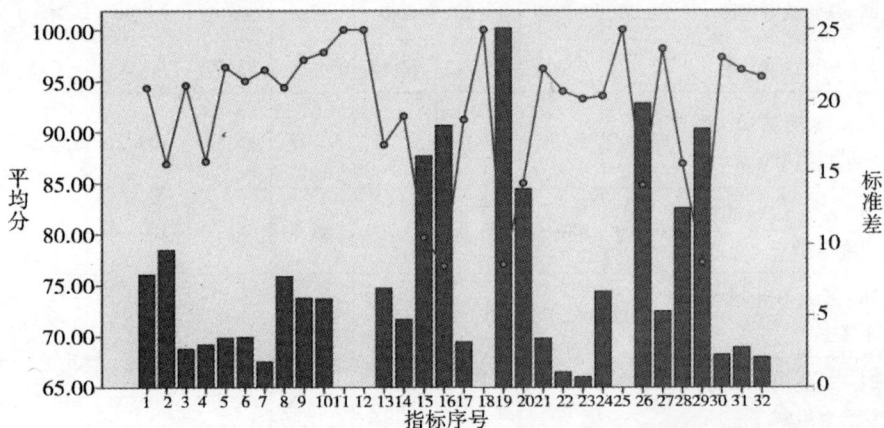

**图9-4　2010年度深圳市区政府绩效三级指标得分均值与标准差**

（3）个别指标得分率较低，这在一定程度上说明了区政府绩效存在相对弱项。得分较低的指标有城市污水集中处理率、河流平均综合污染指数、政府储备土地移交率、违法建筑纠正率4项；得分率仅为40.0%的3项个案为城市污水集中处理率、政府储备土地移交率、违法建筑纠正率，并且集中于光明新区与罗湖区。

# 第三节 政府工作部门评估结果

## 一、年度与季度评估结果比较

2010 年深圳市政府 32 个市属工作部门全部参与评估，年度及 4 个季度绩效评估结果如表 9 – 9 所示。由于采用同一指标体系，评估结果具有较强的可比性。

表 9 – 9 2010 年深圳市政府工作部门绩效季度及年度评估结果

| 政府部门 | 第一季度 | | 第二季度 | | 第三季度 | | 第四季度 | | 全年 | |
|---|---|---|---|---|---|---|---|---|---|---|
| | 得分 | 排序 | 得分 | 排序 | 得分 | 排序 | 得分 | 排序 | 得分 | 排序 |
| 市人居环境委 | 93.26 | 11 | 92.21 | 9 | 95.68 | 19 | 95.05 | 5 | 95.50 | 5 |
| 市规划国土委 | 92.61 | 16 | 92.73 | 7 | 95.87 | 18 | 94.96 | 6 | 94.52 | 13 |
| 市财政委 | 90.05 | 27 | 91.03 | 21 | 96.39 | 14 | 94.40 | 14 | 94.43 | 14 |
| 市交通运输委 | 84.42 | 31 | 93.33 | 3 | 96.55 | 13 | 91.77 | 29 | 94.27 | 17 |
| 市卫生人口计生委 | 92.52 | 17 | 90.98 | 22 | 96.24 | 16 | 94.18 | 15 | 94.23 | 18 |
| 市发展改革委 | 92.80 | 15 | 91.15 | 19 | 94.64 | 25 | 93.20 | 24 | 93.57 | 27 |
| 市科工贸信委 | 92.24 | 19 | 92.14 | 10 | 83.79 | 30 | 89.94 | 31 | 92.03 | 31 |
| 市药品监督管理局 | 95.15 | 4 | 91.73 | 14 | 96.17 | 17 | 96.08 | 1 | 96.39 | 1 |
| 市国资局 | 87.71 | 29 | 92.78 | 6 | 96.60 | 11 | 95.54 | 2 | 95.53 | 3 |
| 市城管局 | 94.37 | 8 | 79.60 | 30 | 73.13 | 31 | 94.45 | 13 | 95.27 | 6 |
| 住房建设局 | 91.78 | 23 | 91.72 | 15 | 97.44 | 4 | 94.12 | 16 | 95.20 | 7 |
| 市监察局 | 93.80 | 9 | 93.75 | 1 | 97.20 | 6 | 94.89 | 10 | 95.12 | 8 |
| 市民政局 | 84.22 | 32 | 78.51 | 31 | 95.31 | 22 | 94.94 | 8 | 95.11 | 9 |
| 市气象局 | 91.87 | 22 | 91.03 | 20 | 84.14 | 29 | 94.91 | 9 | 94.90 | 10 |
| 市教育局 | 90.61 | 26 | 91.62 | 16 | 95.61 | 21 | 94.48 | 12 | 94.82 | 11 |
| 市场监管局 | 95.76 | 3 | 92.06 | 11 | 97.33 | 5 | 95.19 | 4 | 94.62 | 12 |
| 市水务局 | 91.97 | 20 | 92.48 | 8 | 96.27 | 15 | 94.63 | 11 | 94.30 | 15 |
| 市农业局 | 93.12 | 12 | 90.28 | 23 | 96.59 | 12 | 92.02 | 28 | 94.18 | 19 |

| 政府部门 | 第一季度 | | 第二季度 | | 第三季度 | | 第四季度 | | 全年 | |
|---|---|---|---|---|---|---|---|---|---|---|
| | 得分 | 排序 | 得分 | 排序 | 得分 | 排序 | 得分 | 排序 | 得分 | 排序 |
| 市统计局 | 91.89 | 21 | 91.16 | 18 | 96.73 | 9 | 93.85 | 18 | 94.12 | 20 |
| 市公安局 | 91.21 | 24 | 83.37 | 29 | 71.41 | 32 | 93.68 | 21 | 94.07 | 21 |
| 市文体旅游局 | 91.14 | 25 | 89.76 | 25 | 95.63 | 20 | 93.76 | 19 | 94.00 | 22 |
| 市审计局 | 93.73 | 10 | 93.24 | 5 | 97.05 | 7 | 93.03 | 25 | 93.86 | 24 |
| 市人力资源保障局 | 92.81 | 14 | 91.57 | 17 | 96.62 | 10 | 93.44 | 22 | 93.68 | 25 |
| 市地税局 | 92.34 | 18 | 91.82 | 13 | 95.27 | 23 | 90.74 | 30 | 92.93 | 29 |
| 市司法局 | 92.91 | 13 | 83.89 | 28 | 94.20 | 26 | 92.38 | 27 | 92.67 | 30 |
| 市政府办公厅 | 96.15 | 1 | 93.72 | 2 | 97.50 | 2 | 95.20 | 3 | 95.65 | 2 |
| 市法制办 | 95.86 | 2 | 93.24 | 4 | 97.63 | 1 | 94.95 | 7 | 95.51 | 4 |
| 市外办 | 94.79 | 5 | 91.83 | 12 | 97.44 | 3 | 94.03 | 17 | 94.27 | 16 |
| 市应急办 | 86.83 | 30 | 75.25 | 32 | 84.66 | 28 | 93.29 | 23 | 93.89 | 23 |
| 市口岸办 | 94.79 | 6 | 85.37 | 26 | 96.98 | 8 | 93.02 | 26 | 93.59 | 26 |
| 市台办 | 94.76 | 7 | 89.90 | 24 | 94.79 | 24 | 93.71 | 20 | 93.24 | 28 |
| 市金融办 | 88.33 | 28 | 84.52 | 27 | 86.16 | 27 | 89.93 | 32 | 91.53 | 32 |

由表9-9可知，各部门绩效评估结果得分较高，但4个季度评估结果与全年整体结果不尽一致。32个参与评价的工作部门中，第一季度共有27个部门绩效等级达到优等（90分以上），其中得分最高的为市政府办公厅，最低的为市民政局；第二季度有23个部门绩效等级达到优等，其中得分最高的为市监察局，最低的为市应急办；第三季度有26个部门绩效等级达到优等，其中得分最高的为市法制办，最低的为市公安局；第四季度有30个部门绩效等级达到优等，其中得分最高的为市药品监督管理局，最低的为市金融办。在年度综合评估结果方面，32个部门全部达到"优秀"。

表9-10对各部门季度与年度绩效得分特点作了进一步分析。总的来看，年度评估结果的整体水平高于季度评估结果，各部门之间得分差别程度较小。就4个季度结果比较而言，第四季度得分普遍较高，第二季度与第三季度得分相对较低，且离散性较强。这种季度之间评估结果的相对不稳定特点尤其是第四季度得分较高，与8个区政府（含新区管委会）的评估结果的特点有一致性。

表 9 - 10　2010 年深圳市政府工作部门绩效季度与年度得分特点

单位：分

| 统计量 | 第一季度 | 第二季度 | 第三季度 | 第四季度 | 全年 |
|---|---|---|---|---|---|
| 平均值 | 92.06 | 89.62 | 93.34 | 93.74 | 94.28 |
| 最小值 | 84.22 | 75.25 | 71.41 | 89.93 | 91.53 |
| 最大值 | 96.15 | 93.75 | 97.63 | 96.08 | 96.39 |
| 极差 | 11.93 | 18.50 | 26.22 | 6.15 | 4.86 |
| 标准差 | 3.01 | 4.77 | 6.82 | 1.53 | 1.06 |

　　部门评估指标体系将 32 个部门分为委、局、办三类，部分指标权重存在差异。为增强可比性，更加真实地反映各部门的绩效情况，再就三类部门绩效得分的总体特点进行比较，如图 9 - 5 所示。就年度综合评估结果而言，三类部门得分均值与极差情况相差不大。从季度评估结果来看，第一季度得分均值办高于局高于委，第二季度得分均值委高于局高于办，第三季度得分均值委高于办高于局，第四季度得分均值局高于办高于委。值得一提的是，由于极端值的存在，第二季度办类与局类部门得分极差大于委类部门，第三季度局类部门得分极差大于另两类部门。

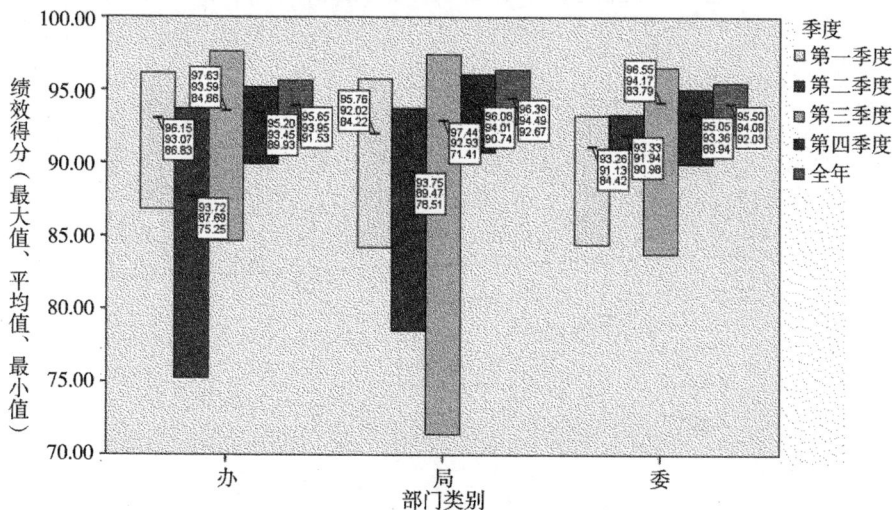

图 9 - 5　2010 年深圳市三类政府工作部门绩效季度与年度得分情况比较

## 二、按数据来源的评估结果及比较

按不同的数据来源,可分为内部电子系统评价 (65%)、领导评价 (5%)、社会公众满意度调查 (25%) 及电子民调系统测评 (5%),不同维度评分结果如表 9 – 11 所示(统一换算为 100 分制,综合得分为 4 项加权平均分)。由表 9 – 11 可知,总体来看,各部门绩效均处优良水平,得分普遍较高,且相互差别很小,其中市气象局以 89.44 分的综合评分居所有参评部门首位,市政府办公厅、市应急办分别位列第二、第三,综合评分最低的为市金融办,得分为 84.42 分。

表 9 – 11　2010 年度深圳市政府工作部门绩效不同数据来源得分

单位:分

| 部门名称 | 内部电子系统评价 | 领导评价 | 社会公众满意度调查 | 电子民调系统测评 | 综合评分 | 综合排名 |
|---|---|---|---|---|---|---|
| 市人居环境委 | 95.50 | 4.33 | 71.41 | 78.07 | 88.16 | 7 |
| 市财政委 | 94.54 | 4.33 | 69.47 | 84.07 | 87.35 | 17 |
| 市发展改革委 | 93.57 | 4.17 | 71.84 | 85.49 | 87.22 | 19 |
| 市科工贸信委 | 92.03 | 4.33 | 73.50 | 81.41 | 86.60 | 22 |
| 市卫生人口计生委 | 94.53 | 4.17 | 66.68 | 84.12 | 86.49 | 25 |
| 市规划国土委 | 95.18 | 4.00 | 64.22 | 86.91 | 86.28 | 27 |
| 市交通运输委 | 94.75 | 4.00 | 63.94 | 93.71 | 86.27 | 28 |
| 市气象局 | 95.14 | 4.50 | 73.87 | 92.52 | 89.44 | 1 |
| 市监察局 | 95.42 | 4.50 | 71.83 | 80.90 | 88.53 | 4 |
| 市民政局 | 95.11 | 4.50 | 71.09 | 84.53 | 88.32 | 6 |
| 市水务局 | 94.71 | 4.33 | 70.24 | 91.36 | 88.02 | 8 |
| 市国资局 | 95.77 | 4.17 | 67.28 | 94.57 | 87.97 | 9 |
| 市统计局 | 94.24 | 4.50 | 71.24 | 86.30 | 87.89 | 10 |
| 市城管局 | 95.27 | 4.33 | 70.56 | 74.31 | 87.62 | 12 |
| 市文体旅游局 | 94.12 | 4.33 | 72.54 | 79.26 | 87.61 | 13 |
| 市药品监督管理局 | 96.51 | 4.33 | 66.34 | 76.98 | 87.50 | 14 |
| 市审计局 | 93.92 | 4.50 | 71.29 | 82.66 | 87.50 | 15 |
| 市教育局 | 95.30 | 4.33 | 69.09 | 77.85 | 87.44 | 16 |

| 部门名称 | 内部电子系统评价 | 领导评价 | 社会公众满意度调查 | 电子民调系统测评 | 综合评分 | 综合排名 |
|---|---|---|---|---|---|---|
| 市场监管局 | 94.62 | 4.33 | 68.30 | 88.35 | 87.33 | 18 |
| 市农业局 | 94.18 | 4.17 | 70.16 | 82.89 | 87.07 | 20 |
| 住房建设局 | 95.20 | 4.17 | 63.10 | 93.33 | 86.50 | 24 |
| 市公安局 | 94.07 | 4.17 | 68.95 | 76.79 | 86.40 | 26 |
| 市地税局 | 92.64 | 4.50 | 68.80 | 84.64 | 86.15 | 29 |
| 市司法局 | 92.67 | 4.17 | 70.24 | 83.46 | 86.14 | 30 |
| 市人力资源保障局 | 93.68 | 4.00 | 68.82 | 78.23 | 86.01 | 31 |
| 市政府办公厅 | 95.65 | 4.17 | 74.12 | 84.10 | 89.08 | 2 |
| 市应急办 | 95.09 | 4.50 | 72.51 | 84.42 | 88.66 | 3 |
| 市法制办 | 95.51 | 4.33 | 72.61 | 79.47 | 88.53 | 5 |
| 市外办 | 94.39 | 4.33 | 71.91 | 82.72 | 87.80 | 11 |
| 市口岸办 | 93.71 | 4.00 | 70.91 | 80.55 | 86.67 | 21 |
| 市台办 | 93.54 | 4.33 | 69.22 | 82.83 | 86.58 | 23 |
| 市金融办 | 91.84 | 3.83 | 67.84 | 78.54 | 84.42 | 32 |

　　从 4 个维度来看，内部电子系统评价，32 个部门得分均值为 94.45 分，领导评价得分均值为 85.41 分，社会公众满意度调查得分均值为 69.81 分，电子民调系统测评得分均值为 83.60 分。总体上，内部电子系统评价得分与领导评价得分两项总体水平较高，各部门之间差别不大，领导评价得分有较强的趋同性；社会公众满意度调查得分与电子民调系统测评得分两项总体水平相对较低，且离散性较强，尤其在社会公众满意度调查方面，各部门得分普遍维持在中低水平。

　　进一步，内部电子系统评价得分最高的为市药品监督管理局，最低的为市金融办，全市 32 个部门该项绩效等级全部达到优等；领导评价得分最高的为市监察局，最低的为市金融办，全市共有 7 个部门该项绩效等级达到优等；社会公众满意度调查得分最高的为市政府办公厅，最低的为市住房建设局；网上电子民调系统测评得分最高的为市国资局，是该项评价唯一达"优秀"的政府工作部门，得分最低的为市城管局（74.31 分）。

　　由于不同数据来源评价主体及所依据标准不同，各部门的 4 个维度得分反差较大，得分 70 分及以下的有 14 项，全部集中于社会公众满意度调查得分，而以客观数据为依据的内部电子系统评价得分全部在 90 分以上。

从委、局、办分类的角度的评分特点如图 9 – 6 所示。就 4 个维度综合评分与内部电子系统评价得分而言，三类部门平均值与极差值相差不大，但领导评价得分均值局高于办，再高于委，社会公众满意度评价得分均值办高于局，再高于委，网上电子民调系统测评得分均值委高于局高于办。由于极端值的存在，局类部门社会公众满意度评价得分与电子民调系统测评得分极差明显大于另外两类部门。

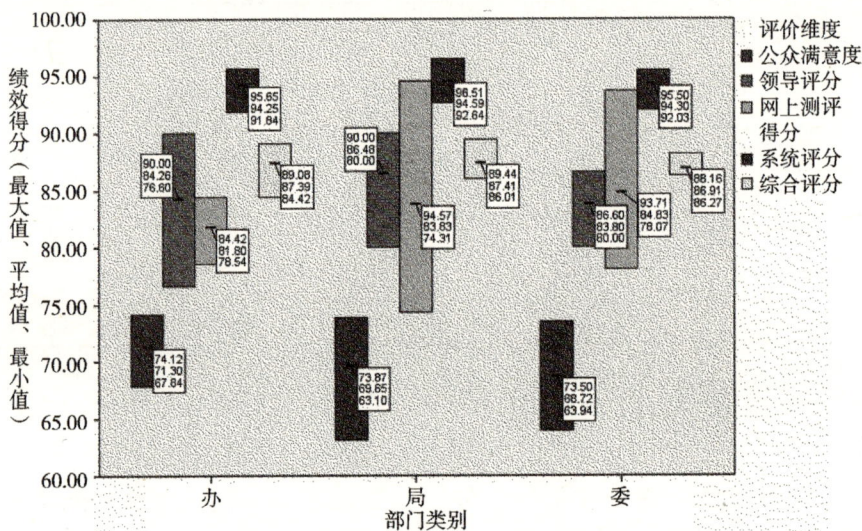

图 9 – 6　2010 年度深圳市三类政府工作部门绩效不同维度得分特点比较

## 三、按指标结构的评估结果及比较

根据技术方案，市政府工作部门绩效评估指标体系中，不同数据源衔接层级不同的指标结构，其中内部电子系统评价结构较为复杂，由 4 项一级指标、12 项二级指标和 23 项三级指标组成。为便于比较，按委、局、办分类的不同层级指标结构的评估结果如下。

1. 一级指标

委类部门一级指标得分如表 9 – 12 所示。除极端情况外，7 个委类部门的一级指标得分相对趋同，大都在 90 分以上，平均得分最高的为行政业绩，最低的为行政成本。其中，行政业绩评分最高的为市规划国土委，最低的为市发展改革委；行政效率评分最高的为市人居环境委，最低的为市发展改革委；行政执行力评分最高的为市卫生人口计生委，最低的为市交通运输委；行政成本评分最高的为市卫生人口计生委，最低的为市科工贸信委。

表 9 - 12　2010 年度深圳市政府委类工作部门绩效一级指标得分

单位：分

| 指标名称 | 市发展改革委 | 市科工贸信委 | 市财政委 | 市规划国土委 | 市人居环境委 | 市交通运输委 | 市卫生人口计生委 |
|---|---|---|---|---|---|---|---|
| 1. 行政业绩 | 94.34 | 95.01 | 95.67 | 97.14 | 96.20 | 96.21 | 94.74 |
| 2. 行政效率 | 91.59 | 94.82 | 93.10 | 97.24 | 98.19 | 97.13 | 93.71 |
| 3. 行政执行力 | 97.30 | 94.05 | 96.55 | 94.41 | 96.63 | 92.74 | 97.33 |
| 4. 行政成本 | 87.58 | 67.67 | 89.10 | 82.74 | 83.34 | 86.25 | 90.01 |

局类部门一级指标得分如表 9 - 13 所示。平均得分最高的为行政执行力，最低的为行政成本。行政业绩评分最高的为城管局，最低的为审计局；行政效率评分最高的为市场监管局，最低的为司法局；行政执行力评分最高的为司法局，最低的为农业局；行政成本评分最高的为国资局，最低的为住房建设局。

表 9 - 13　2010 年度深圳市政府局类工作部门绩效一级指标得分

单位：分

| 指标名称 | 教育局 | 公安局 | 监察局 | 民政局 | 司法局 | 人保局 | 农业局 | 文体旅游 | 审计局 | 国资局 | 住建局 | 水务局 | 地税局 | 市场监管 | 药监局 | 统计局 | 城管局 | 气象局 |
|---|---|---|---|---|---|---|---|---|---|---|---|---|---|---|---|---|---|---|
| 1. 行政业绩 | 95.4 | 95.7 | 94.5 | 95.0 | 94.1 | 94.3 | 93.8 | 95.0 | 93.0 | 95.7 | 96.8 | 96.2 | 95.8 | 95.7 | 97.0 | 93.4 | 97.7 | 96.5 |
| 2. 行政效率 | 95.2 | 93.9 | 97.5 | 95.5 | 88.9 | 94.3 | 96.8 | 95.0 | 96.6 | 96.2 | 96.5 | 95.7 | 92.6 | 97.9 | 96.9 | 95.3 | 93.4 | 93.0 |
| 3. 行政执行力 | 97.4 | 93.6 | 98.0 | 98.3 | 98.6 | 97.4 | 92.9 | 95.4 | 97.4 | 97.3 | 97.9 | 95.3 | 92.9 | 94.2 | 97.2 | 97.5 | 96.3 | 97.6 |
| 4. 行政成本 | 86.2 | 88.3 | 86.2 | 88.4 | 83.8 | 81.8 | 91.9 | 85.4 | 81.4 | 92.1 | 79.2 | 80.1 | 81.1 | 82.5 | 91.8 | 87.7 | 86.8 | 87.3 |

办类部门一级指标得分如表9-14所示，平均得分最高的为行政业绩，最低的为行政成本。由表可知，行政业绩评分最高的为市应急办，最低的为市台办；行政效率评分最高的为市政府办公厅，最低的为市金融办；行政执行力评分最高的为市法制办，最低的为市金融办；行政成本评分最高的为市法制办，最低的为市应急办。总体上，市法制办在4项一级指标中有2项夺得办类部门桂冠，市金融办有2项指标处于办类部门末位。

表9-14 2010年度深圳市政府办类工作部门绩效一级指标得分

单位：分

| 指标名称 | 市府办 | 市口岸办 | 市法制办 | 市外办 | 市台办 | 市应急办 | 市金融办 |
|---|---|---|---|---|---|---|---|
| 1. 行政业绩 | 96.00 | 95.07 | 96.80 | 95.07 | 94.67 | 97.34 | 96.01 |
| 2. 行政效率 | 95.48 | 93.13 | 92.92 | 92.60 | 91.09 | 93.13 | 85.00 |
| 3. 行政执行力 | 97.46 | 94.51 | 97.80 | 97.60 | 97.75 | 97.60 | 93.23 |
| 4. 行政成本 | 90.88 | 86.23 | 91.59 | 85.82 | 87.87 | 84.84 | 87.39 |

2. 二级指标

委类部门二级指标得分如表9-15所示。首先，指标得分普遍较高，7个委类部门得分均值在98分以上的指标有安全生产和党政领导干部问责2项。其次，各部门得分差距不大，除安全生产1项指标全得满分外，重点工作、督查督办及依法行政3项指标得分也高度趋同。最后，平均得分较低的二级指标有改革创新和部门支出2项，但亦在80分及以上。

表9-15 2010年度深圳市政府委类工作部门绩效二级指标得分

单位：分

| 指标名称 | 市发改委 | 市科工贸信委 | 市财政委 | 市规划国土委 | 市人居环境委 | 市交通运输委 | 市卫生人口计生委 |
|---|---|---|---|---|---|---|---|
| 1. 重点工作 | 96.54 | 96.54 | 98.08 | 98.08 | 98.08 | 98.08 | 96.54 |
| 2. 改革创新 | 80.00 | 85.00 | 80.00 | 91.00 | 84.00 | 84.00 | 83.00 |
| 3. 行政审批 | 74.55 | 92.80 | 85.87 | 95.53 | 98.39 | 94.72 | 86.63 |
| 4. 行政执法 | 100.00 | 93.74 | 92.78 | 97.07 | 95.82 | 95.60 | 96.71 |
| 5. 电子政务 | 97.18 | 98.79 | 94.56 | 97.11 | 98.96 | 99.48 | 93.29 |
| 6. 督查督办 | 97.99 | 94.66 | 98.05 | 98.71 | 98.66 | 98.38 | 98.10 |
| 7. 依法行政 | 94.00 | 94.00 | 92.00 | 94.00 | 92.50 | 94.00 | 94.00 |

续表

| 指标名称 | 市发改委 | 市科工贸信委 | 市财政委 | 市规划国土委 | 市人居环境委 | 市交通运输委 | 市卫生人口计生委 |
|---|---|---|---|---|---|---|---|
| 8. 安全生产 | 100.00 | 100.00 | 100.00 | 100.00 | 100.00 | 100.00 | 100.00 |
| 9. 廉洁与作风 | 97.75 | 89.62 | 97.38 | 94.29 | 97.19 | 86.34 | 97.83 |
| 10. 党政领导干部问责 | 100.00 | 100.00 | 100.00 | 92.46 | 100.00 | 100.00 | 100.00 |
| 11. 部门支出 | 86.98 | 63.09 | 89.38 | 81.92 | 82.92 | 86.81 | 89.51 |
| 12. 财务审计 | 90.00 | 86.00 | 88.00 | 86.00 | 85.00 | 84.00 | 92.00 |

　　局类部门二级指标得分如表 9 - 16 所示。由表可知，各指标得分普遍较高，18 个局类部门得分均值在 98 分以上的有党政领导干部问责 1 项指标；各部门得分之间相差程度不大，其中重点工作、行政执法、依法行政和党政领导干部问责 4 项指标得分高度趋同；得分较低的二级指标有改革创新和部门支出 2 项。

表 9 - 16　2010 年度深圳市政府局类工作部门绩效二级指标得分

单位：分

| 指标名称 | 教育局 | 公安局 | 监察局 | 民政局 | 司法局 | 人保局 | 农业局 | 文体旅游 | 审计局 | 国资局 | 住建局 | 水务局 | 地税局 | 市场监管 | 药监局 | 统计局 | 城管局 | 气象局 |
|---|---|---|---|---|---|---|---|---|---|---|---|---|---|---|---|---|---|---|
| 1. 重点工作 | 98.1 | 98.1 | 96.5 | 95.0 | 96.5 | 95.0 | 96.5 | 98.1 | 98.1 | 96.5 | 98.5 | 98.1 | 96.5 | 98.1 | 98.1 | 96.5 | 100 | 98.1 |
| 2. 改革创新 | 86.0 | 80.0 | 86.0 | 95.0 | 78.0 | 90.0 | 76.0 | 75.0 | 75.0 | 90.0 | 86.0 | 91.0 | 86.0 | 80.0 | 90.0 | 75.0 | 83.0 | 90.0 |
| 3. 行政审批 | 91.2 | 89.8 | 100 | 90.5 | 74.8 | 91.6 | 97.1 | 93.3 | 93.3 | 100 | 92.8 | 92.0 | 80.6 | 98.7 | 98.7 | 92.4 | 95.0 | 91.1 |
| 4. 行政执法 | 92.8 | 94.0 | 100 | 96.6 | 96.2 | 94.4 | 97.7 | 96.1 | 96.1 | 96.5 | 95.9 | 95.2 | 97.0 | 95.6 | 95.6 | 92.5 | 96.8 | 95.3 |
| 5. 电子政务 | 97.2 | 91.7 | 97.1 | 96.9 | 92.4 | 96.7 | 93.8 | 91.3 | 91.3 | 90.2 | 99.1 | 97.4 | 95.1 | 97.7 | 97.7 | 96.8 | 99.4 | 91.1 |
| 6. 督查督办 | 98.2 | 98.3 | 94.8 | 98.1 | 94.8 | 95.1 | 97.8 | 97.8 | 97.8 | 94.9 | 98.2 | 97.9 | 98.5 | 98.5 | 98.5 | 97.9 | 87.4 | 94.4 |
| 7. 依法行政 | 95.0 | 98.0 | 96.0 | 96.5 | 98.0 | 96.5 | 93.5 | 96.0 | 96.0 | 96.0 | 96.5 | 98.0 | 98.0 | 98.0 | 94.0 | 96.0 | 94.0 | |
| 8. 安全生产 | 100 | 85.0 | 100 | 100 | 100 | 100 | 100 | 85.0 | 85.0 | 100 | 100 | 100 | 100 | 100 | 100 | 100 | 85.0 | 100 |
| 9. 廉洁作风 | 97.1 | 90.6 | 98.1 | 98.4 | 98.1 | 96.5 | 87.0 | 97.5 | 97.5 | 97.7 | 97.8 | 92.4 | 83.8 | 87.1 | 87.1 | 98.2 | 97.5 | 98.5 |

| 指标名称 | 教育局 | 公安局 | 监察局 | 民政局 | 司法局 | 人保局 | 农业局 | 文体旅游 | 审计局 | 国资局 | 住建局 | 水务局 | 地税局 | 市场监管 | 药监局 | 统计局 | 城管局 | 气象局 |
|---|---|---|---|---|---|---|---|---|---|---|---|---|---|---|---|---|---|---|
| 10. 党政领导干部问责 | 100 | 97.0 | 100 | 100 | 100 | 100 | 100 | 95.6 | 95.6 | 100 | 100 | 100 | 100 | 100 | 100 | 100 | 100 | 100 |
| 11. 部门支出 | 86.5 | 87.4 | 84.0 | 88.5 | 81.8 | 80.2 | 93.6 | 83.8 | 83.8 | 93.9 | 77.8 | 78.9 | 80.1 | 81.8 | 81.8 | 85.9 | 88.2 | 87.9 |
| 12. 财务审计 | 85.0 | 92.0 | 95.0 | 88.0 | 92.0 | 88.0 | 85.0 | 92.0 | 92.0 | 85.0 | 85.0 | 85.0 | 85.0 | 85.0 | 85.0 | 95.0 | 81.0 | 85.0 |

办类部门二级指标得分如表 9－17 所示。由表可知，各指标得分普遍较高，7 个办类部门得分均值在 98 分以上的有重点工作、安全生产及党政领导干部问责 3 项指标；各部门得分之间相差程度不大，除安全生产和党政领导干部问责 2 项指标全得满分外，重点工作、行政审批、行政执法和财务审计 4 项指标得分也高度趋同；平均得分较低的二级指标有改革创新 1 项。

**表 9－17　2010 年度深圳市政府办类工作部门绩效二级指标得分**

单位：分

| 指标名称 | 市府办 | 市口岸办 | 市法制办 | 市外办 | 市台办 | 市应急办 | 市金融办 |
|---|---|---|---|---|---|---|---|
| 1. 重点工作 | 98.46 | 98.46 | 98.46 | 98.46 | 98.46 | 98.46 | 98.46 |
| 2. 改革创新 | 80.00 | 75.00 | 86.00 | 75.00 | 75.00 | 80.00 | 80.00 |
| 3. 行政审批 | 85.00 | 85.00 | 85.00 | 85.00 | 85.00 | 85.00 | 85.00 |
| 4. 行政执法 | 85.00 | 85.00 | 85.00 | 85.00 | 85.00 | 85.00 | 85.00 |
| 5. 电子政务 | 96.74 | 90.55 | 90.01 | 98.76 | 94.04 | 97.91 | 67.38 |
| 6. 督查督办 | 94.88 | 94.35 | 94.29 | 89.71 | 89.71 | 90.88 | 93.29 |
| 7. 依法行政 | 94.56 | 84.00 | 96.00 | 94.00 | 94.00 | 93.50 | 94.00 |
| 8. 安全生产 | 100.00 | 100.00 | 100.00 | 100.00 | 100.00 | 100.00 | 100.00 |
| 9. 廉洁与作风 | 97.71 | 98.27 | 97.49 | 98.50 | 98.88 | 98.88 | 87.56 |
| 10. 党政领导干部问责 | 100.00 | 100.00 | 100.00 | 100.00 | 100.00 | 100.00 | 100.00 |
| 11. 部门支出 | 91.59 | 86.53 | 93.23 | 86.01 | 88.58 | 84.80 | 87.98 |
| 12. 财务审计 | 88.00 | 85.00 | 85.00 | 85.00 | 85.00 | 85.00 | 85.00 |

3. 三级指标

委类部门三级指标得分如表 9 - 18 所示。首先，各指标得分普遍较高，大都为优良，其中公共服务白皮书、行政执法错案率、政府督查事项、政协提案办理、履行安全生产管理职责及公共安全责任事故问责 6 项指标委类部门得分均为满分；其次，各部门得分相差不大，评分呈现等级特点，且在较大程度上趋于相同，除 6 项全得满分的指标外，政府信息网上公开、民主评议政风行风、信访投诉处理 3 项指标得分也高度趋同；最后，平均得分较低的指标有部门人均公用经费支出水平、重大改革及工作创新和临时性专项工作等 4 项。

表 9 - 18　2010 年度深圳市政府委类工作部门绩效三级指标得分

单位：分

| 指标名称 | 市发改委 | 市科工贸信委 | 市财政委 | 市规划国土委 | 市人居环境委 | 市交通运输委 | 市卫生人口计生委 |
|---|---|---|---|---|---|---|---|
| 1. 公共服务白皮书 | 100.00 | 100.00 | 100.00 | 100.00 | 100.00 | 100.00 | 100.00 |
| 2. 政府投资项目（A 类）完成率 | 85.00 | 85.00 | 100.00 | 100.00 | 100.00 | 100.00 | 85.00 |
| 3. 临时性专项工作 | 85.00 | 85.00 | 85.00 | 85.00 | 85.00 | 85.00 | 85.00 |
| 4. 重大改革及工作创新 | 80.00 | 85.00 | 80.00 | 91.00 | 84.00 | 84.00 | 83.00 |
| 5. 行政审批绩效 | 85.47 | 91.34 | 80.27 | 92.18 | 97.18 | 90.76 | 88.37 |
| 6. 行政审批网上实现率 | 60.00 | 94.76 | 93.33 | 100.00 | 100.00 | 100.00 | 84.32 |
| 7. 行政执法结案率 | 90.70 | 87.48 | 85.56 | 94.15 | 91.64 | 91.20 | 93.42 |
| 8. 行政执法错案率 | 100.00 | 100.00 | 100.00 | 100.00 | 100.00 | 100.00 | 100.00 |
| 9. 政府信息网上公开 | 95.33 | 98.00 | 95.60 | 98.32 | 98.44 | 99.23 | 97.64 |
| 10. 信息安全评价 | 99.95 | 99.99 | 93.00 | 95.29 | 99.73 | 99.85 | 86.76 |
| 11. 人大建议办理 | 100.00 | 85.00 | 100.00 | 100.00 | 100.00 | 100.00 | 100.00 |
| 12. 政府督查事项 | 100.00 | 100.00 | 100.00 | 100.00 | 100.00 | 100.00 | 100.00 |
| 13. 政协提案办理 | 100.00 | 100.00 | 100.00 | 100.00 | 100.00 | 100.00 | 100.00 |
| 14. 信访投诉处理 | 91.00 | 91.00 | 91.25 | 94.25 | 94.00 | 92.75 | 91.50 |
| 15. 法治政府建设 | 94.00 | 94.00 | 92.00 | 94.00 | 92.50 | 94.00 | 94.00 |
| 16. 履行安全生产管理职责 | 100.00 | 100.00 | 100.00 | 100.00 | 100.00 | 100.00 | 100.00 |
| 17. 民主评议政风行风 | 94.00 | 95.25 | 93.00 | 94.63 | 92.50 | 92.73 | 94.20 |

续表

| 指标名称 | 市发改委 | 市科工贸信委 | 市财政委 | 市规划国土委 | 市人居环境委 | 市交通运输委 | 市卫生人口计生委 |
|---|---|---|---|---|---|---|---|
| 18. 廉政状况 | 100.00 | 86.25 | 100.00 | 94.10 | 100.00 | 82.50 | 100.00 |
| 19. 公共安全责任事故问责 | 100.00 | 100.00 | 100.00 | 100.00 | 100.00 | 100.00 | 100.00 |
| 20. 其他问责 | 100.00 | 100.00 | 100.00 | 84.93 | 100.00 | 100.00 | 100.00 |
| 21. 部门人均公用经费支出水平 | 73.96 | 40.00 | 88.24 | 83.85 | 75.60 | 93.61 | 93.00 |
| 22. 部门已完成项目经费支出比例 | 100.00 | 86.18 | 90.52 | 80.00 | 90.23 | 80.00 | 86.01 |
| 23. 财政、财务收支的真实合法与效益 | 90.00 | 86.00 | 88.00 | 86.00 | 85.00 | 84.00 | 92.00 |

局类部门三级指标得分如表 9-19 所示。首先，指标得分普遍较高，其中公共服务白皮书、行政执法错案率、政府督查事项、政协提案办理及公共安全责任事故问责 5 项指标 18 个局类部门得分均为满分；其次，各部门得分相差不大，评分呈现等级特点，且在较大程度上趋同，除 5 项全得满分的指标外，政府信息网上公开、民主评议政风行风、法治政府建设及信访投诉处理 4 项指标得分也高度趋同；最后，平均得分较低的指标有重大改革及工作创新、部门已完成项目经费支出比例 2 项，一定程度上说明了该类部门绩效评价中的相对弱项。

表 9-19　2010 年度深圳市政府局类工作部门绩效三级指标得分

单位：分

| 指标名称 | 教育局 | 公安局 | 监察局 | 民政局 | 司法局 | 人保局 | 农业局 | 文体旅游 | 审计局 | 国资局 | 住建局 | 水务局 | 地税局 | 市场监管 | 药监局 | 统计局 | 城管局 | 气象局 |
|---|---|---|---|---|---|---|---|---|---|---|---|---|---|---|---|---|---|---|
| 1. 公共服务白皮书 | 100 | 100 | 100 | 100 | 100 | 100 | 100 | 100 | 100 | 100 | 100 | 100 | 100 | 100 | 100 | 100 | 100 | 100 |
| 2. 政府投资项目（A 类）完成率 | 100 | 100 | 85.0 | 70.0 | 85.0 | 70.0 | 85.0 | 100 | 85.0 | 85.0 | 85.0 | 100 | 85.0 | 100 | 100 | 85.0 | 100 | 100 |

续表

| 指标名称 | 教育局 | 公安局 | 监察局 | 民政局 | 司法局 | 人保局 | 农业局 | 文体旅游 | 审计局 | 国资局 | 住建局 | 水务局 | 地税局 | 市场监管 | 药监局 | 统计局 | 城管局 | 气象局 |
|---|---|---|---|---|---|---|---|---|---|---|---|---|---|---|---|---|---|---|
| 3. 临时性专项工作 | 85.0 | 85.0 | 85.0 | 85.0 | 85.0 | 85.0 | 85.0 | 85.0 | 85.0 | 85.0 | 100 | 85.0 | 85.0 | 85.0 | 85.0 | 85.0 | 100 | 85.0 |
| 4. 重大改革及工作创新 | 86.0 | 80.0 | 86.0 | 95.0 | 78.0 | 90.0 | 76.0 | 75.0 | 75.0 | 90.0 | 86.0 | 91.0 | 86.0 | 80.0 | 90.0 | 75.0 | 83.0 | 90.0 |
| 5. 行政审批绩效 | 84.6 | 87.1 | 89.3 | 83.3 | 86.0 | 90.3 | 97.5 | 88.3 | 89.3 | 89.3 | 87.5 | 85.9 | 93.9 | 100 | 89.3 | 86.7 | 91.3 | 86.9 |
| 6. 行政审批网上实现率 | 100 | 93.3 | 92.4 | 100 | 60.0 | 93.3 | 96.7 | 100 | 92.4 | 92.4 | 100 | 100 | 62.8 | 96.9 | 100 | 100 | 100 | 96.7 |
| 7. 行政执法结案率 | 85.6 | 88.0 | 90.7 | 93.3 | 92.4 | 88.8 | 95.5 | 92.1 | 87.8 | 90.7 | 91.8 | 90.3 | 94.0 | 91.3 | 91.9 | 85.0 | 93.6 | 90.6 |
| 8. 行政执法错案率 | 100 | 100 | 100 | 100 | 100 | 100 | 100 | 100 | 100 | 100 | 100 | 100 | 100 | 100 | 100 | 100 | 100 | 100 |
| 9. 政府信息网上公开 | 99.0 | 97.9 | 95.8 | 95.4 | 98.0 | 97.5 | 98.9 | 95.6 | 95.8 | 95.0 | 99.3 | 95.8 | 94.3 | 99.8 | 99.8 | 95.4 | 99.0 | 95.3 |
| 10. 信息安全评价 | 94.4 | 82.5 | 99.0 | 99.2 | 84.0 | 95.5 | 86.2 | 84.9 | 99.6 | 83.0 | 98.7 | 99.9 | 96.3 | 94.5 | 99.3 | 99.0 | 100 | 84.8 |
| 11. 人大建议办理 | 100 | 100 | 85.0 | 100 | 85.0 | 85.0 | 100. | 100 | 85.0 | 85.0 | 100 | 100 | 100 | 100 | 100 | 100 | 50.0 | 85.0 |
| 12. 政府督查事项 | 100 | 100 | 100 | 100 | 100 | 100 | 100 | 100 | 100 | 100 | 100 | 100 | 100 | 100 | 100 | 100 | 100 | 100 |
| 13. 政协提案办理 | 100 | 100 | 100 | 100 | 100 | 100 | 100 | 100 | 100 | 100 | 100 | 100 | 100 | 100 | 100 | 100 | 100 | 100 |
| 14. 信访投诉处理 | 92.0 | 92.3 | 91.5 | 91.3 | 91.5 | 92.8 | 90.3 | 90.3 | 91.3 | 92.0 | 92.0 | 90.8 | 93.3 | 93.3 | 92.3 | 90.5 | 93.3 | 89.8 |
| 15. 法治政府建设 | 95.0 | 98.0 | 96.0 | 96.5 | 98.0 | 96.0 | 93.5 | 96.0 | 94.0 | 94.0 | 96.0 | 94.5 | 98.0 | 98.0 | 94.0 | 94.0 | 96.0 | 94.0 |

| 指标名称 | 教育局 | 公安局 | 监察局 | 民政局 | 司法局 | 人保局 | 农业局 | 文体旅游 | 审计局 | 国资局 | 住建局 | 水务局 | 地税局 | 市场监管 | 药监局 | 统计局 | 城管局 | 气象局 |
|---|---|---|---|---|---|---|---|---|---|---|---|---|---|---|---|---|---|---|
| 16. 履行安全生产管理职责 | 100 | 85.0 | 100 | 100 | 100 | 100 | 100 | 85.0 | 100 | 100 | 100 | 100 | 100 | 100 | 100 | 100 | 85.0 | 100 |
| 17. 民主评议政风行风 | 92.3 | 92.5 | 94.9 | 95.8 | 94.8 | 90.6 | 94.6 | 93.2 | 94.5 | 93.8 | 94.1 | 93.0 | 95.0 | 93.7 | 93.6 | 95.3 | 93.3 | 95.9 |
| 18. 廉政状况 | 100 | 89.5 | 100 | 100 | 100 | 100 | 82.5 | 100 | 100 | 100 | 100 | 92.1 | 77.0 | 83.1 | 100 | 100 | 100 | 100 |
| 19. 公共安全责任事故问责 | 100 | 100 | 100 | 100 | 100 | 100 | 100 | 100 | 100 | 100 | 100 | 100 | 100 | 100 | 100 | 100 | 100 | 100 |
| 20. 其他问责 | 100 | 94.0 | 100 | 100 | 100 | 100 | 100 | 91.3 | 100 | 100 | 100 | 100 | 100 | 100 | 100 | 100 | 100 | 100 |
| 21. 部门人均公用经费支出水平 | 92.7 | 94.4 | 88.0 | 96.9 | 80.8 | 69.0 | 91.1 | 76.2 | 81.0 | 100 | 75.6 | 66.7 | 80.2 | 83.4 | 97.5 | 91.8 | 93.6 | 92.4 |
| 22. 部门已完成项目经费支出比例 | 80.3 | 80.4 | 80.0 | 80.0 | 82.7 | 91.4 | 96.1 | 91.4 | 80.0 | 87.8 | 80.0 | 91.0 | 80.0 | 80.3 | 89.5 | 80.0 | 82.8 | 83.3 |
| 23. 财政、财务收支的真实合法与效益 | 85.0 | 92.0 | 95.0 | 88.0 | 92.0 | 88.0 | 85.0 | 92.0 | 85.0 | 85.0 | 85.0 | 85.0 | 85.0 | 85.0 | 85.0 | 95.0 | 81.0 | 85.0 |

办类部门三级指标得分如表 9-20 所示。首先，各指标得分普遍较高，其中公共服务白皮书、行政执法错案率、政协提案办理、履行安全生产管理职责、公共安全责任事故问责及其他问责 6 项指标得分均为满分；其次，各部门得分相差不大，除 6 项全得满分的指标外，民主评议政风行风、财政财务收支的真实合法与效益及信访投诉处理 3 项指标得分也高度趋同；最后，平均得分较低的指标有重大改革及工作创新和信息安全评价 2 项，为绩效评价的相对弱项。

表 9 - 20　**2010** 年度深圳市政府办类工作部门绩效三级指标得分

单位：分

| 指标名称 | 市府办 | 市口岸办 | 市法制办 | 市外办 | 市台办 | 市应急办 | 市金融办 |
|---|---|---|---|---|---|---|---|
| 1. 公共服务白皮书 | 100.00 | 100.00 | 100.00 | 100.00 | 100.00 | 100.00 | 100.00 |
| 2. 政府投资项目（A类）完成率 | 90.00 | 90.00 | 90.00 | 90.00 | 90.00 | 90.00 | 90.00 |
| 3. 临时性专项工作 | 85.00 | 85.00 | 85.00 | 85.00 | 85.00 | 100.00 | 85.00 |
| 4. 重大改革及工作创新 | 80.00 | 75.00 | 86.00 | 75.00 | 75.00 | 80.00 | 80.00 |
| 5. 行政审批绩效 | 89.27 | 89.27 | 89.27 | 89.27 | 89.27 | 89.27 | 89.27 |
| 6. 行政审批网上实现率 | 92.37 | 92.37 | 92.37 | 92.37 | 92.37 | 92.37 | 92.37 |
| 7. 行政执法结案率 | 90.70 | 90.70 | 90.70 | 90.70 | 90.70 | 90.70 | 90.70 |
| 8. 行政执法错案率 | 100.00 | 100.00 | 100.00 | 100.00 | 100.00 | 100.00 | 100.00 |
| 9. 政府信息网上公开 | 94.83 | 94.08 | 88.84 | 95.50 | 95.00 | 94.08 | 94.75 |
| 10. 信息安全评价 | 98.66 | 87.01 | 91.18 | 89.76 | 64.64 | 86.18 | 40.00 |
| 11. 人大建议办理 | 85.00 | 85.00 | 85.00 | 85.00 | 85.00 | 85.00 | 100.00 |
| 12. 政府督查事项 | 100.00 | 100.00 | 100.00 | 100.00 | 100.00 | 100.00 | 85.00 |
| 13. 政协提案办理 | 100.00 | 100.00 | 100.00 | 100.00 | 100.00 | 100.00 | 100.00 |
| 14. 信访投诉处理 | 93.25 | 91.00 | 90.75 | 90.75 | 89.88 | 93.00 | 90.25 |
| 15. 法治政府建设 | 94.56 | 84.00 | 96.00 | 94.00 | 94.00 | 93.50 | 94.00 |
| 16. 履行安全生产管理职责 | 100.00 | 100.00 | 100.00 | 100.00 | 100.00 | 100.00 | 100.00 |
| 17. 民主评议政风行风 | 93.90 | 95.38 | 93.30 | 94.25 | 94.38 | 95.55 | 93.50 |
| 18. 廉政状况 | 100.00 | 100.00 | 100.00 | 100.00 | 100.00 | 100.00 | 84.00 |

续表

| 指标名称 | 市府办 | 市口岸办 | 市法制办 | 市外办 | 市台办 | 市应急办 | 市金融办 |
|---|---|---|---|---|---|---|---|
| 19. 公共安全责任事故问责 | 100.00 | 100.00 | 100.00 | 100.00 | 100.00 | 100.00 | 100.00 |
| 20. 其他问责 | 100.00 | 100.00 | 100.00 | 100.00 | 100.00 | 100.00 | 100.00 |
| 21. 部门人均公用经费支出水平 | 93.57 | 92.68 | 95.17 | 92.03 | 92.16 | 83.39 | 90.96 |
| 22. 部门已完成项目经费支出比例 | 89.62 | 80.38 | 91.29 | 80.00 | 85.00 | 86.20 | 85.00 |
| 23. 财政、财务收支的真实合法与效益 | 88.00 | 85.00 | 85.00 | 85.00 | 85.00 | 85.00 | 85.00 |

# 第四节　公众满意度调查结果

2010 年，深圳市 40 个被评估单位的公众满意度调查综合得分与分项得分具有明显的特点。首先，40 个被评单位的综合得分均值为 70.32 分，处于中等水平。其中，罗湖区、坪山新区与市府办公厅位居前三，最高与最低综合得分相差 12.16 分，为均值的 17.3%。同时，工作满意度、办事效率、改进程度分项得分均值分别为 69.39 分、68.25 分、73.59 分，总体上，被评估单位的公众评价不高，分项得分接近，相对而言，均值最大的是改进程度，说明公众更认可政府的进步。

其次，在得分率方面。4 项 40 个被评单位共 160 项得分主要集中在 60~70 分段，比例最高，达 75%。分项得分均集中在 70~80 分段、60~70 分段，而 80 分以上及 60 分以下的得分率均为 0。表 9-21 为被评单位综合、工作满意度、办事效率及改进程度得分率分布情况。其中，改进程度的得分率高度集中在 70~80 分段（95.0%）；在 60~70 分段中，办事效率得分率最高，为 75.0%。

表 9 - 21　40 个被评单位各项得分率分布情况

| | 得分均值 | 80 分以上/% | 70～80 分/% | 60～70 分/% | 60 分以下/% |
|---|---|---|---|---|---|
| 综合得分 | 70.32 | 0.0 | 62.5 | 37.5 | 0.0 |
| 工作满意度得分 | 69.39 | 0.0 | 52.5 | 47.5 | 0.0 |
| 办事效率得分 | 68.25 | 0.0 | 25.0 | 75.0 | 0.0 |
| 改进程度得分 | 73.59 | 0.0 | 95.0 | 5.0 | 0.0 |

　　得分离散性可从另一方面反映得分分布情况。综合得分、工作满意度得分、办事效率得分、改进程度得分的标准差分别为 2.88 分、3.69 分、2.72 分、2.33 分，即工作满意度得分离散程度最大，改进程度得分离散程度最小。从图 9-7 中可知，4 项得分的分布点基本一致并有较高的重合度。

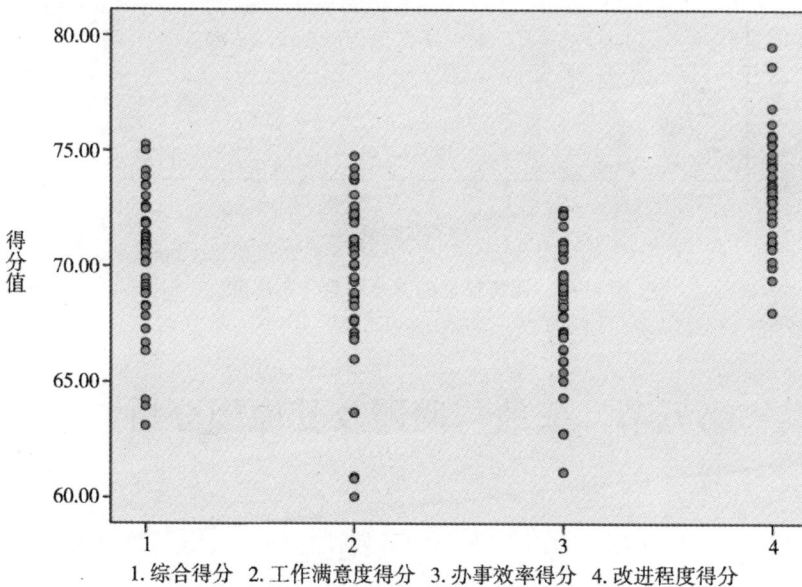

1. 综合得分　2. 工作满意度得分　3. 办事效率得分　4. 改进程度得分

图 9 - 7　40 个被评单位 160 项得分分布情况

　　最后，在得分排名方面。按照政府单位分类，四类单位的得分排名有所不同，第一类单位整体得分排名相对靠前，第三、第四类单位整体得分排名居中，第二类单位整体得分排名相对靠后。进一步，各被评单位工作满意度、办事效率、改进程度得分与综合得分排名对比如图 9 - 8 所示。其中，工作满意度得分排名与综合得分排名最为接近；改进程度得分排名却变动最大，如发展改革委、光明新区、龙岗区、南山区等改进程度得分名次较前，但工作满意度、办事效率得分名次靠后，拉低了综合得分名次。综合排名第 1 的罗湖区，其工作满意度、办事效率得分亦居榜首；分项得分排名变化最大的是南山区，综合排名第 33 名，但改进程度排 17 名。

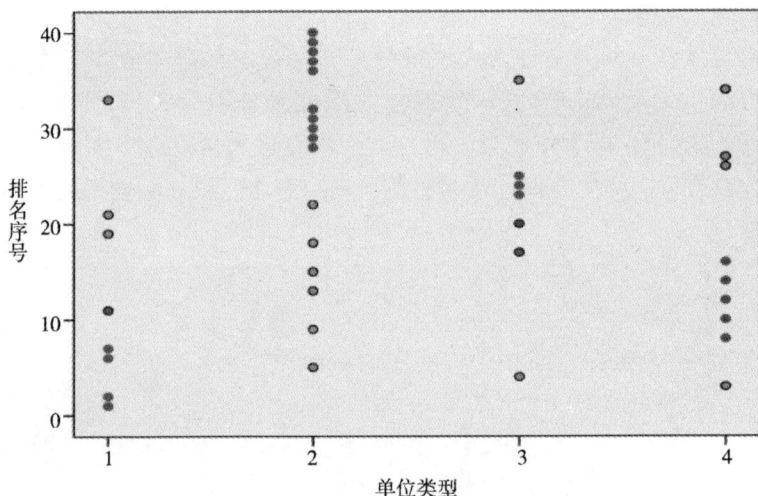

图 9 - 8 　四类单位的得分排名分布密度

# 第五节　成绩与问题及其原因分析

依据评估指标体系，2010 年度参加绩效评估的区政府与政府工作部门在具体指标及权重方面存在差异。评估结果中，区政府 32 项指标、政府工作部门 23 项指标得分情况不尽相同，部分指标得分普遍较高，成为各受评单位绩效表现中的亮点；部分指标得分偏低，凸显受评单位工作中存在的问题。此外，公众满意度绩效得分高低也从另一个侧面反映了参评单位年度工作的优劣情况。

## 一、主要成绩

1. 总体评估得分处于"高位"，年度进步明显

就评估结果而言，区政府年度绩效表现全市 8 个区中有 7 个区得分在 90 分以上，优秀率为 87.5%，平均得分为 91.97 分。政府工作部门绩效表现 32 个市属部门得分均在 90 分以上，优秀率为 100%，高于 95 分的比例为 28%，平均得分为 94.28 分。区政府与市属部门总体评估得分均处在"高位"。另外，与历史数据比较，区政府平均得分较 2009 年度提高 5.31 分，上升幅度达 5.8%，市属部门平均得分提升更为显著。

2. 主要绩效目标和"全面推行"工作基本实现

2010 年初设定的主要绩效目标已基本完成，尤其是市委、市政府部署的重点工作进展顺利，相关指标得分普遍较高，如公共服务白皮书指标，32 个市属部门得分均为满分，8 个区政府平均得分为 94.35 分；政府投资项目（A 类）完成率指标区政府平均得分为 86.88 分，市属部门平均得分为 90.78 分。

3. 涉及当前社会经济发展过程中突出的矛盾普遍受到重视

深圳市目前处在贯彻落实科学发展观、加快转变经济发展方式的关键节点，经济社会矛盾突出，包括经济发展方式转变与环境保护、特区一体化，基本公共服务均等化等民生领域的重点问题。区级政府评估结果表明，这些领域的相应指标绩效呈改善趋势。图 9 - 9 中遴选出了 6 项环境保护与民生问题的代表性指标进行年度得分对比，其中平均得分进步最大的为万元 GDP 能耗下降率指标，2010 年度比 2009 年度提升 14.33 分；公共安全责任事故问责指标 2010 年度比 2009 年度提升 13.31 分；财政性环保投入支出水平指标 2010 年度比 2009 年度提升 8.36 分。

4. 公众对政府年度工作改进的满意度评价正面

公众满意度评价共采用 3 项有效指标，分别为公众对各参评单位工作、办事效率及改进程度的满意度。从评估结果来看，40 个被评单位的综合得分均值为 70.32 分，达到中等以上水平。3 项指标平均得分最高的为改进程度评价，40 个单位得分均值为 73.59 分，其中得分在 75 分以上的比例达到 25%。公众满意度评价结果趋于正面，一定程度上说明公众对本年度区级政府及市属部门工作改进持肯定态度。

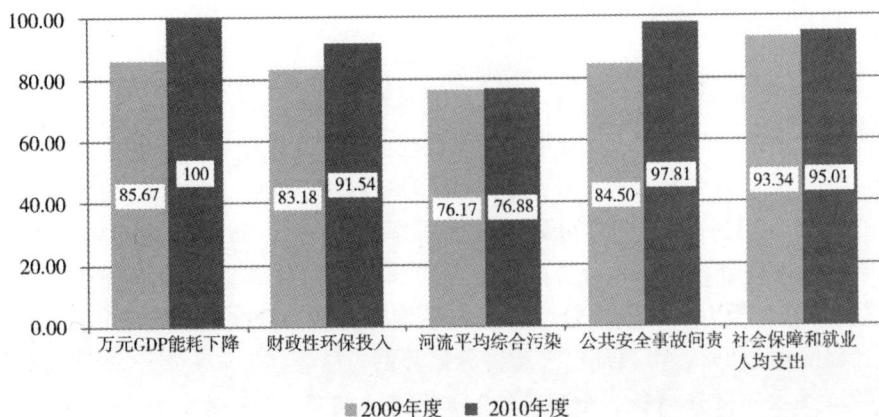

图 9 - 9  2009 年度与 2010 年度环境保护及民生问题代表性指标平均得分对比

## 二、存在问题

### 1. 被评估单位绩效表现差距明显

区政府评估结果显示，得分最高的福田区为 96.13 分，得分最低的坪山新区为 88.78 分，两者相差 7.35 分，占 8 区平均值比例约为 8%，差距与2009 年度相比有所扩大。市属部门评估得分最高的为市药品监督局 96.39分，得分最低的为市金融办 91.53 分，两者相差 4.86 分，占 32 个部门平均值比例为 5.2%。总体而言被评估单位绩效表现差距较为明显，两极趋势有待改善。

### 2. 民生问题与环保问题是影响政府绩效的关键问题

民生问题与环保问题既体现当前社会经济发展过程中突出的矛盾，又是关系社会公众切身利益的敏感问题。评估结果表明，区政府 32 项、市属部门 23 项评估指标中得分均值最低的 5 项指标较大程度集中于民生与环保领域，如区政府绩效中的万元 GDP 水耗下降率、城市污水集中处理率、河流平均综合污染指数等，市属部门绩效中的行政审批绩效、财政财务收支的真实合法与效益等，平均得分均排在末位。民生与环保相关指标成为影响政府绩效提升的关键因素。

### 3. 季度评估结果不甚均衡，过程控制目标不理想

从季度评估结果来看，区政府第一季度平均分为 87.73 分，第二季度平

均分为 86.51 分，第三季度平均分为 85.90 分，第四季度平均分为 90.85 分；市属部门第一季度平均分为 92.06 分，第二季度平均分为 89.62 分，第三季度平均分为 93.34 分，第四季度平均分为 93.74 分；年度评估体现结果导向，季度评估体现过程控制。区政府与市属部门第四季度得分普遍高于前三季度，各单位得分极低值一般集中在二、三季度，这一结果说明被评估单位更加重视年末的绩效改善，过程控制目标不理想。

4. 公众满意度评价偏低

不同数据来源评分结果显示，区政府公众满意度平均得分为 72.34 分，低于 4 个维度综合评分均值为 14.18 分；政府工作部门公众满意度平均得分为 69.81 分，低于 4 个维度综合评分均值为 17.45 分。公众满意度结果在政府内部电子系统评价、领导评价及电子民调系统测评等 4 个维度评估结果中处于最低，成为各参评单位综合评估结果的"拖后腿"指标。在满意度 3 项指标中（政府部门工作满意度、办事效率评价及改进程度），得分最低的为办事效率评价指标，平均得分仅为 68.25 分，反映出各单位工作效率与社会公众期望相比仍存在较大差距。

## 三、原因分析

1. 客观方面原因

一是推行绩效评估与管理工作目前尚处于探索阶段，对涉及评估各种情况和问题的认识及处置需要一个过程。现有指标体系已通过政府规范性文件确定下来，比较实用、可操作，但也存在逻辑关系不严密、个别指标不合理、差异性指标不够、重大专项工作评估指标欠缺等不足，须在实践中进一步优化。

二是被评估对象存在客观方面的差异性，如原特区内外社会事业财政支出差距较大。财政性教科文卫体人均支出水平、财政性社会保障和就业人均支出水平两项指标，第三季度评估结果显示，原特区内 4 区的指标评估结果全部为优，而原特区外 4 区则全部为差。造成这种状况的主要原因在于原特区内外经济社会发展水平不同，评估方法需要优化，同时也表明原特区内外相关财政投入差距较大。

三是民生与环保问题很大程度上并非地方政府及政策所致，在全国具有普遍性。我国经济高速发展依赖于传统的粗放型增长模式，深圳市也不例外。早期过度的工业化不可避免地带来生态破坏与环境污染问题，近些年尽管特区政府高度重视生态环境的保护工作，但背后涉及深层矛盾及全国性的政策导向。

2. 主观方面原因

一是地区与部门协同不够。例如，部分政府投资项目未能按计划推进、进展缓慢主要是由于制约项目进度的因素较多，如规划调整、审批环节长、征地拆迁阻碍等，使建设单位难以控制工程进度（罗湖区城中村消防安全综合整治工程由于立项时间较长以及批复概算削减30%，原方案必须重新调整）。

二是环保投入和环境治理水平不高。反映环境保护的三项主要指标财政性环保投入支出水平、城市污水集中处理率和河流平均综合污染指数的评估结果优良率仅为50%，这既与历史欠账、部分区域排污管网建设滞后有关，也与环境治理水平不高等主观因素有关。

三是违法用地和违法建筑问题依然突出。2005年城市土地化转制后仍有大量国有土地未能清理并移交市土地储备机构，支付转地补偿款、清理非法附着物等遗留问题较为突出，如第三季度原特区外4区的政府储备土地移交率评估结果3个区为差，1个区为良。

四是被评估单位主观上重视不足，对绩效评估的功能导向及重要性缺乏深入理解，对评估工作在组织上配合不到位，一定程度上影响了评估结果的质量。此外，对评估指标所涉及的各项工作内容，部分评估单位绩效意识不强，存在"重结果，轻过程"的现象，在绩效目标的完成效率、完成质量及完成进度等方面离考核要求仍有一定距离，这是导致部分指标绩效得分普遍偏低的主要原因。

3. 评估技术体系方面原因

评估技术体系方面本身存在的一些问题：由于评估方案的调整，参与评估的单位比原来涉面更广、差异性更大，一些指标在新的条件下适用性和有效性均未经进一步论证。在评估标准上，目前采用的办法为各指标得分由接受评估单位依据经验设定相应评分等级。评分标准在整体上缺乏统一性，目标设定的科学性不够，是导致部分指标得分普遍较高且各单位得分一定程度上趋同的重要原因。

此外，年度评估结果将各单位按不同数据来源得分进行横向比较，各数据源之间的可比性尚未经过严格的科学论证，一定程度上削弱了评估结果的可靠性和可比性。

# 第六节　重点建议

## 一、政府公共政策方面建议

*1. 增强绩效评估意识，完善绩效改善机制*

一般认为，政府绩效评价具有计划辅助、预测判断、监控支持、激励约束和资源优化等多项功能，可在一定程度上弥补政府管理体制的缺陷，是实施政府再造、落实政府责任、改进政府管理、提高政府效能、改善政府形象的一个行之有效的工具。具体来说，评估的目的在于及时发现政府工作中存在的问题，不断加以改进。要达成这样的目的，需要有针对性地培育绩效文化，树立和增强各被评估单位自身的绩效意识，促使其在明确自身绩效目标的基础上，自觉将绩效评估各项指标内化成日常工作要求，逐步健全"绩效评估—发现问题—形成压力—合理改进"的完善机制，真正发挥政府绩效评价与管理在推动政府工作持续改进中的作用。

*2. 强化过程控制，正确处理过程与结果的关系*

公众满意与结果导向是政府绩效评价的基本要求。但对于体制内评价，过程管理亦为政府绩效管理的有机组成部分，为消除为评价而评价的倾向，必须将评估贯穿于政府年度工作的全过程。为此，应认真把握事前、事中、事后三个环节，首先从源头上科学确定年度及阶段工作的绩效目标，强化绩效目标审核，将评审关口前移；其次是过程控制应服务于结果导向，建议将评估指标体系内分为结果指标和过程指标，增强过程的可控性；最后应注重增强各被评估单位的过程控制意识，妥善处理过程与结果的关系，有效克服以往"重结果，轻过程"的不良倾向，尤其是通过强化过程管理和进度监控，重点改进年度评估结果中的弱项指标。

*3. 针对年度评价的短项指标重点改进*

年度评估结果表明，环保问题与民生问题成为区政府及市属部门共同的绩效"短板"。具体而言，万元 GDP 水耗下降率、城市污水集中处理率、河流平均综合污染指数、违法建筑纠正率、部门人均公用经费支出水平、部门已完成项目经费支出比例、政府办事效率满意度及重大改革与工作创新等若干指标得分普遍较低。各被评估单位应进一步加强环境整治与民生改善工作力度，针对以上短项指标重点加以改进，应通过逐步健全与落实基层事务管理制度、行政违法查处制度、政府信息公开化制度等，有目的、有计划地提升城市社区管理及公共服务水平，促使政府绩效全面向好发展。

4. 构建"幸福深圳"评价体系，回应民生诉求

2010 年末，深圳市在总结改革开放 30 周年成果的基础上提出建设"幸福深圳"的目标，通过经济发展方式的进一步转变，更加重视为民众创造幸福的社会环境，提升人民群众的幸福指数。绩效管理工作应体现对政府职能转变的导向功能，在目前的指标体系中，应考虑对公众满意度指标的合理优化，导入对公众"幸福指数"的相应评价，以实现对民生诉求的回应。

## 二、技术完善建议

### 1. 关于指标结构与维度

在目前基础上，建议进一步优化指标结构与维度，实行分类管理，加强差异化评估。根据实际情况，采用科学、规范方法，重新梳理和论证指标结构及逻辑关系，构建具有科学依据、操作方便、适应性强、稳定性好的绩效评估技术体系。例如，适当增加四大支柱产业、五大新兴产业、功能区的功能定位等评估指标；调整指标计算方法等。同时，根据是否具有较多行政执法事项和行政审批事项及是否直接提供公共服务，将政府工作部门划分为 A、B 两类，其中 A 类是对外实行公共管理和服务的部门，B 类是主要在政府内部进行协调管理的部门；根据法律地位和功能定位的不同，将各区分为行政区和功能区两类；根据不同的对象，实行有差别的指标设置、权重分配和评分方法。

### 2. 关于评分标准

为增强可比性和科学性，评分标准应正确处理指标的增量与存量关系，突出成长率评价。建议仿照《中共广东省委关于印发广东省市厅级党政领导班子和领导干部落实科学发展观评价指标体系及考核评价办法的通知》（粤发〔2008〕9 号）的做法，指标计分由目标对比法改为"水平分、横比分、纵比分"相结合，纵比分比例原则上占 60% 以上，突出反映被评估单位自身工作的进步情况。

3. 关于数据源与指标分类

建议将目前内部电子系统评价（65%）、领导评价（5%）、社会公众满意度调查（25%）及电子民调系统测评（5%）统一整合分为客观评估与主观评估两类。客观评估以客观指标数据为评价依据，采用内部电子系统来完成；主观评估包括领导评价和公众评价，公众评价又由社会公众满意度调查及电子民调系统测评来完成，电子民调系统的功能是对社会公众满意度调查的补充，使样本更具代表性。基于此种思路重组指标体系，尤其是优化公众评价指标，实现客观指标与主观指标互补与互证。

4. 关于满意度调查

首先，优化指标。在需要与可行的平衡中，公众满意度调查可设 6 个背景问题（增加收入与职业）和 5 个主干问题（总体表现、效率、态度、进步与建议），实行抽样调查与网上调查统一问卷。其次，完善访问方式与配额条件。针对 8 区居民的调查采用区内定点（5 ~ 10 个点）拦截访问；针对 32 个工作部门服务对象（居民）的调查采用定点（办事窗口）拦截访问；对机关工作人员的访问以部门为单位，按三级职务配额（1/5/10），现场即时回收问卷（不评自属部门）；网上调查按评价对象（区或工作部门）及样本结构（性别/年龄/收入）遴选统计样本；增加人大代表、政协委员评价。最后，规范调查报告。具体包括：调查目标、统计标准、分析变量的设定，报告体例、名称表达规范，以及强化深层分析，不局限于频数统计。另外，可考虑引入含多元评价主体，包括第三方评价。

# 第十章　深圳市政府绩效管理的经验及展望

深圳市推行政府绩效管理工作，将绩效管理融入政府工作的全过程，在政府系统和广大公务员中普遍形成"绩效"的观念，对明晰政府工作目标、转变政府工作作风、提高政府工作效率、改善政府公众形象具有显著的助推作用。特别是通过将先进的信息技术有效地应用于政府绩效评估与管理领域，建立政府绩效电子评估与管理系统并付诸实践，积累了一些经验，也得到了许多重要的启示。

## 第一节　推行政府绩效管理的若干经验

### 一、若干经验总结

深圳市积极顺应服务型政府建设和行政管理体制改革的要求，不断创新行政工作，建立了政府绩效管理体系，初步实现了绩效管理的电子化、实时化、系统化和制度化，探索出一系列建设性的经验，主要包括以下几个方面：

1. 绩效管理是政府工作的"牵引器"和"助推器"，对服务中心工作的作用明显，大有可为

绩效管理是综合性的"目标管理系统"、"督查纠偏系统"和"激励问责系统"，内容涵盖面广，目标责任清晰，量化评价有效，实现过程管控与结果导向并举，对提高政府执行力、提升行政效能、推动工作部署落实、增强政府公信力等都具有重要作用。近年来，深圳市各项工作目标顺利实

现，一些难点工作和薄弱环节也得到根本扭转，如政府督查事项落实、清理无证无照经营、推动政府网上办事、保护生态环境、纠正违法用地违法建筑、加强食品药品安全等，都是因为实施了绩效管理而受到高度重视和有力推进。随着试点工作的深入开展，绩效管理将发挥越来越重要的作用。

2. 绩效管理是高难度的创新性工作，应当勇于实践，在探索中发展

开展绩效管理面临许多难题，如怎样设计科学合理的绩效考评指标体系，如何解决不同单位间的基础不一致和工作重点差异性问题，如何保证绩效考评数据的客观真实性，如何有效协调各种考核评比等，这些问题只能通过一边实践一边探索一边改进，不能被动等待，也不能指望一蹴而就。深圳市刚开展这项工作时，没有经验，困难很多，但发扬敢试敢闯的特区精神，大胆探索，扎实推进，逐步积累经验。特别是，紧紧抓住全国开展试点工作的有利契机，在全市正式推行绩效管理，统一全市认识，调动各区、各部门的积极性，共同研究解决实践中遇到的问题，使绩效管理工作体系不断得到优化和完善。

3. 绩效管理是复杂的系统工程，应当统筹兼顾，整体推进

政府绩效管理是综合性、复杂性、理论性和实践性兼具的系统工程，因此，实施绩效管理要着眼于工作大局，着眼于总体目标，着眼于工作措施的成龙配套，系统地思考、谋划和推进。笔者认为，绩效管理的内容既要突出重点，又要体现综合性，防止以偏概全、评价失真；要注重全程动态管理，形成绩效计划、实施、考评、监控、反馈、改进和结果运用相统一的工作链条；考评方式要多样化，尽可能吸收各方面力量参与，多层次、多角度进行全面评价；工作措施要配套，从机构设置、法规制度、奖励措施、思想理念等全方位提供有力的保障。只有坚持整体推进，才能形成绩效管理的长效机制，增强工作实效。

## 二、着重抓好的几项工作

在实际工作中，为了更好地推进政府绩效管理工作，使其在政府管理创新中发挥更大的助推作用，推动政府更有针对性、更高效地为社会提供服务，深圳市特别注重在以下几个方面做好工作：

1. 突出评估重点，强化绩效管理的导向性

当前政府职能仍然比较广泛，绩效管理既要整体推进，又要突出重点，树立政府工作的正确导向。深圳市在设计指标体系时，突出对以下工作进

行评估：一是加强对党委政府重大部署落实情况的履职性评估，将年度重点工作落实情况作为评估的重要内容，实行过程评估和全程监控，提高行政执行力；二是加强对政府工作战略目标的前瞻性评估，围绕加快转变经济发展方式、打造"深圳质量"、实现"十二五"规划目标，设立引导性、约束性指标，统筹考虑和推动深圳当前发展、未来发展和可持续发展，促进深圳发展速度与结构、质量、效益相协调；三是加强对解决政府管理薄弱环节的驱动性评估，抓住政府工作推进的难点问题，如重大项目建设、土地整备、跨部门协作等，设置评估指标或开展专项评估，推动政府机关采取切实措施认真解决，并引导政府机关不断查找不足，改善行政管理。

2. 改进工作方法，强化绩效管理的科学性

一是推行标准化操作。绩效评估结果的科学合理来源于每个指标考评工作和数据采集的科学合理。深圳引入标准化管理模式，逐一制定"评估指标考评工作标准化操作规程"，对评分标准、评估规则、计算方法、数据采集流程、审核监督程序等要素进行格式化、标准化，实行全程质量控制，减少评分的弹性，防止工作的随意性，保证评估结果的真实性和公信力。二是实行精细化评估。适当分类评估，实行较合理、有差别的指标设置、权重分配和评估标准。细化评分方法，加强对被评估对象自身工作进步情况的评估。改进公众满意度调查方法，根据被评估对象的特点，更加科学地确定调查内容、调查对象、调查方式。三是提高信息化水平。推进电子政务建设，加强电子评估系统与政府部门业务系统的连接，提高数据采集的自动化程度，着力在实时、简便、客观上下工夫。强化电子评估的预期预估和纠偏纠错功能，自动诊断和分析绩效变化方向和轨迹，为改进政府工作提供准确的依据。加强绩效状况和社情民意的及时收集和实时反馈，促进同步改进工作。

3. 延伸管理范围，强化绩效管理的系统性

在政府系统推动绩效管理手段的广泛运用，实现政府整体绩效、政府部门绩效与公务员个人绩效"三位一体"和相互统一。一是绩效管理向下级机构延伸。各区政府将绩效管理延伸到区属部门、街道办，政府各部门延伸到部门内设机构，与现行的政府绩效管理体系互相衔接。二是绩效管理向公务员个人延伸。由部门对公务员个人实行绩效考核，将政府绩效管理与公务员个人评价和岗位考核紧密结合。三是绩效管理向专项业务工作延伸。发改、财政、审计、环保等部门分别就相关行政管理工作，开展专

项绩效管理，对整体绩效管理形成补充。

4. 加强结果运用，强化绩效管理的实效性

一是加强机关内部通报制度。评估结果每半年向市政府常务会报告，每年向市委常委会报告，同时通报市委委员和组织人事部门，纳入市管班子年度考核体系，作为干部使用的重要参考。二是实行刚性奖惩措施。评估结果等次"优秀"的，提高单位公务员年度考核"优秀"比例，并视不同情况给予通报表扬、嘉奖等。对连续排名靠前和排名较前一年明显进步的，给予通报表扬。评估结果等次"一般"、"较差"的，分别给予降低年度考核"优秀"比例、责令限期整改、通报批评等。对连续两年排名后三名的部门和连续两年排名最后一名的区政府，即使评估结果等次为"良好"，也要由市领导进行绩效谈话。

# 第二节　工作中的问题与难点分析

在实践中可以看出，地方政府绩效管理是科学性、专业性、系统性和复杂性强、难度大的工作。其困难和问题主要有：

## 一、内生性矛盾关系处理难度大

对政府绩效进行考评与管理，是一个世界性难题，对于我国来说更是一件新鲜事物。政府绩效具有多元化和综合性的复杂特点，因此在考评和管理工作中难免产生一些平衡协调难度较大的内生性问题。在这里试举一些例子，一是总量与发展速度的矛盾关系。不同单位的客观基础存在现实的差异，如 GDP、财政收入、固定资产投资、专利申请量、查处违法用地和违法建筑等指标的总量大小各异。总量大的单位一般希望考评时应突出总量，而总量小的单位则希望强调发展速度。甚至还会出现自相矛盾的声音，即同一单位在考虑自身的不同指标时，对总量大的指标强调总量，对发展速度快的指标强调速度。二是考评内容的综合性与简便性的矛盾关系。对于考评内容和规则设置简洁的指标，有的单位觉得太单一，考评不够全面、不够合理，建议更全面进行考评；对于考评内涵丰富一些、考虑因素多一些的指标，有的单位又认为考评内容很复杂，建议简略一点。三是共

性与个性的矛盾关系。通常各单位更多的是考虑和强调自身的个性和特殊性，而综合性的绩效管理是以共性为基础的，否则又会失去可比性。如何更好地兼顾共性和个性，也是绩效管理工作中要经常面对的难点。四是数量与效率的矛盾关系。对于"政府督查事项落实"、"行政审批效能"、"行政执法状况"等考评指标，不同单位承担的业务量不同。业务量大的单位认为要有量的加分，并且加分越大越好；业务量小的单位对此则有相反的意见，认为绩效应当侧重于效率。

## 二、绩效管理对各项考核评比的统领作用未能发挥

对重大工作部署落实情况进行考评，是推动工作落实的重要手段和有力措施。当前，中央至地方都十分重视和强调考评，许多工作都要求进行考评，这是基层考评事项较多的基本原因。例如，目前有环保实绩、综治维稳、计划生育、目标责任制考评等一些专门的工作考评，也有领导班子和公务员年度考核，此外还有各种各样专项的考评。据本市某区统计，2012年该区接受上级考评的事项多达94项，其中省级考评7项，纳入市政府绩效考评35项，市对区级政府其他单项考评42项，部门内部考评10项。这些考评既有各自的功能定位，又在内容上有相互的交叉，导致重复考评或多头考评。深圳市力图通过政府绩效管理的平台和体系，将各种业务工作考评统到一起，在一定程度上实现了一些统筹，但是没有根本上改变基层单位疲于应付的局面，甚至严重影响到本职工作，由此导致的怨言甚多。考评繁多，尽管不是绩效管理本身的问题，但是也给绩效管理工作带来了一些冲击力和阻力。因此，各种各样的考核考评如何进行统筹协调，绩效考评与其他考评关系如何界定，如何发挥绩效考评的统领作用，也是目前面临的突出问题。

## 三、绩效考评的结果运用难以推进

目前，深圳市绩效考评结果运用措施有限，激励机制不足，有些难以操作。例如，将考评结果作为政策调校、财政预算、干部任用、行政奖励、行政问责的重要依据，但在实践中操作困难，有些涉及政策限制问题，有些法理依据不足，有些涉及多个部门，实施难度较大。具体有几个方面：一是考评结果难以真正拉开差距。从客观基础上看，被考评单位本身没有很大的差距；从现实的考评结果看，也是分差不大；为了体现差距，在考

评规则上是可以操作的，但是结果很难真正科学反映差距。比如，划分几个档次，设定前几名为优，中间的为良、中，后几名为差，但是得分后几名并不意味着工作真的差，这样做的效果可能会有反作用，每年挫伤一部分部门的积极性。二是绩效奖励存在政策上的限制。中央六部委《关于规范公务员津贴补贴问题的通知》是地方奖励政策的"高压线"，而实际工作中，激励措施又是十分有必要的。深圳市自2011年正式推行绩效管理后，虽然有一些激励措施，如按《深圳市政府绩效评估与管理结果运用规则》规定，年度考评结果优秀的单位，单位公务员年度考核优秀等次人数比例在15%的基础上提高3%。如一个单位在编公务员是几十人，则单位获得的奖励就是增加一两个年终考核优秀的名额，但是这样的绩效结果运用和绩效激励作用十分有限。多年来，深圳市各级机关也普遍反映机关公务员问责措施多而激励不足，存在奖惩不对称的问题。此外，公务员年度考核要求的及时性与目前绩效考评的数据滞后性也存在矛盾，导致深圳市公务员年度考核工作推迟到次年的3月份才能完成。三是行政问责难以操作。首先，绩效考评是对一定时期内工作状况的综合评价，反映的是一种相对优劣，而行政问责的基础是基于"过"、"错"；并且各单位本身很多工作差距不大，考评结果差距也不大，很难说分数较低的部门就应当承担责任，现有的问责制度也没有相关规定。其次，大量的行政问责的启动在其他行政监管活动中，包括行政监察、政务督查、行政复议、财政检查等，绩效管理只是将行政问责的情况在绩效考评中给予综合反映。比如说"政府督查事项落实情况"、"违纪违法案件和问责发生率"指标，应当问责或其他处理的，相关部门就应当启动程序，最后将各单位的综合情况反映在绩效考评中。

## 四、缺乏相应的制度环境和绩效文化

良好的制度环境是绩效管理工作顺利推进的重要保障。目前，深圳市开展政府绩效管理的制度化建设还不够，相关制度仍不健全，缺乏统一的法律、法规和相关政策作为应用的法定依据。虽然深圳市在2009年出台了《深圳市政府绩效评估与管理暂行办法》及其配套文件，但仍局限于政府系统内部，人大立法和政府财政、审计、人事等部门相关的配套制度尚未建立，绩效管理工作得不到足够的制度支撑，影响了政府绩效管理的常规化及其实效。

此外，传统行政文化的影响依然很深，正确的绩效文化尚未形成，部分政府单位或公务员对绩效管理的认识还不足，绩效观念和绩效意识不强，对绩效管理的理解仅仅限于评比、打分，过于关注考评结果分数与等次，对如何通过强化绩效管理来提高行政效率、改进管理方法、强化服务效果等重视不够。

# 第三节　发展前瞻

针对上述现实问题和困难，深圳市认为需要从多个方面考虑改进，以推动地方政府绩效管理工作进一步深入发展，打造出政府绩效管理的"深圳模式"。展望未来的深圳市政府绩效管理，将主要在以下几个方面继续努力探索：

## 一、坚持"干中学、学中干"，不断改进提高

既然政府绩效管理在我国是一项全新的工作，在实践中遇到种种困难和问题在所难免，如前面提到的与增量及发展速度、共性与个性、业务数量与办事效率、综合性与简便性等若干矛盾关系。对于这些发展中的内生性矛盾关系，深圳市一直强调坚持"干中学"与"学中干"，在实践中总结、学习、解决、发展，不断改进和提高。

同时，在遇到实际问题时，深圳市通常采用如下处理原则：一是统筹考虑。在制订评分规则时认真权衡，着重考虑大多数单位和地区的实际情况，在处理这些矛盾关系时，对矛盾的主要方面给予较高的赋权，以示强调和突出，并由此获得一个相对公平的结果。比如，在给含有数量和效率加分因素的指标赋权时，优先考虑工作效率情况。二是力求精简。作为一个综合评估体系，绩效管理在总体设计上必须体现综合性、系统性，同时要简便易行、可操作。在指标的数量上，深圳市是相对比较少的，比国内其他地方的评估指标一般少10项以上。在评分标准的设定上，要求各单项考评单位尽量从简、突出重点。在数据采集上，一般结合日常行政监管工作进行，尽量采取自动监测、业务工作数据提取等方式，减少被评估对象负担。三是区别对待。充分考虑各区、各部门存在的客观差异，对不同指

标采取不同的评估方法，差异大的采取"纵比"（自己跟自己以往工作情况相比），侧重考核各单位自身工作的进步情况；共性大的侧重"横比"（自己跟同类单位相比）；有的是"纵比"和"横比"相结合；同时，重大任务、刑事警情、经费开支等指标，不同单位的评估内容、评分标准也有所区别。

## 二、充分发挥绩效管理的统领作用

由于政府绩效管理具有导向和指引作用，有什么样的绩效指标就会有什么样的政府行为，因此开展政府绩效管理不仅是确定一个地方工作导向，决定政府领导人施政方式的大事，而且关系到政府职能的履行，影响到公共资源的配置，牵动着地区经济社会发展全局。同时，由于政府绩效管理涉及面广、政策性强，涉及政府工作的全过程，直接影响到党政各部门及主要领导人员的权力和利益，不仅可以兼容并包，而且操作的灵活性较大，具备将各种考核评比统筹归一的可能性。在实际工作中，可以将一些具有通用可比、明晰可考、目标导向等特点的考核评比事项作为一项完整的指标，直接纳入政府绩效管理的范畴，如"幸福广东责任落实"、"创造深圳质量工作状况"等；也可以将那些领导高度重视又具有重大社会意义，但涉及的单位有限的考核评比事项作为部分或个别单位的个性化指标，放到公共服务白皮书任务完成率或者重点专项工作中，如"泥头车专项工作治理"等。

现阶段，要充分发挥绩效管理在考核评比中的统领作用，首先要深刻领会和认真贯彻十八大关于经济建设、政治建设、文化建设、社会建设、生态文明建设等的重大部署，努力构建导向明确、简便易行、有效管用、统筹兼顾的指标体系；其次要统一梳理全市所有的考核评比项目，取消重复考核的项目和脱离实际的指标，解决考核过多过滥、考核内容烦琐等问题；最后要将各种分散进行的考核评比活动择其要点，统一纳入绩效管理范畴中。在条件成熟的时候，可以通过立法规定，将设立考核评比事项应统一由绩效管理机构把关确认，给予全面统筹权衡。

## 三、逐步健全绩效评估结果运用制度

再好的管理工具，如果不能建立与之配套且又科学合理的结果运用制度，其效果都将大打折扣，甚至形同于无。在开展绩效管理的初期阶段尤其要建立合适的、针对全体政府工作人员的物质奖惩机制，由此方能推动绩效管理工作真正深入人心，并充分挖掘每个个体的潜力。在此基础上，逐步将政府当前各类考核评比的相关奖惩统筹起来，做到相互衔接，避免重复奖惩，使绩效考评结果与政府工作人员的晋升、待遇、荣誉等直接挂钩。

在建立绩效结果奖惩机制的同时，要充分发挥绩效管理的诊断和改进功能，严格按规定对考评对象的工作进度进行系统诊断和分析，及时发现问题并推动持续改进。在今后相当长的一段时期内，随着绩效管理的方法更加科学、手段更加丰富、结果更加公正，有必要系统地建立健全相关制度，将绩效考评结果作为政策调校、财政预算、行政奖惩、行政问责的重要依据。在实践中，政府绩效评估与管理结果的运用应至少体现以下三方面的内容：

（1）将考评结果作为政府主要领导掌握工作动态及效果的依据。政府绩效评估结果可用于检验被评估单位是否实现预期管理目标，作为各级领导特别是主要领导决策、政策调校、推进政府体制改革、促进被评估单位改进绩效、制定财政预算、进行行政奖惩的重要依据。

（2）将考评结果作为考核部门及其领导班子工作绩效的依据和部门领导提拔任用的重要参考。政府绩效评估的主要目的是推动政府部门行政绩效的持续改进，真正服务群众，让群众满意，这就必须要求绩效评估结果具有强制性和约束力。因此，绩效评估结果应作为考核部门及其领导班子工作绩效的依据和部门领导提拔任用的重要参考。对于绩效评估结果优秀的部门应给予表彰，成绩突出的领导应得到提拔。与之相反，对于连续出现绩效评估结果较差的部门，其主要领导就不能得到提拔任用，甚至要追究行政责任。

（3）将考评结果作为政府部门及其公务员奖惩机制的基石。目前对政府部门及其公务员仍缺乏有效的奖惩机制，干多干少一个样，甚至造成干多错多、干少错少、不干不错的消极心态。因此，要积极利用绩效评估结果，建立正负反馈机制，将评估结果运用与公务员考核优秀比例、行政奖惩和行政问责相结合，对绩效评估结果优秀的部门及其公务员进行奖励，对绩效评估结果较差的部门及其公务员给予一定的惩处，真正体现奖优惩劣、奖惩分明的原则。

### 四、优化绩效制度环境，推动绩效文化建设

针对深圳市的现实情况，优化政府绩效管理的制度环境，一是要建立法定的政府绩效管理机构；二是要完善政府绩效管理的法制建设。政府绩效管理是当前我国创新行政管理，提高政府公信力和执行力的有效手段，但同时政府绩效的评价与管理也是世界性的难题。因此，要顺利有效地开展政府绩效管理工作，必须建立一个相应规格的法定机构，并配备既有首创精神和研究实力，又有实践推动能力的高素质应用型人才队伍，研究政府绩效管理工作在我国的有效实践。

从国外的情况看，政府绩效管理法制化和制度化已经成为趋势。美国、英国、澳大利亚、日本、韩国等国家都制定了相应的法律法规，保障、规范和促进其政府绩效评估的顺利开展，并以此推动政府改革的进程。国外的经验证明，法律先行是实施和推广政府绩效评估的重要经验和普遍做法。因此，要借鉴其他国家的有益经验，结合我国国情及各地的实际情况，加快政府绩效评估法制化进程。对于深圳市而言，要在目前以政府规章形式颁布的《深圳市政府绩效评估与管理暂行办法》及其配套文件的基础上，边实践边完善，通过人大立法，将绩效管理上升到法制化的高度。同时，逐步建立健全政府绩效管理相关的机制与制度，形成制度合力，建立确保政府绩效管理有效推进的长效机制。

在绩效文化建设方面，首先要让各级各部门理解绩效管理的基本价值取向，引导其自觉提高工作绩效，避免过分关注"打分排名"的考核导向，让绩效管理真正成为发现问题、改进问题、提高绩效、改善服务的有效方式。同时，要加大社会参与政府绩效管理的宣传力度，增进公众对政府认识，逐步提高公众满意度调查在绩效考评总成绩中所占的比重，促进社会各界对政府绩效管理的高度重视与广泛参与，从而实现公众由"被动的有限参与"向"主动的完全参与"转变。

总体看来，深圳市政府绩效管理作为政府绩效管理中国化的一个具体实践范畴，具有绩效理念的一般性特征，同时又是一种有着特定内涵、背景与实践条件模式，具有整体性、全面性、互动性、主客观相结合等基本特征。深圳市实施全方位绩效管理的破冰之举为我国实施依法治国、建设服务型政府方略提供了积极的示范，证明特区在行政管理改革领域也是一块合格的"试验田"。实际上，深圳市绩效政府建设的价值已经远远超越了

提升深圳市地方政府行政效能的单向维度，除了提高管理效率的追求之外，它还涉及公共责任、行政伦理、服务品质、管理风格等多重内容，这种内涵广泛的特性也决定了它的生命力和影响力的延续性。深圳市绩效管理作为一种地方性的实践范本，将会直接影响到政府行政模式和治理理念，突破官本位、权力本位的管理模式，驱使政府及其公共政策体现民意诉求，更重要的是推动政府职能转变。实际上，作为一种责任机制的地方政府绩效管理也正是通过各种管理手段的实施，将政府各方面的表现过程及其结果情况进行科学的描述并公布于众，以便于社会公众来了解、监督和参与政府工作，促使政府不断加强自身建设、创新管理和改善服务，从而也使得政府部门与社会公众之间增加良性互动，关系不断得到改善。

# 附　录

## 附录1　深圳市政府绩效评估与
## 管理暂行办法及配套文件

### 深圳市政府绩效评估与管理暂行办法

**第一章　总则**

**第一条**　为规范政府绩效评估与管理工作，保障政府绩效评估与管理的科学、客观、公正，提高行政绩效，根据有关法律法规，结合我市实际，制定本办法。

**第二条**　政府绩效评估与管理应当按照"科学合理、公正透明、动态开放、简便易行"的要求，遵循"标杆管理、过程监控、结果导向、持续改进、公众满意"的理念组织实施。

**第三条**　政府绩效评估与管理工作的基本原则：

（一）坚持科学发展观和正确政绩观的原则；

（二）坚持实事求是、客观公正的原则；

（三）坚持依法开展质量和效率并重的原则；

（四）坚持公开透明、社会参与的原则。

**第四条**　政府绩效评估与管理的主要内容：

（一）履行法定职责，提供公共服务情况；

（二）完成工作任务情况；

（三）依法行政以及工作效率情况；

（四）财政资金使用绩效情况。

**第五条**　市政府实行政府绩效评估与管理制度，建立政府绩效评估与管理指标体系和"深圳市政府绩效电子评估与管理系统"。

本办法所称政府绩效评估与管理，是指市政府专门机构运用"深圳市政府绩效电子评估与管理系统"和其他专业方法，根据政府绩效评估与管理指标和评估与管理标准对市政府直属单位、区政府和有关专项工作的绩效进行实时、动态的综合评估与管理。

本办法所称"深圳市政府绩效电子评估与管理系统"，是指采用信息技术手段，采集和报送政府绩效评估与管理指标原始数据，并通过政府绩效预测分析模型对原始数据进行计算处理，自动获得绩效评估与管理结果的专门评估系统。

**第六条**　政府绩效评估与管理工作在市政府直属单位和区政府进行。

市政府根据"试点先行、分步实施"的思路，确定部分市政府直属单位和各区政府为政府绩效评估与管理试点单位（以下简称被评估单位）。

**第七条**　各区政府、市政府直属各单位绩效评估与管理工作适用本办法。

## 第二章　组织机构和职责

**第八条**　市政府成立深圳市政府绩效评估与管理委员会（以下简称市绩效委），市长任主任，分管副市长、市政府秘书长任副主任，成员由市政府分管副秘书长和市发展改革、监察、财政、人事、审计、统计、法制部门主要负责同志组成，依照本办法负责领导、组织、协调市政府绩效评估与管理工作；市政府绩效评估与管理委员会办公室（以下简称市绩效办）为市绩效委的日常办事机构，具体负责政府绩效评估与管理事务。

市绩效办在市绩效委领导下开展政府绩效评估与管理工作。

**第九条**　市绩效委的主要职责：

（一）按照市政府的部署，统筹规划、组织协调与指导全市政府绩效评估与管理工作，督促检查市政府直属单位、各区政府绩效评估与管理工作；

（二）审定并批复市政府直属单位、各区政府年度政府绩效评估与管理工作方案；

（三）审定市政府直属单位、各区政府年度政府绩效评估与管理报告；

（四）组织安排市绩效办的日常工作，受理不服绩效评估结果的申诉，承办其他需要上报市政府研究的重要事项。

第十条　市绩效办的主要职责：

（一）按照市政府和市绩效委的部署，组织实施全市政府绩效评估与管理工作，检查被评估单位政府绩效评估与管理工作情况；

（二）具体负责政府绩效评估与管理的日常工作；

（三）综合掌握全市政府绩效评估与管理工作动态，调查研究工作中的新情况、新问题，组织协调全市政府绩效评估与管理宣传工作；

（四）受理和调查处理对被评估单位绩效的投诉；

（五）承办市绩效委安排的其他事项。

第十一条　被评估单位应当确定相关部门负责政府绩效评估与管理工作。

政府各有关单位应当积极支持和配合政府绩效评估与管理工作。

第十二条　绩效评估与管理工作经费应当列入本级财政预算，由财政部门予以拨付。

**第三章　绩效评估与管理指标**

第十三条　市绩效委根据被评估单位法定职责和本市经济社会发展规划、市政府年度工作安排以及部门年度公共服务白皮书确定的事项，按照横向比较、纵向比较、专项工作独立评估的方式，从共性、个性和专项三个方面设置政府绩效评估与管理指标，进行政府绩效评估与管理。

第十四条　政府绩效评估与管理指标应当注重"以人为本、科学发展、公众满意"的导向，具有分析功能、预测功能和调节功能。

第十五条　政府绩效评估与管理实行市政府绩效评估与管理和部门专项工作绩效评估与管理相结合的原则。

市政府各部门（含直属单位）根据工作需要，认为需要纳入市政府绩效评估与管理指标体系的事项，应当向市绩效办提出建议，市绩效办审核同意后提交市绩效委审定。

市政府各部门（含直属单位）可以按规定自行组织实施本部门主管的专项工作的绩效评估与管理，市绩效办在职责范围内给予帮助和指导。

第十六条　政府绩效评估与管理指标分别按照市政府直属单位和区政府两个类别进行设置，并实行分级设置。

在设置具体评估与管理指标时，可以采取分三级细化指标的方式。

第十七条　根据市政府年度工作目标，每年可对评估与管理指标进行适当调整。

市绩效办于每年初提出年度政府绩效评估与管理指标设置和调整的方案，征求被评估单位、数据采集责任单位和社会有关方面的意见后，提交市绩效委审定和发布。

第十八条　政府绩效评估与管理指标应当设定相应的评估标准，由市绩效委审定和发布。

第十九条　市绩效办应当采用科学合理的计算方法确定各项指标相应的权重，报市绩效委审定和发布。

### 第四章　绩效评估与管理方法

第二十条　政府绩效评估与管理采取内部评估和外部评估相结合的方法，运用"点、线、面评估模型"，从被评估单位共性、个性和专项三个方面进行评估与管理。

第二十一条　内部评估由"深圳市政府绩效电子评估与管理系统"自动处理。

"深圳市政府绩效电子评估与管理系统"所需数据由市统计部门、市有关业务主管部门及被评估单位负责采集和报送。

第二十二条　"深圳市政府绩效电子评估与管理系统"根据报送的数据，依据政府绩效评估与管理各项指标、政府绩效评估与管理标准、政府绩效评估与管理各项指标的权重系数及政府绩效评估与管理计算规则得出实时、动态的系统评估结果，并向被评估单位实时反馈评估结果，督促其随时改进工作。

"深圳市政府绩效电子评估与管理系统"的评估结果按照政府绩效评估与管理标准中的"优秀"、"良好"、"一般"、"较差"等次对应显示为"绿、蓝、黄、红"四个区域。绿色区域表示政府绩效优秀，蓝色区域表示政府绩效良好，黄色区域表示政府绩效一般，红色区域表示政府绩效较差。

第二十三条　市绩效办负责收集"深圳市政府绩效电子评估与管理系统"所需的数据。

数据采集和报送单位应当按照报送期间和频度的要求提供"深圳市政府绩效电子评估与管理系统"中绩效评估与管理指标完成情况的数据，并对数据的及时性、准确性、真实性和完整性负责。

第二十四条　外部评估由市绩效办组织人大代表、政协委员、特邀监察员、评估专家，委托第三方机构等对被评估部门的绩效评估与管理指标完成情况进行评估，并委托市统计部门进行服务对象和社会公众满意度调查。

第二十五条　被评估单位应当制订本单位年度绩效工作方案，并报送市绩效办；市绩效办审核完毕后，报市绩效委审定；市绩效委审定后批复被评估单位实施。

绩效工作方案经市绩效委批复后原则上不得调整，确需调整的，应当报经市绩效委审核批准。

第二十六条　被评估单位应当按照经批复的绩效工作方案组织实施，在次年2月底前向市绩效办报送本单位年度绩效报告。

第二十七条　根据市绩效委的安排，市绩效办可以在年中组织对被评估单位以及专项工作的实施情况进行评估，并向市绩效委提交中期政府绩效评估与管理报告、专项工作绩效评估与管理报告。

第二十八条　政府绩效评估与管理结果由内部评估结果和外部评估结果计算得出，其中，内部评估结果占70%的比例，外部评估结果占30%的比例。

根据工作需要，市绩效委可以调整内部评估和外部评估结果所占比例，但外部评估结果所占比例不得低于30%。

### 第五章　绩效评估与管理报告

第二十九条　市绩效办在绩效评估完结后，编制中期政府绩效评估与管理报告、年度政府绩效评估与管理报告。报告种类分别为：政府直属单位绩效评估与管理报告、区政府绩效评估与管理报告、专项工作绩效评估与管理报告。

第三十条　市绩效办编制绩效评估与管理报告时，可以聘请评估专家或者委托第三方机构参与。

编制绩效评估与管理报告时，市绩效办应当全面、客观、准确地使用绩效数据，综合分析内部评估和外部评估的结果，客观反映被评估单位的绩效状况，并提出改进的意见和建议。

第三十一条　绩效评估与管理报告应当包括被评估单位（专项工作）的绩效基本情况、绩效存在的主要问题、评估结果、改进意见及建议等内容。

第三十二条　绩效评估与管理报告由市绩效委审定；涉及重要事项的，按照规定程序向市委、市政府专题报告。

市绩效委应当将已批准的绩效评估与管理报告通告被评估单位、市组织人事部门以及市政府其他各有关部门，并提出改进工作的要求和意见。

根据情况，市绩效委可以决定向社会公布绩效评估与管理报告。

### 第六章　绩效评估与管理结果的运用

第三十三条　市绩效办在每季度末、年中以及年末应当将"深圳市政府绩效电子评估与管理系统"的评估情况通告被评估单位；被评估单位应当及时纠正存在的绩效问题。

第三十四条　市政府建立政府绩效奖励和惩处机制，政府绩效评估与管理结果应当作为领导决策、政策调校、财政预算、行政奖励、行政问责的重要依据。

市绩效办应当将政府绩效年度评估与管理结果抄送市组织人事部门，市组织人事部门应当将政府绩效评估与管理结果作为被评估单位领导班子和领导人员考核评价的重要参考依据。

第三十五条　对政府绩效年度评估与管理结果为"优秀"等次的被评估单位，给予通报表彰、提高单位公务员年度考核"优秀"等次人数比例等奖励；对连续年度评估与管理结果为"优秀"等次的被评估单位，依照《中华人民共和国公务员法》和《公务员奖励规定（试行）》给予嘉奖、记功等奖励。

对政府绩效年度评估与管理结果为"良好"等次的被评估单位，给予提高单位公务员年度考核"优秀"等次人数比例奖励。

对政府绩效年度评估与管理结果为"一般"、"较差"等次的被评估单位，根据不同情况分别给予责令限期整改、通报批评、降低单位公务员年度考核"优秀"等次人数比例等处理，对被评估单位主要领导或分管领导诫勉谈话。对连续年度评估与管理结果为"较差"等次的被评估单位，依照相关规定给予相应处理。

第三十六条　政府绩效年度评估与管理结果为"较差"等次的，可以根据实际情况对被评估单位主要领导和分管领导以及相关责任人启动行政问责程序。

第三十七条　市组织人事部门、监察机关等应当根据政府绩效评估与管理结果对被评估单位及其领导班子依照有关规定进行奖励、惩处。有关奖励、惩处的具体办法另行制定。

第三十八条　被评估单位对政府绩效评估与管理结果有异议的，可以向市绩效委提出书面申诉；市绩效委核实情况后按规定程序报市政府决定。涉及公务员人事处理的申诉，按《中华人民共和国公务员法》和其他有关规定的程序办理。

**第七章　附　则**

第三十九条　本办法由市绩效委负责解释。

第四十条　本办法自发布之日起施行。

## 深圳市政府绩效评估与管理指标确定及数据采集规则

第一条　为科学合理、客观公正地确定政府绩效评估与管理指标，规范绩效评估与管理指标数据采集工作，明确绩效评估与管理指标数据采集与报送责任，根据《深圳市政府绩效评估与管理暂行办法》的规定，制定本规则。

第二条　政府绩效评估与管理指标的确定主要围绕市政府重大工作、重大政策、重大改革、重大投入和政府管理目标，重点反映被评估单位的工作业绩、公共服务、行政效率及绩效改进等方面的内容。

第三条　政府绩效评估与管理指标的拟定由市绩效办负责，其程序为：

（一）根据绩效评估与管理工作要求提出年度绩效评估与管理指标的初步方案；

（二）征求政府相关部门、专家学者以及社会有关方面的意见；

（三）收集、汇总意见后，形成报送市绩效委的年度政府绩效评估与管理指标方案；

（四）市绩效委审定和发布年度政府绩效评估与管理指标。

第四条　市绩效办在征求专家学者意见时，应当组成10人以上专家小组，专家范围包括人大、政协相关专门委员会委员以及公共事务和行政管理等领域的专家。

第五条　政府绩效评估与管理指标分三级设置。市政府直属单位绩效评估与管理一级指标包括行政业绩、行政效率、行政执行力、行政成本等；

区政府绩效评估与管理一级指标包括经济调节、市场监管、社会管理、公共服务等。

二、三级指标应根据一级指标逐级细化。一级指标保持相对稳定，二、三级指标根据市政府年度工作重点和上年度绩效评估与管理结果可进行适当调整。

第六条　政府绩效评估与管理标准根据政府绩效评估与管理指标等次相应设置，分别为"优秀"、"良好"、"一般"、"较差"四个等次。

政府绩效评估与管理标准由市有关主管部门根据国家法规规定、政策和行业技术标准、政府工作目标等要求设定。

第七条　政府绩效评估与管理标准由市绩效委审定后，与政府绩效评估与管理指标一并发布。

第八条　政府绩效评估与管理指标相关数据通过"深圳市政府绩效电子评估与管理系统"自动实时采集。被评估单位及数据采集责任单位应当通过系统及时、准确、真实和完整报送指标完成进度的相关数据。

第九条　政府绩效评估与管理指标数据不能采用实时采集和报送的，采用定期报送。

定期报送的周期分为月、季度、半年、年度。月报送的指标，在次月5个工作日内报送；季度报送的指标，在季后10个工作日内报送；半年报送的指标，在下半年首月15日内报送；年度报送的指标，在次年1月底前完成报送数据工作。

在评估周期内未产生绩效评估与管理数据的，数据采集责任单位必须通过"深圳市政府绩效电子评估与管理系统"或书面反馈未产生绩效评估与管理数据的情况。

第十条　被评估单位和数据采集责任单位应当规范数据采集和报送程序，实行专人负责，确保数据的及时性、准确性、真实性和完整性，避免出现漏报、瞒报、虚报、错报等现象。

第十一条　被评估单位和数据采集责任单位采集和报送数据应当规范审核程序，报送"深圳市政府绩效电子评估与管理系统"的数据应当经负责人审核。

第十二条　政府绩效评估与管理系统建立数据采集和报送预警机制。报送截止日前5个工作日，由"深圳市政府绩效电子评估与管理系统"发出预警信号；报送截止日未报送的，由"深圳市政府绩效电子评估与管理系统"发出黄牌警告信号；黄牌警告信号发出 2 个工作日内未报送的，由"深圳市政府绩效电子评估与管理系统"发出红牌警告信号并移送市监察机关追究相应的过错责任。

第十三条 市绩效办应当通过"深圳市政府绩效电子评估与管理系统"对各单位报送的数据进行原始备份，任何工作人员不得对数据作出删改。

第十四条 市绩效办应当定期对各数据采集责任单位报送工作情况通报，对存在的问题，责成相关责任单位限期整改，并对整改情况进行通报。

第十五条 市绩效办在每年度政府绩效评估与管理工作结束后，对各数据采集责任单位报送数据情况进行年度考评。

第十六条 本规则由市绩效委负责解释。

第十七条 本规则自发布之日起施行。

## 深圳市政府绩效评估与管理方法和程序操作规则

第一条 为规范政府绩效评估与管理的方法和程序，科学合理、客观公正地评估政府绩效，根据《深圳市政府绩效评估与管理暂行办法》，制定本规则。

第二条 内部评估是指依据绩效评估与管理各项指标及其评估标准、权重系数、计算规则，通过"深圳市政府绩效电子评估与管理系统"，采集和处理评估与管理指标数据，实时、直接生成评估与管理结果。

第三条 外部评估是指由市绩效办组织或委托第三方对被评估单位的绩效评估与管理指标完成情况进行评估，以及市统计部门组织的服务对象和社会公众满意度调查的评估与管理结果。

第四条 "点、线、面"评估模型是指通过点、线、面三种不同比较方式对被评估单位的绩效进行评估与管理的模式。

"点"是以实际工作进度的点与计划工作进度的阶段目标点进行"差距比较"；

"线"是以被评估单位当前的工作情况与历史工作情况进行"趋势比较"，或对多家被评估单位进行"高低比较"；

"面"是对多家被评估单位共同完成重大任务的"合力评估"，注重评估共同任务的完成情况。

第五条 市绩效办根据市政府工作安排，每年初制定《年度政府绩效评估与管理工作实施意见》，报市绩效委批准后印发被评估单位执行。

第六条 被评估单位按照《年度政府绩效评估与管理工作实施意见》要求，制定本单位年度绩效工作方案。

绩效工作方案应当结合本单位职能和年度工作任务，细化政府绩效评估与管理指标的阶段性目标及约束性指标，提出本单位的责任目标，并于年度政府绩效评估与管理指标发布后 15 个工作日内报送市绩效办。

市政府直属单位绩效工作方案中应当对评估指标"行政业绩"中所有工作任务分别设置阶段目标任务完成的时间节点，明确工作步骤；除特殊情况外，不得以年底作为任务完成时间节点。

第七条 市绩效办应当在收到绩效工作方案后 15 个工作日内审核完毕，并报市绩效委审定后批复被评估单位实施。

绩效工作方案经市绩效委批复后原则上不得调整，确需调整的，应当报经市绩效委审定批准。

第八条 被评估单位应当按照批复的绩效工作方案组织实施，落实工作责任制，加强协调督办，及时收集工作方案中有关目标任务的进展、完成情况等数据，通过"深圳市政府绩效电子评估与管理系统"实时报送。

被评估单位应当在次年 2 月底前向市绩效办报送本单位年度绩效报告。

第九条 市绩效办应当跟踪、监督被评估单位绩效评估与管理指标完成情况，通过"深圳市政府绩效电子评估与管理系统"实时向被评估单位通报绩效评估与管理结果；被评估单位应当针对存在问题及时改进工作，并将改进情况及时反馈市绩效办。

第十条 根据工作需要，市绩效办可以进行符合性验证，对被评估单位相关指标完成情况进行核实，其结果计入内部评估。

符合性验证采取实地调查、专项检查、抽样检查等方式进行。

第十一条 市绩效办应当运用层次分析法等方法确定各项指标相应的权重系数。

市政府直属单位绩效评估与管理一级指标权重系数为：行政业绩 45%、行政效率 20%、行政执行力 25%、行政成本 10%。

区政府绩效评估与管理一级指标权重系数为：经济调节 10%、市场监管 20%、社会管理 25%、公共服务 45%。

市绩效办可根据市政府职能转变和工作目标调整对权重系数进行修订，报市绩效委审定并发布。

**第十二条** 政府绩效评估与管理结果计算采用百分制：内部评估占70%；外部评估占30%，其中服务对象和社会公众满意度调查占15%。

**第十三条** 政府绩效评估与管理结果划分为"优秀"、"良好"、"一般"、"较差"四个等次。大于或等于90分为"优秀"；大于或等于80分而小于90分为"良好"；大于或等于60分而小于80分为"一般"；60分以下为"较差"。

**第十四条** 具有下列情形之一的，年度政府绩效评估与管理结果降低一个等次：

（一）出现重大、特大安全生产责任事故的；

（二）发生食品、药品安全、环保、维稳等重大突发事件，未及时处理造成恶劣影响和严重后果的。

**第十五条** 外部评估采取下列方式进行：

（一）组织人大代表、政协委员、特邀监察员、评估专家对被评估单位的绩效评估与管理指标完成情况进行评估；

（二）委托第三方机构等对被评估单位的绩效评估与管理指标完成情况进行评估；

（三）委托统计部门开展服务对象和社会公众满意度调查，采集公众代表、服务对象对被评估单位的评价意见。

**第十六条** 外部评估可以采用访谈、网上问卷、实地调查、符合性验证等方式采集服务对象、社会公众和相关社会组织对政府绩效的评价意见。

**第十七条** 市绩效办于次年的3月底以前编制市政府直属单位年度绩效评估与管理报告、区政府年度绩效评估与管理报告和专项工作年度绩效评估与管理报告，并提交市绩效委审定。

**第十八条** 市绩效办根据市绩效委的工作安排，可以在年中组织对被评估单位及其专项工作实施情况进行评估，并向市绩效委提交中期政府绩效评估与管理报告、专项工作绩效评估与管理报告。

**第十九条** 市绩效委按照规定程序将绩效评估与管理报告通告被评估单位、市组织人事部门以及市政府其他各有关部门。

根据情况，市绩效委可以决定向社会公布绩效评估与管理报告。

第二十条 本规则由市绩效委负责解释。

第二十一条 本规则自发布之日起施行。

## 深圳市政府绩效评估与管理结果运用规则

第一条 为充分发挥政府绩效评估与管理结果的导向作用和激励作用，完善政府绩效激励机制，规范奖惩工作，根据《深圳市政府绩效评估与管理暂行办法》，制定本规则。

第二条 市政府确定的政府绩效被评估单位适用本规则。

第三条 深圳市政府绩效评估与管理奖惩坚持公开、公平和公正的原则，坚持精神奖励和物质奖励相结合、以精神奖励为主的原则。

第四条 深圳市政府绩效评估与管理奖惩坚持建立与公务员提拔任用、考核评优、行政奖励、行政问责相结合，以竞争激励为机制的奖惩制度。

奖励种类分为精神奖励和物质奖励。

第五条 深圳市政府绩效评估与管理奖励对象为被评估单位，所需经费列入本级财政年度预算。

第六条 年度绩效评估与管理结果为"优秀"，处于绿色区域的：

（一）通报表彰；

（二）单位公务员年度考核"优秀"等次人数比例提高3%；

（三）作为表彰对象向上级推荐。

第七条 连续两年绩效评估与管理结果为"优秀"的：

（一）通报表彰；

（二）单位公务员年度考核"优秀"等次人数比例提高4%；

（三）嘉奖被评估单位；

（四）作为表彰对象向上级推荐。

第八条 连续三年以上绩效评估与管理结果为"优秀"的：

（一）通报表彰；

（二）单位公务员年度考核"优秀"等次人数比例提高5%；

（三）记集体三等功，嘉奖领导班子成员；

（四）作为表彰对象向上级推荐。

第九条 年度绩效评估与管理结果为"良好"，处于蓝色区域的：单位公务员年度考核"优秀"等次人数比例提高1%。

**第十条** 连续两年绩效评估与管理结果为"良好"的：单位公务员年度考核"优秀"等次人数比例提高2%。

**第十一条** 连续三年以上绩效评估与管理结果为"良好"的：单位公务员年度考核"优秀"等次人数比例提高3%。

**第十二条** 年度绩效评估与管理结果为"一般"，处于黄色区域的：单位公务员年度考核"优秀"等次人数比例不调整。

**第十三条** 连续两年绩效评估与管理结果为"一般"的：

（一）单位公务员年度考核"优秀"等次人数比例调低1%；

（二）对单位分管领导进行诫勉谈话。

**第十四条** 连续三年以上绩效评估与管理结果为"一般"的：

（一）单位公务员年度考核"优秀"等次人数比例调低2%；

（二）对单位主要领导和分管领导进行诫勉谈话。

**第十五条** 年度绩效评估与管理结果为"较差"，处于红色区域的：

（一）通报批评；

（二）单位公务员年度考核"优秀"等次人数比例调低3%；

（三）对主要领导进行诫勉谈话，领导班子成员取消评先评优资格，责令领导班子向市政府写出整改报告，限期予以整改。

**第十六条** 连续两年绩效评估与管理结果为"较差"的：

（一）通报批评；

（二）单位公务员年度考核"优秀"等次人数比例调低4%；

（三）对领导班子成员进行诫勉谈话，取消评先评优资格，责令领导班子向市政府写出整改报告，限期予以整改。

**第十七条** 连续三年以上绩效评估与管理结果为"较差"的：

（一）通报批评；

（二）单位公务员年度考核"优秀"等次人数比例调低5%；

（三）对领导班子成员进行诫勉谈话，取消评先评优资格，责令领导班子向市政府写出整改报告，限期予以整改；

（四）建议组织部门对单位主要领导和分管领导调整或免职。

**第十八条** 对在政府绩效评估与管理过程和结果中发现的不履行或者不正确履行职责的行为，依有关规定进行行政过错责任追究。

**第十九条** 奖励和惩处的权限和程序，按照有关规定执行。

单位公务员年度考核"优秀"等次人数比例在下一年度根据政府绩效评估与管理结果调整。

第二十条 市绩效办应当将政府绩效评估与管理结果和奖惩情况及时抄送市组织人事部门，作为市委及组织人事部门考核班子、组织处理和奖惩任免干部的重要参考依据。

第二十一条 在政府绩效评估与管理试行期间，本规则规定涉及被评估单位领导干部组织处理和职务调整的年度绩效评估与管理结果，不计入连续年限计算。

第二十二条 本规则由市绩效委负责解释。

第二十三条 本规则自 2010 年 12 月 1 日起施行。

# 附录 2　深圳市 2010 年政府绩效评估指标体系

## 一、绩效评估指标体系框架

2010 年，深圳市政府绩效评估指标体系包括针对市政府工作部门和区政府（含新区管委会，下同）的两套分指标体系。针对市政府工作部门的绩效评估指标体系包括行政业绩、行政效率、行政能力、行政成本、满意度 5 个一级指标，下设 13 个二级指标、21 个三级指标。根据是否具有较多行政审批事项和行政执法事项，是否直接提供公共服务，将政府工作部门划分为 A、B 两类：A 类是对外提供公共管理和服务的部门，B 类是主要在政府内部进行协调管理的部门。两者实行有差别的指标设置、权重分配和评分方法。详细参见附表 1。

针对区政府、新区管委会绩效评估指标体系包括公共服务、社会管理、经济调节、市场监管、满意度 5 个一级指标，下设 13 个二级指标、30 个三级指标。根据法律地位和功能定位的不同，将区政府相应分为行政区和功能区两类，实行有差别的指标设置、权重分配和评分方法。详细参见附表 2。

**附表 1　2010 年市政府工作部门绩效评估指标体系框架**

| 一级指标 | 二级指标 | 三级指标 | 权重/% | | 周期 | 数源 |
|---|---|---|---|---|---|---|
| | | | A 类部门 | B 类部门 | | |
| 客观评估 | 行政业绩 | 职能履行 | | | | |
| | | 1. 白皮书任务完成率 | 30 | 35 | 季度 | 被评估单位 |
| | | 2. 临时性重要专项工作 | 2 | 4 | 季度 | 牵头单位 |
| | 改革创新 | 3. 改革创新成效 | 5 | 5 | 半年 | 市改革办 |
| | 行政效率 | 政府投资 | | | | |
| | | 4. 政府投资项目（A 类）完成率 | 4 | 0 | 半年 | 市发展改革委 |
| | | 行政审批 | | | | |
| | | 5. 行政审批效能 | 4 | 0 | 季度 | 市监察局 |
| | | 6. 行政审批网上实现率 | 3 | 0 | 季度 | 市科工贸信委 |
| | | 政务协同 | | | | |
| | | 7. 政府督查事项落实 | 6 | 6 | 季度 | 市政府督察室 |
| | | 8. 人大建议办理 | 3 | 4 | 年度 | 市人大办公厅 |
| | | 9. 政协提案办理 | 3 | 4 | 年度 | 市政协办公厅 |
| | | 10. 跨部门办文办事效率 | 2 | 4 | 季度 | 发文单位 |
| | | 信访办理 | | | | |
| | | 11. 信访投诉处理 | 2 | 3 | 季度 | 市信访局 |
| | 行政能力 | 电子政务 | | | | |
| | | 12. 政府信息公开及网站建设 | 5 | 5 | 季度 | 市政府办公厅 市财政委 市监察局 市市场监管局 |
| | | 13. 信息安全 | 2 | 3 | 季度 | 市科工贸信委 |
| | | 应急管理 | | | | |
| | | 14. 安全事故（事件）预防 | 3 | 4 | 季度 | 市应急办 |
| | | 依法行政 | | | | |
| | | 15. 法治政府建设 | 7 | 7 | 年度 | 市法制办 |
| | | 16. 行政执法状况 | 3 | 0 | 季度 | 市监察局 |
| | | 廉政勤政 | | | | |
| | | 17. 违纪违法案件和问责发生率 | 6 | 6 | 季度 | 市纪委 市监察局 |
| | 行政成本 | 部门支出 | | | | |
| | | 18. 部门人均公用经费支出水平 | 5 | 5 | 半年 | 市财政委 |
| | | 19. 部门已完成项目经费支出比例 | 5 | 5 | 半年 | 市财政委 |
| 满意度评估 | 满意度 | 领导评价 | | | | |
| | | 20. 市委市政府领导评价 | 10 | 10 | 年度 | 综合 |
| | | 公众评价 | | | | |
| | | 21. 公众满意度调查 | 25 | 25 | 年度 | 市统计局 |

注：客观评估权重在年度评估中折算为 65%，满意度评估权重在年度评估中即为表中所列的 35%。

附表2 2011年区政府、新区管委会绩效评估指标体系框架

| 一级指标 | 二级指标 | 三级指标 | 权重/% | | 周期 | 数源 |
|---|---|---|---|---|---|---|
| | | | 行政区 | 功能区 | | |
| 客观评估 | 公共服务 | 服务供给 | | | | |
| | | 1. 白皮书任务完成率 | 20 | 22 | 季度 | 被评估单位 |
| | | 2. 政府投资项目（A类）完成率 | 3 | 3 | 半年 | 市发展改革委 |
| | | 3. 临时性重要专项工作 | 2 | 2 | 季度 | 牵头单位 |
| | | 4. 财政性科教文卫体人均支出水平 | 2 | 2 | 半年 | 市财政委 |
| | 服务保障 | 5. 政府督查事项落实 | 6 | 6 | 季度 | 市政府督察室 |
| | | 6. 政府信息公开及网站建设 | 3 | 3 | 季度 | 市政府办公厅 市财政委 市监察局 |
| | | 7. 法治政府建设 | 7 | 5 | 年度 | 市法制办 |
| | | 8. 信访投诉处理 | 2 | 2 | 季度 | 市信访局 |
| | | 9. 违纪违法案件和问责发生率 | 6 | 6 | 年度 | 市纪委 市监察局 |
| | 改革创新 | 10. 改革创新成效 | 5 | 5 | 半年 | 市改革办 |
| | 社会管理 | 公共安全 | | | | |
| | | 11. 刑事警情报警发生率 | 3 | 3 | 年度 | 市公安局 |
| | | 12. 各类安全生产事故死亡人数 | 3 | 3 | 季度 | 市应急办 |
| | | 人口管理 13. 流动人口政策生育率 | 2 | 2 | 季度 | 市卫生人口计生委 |
| | | 14. 分区域人口调控计划完成率 | 2 | 2 | 年度 | 市发展改革委 |
| | | 市政管理 15. 城市水务管理 | 2 | 2 | 季度 | 市水务局 |
| | | 16. 污染减排任务完成情况 | 2 | 2 | 年度 | 市人居环境委 |
| | | 17. 城市市容环境卫生状况 | 2 | 2 | 季度 | 市城管局 |

| 一级指标 | 二级指标 | 三级指标 | 权重/% | | 周期 | 数源 |
|---|---|---|---|---|---|---|
| | | | 行政区 | 功能区 | | |
| 经济调节 | 经济效益 | 18. 每平方公里 GDP 产出增长进步率 | 2 | 2 | 年度 | 市统计局 |
| | | 19. 财政收入增长进步率 | 3 | 4 | 季度 | 市统计局 |
| | | 20. 专利申请量增长率 | 2 | 2 | 半年 | 市市场监管局 |
| | 低碳经济 | 21. 万元 GDP 能耗下降率 | 2 | 2 | 年度 | 市统计局 |
| | | 22. 万元 GDP 水耗下降率 | 2 | 2 | 年度 | 市水务局 |
| | 战略产业 | 23. 新兴产业增加值增长进步率 | 4 | 5 | 年度 | 市统计局 |
| | | 24. 支柱产业占 GDP 比重进步率 | 4 | 5 | 年度 | 市统计局 |
| 市场监管 | 规范竞争 | 25. 无证无照取缔规范率 | 2 | 1 | 半年 | 市市场监管局 |
| | 重点监管 | 26. 违法建筑纠正率 | 3 | 3 | 季度 | 市规划国土委 |
| | | 27. 食品生产抽样检验合格率 | 2 | 1 | 半年 | 市市场监管局 |
| | | 28. 药品安全抽样合格率 | 2 | 1 | 季度 | 市药品监管局 |
| 满意度评估 | 满意度 | 领导评价 29. 市委市政府领导评价 | 10 | 10 | 年度 | 综合 |
| | | 公众评价 30. 公众满意度调查 | 25 | 25 | 年度 | 市统计局 |

注：客观评估权重在年度评估中折算为 65%，满意度评估权重在年度评估中即为表中所列的 35%。

## 二、绩效评估指标释义

（一）市政府工作部门

1. 白皮书任务完成率：指政府部门完成年初制定并向社会公布的公共服务白皮书工作任务目标进度的情况。公共服务白皮书须报分管副市长审定后公布。

2. 临时性重要专项工作：指政府部门完成法定职责和年度公共服务白皮书工作以外的，由市委市政府临时交办且明确要求纳入政府绩效管理的其他重大专项工作的情况。

3. 改革创新成效：指对全国、全省和本市、本行业发展有重大意义和影响的改革项目或工作创新。其中，改革项目是指根据年度改革计划牵头或协助组织实施的重大改革、经市委市政府决定或自行实施的重大改革。工作创新是指通过改善工作方法、流程、办事方式等，明显提高工作效率和工作质量的创新举措。评定要素包括：整体评估和受表彰、被推广或得到领导批示情况。

4. 政府投资项目（A 类）完成率：指政府部门依据市政府投资项目（A 类）建设进度目标，完成任务的情况。市政府投资项目（A 类）包括续建项目、初步设计概算已经审核的新开工项目、项目建议书或可行性研究报告批复文件中明确可以组织实施的新开工项目。

5. 行政审批效能：指政府部门实施行政许可及非行政许可的审批和登记情况。根据市行政审批电子监察系统每月对政府部门实施行政许可及非行政许可事项审批和登记情况的综合绩效测评进行评分。

6. 行政审批网上实现率：指行政审批网上实现情况，由行政审批网上申请实现率、行政审批网上查询实现率、行政许可在线处理实现率三个部分构成。（1）行政审批网上申请实现率：指各单位可网上申请的行政审批项目数与行政审批项目总数之比。（2）行政审批网上查询实现率：指各单位可网上查询的行政审批项目数与行政审批项目总数之比。（3）行政许可在线处理实现率：指各单位实现在线处理的行政许可项目数与行政许可项目总数之比。

7. 政府督察事项落实：指政府部门落实市政府督察室督办事项的情况，包括市政府主要工作和重要专项工作，省、市重大项目，市政府常务会议议定事项，市政府主要领导召开专题会议议定事项，市长、副市长、秘书长、副秘书长指定由市政府督察室督办的批示交办事项等的落实情况。

8. 人大建议办理：指政府部门按时办理人大建议的情况及人大代表对处理结果的满意情况。

9. 政协提案办理：指政府部门按时办理政协提案的情况及政协委员对处理结果的满意情况。

10. 跨部门办文办事效率：指政府部门之间办理重要文件、征求意见等的及时回复情况和部门协同办事的效率。指标设置的目的是促进部门协作，增强团队精神。对需要其他单位办理的文件和事项，发文单位应保证足够的办理时间。

11. 信访投诉处理：指政府部门按时处理公民、法人或者其他组织的信访、投诉事项的情况。

12. 政府信息公开及网站建设：指政府部门按照《政府信息公开条例》开展主动公开和依申请公开，按照规定实施预算公开、按照《广东省企业信用信息公开条例》和《深圳市企业信用征信和评估管理办法》向"市企业信用信息系统"报送企业信用数据的情况，以及政府网站绩效评估情况，由政府信息网上公开、预算公开、报送企业信用数据情况和政府网站绩效四个部分组成。没有企业信用数据报送任务的，该细项权重调整至政府信息网上公开。

13. 信息安全：指各单位信息安全制度的执行情况、信息安全防护措施的有效性和信息安全事件的情况。主要包括三个部分：（1）制度落实，指被评估单位信息安全制度的执行落实情况。（2）技术防护，指被评估单位涉密及内网计算机违规联网监管措施、网页篡改防护措施和互联网安全保护技术措施的有效性。（3）信息安全事件（扣分项），指被评估单位发生网页篡改、网站挂马和违规在非涉密系统处理涉密信息等信息安全事件的情况。

14. 安全事故（事件）预防：指政府部门对本行业、本系统、本单位的安全生产监管工作尤其是较大及较大以上安全生产事故（事件）预防工作的开展情况。

15. 法治政府建设：指由市法治政府建设领导小组组织的，在评估周期内，根据法治政府建设指标考评内容和标准对各考评对象法治政府建设工作情况进行的综合性量化评价。

16. 行政执法状况：指对执法单位实施行政处罚工作的综合评价，由办案质量、数据规范、监督检查和其他情况四部分组成。其中，办案质量包括执法主体、执法时限、执法结果等情况，数据规范是指案件信息录入的及时性和完整性。

17. 违纪违法案件和问责发生率：指反映行政机关、事业单位工作人员发生违纪违法行为、受到党纪政纪处分和司法机关立案调查的情况，以及根据《深圳市党政领导干部问责暂行规定》，因发生公共安全责任事故及其他问责情形对单位党政领导干部进行问责的情况。其他问责情形包括违反干部选拔任用有关规定，导致用人失察、失误；公共安全管理和干部选拔任用之外的决策失误、滥用职权、管理和监督不力等失职行为；违反党风廉政建设责任制的情形；其他给国家利益、人民生命财产、公共财产造成损失或者不良影响等失职行为。此指标只针对非自查的案件和问责。

18. 部门人均公用经费支出水平：指部门人均公用经费支出标准数、同期全市本级部门人均公用经费支出最低数、本部门人均公用经费支出历史最低数分别与部门人均公用经费支出数（已除以部门公用经费定额标准系数）相比，三个相比数值乘以不同权重之和。此指标计算部门人均公用经费支出时不包括水电费、物业管理费，也考虑了不同部门的职责差异，确定了不同的支出标准。

19. 部门已完成项目经费支出比例：指预算单位（部门）对于年度下达的项目预算所涉及的工作完成后，其实际支出情况与项目预算数进行对比。

20. 市委市政府领导评价：指市委市政府领导对市政府各部门工作总体情况的满意度。

21. 公众满意度调查：指市绩效办委托市统计部门负责开展的、向社会公众调查的对市政府各部门绩效状况的满意度情况。

（二）区政府（含新区管委会）

1. 白皮书任务完成率：指各区政府、新区管委会完成年初制定并向社会公布的公共服务白皮书工作任务目标进度的情况。公共服务白皮书须报区政府常务会审定后公布。

2. 政府投资项目（A类）完成率：指各区政府、新区管委会依据市政府投资项目（A类）建设进度目标，完成任务的情况。市政府投资项目（A类）包括续建项目、初步设计概算已经审核的新开工项目、项目建议书或可行性研究报告批复文件中明确可以组织实施的新开工项目。

3. 临时性重要专项工作：指各区政府、新区管委会完成法定职责和年度公共服务白皮书工作以外的，由市委市政府临时交办且明确要求纳入政府绩效管理的其他重大专项工作的情况。

4. 财政性教科文卫体人均支出水平：指各区政府、新区管委会财政安排教科文卫体资金人均（各辖区内常住人口）实际支出数分别与全市各区（不含市本级）财政安排教科文卫体资金人均（全市常住人口）实际支出数、本区前三年财政性教科文卫体资金人均支出平均数之比的加权值。

5. 政府督查事项落实：指各区政府、新区管委会落实市政府督察室督办事项的情况，包括市政府主要工作和重要专项工作，省、市重大项目，市政府常务会议议定事项，市政府主要领导召开专题会议议定事项，市长、副市长、秘书长、副秘书长指定由市政府督察室督办的批示交办事项等的落实情况。

6. 政府信息公开及网站建设：指各区政府、新区管委会按照《政府信息公开条例》开展主动公开和依申请公开，按规定实施预算公开，以及政府网站绩效评估情况。

7. 法治政府建设：指由市法治政府建设领导小组组织的，在评估周期内，根据法治政府建设指标考评内容和标准对各考评对象法治政府建设工作情况进行的综合性量化评价。

8. 信访投诉处理：指各区政府、新区管委会按时处理公民、法人或者其他组织的信访、投诉事项的情况。

9. 违纪违法案件和问责发生率：指反映行政机关、事业单位工作人员发生违纪违法行为、受到党纪政纪处分和司法机关立案调查的情况，以及根据《深圳市党政领导干部问责暂行规定》，因发生公共安全责任事故及其他问责情形对单位党政领导干部进行问责的情况。其他问责情形包括违反干部选拔任用有关规定，导致用人失察、失误；公共安全管理和干部选拔任用之外的决策失误、滥用职权、管理和监督不力等失职行为；违反党风廉政建设责任制的情形；其他给国家利益、人民生命财产、公共财产造成损失或者不良影响等失职行为。此指标只针对非自查的案件和问责。

10. 改革创新成效：指对全国、全省和本市、本行业发展有重大意义和影响的改革项目或工作创新。其中，改革项目是指根据年度改革计划牵头或协助组织实施的重大改革、经市委市政府决定或自行实施的重大改革。工作创新是指通过改善工作方法、流程、办事方式等，明显提高工作效率和工作质量的创新举措。评定要素包括：整体评估和受表彰、被推广或得到领导批示情况。

11. 刑事警情报警发生率：指各区政府、新区管委会刑事警情报警数与辖区总人口之比。

12. 各类安全生产事故死亡人数：指各区政府、新区管委会对市政府下达的年度事故控制指标任务实施情况，包括工矿商贸、道路交通、火灾三类。

13. 流动人口政策生育率：指各区政府、新区管委会报告期内流动人口政策内出生人数与流动人口出生总数之比。

14. 分区域人口调控计划完成率：指各区政府、新区管委会完成《深圳市分区域人口调控指导性计划（2009—2020 年)》中实际管理和服务人口年度调控任务情况。

15. 城市水务管理：指各区政府、新区管委会水资源开发利用、河道管理、水土保持、推行节约用水、水行政执法等方面的综合管理水平。

16. 污染减排任务完成情况：指各区政府、新区管委会年度污染减排任务完成情况。

17. 城市市容环境卫生状况：指环境卫生工作、市容环境提升行动和数字化城管运行三项工作情况。其中，环境卫生工作是指各区政府、新区管委会的环卫管理工作成效，包括环卫设施设备管理、环卫动态管理和淤泥渣土管理等内容；市容环境提升行动是指建筑立面刷新和屋顶改造城中村综合整治完成情况；数字化城管运行是指区级平台运行情况、区属责任单位案件处置情况和案件监察情况。

18. 每平方公里 GDP 产出增长进步率：指报告期每平方公里 GDP 产出增长率相对于基期增长率的提高情况。

19. 财政收入增长进步率：指报告期财政收入总额增长率相对于基期增长率的提高情况。

20. 专利申请量增长率：指按《中华人民共和国专利法》规定，向国家知识产权局提出申请的发明、实用新型和外观设计三种专利申请量的增长率。

21. 万元 GDP 能耗下降率：指由技术水平、发展阶段、经济结构、能源结构等多方面因素形成的能源消耗水平和经济产出的比例关系。

22. 万元 GDP 水耗下降率：指由技术水平、发展阶段、经济结构、能源结构等多方面因素形成的水资源消耗水平和经济产出的比例关系。

23. 新兴产业增加值增长进步率：指报告期各区新兴产业增加值增长率相对于基期增长率的提高情况。战略新兴产业主要包括新能源、互联网、生物、新材料和文化创意。

24. 支柱产业占 GDP 比重进步率：指报告期各区支柱产业产值占地区生产总值的比例相对于基期比例的提高情况。支柱产业主要包括高新技术、物流、金融和文化产业。

25. 无证无照取缔规范率：指某区域（行业）有证有照经营户数量与该区域（行业）所有经营户数量的比率，或者某区域（行业）已取缔、已规范的无证无照经营户数量与该区域（行业）累计发现无证无照经营户总数的比率。

26. 违法建筑纠正率：指新增违法建筑纠正面积与新增违法建筑总面积之比。

27. 食品生产抽样检验合格率：指对深圳市企业生产的食品、食品添加剂、食品用相关产品的抽样检验中，抽样检验合格批次数占抽样检验总批次数的百分比。

28. 药品安全抽样合格率：指针对市民直接消费药品的终端环节（医疗机构和零售药店）的药品品种进行抽样，依照国家药品质量标准进行检验，并对抽验结果进行统计分析，反映深圳地区市民使用药品的安全程度。

29. 市委市政府领导评价：指市委市政府领导对各区政府（新区管委会）工作总体情况的满意度。

30. 公众满意度调查：指市绩效办委托市统计部门负责开展的、向社会公众调查的对各区政府、新区管委会工作绩效状况的满意度情况。

# 参考文献

包国宪、董静、朗玫：《第三方政府绩效评价的实践探索与理论研究——甘肃模式的解析》，《行政论坛》2010 年第 4 期。

蔡立辉：《西方国家政府绩效评估的理念及其启示》，《清华大学学报》（哲学社会科学版）2003 年第 1 期。

蔡立辉：《政府绩效评估：现状与发展前景》，《中山大学学报》（社会科学版）2007 年第 5 期。

蔡立辉：《科学实施政府绩效评估的难点问题分析及其解决》，《社会科学战线》2011 年第 4 期。

财政部财政科学研究所《绩效预算》课题组：《美国政府绩效评价体系》，经济管理出版社 2004 年版。

陈天祥：《新公共管理——政府再造的理论与实践》，中国人民大学出版社2007 年版。

陈天祥：《基于治理过程变革的政府绩效管理框架—以福建永定县为例》，《中国人民大学学报》2009 年第 5 期。

陈振明：《政府再造——西方"新公共管理运动"述评》，中国人民大学出版社 2003 年版。

丁圣荣、张远庆：《政府绩效管理实践中的"江财模式"》，《中国行政管理》2010 年第 1 期。

［美］戴维·奥斯本、特德·盖布勒：《改革政府——企业精神如何改革着公营部门》，周敦仁等译，上海译文出版社 2006 年版。

［美］戴维·奥斯本、彼德·普拉斯特里克：《摒弃官僚制：政府再造的五项战略》，谭功荣、刘霞译，中国人民大学出版社 2002 年版。

杜兰英、张珊金：美国政府绩效评估研究的回顾与评析，http：//blog. sina. com. cn/s/blog4f75159b0100tru5. html。

范柏乃：《政府绩效评估与管理》，复旦大学出版社2007年版。

范柏乃、蓝志勇：《公共管理研究与定量分析方法》，科学出版社2008年版。

范柏乃、朱华：《我国地方政府绩效评价体系的构建和实际测度》，《政治学研究》2005年第1期。

高小平、盛明科、刘杰：《中国绩效管理的实践与理论》，《中国社会科学》2011年第6期。

［瑞典］格罗伦德等：《电子政府：设计、拥有和管理》，陈君、白大勇译，清华大学出版社2006年版。

关云芝：《地方政府绩效评估中的公民参与研究》，《社会科学战线》2011年第6期。

何文盛、曹洁、张志栋：《美国政府绩效评价中的项目评估分级工具：背景、内容与借鉴》，《兰州大学学报》（社会科学版）2009年第1期。

胡继妹：《对地方政府绩效考核取消GDP指标的思考》，《行政论坛》2004第6期。

胡税根、金玲玲：《我国政府绩效管理和评估法制化问题研究》，《公共管理学报》2007年第1期。

姜洁：《政府绩效管理工作部际联席会议召开第二次会议》，《人民日报》2012年3月17日。

蓝志勇、胡税根：《中国政府绩效评估：理论与实践》，《政治学研究》2008年第3期。

李虹、蔡吉臣、刘晓平：《基于战略成本管理的政府绩效评价研究》，《中国行政管理》2009年第2期。

李业昆：《绩效管理系统研究》，华夏出版社2007年版。

梁平、藤琦、李国栋：《社会生态环境视域下政府绩效评估的制约因素探讨》，《学术论坛》2007年第7期。

林忠生：《浅谈中外学者政府绩效管理研究比较》，《辽宁行政学院学报》2009年第11期。

刘旭涛、邱霈恩：《关于改进我国政府绩效管理制度的建议》，《行政管理改革》2009年第2期。

刘旭涛：《当代西方国家政府绩效管理的发展和特点》，《中国纪检监察报》，http://theory.people.com.cn/GB/13734156.html。

［美］罗兰·彭诺克：《政治发展、政治体系和政治产品》，《世界政治》

1996 年第 18 期。

［美］马克斯维尔公民与公共事务学院：《政府绩效评估之路》，邓淑莲等译，复旦大学出版社 2007 年版。

马春庆：《为何用"行政效能"取代"行政效率"》，《中国行政管理》2003年第 4 期。

孟华：《推进以公共服务为主要内容的政府绩效评估——从机构绩效评估向公共服务绩效评估的转变》，《中国行政管理》2009 年第 2 期。

孟蕾、卓越：《21 世纪美国、英国政府绩效管理新进展》，《澳门公共行政》2010 年第 12 期。

倪星、余琴：《地方政府绩效指标体系构建研究——基于 BSC、KPI 与绩效棱柱模型的综合运用》，《武汉大学学报》（哲学社会科学版）2009 年第 5 期。

彭国甫：《价值取向是地方政府绩效评估的深层结构》，《中国行政管理》2004 年第 7 期。

彭国甫：《地方政府公共事业管理绩效评价指标体系研究》，《湘潭大学学报》（哲学社会科学版）2005 年第 3 期。

桑助来：《政府绩效评估的实质》，《学习时报》2007 年第 1 期。

桑助来：《中国政府绩效评估报告》，中共中央党校出版社 2009 年版。

沙忠勇、王义、刘海娟：《政府绩效管理研究的知识图谱与热点主题》，《公共管理学报》2009 年第 3 期。

盛明科：《论当前我国政府绩效评估价值取向的重塑》，《行政论坛》2004年第 6 期。

［美］史蒂文·科恩、罗纳德·布兰德：《政府全面质量管理：实施指南》，孔宪遂等译，中国人民大学出版社 2002 年版。

［美］史蒂文·科恩、威廉·艾米克：《新有效的公共管理：在变革政府中追求成功》，孔宪遂等译，中国人民大学出版社 2001 年版。

［美］斯蒂文·普雷斯曼：《五十位经济学家》，陈海燕等译，江苏人民出版社 2005 年版。

孙迎春：《欧洲通用绩效评估框架的发展及启示》，《国家行政学院学报》2006 年第 6 期。

唐任伍、唐天伟：《2002 年中国省级地方政府效率测度》，《中国行政管理》2004 年第 6 期。

王刚：《民意评价政府冲动：谁来考评各地政府及官员》，《中国新闻周刊》2005 年第 3 期。

王强、陈易难：《学习型政府——政府管理创新读本》，中国人民大学出版社 2003 年版。

王庆兵：《英国地方政府公共服务改革：最佳价值模式的评析》，《中国行政管理》2003 年第 5 期。

王伟：《在政府绩效管理工作研修班上的讲话》，转引自臧志彭《"政府绩效评估"与"政府绩效管理"的异质与耦合》，《中国科技资源导刊》2012 年 9 月第 44 卷第 5 期。

吴建南、王芸、黄加伟：《行风评议与政府绩效改进》，《西安交通大学学报》（社会科学版）2009 年第 1 期。

吴建南、章磊、李贵宁：《地方政府绩效指标设计框架及其核心指标体系构建》，《管理评论》2009 年第 11 期。

吴建南、庄秋爽：《"自下而上"评价政府绩效的探索："公民评议政府"的得失分析》，《理论与改革》2004 年第 5 期。

萧鸣政：《现代绩效考评技术及其应用》，北京大学出版社 2007 年版。

徐双敏：《我国实行政府绩效管理的可行性研究》，《中南财经政法大学学报》2003 年第 5 期。

徐勇、高秉雄：《地方政府学》，高等教育出版社 2005 年版。

英国国家审计署：《绩效审计手册》，《审计月刊》2004 年第 29 期。

袁娟：《日本政府绩效评估模式研究》，知识产权出版社 2010 年版。

袁政：《公共管理定量分析：方法与技术》，重庆大学出版社 2006 年版。

臧乃康：《政府绩效的符合概念与评估机制》，《南通师范学院学报》（哲学社会科学版）2001 年第 3 期。

臧乃康：《政府绩效评估价值缺失与指标体系重构》，《福建论坛》（人文社会科学版）2007 年第 9 期。

曾狄：《政府绩效管理创新及其基本原则》，《四川行政学院学报》2004 年第 5 期。

张强：《政府绩效管理：美国经验与中国实践》，《华南师范大学学报》（社会科学版），2009 年第 3 期。

张锐昕：《基于电子政务系统的政府绩效评估研究》，《理论探讨》2009 年第 4 期。

张玉亮：《政府绩效评估研究：理论回顾、观点梳理及发展前瞻》，《理论与现代化》2008 年第 4 期。

张卓元：《张卓元经济文选》，中国时代经济出版社 2009 年版。

中国地方政府绩效评估体系研究课题组：《中国政府绩效评估报告》，中共中央党校出版社 2009 年版。

中国行政管理学会联合课题组：《关于政府机关工作效率标准的研究报告》，《中国行政管理》2003 年第 3 期。

中国行政管理学会课题组：《政府部门绩效评估研究报告》，《中国行政管理》2006 年第 5 期。

中国 21 世纪议程管理中心、中国科学院地理科学与资源研究所：《可持续发展指标的理论与实践》，社会科学文献出版社 2004 年版。

中国行政管理学会联合课题组：《关于政府机关工作效率标准的研究报告》，《中国行政管理》2003 年第 3 期。

周凯：《政府绩效评估导论》，中国人民大学出版社 2006 年版。

周平：《当代中国地方政府》，人民出版社 2007 年版。

周志忍：《公共组织绩效评估：英国的实践及其对我们的启示》，《新视野》1995 年第 5 期。

周志忍：《公共组织绩效评估：中国实践的回顾与反思》，《兰州大学学报》（社会科学版）2007 年第 1 期。

周志忍：《政府绩效评估中的公民参与：我国的实践历程与前景》，《中国行政管理》2008 年第 1 期。

周志忍：《我国政府绩效管理研究的回顾与反思》，《公共行政评论》2009 年第 1 期。

朱立言：《从绩效评估走向绩效管理——美国经验和中国实践》，《行政论坛》2008 年第 2 期。

卓越：《英国新公共管理运动走向分析》，《中国行政管理》2000 年第 1 期。

卓越：《公共部门绩效管理》，福建人民出版社 2004 年版。

卓越：《公共部门绩效评估初探》，《中国行政管理》2004 年第 2 期。

卓越：《公共部门绩效评估的主体建构》，《中国行政管理》2004 年第 5 期。

卓越：《政府绩效评估模式的构建》，《政治学研究》2005 年第 2 期。

Alan Price, *Human Resource Management in a Business Context* (2nd Edition), Thomson Learning, 2004 (5).

Berkley, George, and John Rouse, *The Craft of Public Administration*. 6*th ed.* Madison: Brown & Bencchmark Publishers, 1994.

Blundell, Brian, and Alex Murdick. *Managing in the Public Sector*. Oxford: Butterworth – Heinemann, 1997.

CAP. *Performance Measurement: Concepts and Techniques*. Washington D. C.: ASPA, 2000.

George J. Washins, ed, *Productivety Improvement Handbook for State*, New York: John Wiley & Sons, 1980.

Hatry P. Harry, *How Effective Are Your Community Services? Procedures for Monitoring the Effectiveness of Municipal Services*, Washington, D. C.: Urban Institute, 1997.

Jay M. Shafritz, Edward W. Russell, *Introducing Public Administration*, Addison – Wesley Longman, Limited, 2002.

John Mercer, OMB's Program Assessment Rating Tool [EB/OL], http: John – Mercer. com.

M. Beer, A. Ruh, *Employee Growth Through Performance*, Harvard Business Review, 1976, 54 (4).

Michael Armstrong, Performance Management, London: Kogan Page Limited, 1994.

Oral Testimony of Jeffery D. Zients, Before the Committee on Homeland Security and Government Affairs, Subcommittee on Federal Financial Management, Government Information, Federal Services and International Security, United States Senate, Sep 24, 2009,

P. D. Epstein, *Using Performance Measurement in Local Government: A Guide to Improving Decisions, Performance and Accountability*, New York: National Civic League Press, 1988.

Richard C. Kearney, *Public Sector Performance: Management, Motivation and Measurement*, Colorado: Westview Press, 1999.

Robert Merton, *On Theoretical Sociology*, New York: The Free Press, 1967.

Statement of Jeffery D. Zients, Chief Performance Officer and Deputy Director for Management, Office of Management and Budget, Before the Budget Committee, United States Senate, Oct 29, 2009, http: //www. docin. com/p – 65007455. html.

# 索 引

## B

标杆管理　16，17，20，43，46，65，66，67，86，97，311

## C

层次分析法　18，25，70，100，109，113，320

持续改进　10，16，31，65，66，67，75，84，86，94，97，99，100，108，201，237，252，295，307，311

## D

德尔菲法　18

地方政府绩效管理　1，3，4，17，28，29，30，45，46，47，48，49，50，51，53，54，55，59，60，61，69，77，91，93，94，95，97，98，302，305，309

地方政府绩效评估　21，22，24，39，49，51，59，81，98，336，337，339

## F

符合性验证　70，73，320，321

## G

公共服务白皮书　72，73，74，79，269，283，284，286，287，291，306，313，327，330

公共管理　2，8，9，11，13，14，18，19，21，27，40，42，46，47，92，254，296，324，335，336，337，338

公共项目　7，14，17

公共责任　5，9，20，21，24，33，42，43，49，50，65，70，309

公共组织　7，9，14，19，20，25，40，339

公民导向　24，72

公平　7，8，12，21，23，32，42，46，49，50，82，83，93，253，255，305，322

公众满意　2，10，31，43，50，65，67，68，80，81，82，97，263，264，278，290，291，293，295，296，311，313

# 后　记

本书是在我的博士后研究报告基础上修改完成的。几年的博士后研究，既是我学业的加油站，也是我人生的里程碑，经历了颇多难忘的事情，甜苦兼具，至今仍历历在目。

首先是师恩缱绻。恩师张卓元研究员知识渊博、思维开阔，严于治学、宽以待人，高风亮节、终生楷模。本书从选题到写作大纲、研究重点和难点的确定，再到字句推敲，恩师都倾注了大量的心血。数年的时光转瞬即逝，但恩师的言传身教，我将永远铭记在心。恩师严谨治学、奋力开拓的学术精神和宽厚仁爱的为人境界让我获益匪浅；今后唯有谨记恩师教诲，敬业勤奋、求实进取，方能答谢恩师。

感谢张平研究员、刘霞辉研究员、胡家勇研究员、钱津研究员、刘旭涛教授，正是有了他们的悉心指导和大力帮助，我这篇研究报告才得以圆满完成。特别要感谢张平研究员、刘霞辉研究员，他们不仅是我学术上的良师，更是我精神和生活上的引路人。还要感谢乔丽老师和杜文兰老师，她们的细心关怀和耐心帮助，使我的研究工作能更加顺利地推进。

其次是友情可贵。袁富华、汤铎铎为本书的圆满完成付出了许多聪明才智和直接努力，他们在我的学术研究以及论文写作过程中提出了大量宝贵的意见和建议，在过去的学习和生活中给予我难能可贵的支持和帮助。

最后是亲情难忘。我要感谢我的家人，感谢父母的养育之恩，感谢兄弟姐妹的拳拳之情，感谢其他亲属的真诚帮助。是他们的倾心爱护和全力支持，我才得以心无旁骛地求学，专心致志地研究，全心全意地工作。

朱衍强

2012 年 9 月